The Corporate Objective

当 代 世 界 学 术 名 著

公司目标

安德鲁·凯伊（Andrew Keay）／著

孙宏友　郑蔚然　王　健／主译
郑守疆／校译

中国人民大学出版社
·北京·

"当代世界学术名著"
出版说明

　　中华民族历来有海纳百川的宽阔胸怀,她在创造灿烂文明的同时,不断吸纳整个人类文明的精华,滋养、壮大和发展自己。当前,全球化使得人类文明之间的相互交流和影响进一步加强,互动效应更为明显。以世界眼光和开放的视野,引介世界各国的优秀哲学社会科学的前沿成果,服务于我国的社会主义现代化建设,服务于我国的科教兴国战略,是新中国出版工作的优良传统,也是中国当代出版工作者的重要使命。

　　中国人民大学出版社历来注重对国外哲学社会科学成果的译介工作,所出版的"经济科学译丛"、"工商管理经典译丛"等系列译丛受到社会广泛欢迎。这些译丛侧重于西方经典性教材;同时,我们又推出了这套"当代世界学术名著"系列,旨在迻译国外当代学术名著。所谓"当代",一般指近几十年发表的著作;所谓"名著",是指这些著作在该领域产生巨大影响并被各类文献反复引用,成为研究者的必读著作。我们希望经过不断的筛选和积累,使这套丛书成为当代的"汉译世界学术名著丛书",成为读书人的精神殿堂。

　　由于本套丛书所选著作距今时日较短,未经历史的充分淘洗,加之判断标准见仁见智,以及选择视野的局限,这项工作肯定难以尽如人意。我们期待着海内外学界积极参与推荐,并对我们的工作提出宝贵的意见和建议。我们深信,经过学界同仁和出版者的共同努力,这套丛书必将日臻完善。

中国人民大学出版社

序　言

　　本书是英国利兹大学法学院著名教授安德鲁·凯伊在公司治理和公司目标设定方面的最新力作。该研究得到了英国皇家研究会的大力支持。

　　有关上市公司的终极目标这一论题，国内外学者的论著早已汗牛充栋，所著极丰。这些研究概而言之，无外乎是两种模式，即以股东利益最大化为公司目标或考虑公司所有利益相关者的利益。

　　本书作者基于对公司目标的长期研究，提出了一种新的模式——实体最大化及永续性模式（Entity Maximisation & Sustainability model，EMS）。利益最大化始终是公司的运作目标，但是从未来公司发展的趋势看，公司已不再是独立的存在，而是与社会其他利益相关者有着千丝万缕的联系体。那么公司是否像自然人一样，在利用社会资源并享有权利的同时应该承担更多的社会责任，应该考虑到股东之外的、有可能受公司实体影响的自然人、法人、其他组织，甚至是环境等利益关系呢？例如员工福利待遇问题、环境保护和治理的担责问题、社区保护问题等。作者在本书中大篇幅探讨了股东利益至上理论和利益相关者理论的雄雌之争。作者认为，公司"责任"与公司"目标"实在不尽相同。公司作为社会上的永续性存在，是经济发展的产物。法人的永续权使其在人们能够想象的到的时间范围内长久存在，研究公司在社会生活中担当的角色对社会整体发展都有重要意义，公司对自然人、法人，甚至国家的政治、经济层面的影响力毋庸置疑。

本书是在这个经济大环境下对大型上市公司实体进行的研究，从公司目标的设定着手探讨公司责任、公司的内部及外部利益关系。作者在分别论述现存两种关于公司目标的理论——股东利益至上理论和利益相关者理论之后，提出新的模式帮助确认公司目标，并对此提出可行且理想的实施方式。这种全新的视角和制度设计对公司，尤其是大型公司完全是一种制度性探索，是在深度分析传统模式之后的创新。这对公司未来社会责任的承担及经济发展趋向具有建设性意义。

作者在书中对公司投资者角色的认定和投资回报进行分析，探讨了公司董事对于投资者利益冲突的解决方式，确定了公司管理者在公司应用实体最大化及永续性模式后的行为导向，并对实体最大化及永续性模式的可行性进行了评估，对公司利润分配问题进行了思考。作者认为，这些因素皆是成功运营公司的必要条件，是完善社会福利的加速器。

本书在公司治理和公司目标设定领域做出的新研究和新贡献，无疑对相关领域的研究者和未来的公司发展具有重要的理论价值和现实意义。

刘松柏
于京师家园

中文翻译版感言

　　我很高兴这部作品能够在中国翻译出版。首先，这意味着将有一大批以前无法看到此书的读者能够阅读到本书试图表达的理念；其次，在过去的 20 年里，中国在经济与公司社团领域内形成了强有力的集团组织，有必要使学者、董事、政府官员、律师、会计师和其他相关领域人士有机会了解并参与到本书观点的讨论中（本书诸多观点源于过去多年诸多人的著作），因为这些人在未来的岁月里将引领中国向前发展。非常希望中国的读者能够感受到本书观点的趣味性、挑战性以及有用性。在此，我尤其要感谢孙宏友先生对此书翻译的倡议，更感谢他在翻译过程中的勤勉和努力。为使本书翻译更加精准，他对书中相关内容细节的咨询对我也颇有启发，相信这将加深中国读者对本书观点的理解。

安德鲁·凯伊

译者序

我自 2003 年在墨尔本大学法学院访问时看到凯伊教授关于破产法的著作后，就一直关注他的文章。本书所阐述的理论，其实在凯伊教授早期的文章中已有较为详细的论述。目前国内外关于公司治理的著作不少，但几乎都没有脱离对股东利益至上和利益相关者这两个理论模式的演绎；类似于凯伊教授这部独具匠心，有学术创新勇气的作品则相对较少。在本书中，凯伊教授对目前流行的两种理论模式，即股东利益至上理论与利益相关者理论进行了梳理和深度剖析，指出两种理论的发展瓶颈，然后推陈出新，提出实体最大化及永续性模式（EMS），并对该模式的理论基础与实施的可行性都做了细致的推敲。凯伊教授相信，这种新的观点只是为对公司目标的追求提供新的路径，关于公司治理目标的研究不会停止，只会继续发展。如果他的观点能够为学者、法官、律师和管理者在继续研究中提供些许借鉴，就达到了本书的写作目的。

一、现存公司目标理论及问题

所有的公司都需要目标，但多年以来，人们对如何界定公司目标这一问题各有说法，莫衷一是；而世界各国法律业内人士对公司目标也一直没有给出确定的答案，John Farrar 认为"我们对于公司法定目标缺乏清晰的界定"。[1]

这种现实状况为公司目标的讨论留下了无限的空间。正如美国公司法教授 Robert Clark 所言，公司目标是一个"非常多样的、包容的、广泛而无限度的"概念。[2]这主要是因为法律并没有制定公司的目标，法律只关注于公司的目标是否合法。

同时，公司目标也确实是一个可以广泛探讨的课题。据有关记载，公司目标的讨论源于 20 世纪 30 年代两位美国法学教授 Adolph Berle 和 E. Merrick Dodd。从那时起，对于这一课题的争论就没有停止，尤其是在近 25～30 年间，这一争论尤为激烈。不难发现，目前在大部分有关这一课题的两种主流理论体系的支持者的观点中，都能看到 Adolph Berle 或 E. Merrick Dodd 的观点的影子。而且，关于这一课题的讨论在诸多学科领域几乎都有显现，包括法学、金融学、经济学、组织行为学、伦理学和社会学。这是因为公司目标的确立对现实生活中董事的引领至关重要。例如，公司目标能够确立公司需要实施何种治理模式，规范董事的何种行为责任等。

其中各领域对公司目标的探讨主旨在于回答这样的问题：公司管理者究竟在为了谁的利益而经营管理公司？如果从股东利益至上理论的角度出发，公司管理者应该以股东为核心，将股东利益置于其他团体利益之上，努力实现股东利益的最大化。与之相反，如果从利益相关者理论出发，公司管理者则需要考虑所有利益相关者（包括股东）的利益，董事管理公司事务不仅仅是为了股东利益的拓展，而应该平衡多方利益相关者之间的利益。然而很多评论认为，这些理论所创建的有关公司目标的模式标准不一且缺乏执行力，各有其固有缺陷。

围绕着股东利益至上理论和利益相关者理论的争论曾经如火如荼，但它们的发展深度无法与本书所探索的深刻性相提并论。到目前为止，学者提出的所谓观点或发展出的理论，都没有跳出股东利益至上理论或利益相关者理论的框架。而今天的上市公司是人类和经济交融而成的复杂企业，其复杂程度远远超过传统股东利益至上理论所倡导的运营模式。如果说以前的主流模式是以过去的社会背景为基础而设计的，在现代社会明显不适用，那么随着商业的发展，上市公司管理模式必须做出相应改变。[3]所以过去两种理论的争论最终会带给我们这样的思考：公司究竟应该为股东经济福利的丰饶而存在，还是公司本身其实是一个更为广袤的概念，需要一个新的价值评估体系？显而易见，从不同的角度去认真思索公司目标这一问题已经是大势所趋了。

二、凯伊教授试图建立的模式

本书作者安德鲁·凯伊教授的理论根据在于，无论基于何种目的设立公司，所有的公司都需要一个终极化的目标。而无论董事构建出什么样的公司目标，该目标都必须与整体社会利益相一致。本书作者因此将研究重点置于上市公司，试图建立一种新的模式以对公司目标进行阐释，这一模式即为实体最大化及永续性模式（entity maximisation & sustainability model，EMS）。凯伊教授在对流行的两种理论模式分析评论之后，从不同学科视角出发，结合有关公司的相关理论和实践经验，对 EMS 加以解释和剖析。这种模式主要包括两大要素。其一是要保证做到使实体财富最大化，公司管理层应力求对其所监管企业创造财富的潜能进行全方位的开发；其二就是确保公司的可持续运营。换句话说，就是保证公司得以生存，并能持续运营。

具体而言，凯伊教授系统探讨了如下问题：确定 EMS 应用能力及其运行途径；在 EMS 下，公司投资者的认定、角色分配及投资回报；公司董事对于投资者利益冲突的解决方式；确定公司管理者在公司应用 EMS 后的行为导向；评估 EMS 的可行性以及探讨公司利润分配等问题。

凯伊教授认为，EMS 立足于公司的长远发展，因而通常显得更加公平，能使更多投资者从中获益，尽管某些投资者的利益在短期内不能得到满足。如果一个公司旨在求得自身的持久发展，股东会更加倾向于长期投资；而若是公司时刻面临清算的风险，股东则更易作出短期且较小额的投资。由于实体最大化旨在促进公司实体财富的增长，董事就要致力于增加公司整体长期市场价值，也包括需考虑不同的群体及个人对公司的投资。换言之，董事需寻求将公司潜在的总资产最大化，其行为应当能够体现出将公司实体最大化的价值，其结果是使公司整体的净现值得以增加，这便是该模式的核心所在。该模式的目的在于使公司满足其自身需求，并且尽可能成长壮大。所有的这些都意味着董事要将公司领向成功，以此来实现公司个体目标。而在实现目标的过程中，董事应当考虑到共同利益（community of interest），即使公司所有投资者的共同利益获得提升，在某种程度上，这意味着某些群体的利益建立于其他群体的损失之上。这同时也意味着投资者的共同利益在任何时候都不可取代公司实体的整体利益。凯伊教授认为，如果公司是独立于其股东的真正实体法人，则无须要求董事按照股东的意志行事，他们可以直接为公司自身利益做出决策。EMS 意味着董事并非直接受制于股东或者任何其他利益相关者群体。该模式允许董事做出对公司最为有利的决策，而这一决策并非对某一投资者个体最为有利。在判断某公司成功之处时，不是去评判哪位投资者的贡献最具价值，也不是对投资者的投入效用进行排名，而是由董事来判断这些投资本身的价值及其对公司最大化和生存所产生的影响。

凯伊教授相信，最大化模式能够使股东分得更多的红利，能够使债权人及时实现债权并且降低风险，也能够使雇员的工作条件得以改善，并获得更多的工作保障和津贴；这一模式还能够改善对客户的服务水准，并对公司的生存环境之稳定做出贡献，等等。最大化并非将焦点置于投资者及其利益之上，而在于实体本身以及如何才能巩固其地位。EMS 也是围绕这一目标而展开。该模式并非仅以投资者利益为重，把公司实体利益看作前者之副产品；而更致力于实体利益及其财富的提升，从而达成使投资者获利这一潜在结果。公司最大化的实现并非受限于利润的最大化。EMS 所关注的是实体利益长期最大化——或许公司本年获得的收益相较上一年会减少，但从长远看来，实体的最大化终能得以实现。

三、EMS 的现实意义

目前国内外关于公司治理的著作论文较多，用汗牛充栋来表示绝不夸张。其中大部分作品不外乎有关股东权益至上或利益相关者利益保护等理论的阐述。而视角独特，能够另辟蹊径地提出新的观点的论述则少之又少。凯伊教授在这一领域为我们提供了新的路径，拓展了新的思维模式。他从实体最大化及永续性这一主题出发，为公司设立了与传统模式不同的目标和理念，为公司治理领域输入新的血液，也为学者评估公司与董事提供了新的视角。因此可以说，本书中文版本的翻译具有现实意义。

凯伊教授尤其认为 EMS 能够带来的现实意义巨大。因为实现长远目标及公司资产最大化的愿景也意味着管理层要避免采取某些措施，如压缩劳动力成本、削减关于健康及安全事务的开支、推迟清偿债权人的债务、对供应商采用卑鄙交易手段以及试图通过高风险投机手段实现收益增长。因而，启动 EMS 意味着董事不会为某些行为所打动，例如，他们不会设法为提升股价辩解、"做假账"（如篡改公司的财务报表）、获取无利可图的资产或公司，或承揽有负净资产的投资项目等。EMS模式允许管理者在研究调查及发展上多做投资（为生成未来资金流及利润流做出投资）、对雇员进行培训，以及在当地或者更广的社区进行投资，以确保该公司在当地保持长期持久的发展。对应该做什么的判定在很大程度上取决于董事做出的善意决策。

正如凯伊教授断言，本书的研究只是公司治理研究的过程，而不是结束。本书的目的是为业内人士继续公司目标的研究提供些许新的灵感。将本书翻译成中文，也无外乎是期望这种新的理论视角等够被更多业内人士了解。如果本书能够为实务界人士在公司运营中提供一些具有参考意义的适用价值，则是意外之喜。

译者

注释

[1] J. Farrar, "Frankenstein Incorporated or Fools Parliament? Revisiting the Concept of the Corporation in Corporate Governance" (1998) 10 *Bond Law Review* 142 at 158.

[2] R. Clark, *Corporate Law*, 1986 at 17 and quoted to in M. Blair and L. Stout, "Specific Investment: Explaining Anomalies in Corporate Law" (2006) 31 *Journal of Corporation Law* 719 at 731.

[3] W. Allen, J. Jacobs and L. Strine, "The Great Takeover Debate: A Meditation on Bridging the Conceptual Divide" (2002) 69 University of Chicago Law Review 1067 at 1067.

前　言

　　大型上市公司在我们所生存的世界中占据统治地位，自 20 世纪以来，这一现象越发弥足轻重。然而有趣的是，对于什么是公司目标以及公司目标应该是什么这一问题，学者、律师与董事之间竟然从未达成一致看法。在过去的多年间，人们的争论经久不衰，富有活力，虽然有时不免尖酸刻薄。尽管相关理论之论述可谓汗牛充栋，但我仍然认为其中尚存继续探讨的空间，尤其在这些探讨绝非仅仅是对过去主要观点的重复的情况下，更是如此。

　　本书力求以规范的方法考量公司目标之争议，致力于审查公司目标应该如何，并以论题形式提出实体最大化与永续性模式。或许这一论题看起来不够文雅，却能充分描述所提建议的内涵。本书拟对这一模式进行清晰论述，力图付诸使用并证明该模式的合理性。但在此之前，首先讨论在该领域中占有支配地位的两种理论——股东利益至上理论与利益相关者理论。有此之需基于两种理由：首先，试图对赞成与反对此两种理论的论点加以综合梳理。迄今为止，关于这两种理论论述颇丰，基于不同学科的观点种类繁多，如若希望对两种理论进行综合评判，实须阅读大量文献著作。其次，在提出新的见解之前，无论是出于对其他学者的尊重，还是鉴于良好学术成就的要求，都必须对此前数年提出的观点给予考量与评价。

　　针对某一理论经年累月之辩不应该成为进一步研究的阻碍，尤其当这种研究并非对原来所争的简单重复时。本书力图从现状之中寻找突破，对占主导地位的两种理论论据给予分化剖析。尽管相关论述的文献集中于这些理论的各个层面，但本书寻求脱颖而出，另觅他径，提出新的理论模式，并通过分析新模式的发展状况，检验该模式在公司环境下的运用功效。

必须承认，本书不会终止公司目标理论之争，亦无意于此。但我希望通过本书引发对该理论的深度探讨。本书价值并非在于短期内改变实务界的管理现状，而希望成为对该理论进一步探索的基础，供学者、立法者和董事思考。也希望本书能够为公司治理准则、机制或规则的进一步发展夯实基础。

本书同时希望引起读者对投资者（或者说利益相关者）的地位和角色给予新的思考，并为诸如公司应如何分配累积利润等争议性问题赋予新的思考模式。此外，之前的理论几乎全部集中于探讨管理者如何处理与股东和利益相关者的关系，而本书提出的模式则针对如何对公司进行管理、董事应该考虑哪些焦点问题提出了不同思路。本书将论证，公司目标问题并非必然要从不同利益群体的角度来衡量评价，也可以从公司实体如何自我巩固提升，以及管理者应如何管理的角度加以阐释。

本书部分材料引用自我已发表（或即将发表）的五篇论文，经作者请求后发表这些论文的出版社慨然应允，这些论文及出版社如下：

- "The Ultimate Objective of the Public Company and the Enforcement of the Entity Maximisation and Sustainability Model" (2010) 10 *Journal of Corporate Law Studies* 35－71 (Hart Publishing).

- "Ascertaining the Corporate Objective：An Entity Maximisation and Sustainability Model" (2008) 71 *Modern Law Review* 663－698 (Blackwell Publishing).

- "Shareholder Primacy in Corporate Law：Can It Survive? Should It Survive?" (2010) *European Company and Financial Law Review* 369－413 (De Gruyter).

- "Stakeholder Theory in Corporate Law：Has It Got What It Takes?" (2010) 9 *Richmond Journal of Global Law & Business* 240－300 (University of Richmond).

- "Getting to Grips With the Shareholder Value Theory in Corporate Law" accepted for publication in the *Common Law World Review* (*Vathek Publishing*).

此项目的初始研究得到了英国皇家研究会的支持与批准，对此深表谢意。此外，利兹大学法学院批准我为撰写本书而享有进修假期，在此一并致谢。也借此希望感谢几位朋友与同事，感谢他们就本书资料查询方面提供的反馈，尤其感谢 Harry Rajak，Chris Riley，Gerry McCormack 以及 Joan Loughrey。最后，作者个人对书中所有瑕疵负全部责任，与上述各位当事人无关。

也把感谢送给本书出版社的 Ben Booth，感谢他在写作过程中给予的支持和帮助。

安德鲁·凯伊

目　录

第1章 上市公司：背景、理论与目标

本章基于使整本书布局平衡之目的，对书中涉及内容进行了全景式描绘。其中主要涉及诸如大型上市公司的实力与本质、上市公司的社会地位、本书欲实现的目标以及阅读本书的重要性等问题。

1.1 背景

商业公司是当今社会必不可少的一部分。这种实体对我们的日常生活影响巨大，甚至和我们的一切行为活动都息息相关。商业公司已经以其现有模式或与之极其相近的模式存在 150 多年。令人尊敬的 Michael Kirby 大法官（一位在当时具有权威发言权的澳大利亚高级法院法官）在庭外曾发表过一些关于上市公司的观点：

> 创立由董事管辖且对股东负责的独立公司是明智的想法。上市公司之所以能够向社会集资，是因为在多数情况下，投资基本不会危及个人财产安全，股东也不必参与公司运营活动。否则，这种集资方式一定很难奏效。[1]

Michael Jensen 也曾发表过类似的言论，他表示，上市公司降低了资本运作风险，并通过大量投资者投资组合的方式实现了风险的分散。[2]然而实际上，上市公司的本质及运作模式的问题已引发了无休止的争论。目前，这些与上市公司有关的基础性问题仍旧困扰着我们。[3]之所以如此，部分原因无疑在于作为资本主义经济财富的创造团体——上市公司所处的地位弥足轻重。[4]

人们经常说，公司在世界贸易的运行过程中扮演着至关重要的角色。毋庸置疑，在世界绝大多数地区（即使不是全部），很大一部分经济活动是依靠公司来完成的。[5]并且，在世界范围内，公司已经成为占统治地位的经济组织形式。在美国，几乎100%的国民产出都有公司的助力，虽然这其中也包括私营公司（封闭公司，close corporation）的贡献。[6]毫不夸张地说，在时代的变迁过程中，公司的社会地位发生了巨大的变化，它从小的商业投机活动发展到如今我们所看到的多国经营的伟大事业。Leslie Hannah曾说过，就英国而言，仅20世纪一个世纪，其工业就从"小型竞争型公司的分散发展模式演化到现在由大型垄断型公司占主导地位的集中发展模式"。[7]但是，在逾一个世纪的时间里，上市公司一直是资本主义的一种初级运营机构，[8]并且其成功创建了一种方便物权管理、财产控制、资本积累以及组织生产的方法。[9]很显然，总体而言，公司是世界商业活动中最为广泛的应用模式。[10]

如今的上市公司通常是复杂组合团体的一部分，这类团体在不同的工业和商业部门运营，并且内部存在着不同层级的子公司。公司拥有专业的管理方法与科学精准的运营架构。许多公司的全球影响力正在持续增长。2000年，政策研究院（Institute for Policy Studies）公布的一份数据显示：世界上最大的100个经济实体中有51个是公司，49个是国家；[11]20世纪90年代末22个美国公司的市值超过了22个国家的国内生产总值，包括被视为世界重要经济体的许多国家，如西班牙、波兰。[12]日立公司在20世纪90年代末位于《财富》500强中的第16名，其每年的产值超过了当时排名世界第40位的菲律宾的国内生产总值。[13]这种情况在今天并没有改变，一份2002年的数据显示，在世界最大的100个经济实体中公司的数量已经增长到52个。[14]

所有的公司，无论其规模大小，也无论它是本地的或是跨国的，在整体上对促进经济发展都起到了基础性、多维性和推动性的作用。[15]上市公司作为其中的一种重要类型（也是本研究所主要关注的一种类型），所拥有的巨大社会力量是不容小觑的，它们的任何行动都对我们有至关重要的影响。上市公司参与了许多种商业活动的运营，其中一部分公司的交易范围遍布全球，每年要综合运用千万计的英镑、美元、欧元和日元。事实上，人们早已发现，若非公司的出现，现在许多广为世界人民所熟知的企业仍旧停留在本地所有和管理的闭塞阶段。[16]但是，我们不能仅把公司等同于经济领域中的巨人，其触角已经深入社会的各个领域，如社会事业领域与政治领域。[17]举例来说，公司可以被视为社会计划推动的倡导者，它们借由这种方法彰显自己在社会中决定性的影响地位。[18]公司拥有大量的土地和惊人的财产，它们签署大量的合同并雇用数百万名员工为之劳动。公司在履行自己作为雇主的责任时，在很多领域里实际上也肩负着解释与践行政府政策的重任。也正因为如此，它们可以借此在自己参与运作的社区里和他人讨价还价，使他人被迫做出让步而让公司获得额外利益。社会上曾流传这样一种说法，美国"被一群不拿政治当回事的跨国公司掌控着"。[19]更重要的是，它们的投资决策实际上影响着特定商业部门的发展速率。[20]我们无法回避这样一个现实：许多公司充分运用了其所拥有的强大力量，享受了处在交易优势地位时的好处。比如，目前西方国家的许多大型超市凭借其足够强大的实力有意压低市场交易价格，对那些在不公平价格下仍勉强与之交易的供货商颐指气使。

显而易见，大型公司通常可以操控产品生产的内容、方法、时间与品质，[21]而这实际上给大公司带来了毁誉参半的名声。英国工业联合会（The Confederation of British Industry）曾在1973年时表示："我们的生活模式取决于我们的商业活动及商业模式，而商业模式又在很大程度上与我们的公司的活动及模式息息相关。"[22]

这句话在今天比在40年前听起来更加真实。所有这些都意味着公司赋予了公司管理者极大的权限，特别是在今天，公司章程或公司细则赋予了董事会管理公司事务的权力，[23]也决定了公司内部的权力分配。在公司里，董事不仅权力范围很广，而且可以单独行使这些权力；在某些管理范围内，公司股东能做的唯一事情，就是通过股东大会做出的特殊决议来修改公司章程或细则。[24]在其他的地区，如美国，相关规定更为严格。只要董事在其权限内行事，即使全体股东投票一致通过的决议也无法控制董事，或影响其行为效力。[25]

尽管政府机构实际上决定着社会中法律的应用问题，我们却可以从众多大型公司对政府机构相关事务的参与和影响程度中窥见其社会影响能力之强弱。[26]曾有人说："公司实际是在私有制范围内利用社会资源、创造财富的合法平台。"[27]当然，也有一部分公司在诸如电信、自来水、电力、天然气等重要公共行业为人们提供服务。Thomas Donaldson[28]也曾表示："公司对社会主流事件具有影响力，且这种社会主流事件不仅限于经济层面，也包含社会层面乃至政治层面。"[29]在近来的经济衰退期，不少公司要么决定裁员，要么决定为其工厂重新选址，这些行为便是上述观点的极佳例证。就大型公司而言，其运用被 John Parkinson 称为"社会决策功能"[30]的能力引发了社会大众的关注，因为公司的每一个决定都会产生相应的重要社会后果。虽然在做出决定时可能只是从公司角度出发，但其所产生的社会后果却不容忽视。[31]然而，Sally Wheeler 指出，公司是万能的观点是不准确的，因为有很多例子可以证明政府和法院限制着大型公司的权力。[32]同时，公司运营依赖现实中的众多因素，包括政治环境、社会环境和经济环境。除此之外，也有明确的例子表明一些公司的经营状况已经"超越了国家法律的规定"[33]，从而影响到政府政策和法律制度。[34]所有这些都可能诱使公司去选择市场构成和获得政治利益。[35]这些更导致某些人断言，公司不仅仅是私人机构，而应该被视为负有社会责任的公共机构；公司应该以某种方式像政府一样为某些事务承担责任。[36]尤其是在欧洲，公司对公众利益相关的责任一直受到密切关注，同时以下观点一直被普遍强调：公司成长得越强大，其公共利益责任也应随之增大。[37]早在多年以前，公司注册成立章程已经非常明晰地阐述了公司的目标；在十八、十九世纪有着深远影响的英国东印度公司，其章程也对公司目标有明确的表示，即"为公共利益服务"。[38]

实际情况是，公司不仅仅在市场和商业界扮演着重要角色，同时也影响着普通人的生活，因为这些人或者被公司雇用，或者作为顾客向公司购买商品，或者是公司所在社区的居民。Mary Stoke 对此做出了简洁的结论：

> 公司作为一种组织形式，其重要性堪比国家。公司不仅是雇用我们的资本和劳动力资源的主要机构，也是我们社区中的商品和服务的主要提供者。[39]

大型公司的重要性可以通过多种途径表现出来，尤其是公司的倒闭会导致巨大的社会骚动。这样的事情在很多国家都发生过，澳大利亚的

HIH 保险集团便是一例。该公司于 2001 年的破产，[40] 对澳大利亚的社会产生了巨大的影响，澳大利亚政府为此成立了皇家专门调查委员会，调查 HIH 公司的管理和转让情况。皇家专门调查委员会委员 Justice Owen 在形容这一事件的影响时如是说：

> HIH 是澳大利亚最大的住房建筑市场保险公司，它的破产使建筑产业遭受重创。业主因此失去了强制房屋保修保险，居民住宅的主人发现针对有缺陷的建设工程的赔偿已无处获得，建筑商由于不能获得保证保险无法持续运营。为了阻止对建筑业的损害进一步扩大，单单施工建筑行业的损失就使政府花掉了上百万美元的公共资金。还有很多受该破产影响的个人和社区困难的案例，每一例的破坏性都巨大。[41]

当然，HIH 的破产无法与大型国际金融服务公司雷曼兄弟的倒闭相提并论，但是对受到破产影响的大多数澳大利亚人及某些外国人而言，其影响却是空前的。

自 Adolf Berle 和 Gardiner Means 在 20 世纪 30 年代初期的开创性工作以来，在英美及其他国家中，通过相似的法律和商业实践所建立[42]起来的上市公司，就因其所有权和控制权分离的原则而驰名。也就是说，拥有公司的人或者至少拥有公司一部分股份的人并不管理公司。控制权掌握在专业的经理人手中，也就是我们熟知的执行董事或者经理。这主要是因为在英国和美国，股权分散在大量的股东手中，因此并不是所有的股东都能够参与到管理的各阶段中。[43]然而，在其他国家，尤其是德国和日本，股权集中在相对较少的股东手中，主要是集中在银行、保险公司和其他机构手里，这样的股东便是大股东。[44]

1.2　目标的必要性

所有有目的性的活动都需要制定目标，公司同样也不会例外。公司是一个实体，它的"定义特点是实现一个特定的目标或者目的"。[45]正如 Micheal Jensen 所言："每一个组织都试图提出并回答下列问题：我们试图去完成的任务是什么？"[46]他特别指出，为了构建公司治理的系统，必须着眼于目标。[47]尽管上市公司的重要性不言而喻，但是多年以来，公司的实际目标究竟应该是什么这一问题一直都没有得到确定的答案。因为大多数法域的公司法都没有明确阐述公司的目的。应该承认，尽管公司目标各有不同，但每一个公司都会通过它的董事会建立属于自己的目标，这是成功运营公司的必要条件，[48]除此之外，公司在设立时，通常都会将目标设定在公司章程或大纲之中，例如"开展建筑承包业务"或者"开展服装零售业务"。[49]在多年的实践中，大量的公司在制定公司目标时都使用着标准的样板条款，其中所包含的公司目标范围极为宽泛。公司的优先目标将必然随着公司的规模、中心和战略的变化而改变。作为管理战略的一部分，董事的考虑也许会集中于以下指标，如会计盈利能力、股票收益、客户价值、市场份额、公司成长、雇员满意度、供应商盈余或者实现社会回报。[50]本书的论据在于，无论董事基于何种目的设立公司，所有的公司都需要一个终极目标。无论董事构建出什么样的公司目标，该目标必须与整体社会利益相一致。[51]本书将在后面的章节中探究与公司目标设立相关的问题。

在公司法研究方向和专业领域享有盛名的美国法学教授 Robert Clark 曾说，公司的目的是一个"非常多样的、包容的、广泛而无限度的"概念。[52]这主要是因为法律并没有规定公司的目标，法律只关注公司的目标是否合法。《组织科学》（*Organization Science*）的一位副主编曾经说过，确定企业的目标，"无论在理论上还是在实践上，都是我们当今面临的焦点问题"。[53]同时，公司目标也是一个课题，在许多学科中都有大量直接或间接的相关文献，这些学科如法律、金融、经济学、组织行为学、伦理学和社会学。有诸多理由支持公司目标的确立是至关重要的。例如，公司目标能够确立公司需要实施何种治理模式，应该对董事课以何种责任。如 John Farrar 所言，在处理这个问题时需要注意的是"我们对于公司法定目标缺乏清晰的界定"。[54]

公司目标之论绝不是什么新的议题。关于什么是公司的目标或者目的的辩论已经持续多年，[55]这些辩论一般围绕着两种占主导地位的理论展开，即应该遵循股东利益至上理论还是利益相关者理论。尽管公司目标的问题已经被议论得"令人生厌"，[56]但这是一个永恒的问题，[57]有关它的辩论还远远没有结束。[58]该问题本身的复杂性、该问题在研究过程中不断产生的新问题及与该问题有关的众多关联因素决定了这场争论的旷日持久性。[59]

　　人们普遍认为，商业公司是为了创造利润而存在的。有些人甚至坚称，公司的存在是为了实现利润最大化。[60]将利润最大化视为公司存在的意义虽有道理，却是非常浅显和表面化的解释，[61]多少有些含糊其辞，不应该是公司存在意义这一问题的绝对属性和本质特征。事实上，将利益最大化视为公司存在的意义对私有制公司而言未尝不可，但对那些拥有复杂结构的大型公司而言却不甚恰当。因为大型公司还肩负着对社会大众乃至整个国家相关利益的社会责任。Elaine Sternberg 曾批评过[62]这种仅在"利润"一个层面界定公司存在意义的做法。他认为综合各方面因素考虑，公司存在的意义具有非常丰富的内涵，甚至存有管理学层面上的重要意义。[63]此外，Elaine Sternberg 还声称，这种以利润考量公司存在意义的方法会使公司董事会更加注重公司的短期发展成效。[64]Charles Handy 将利润是公司存在的目标这一观点称为荒谬的说法。[65]早在 1959 年，Robert Anthony 就曾反对过以利益最大化作为公司目标的经济理论。[66]1976 年，著名的经济学家 Milton Friedman 却为这一观点做了有力的辩驳。[67]当然也有其他人认为公司这一经营模式存在的目标在于促进社会财富的增长。[68]这种观点的不足之处在于其对社会财富的定义是模糊不清的。并且，这种观点还会激起大家心中的另一个疑问——这种社会财富是如何取得的？另一位评论员[69]认为公司股东的满意程度才是公司的目标，此种观点将人们从"公司股东是一个单纯的经济角色"的惯常思维中解放出来。本书所关注的一个核心问题是确定在认定公司的经营目标时公司所应采用的模式。确定相关模式后，我们仍需要面对另外一个目前许多学者认为很棘手的问题——该模式应如何具体运行？

　　人们常常认为，有关公司目标这一问题的探讨始于 20 世纪 30 年代早期两位美国法学教授 Adolph Berle 和 E. Merrick Dodd。从那时起，对于这一问题的争论就一直在升温，尤其是在近 25～30 年间，争论尤为激烈。不难发现，目前在大部分有关这一问题的两种主流理论体系的支持者的观点中，都能看到 Adolph Berle 或 E. Merrick Dodd 的观点的影子。关于公司目标这一问题，Berle 认为，公司管理者持有公司财产是为了公司股东的利益，且管理者行动的目的是为了实现股东财富的最大化；[70]Dodd 却认为，公司的管理者就像是公司的信托管理人，他们须考虑更广泛层面的利益。[71]但是我们忽视了这样一个事实：Berle 曾经承认,[72]无论是他本人还是 Dodd，都更倾向于接受一种和我们今日所熟知的利益相关者理论更为贴近的观点，但是这种方法似乎并不具备实际操作的可能性。他由此断定：除非有人可以提出一种明确、合理且可行的方案说明公司需要对股东以外的人负责，否则就不能推翻商业公司的存在仅仅是为股东创造利润这一观点。[73]Berle 将股东利益至上理论视为减少公司管理者参与投机行为的一个次优办法,[74]但他认为这种理论比利益相关者理论更为切实可行。

在 Berle 和 Dodd 的理论贡献基础之上，本书所着力解决的一个问题是：上市公司的董事该如何管理公司事务。这个问题事实上也常常被人们所提及，因为它与公司目标这一问题的答案息息相关。公司董事的行为是为了实现公司目标，而公司目标反过来也会为公司董事的行为导航。本书需要解决的另外一个主要问题是，公司在运营过程中如何分配所创造的利润。人们常说，在公司法中，没有什么问题比公司是为了实现谁的利益而组织生产活动更为重大的了。[75]关于此问题，将在第 8 章详细讨论。

1.3 公司

公司最与众不同的地方在于其特殊的结构。很显然，它们不同于自然人，而是法人，在一系列的登记注册过程之后被赋予了法律人格。在拥有了法律人格之后，公司就拥有了从事许多自然人可以从事的事务的能力，如拥有财产、签署合同、参与法律程序等；但更为重要的是，它们还有与自然人不同的地方，即享有永久的存续权。法人的存续权实际是指其在人们能够想象得到的时间范围内长久存在。事实上，在商业世界里面有许多公司存在了数十年乃至上百年之久。

公司是一个机构，该机构可以被有共同经营意愿的人们高效地、富有创造性地运用。生产大宗货物或提供多种服务的时候，自然需要投入不同的资源，如财务资源、风险承担服务（risk-bearing services）、决策意见等。[76]上市公司很好地迎合了经营者的这种需求，因为它能够有效避免个人之间因为市场交易而产生的相关费用。上市公司（通过联合拥有不同资源的人群）这个平台可以处理一切交易并降低交易成本，比个人经营更具经济效率。

依据著名经济学家 Ronald Coase 的观点，公司使不同资源（如资本和劳动力）的集结成为可能，且这种集结不以烦琐地具体讨论每项资源运用为条件。[77] 这种资源利用的方式其实可以在之后的交易活动中广泛运用，当其普及时，就可以利用从这些交易中节省出来的钱支付公司的开支及运营成本。

公司的性质到底是契约论者所宣称的无任何社会公共责任的私有企业，还是社群主义者倡导的负有公共义务的公共机构，这一问题在本书中被反复提及探讨，但这并非本书所强调的重点。同时，本书也不致力于对公司责任问题做深入的剖析，尽管对该问题的研究有助于帮助我们聚焦本书所真正关注的问题——发现公司目标与检验股东利益至上理论及利益相关者理论。当然，本书不致力于探讨公司责任问题并不意味着这一问题不重要。恰恰相反，这是一个对我们至关重要的问题。本书的绝大部分内容都表明公司是有其责任的，但是公司的存在并不是为了彰显其责任范围或是检验其履行责任的能力。[78] 我们必须承认，公司责任不能等同于公司目标。

众所周知，公司曾经是为了社会公益而存在的，[79] 在美国公司发展的早期阶段，人们也倾向于将公司视为社会组织。[80] 在英国的立法中，从未明确地为公司定性。法律将在立法层面上解释这个"神秘词语"的任务留给了法庭。[81] 在著名的 *Saloman v Saloman and Co Ltd* 案中，最高上诉法院委员会在一定程度上完成了此项任务。[82] 有关此案及其影响的相关内容将在本书第 5 章中详细探讨。

同样，本书也不在任何细节层面上检验公司所实际拥有和运用的权力大小。但是，正如前文所述，那些表明公司有对个人乃至国家产生社会、政治、经济重要影响力的说法是毫不夸张的，公司有时甚至会拥有影响全球的力量。[83]

最后，可以说上市公司本身具有集结资源的能力，而这一点加速了其积累资本的过程，方便公司在经济市场上渔利。

1.4　本书中的特殊争议问题

本书所真正想解决的核心问题是："对于大型上市公司而言，什么应该是它的终极目标?"在很大程度上,对于该问题的解答可以视为一项规范性研究,因为这项研究旨在通过分析现有上市公司目标问题的主流理论,创建并解释一种新型模式,从而最终对公司目标这一尚未在法律层面上得到确切答案的问题做出合理解释。本书同样试图清楚地表述公司管理者将要如何应用该模式,以及该模式如何强调与公司参与商业活动行为有关的重要而复杂的问题。

本书主要关注上市公司。很显然,在谈及上市公司目标时,其背景环境、所处地位及能动性与目前在绝大多数区域内占绝对统治地位的封闭公司或私营公司是不可同日而语的。但是,就个体而言,私营公司所拥有的能力及其能力覆盖范围都远不及上市公司。

1.5　研究背景

上文曾提到,在公司目标问题上长期存在着两种主流理论,它们是股东利益至上理论(价值理论)和利益相关者理论。针对该问题而展开的著述大多是以这两种理论为基准的。而这两种主流理论在处理公司目标、治理机制及与之相关的安排问题时是持截然相反的观点的。[84]当然,在两种主流理论观点之间我们还可以找到一些其他理论,例如,管理人职位及职责理论、金融理论、政治相关理论。[85]但是这些理论并没有赢得太多的关注,也鲜有详细阐述。关于这些理论,我和部分学者持相同观点,认为它们只是获得某些相对边缘的团体支持,且它们在本质上都是从两大主流理论中衍生出来的。[86]

就公司目标这场争论而言,核心问题是:公司管理者究竟在为了谁的利益而管理公司?从股东利益至上理论的角度出发,正如该理论的名称一样,管理者应该以公司股东为核心,将股东利益置于其他可能与公司发生冲突的团体利益之前,努力实现股东利益的最大化。与之相反,从利益相关者理论出发,管理者要考虑所有利益相关者(包括股东)的利益,董事管理公司事务不仅仅是为了股东的发展,而应该平衡多方利益相关者之间的利益。很多人评论,这些理论所创建的有关公司目标的模式要么没有令人满意的标准,要么缺乏现实的执行力,要么两者都不具备,且每种模式都有一些固有的缺陷。

　　虽然对于公司目标这一问题，我曾一再强调要聚焦在与之有关的法律层面，但是由于种种原因本研究却不得不考虑法律之外的相关因素。在此，仅介绍以下三点原因。第一，在其他学科中，有不少著作作者对于与公司目标相关的一些问题有非常独到且深刻的见解值得借鉴；第二，本章在前面曾提到，公司在我们生活和工作的社会中起着至关重要的作用，要想获知公司目标问题的准确答案，必须从社会与法律的综合层面去寻找；第三，公司目标作为一个对公司影响巨大的重要问题，在许多学科领域内都被列为重要研究对象，此时若抛开其他学科的知识而仅从法学层面出发，则在绝大多数情况下是无法实现将此问题彻底研究这一目标的。下面我将具体提及与公司目标问题相关的因素及其相关性原因。其中，法律因素是至关重要的，除了因为本书已提及的法律理论，还因为成文法和判例法都曾对公司目标有所描述，这些信息需要进一步分析和综合整理。此外，公司的合并会导致具有重大意义的法律结果。至于金融与经济（我并不是想将两门学科混为一谈，但是出于当前的讨论需要，我把二者放在一起），它们对与公司法有关的任何因素都意义重大，尤其是自 Coase 以来，人们已经习惯用这两个学科的知识对公司及与之有关的基本理论因素做出评论，并将之视为一种传统。伦理学学者早就对公司及与之相关的道德因素有所研究，其中包括公司能力、公司责任、公司存在的合理性、公司的本质以及可能对商业生活产生影响的事件中的道德因素，这种研究在近些年来尤其深入，而学者们也依据研究结果做出了相应的评价。必须承认，对道德因素的考量是必然的选择。组织行为学学者也曾检视公司的运行并对与之相关的系列事项做出了评价。值得一提的是，他们之中许多人由此形成了一些利益相关者理论的观点。

　　需要在此做出申明，为了完成本书的研究工作，我选取了"company"一词指代公司，因为该词在英国和爱尔兰广泛使用。至于美国、加拿大、澳大利亚及世界其他地方的读者似乎对"corporate"一词更为熟悉。总而言之，company 与 corporate 两者词义的区别和其复杂的历史原因有关，这里并不打算就两个词的区别做具体解释。在本书中，也曾在引用他文时用到"corporate"一词指代公司，且在为这些引用做具体批注与评论时也会将这两个词互换使用。

　　本书在行文过程中并没有将研究内容限定在某一特定司法区域或世

界的某个地区内，但确实是以英美法系中的法律规定及法律实践为关注点的。所谓英美法系，是指与英国或美国的法律规定与法律实践相符的司法体系。应用此司法体系的国家除了英国与美国外，还包括爱尔兰、澳大利亚、加拿大、新西兰。至于那些与英国法律、美国法律和英美法系不相融合的司法区域，可以要么对英国、美国法律体系中有关公司管理的内容有所参照，要么直接加以应用。比如在有关公司小股东利益的保护条款及公司董事信用责任的应用两个方面，都可加以参考。特别是发展中国家，它们在处理公司经营管理问题时大都参照或直接引用了英美法律体系中的相关规定。虽然本书意欲集中关注英美法律体系下的公司，却不想将本书探讨的对象局限于此类公司。我承认，由于文化、社会、历史、政治等方面原因，有关公司的管理方法及相关法律法规即使在一国可以良好适用，并不代表将其移植到另外一个国家也可以成功运作。[87]

1.6　本书重点

由于上文提到的两种理论在公司法领域内占有统治地位，本书将以务实性和批判性的眼光对其加以评析。这两种理论在理论界统治地位的取得及其受欢迎的程度本身就预示了它们需要接受一场细致而深刻的检验。此外，本书聚焦于一种新的模式，此种模式被称为实体最大化及永续性模式（entity maximisation and sustainability model，EMS）。该模式将公司（company）视为一个实体（entity）或企业（enterprise），即一个拥有独立权利和投资者分离独立存在，且不因投资者的变更而影响其存在身份的实体。本书在介绍完其最重要的特征之后，将从不同学科视角出发，结合有关公司的相关理论和实践经验对实体最大化及永续性模式加以解释和评析。

本书的其余部分将聚焦于实体最大化及永续性模式的应用，并希望将其发展得更为完善。当然，这需要在对其应用做更深一步分析与更细化探讨的同时，对该模式运行过程中产生的相应问题进行剖析。具体来讲，本书探讨了如下问题：确定实体最大化及永续性模式应用能力及其运行途径；在实体最大化及永续性模式下，公司投资者的认定、角色分配及投资回报；公司董事对于投资者利益冲突的解决方式；确定公司管理者在应用实体最大化及永续性模式后的行为导向；评估实体最大化及永续性模式的可行性；探讨公司利润分配问题。

1992 年，前美国特拉华州衡平法院大法官 William Allen 曾在法庭之外写过如下评论，[88]他认为社会在确认公司目标这一问题上无法达成共识。也许他的观点是正确的，但本书希望至少构建出一个可以引发对该问题进一步思考的模式。

1.7　本书所述争议性问题的重要性

本书的重要性首先体现在其对公司目标进行了定义，这点在前文也有所提及。公司目标在今天被视为横在我们面前的最重要的理论和实践障碍，[89]并且无论是从直接还是间接角度来看，公司目标都是多门学科著述中必不可少的撰写题材，这其中包括法律、金融、组织行为学、伦理学和经济学。最近，人们纷纷表示，这个问题的解决已经越来越重要了。[90]因此我们不应该因为解决起来困难就搁置该问题，而是应该对其进行更深一步的探索和检视。Henry Hu 在很早以前就曾表示，公司目标这一问题在公司财政和公司法中有着至高无上的地位，因为其无处不在并且对公司所做的每一个决定都有指导意义。[91]我认为，公司之后的发展轨迹验证了 Henry Hu 断言的正确性。公司目标问题之所以还没有得到解决，一个重要原因是，它处在一个异常复杂的结构之中，这种复杂性加剧了解决它的难度。[92]第二，要解决公司目标这一问题，需要立法者和法院从法律层面上奠定坚实的理论根基，而目前这一方面却相对空白。基于此，我们需要开发并应用一个帮助确认公司目标的模式。这种模式会对法律的研究和创建有所帮助，因为它可以为学者提供评估公司及董事的新视角。迄今为止，人们要么倾向于集中关注前文所提到的两种基础理论（这两种理论在第 2 章和第 3 章会详细探讨），要么倾向于以其中一种理论为脚本做出相应非实质性修改。本书希望能为读者研究公司夯实基础，为学者提供有关公司行为研究的深刻见解，并为公司行为提供指引。

第三，公司之所以需要具有明确的目标，是因为公司目标是董事在履行自己职责时的向导，同时也有助于公司董事在一个合理情境下定义自己所处的地位及担任的角色。[93]

第四，人们普遍认同，确认公司目标是有效开展公司管理活动的前提，因为它能够帮助公司构建公司管理体系。[94]

第五，如前文所述，必须将公司目标与公司责任这两个概念区别开来。只有界定了公司目标，才能厘清其与公司责任之间的关系。绝大多数人都认同公司是有责任需要承担的，但是大家对有关公司责任的内涵、大小、发展方向等问题却各执一词。[95]

第六，Elaine Sternberg 说过，商业目标对道德具有决定性作用，[96]笔者认为此观点具有一定的正确性。显而易见，（在商业活动中）即使行动者具备了目标意识，我们也不可能把所有事情与道德扯上关系。因此，我认为给 Elaine Sternberg 的观点加些批注，将之理解为目标会在很大程度上对某一特定行为领域内的道德起决定性作用更为合理。

第七，目前市面上有很多关于股东利益至上理论与利益相关者理论的著述，这些著述大都选择了两种理论中的一种作为自己的立足点，而将另外一种与之相左的理论作为攻击对象。本书致力于从更深层面上尽量客观公正地同时检视两种理论。

最后一点，也是最重要的一点，公司目标可以被视为推进社会福利整体进步的加速器。[97]

本章在前面的部分曾提到，对公司目标及其存在意义这一问题之争已经持续了许多年。（人们也许会问）如果上述情况属实，为什么还要出版另外一本书再次强调公司目标这一问题呢？这是因为公司目标问题将长期存在，而本书的出版有其特殊的价值，譬如可以彰显这一问题的重要性，再如本书所涉观点可以作为未来研究该问题的素材。当然，还因为公司目标问题是一个长期存在的问题，对该问题的争论不应该阻断对该问题研究的进程，尤其是当相关著述（如本书）的出版并不是为了重复那些已经被分享过的观点，而是为了对现有主流观点做拓展性检视，以及为这一问题提供创建性发展思路的时候，对该问题的研究更应该坚持下去。本书主要想达到的效果是，在我们已经停留了多年的理论基础上有所突破，即冲破以往的以两种主流理论（股东利益至上理论和利益相关者理论）之一为基础的一元化辩论模式的束缚，并打破一元化立场下创建的不协调的概念系统。[98]在不同的时空领域内，两种主流理论中总会有一种凸显优势，占据主导地位。但是从历史观的角度看，统治性地位这个头衔在两种理论之间也是左右摇摆的。虽然在20世纪开始的七八十年时间里，[99]有关公司目标这一问题的争论并没有上升到白热化程度，但最近25~30年间争论的程度明显日趋激烈。[100]

　　绝大多数争论都是围绕着两种主流理论展开的。我曾在一篇论文中例证了这一事实，但仅仅将这两种理论视为可能提供公司目标的一般理论。[101]目前市面上许多著作都止步于关注两种理论本身，本书有所不同。在深入研究两种理论之后，本书企图抛开这两种理论另辟蹊径，通过开发一种新的模式，提供一种探究公司目标的全新方法。此外，本书还想针对该模式在公司体制下实际应用效果这一问题展开调查。虽然这种新模式（学术界可能会对该模式发难）需要被两种主流理论检验，并且需要与两种主流理论融合，但是本书不会重复以前的陈词滥调。将在第4章介绍的新模式将有关公司目标问题的讨论引向了另外一个新的方向。本书想要达成的效果，绝不是为现有主流理论的任何一方寻找有效攻击另一方的有力论据，而是为现有问题的解决提供新思维、开辟新疆域。

　　虽然目前人们围绕着股东利益至上理论和利益相关者理论这一主题展开了激烈的争论，但这两种理论的实际发展程度是无法与本书所涉内容的深刻性相匹敌的。同时，它们也不如本书介绍的模式那样有深度。我们发现，到目前为止，学者们提出的所谓观点或发展出的所谓理论，无论是专门针对一些特定观点进行反驳，还是着力解决某一特定问题，都没有跳出股东利益至上理论或利益相关者理论的框架。关于两种理论的争论最终表现为对另一更为具体问题的思考，即公司究竟是单纯为了股东经济福利的丰饶而存在，抑或公司实际上是一个更为广博的概念，需要参考其他方面的价值去评估？[102]在过去，两种理论的拥护者都非常自信而肯定地标榜自己支持的理论优于另外一种。Henry Hansmann 和 Reinier Kraakman 就曾为股东利益至上理论做了优势性评论，[103]而现代利益相关者理论之父 R. Edward Freeman 曾断言利益相关者理论无比卓越。[104]值得庆幸的是，近些年来，人们对此问题有了更为精准的认识——对于该问题的争论尚未完结，目前也并无定论。[105]我承认，本书并不能（在实际层面上）终结这场辩论，实际上本书也并不以此为目标。本书真正希望达到的效果是：书中的内容激发学界进一步研究的热忱，并且使人们在研究时更加关注公司实体本身，而不是关注对公司管理、行为及绩效感兴趣的某一部分群体。

对于公司目标这一问题，绝大多数司法体系在历史上并没有明确的立法判断或司法解释，[106]以至于公司董事对这一问题并没有明确可供参考的答案。在这样的背景下，我们似乎被迫沿着传统学者的思维模式进入了一场重大问题的思维混战之中，（当我们因为辩论无果而显得筋疲力尽的时候）美国 2001 年和 2002 年的公司丑闻让我们重燃了辩论的热情，而这场辩论的双方当然是支持股东利益至上理论的学者和支持利益相关者理论的学者。上述两种理论建立在两种截然不同的规范前提下，[107]任何一种理论都绝不受到另一种理论拥护者的赞同。[108]虽然对于两种理论各自的运营模式已经有诸多具有重要影响力的评论，但是在探索两种理论共生平台这一问题上学界却收获甚微。

显而易见，当代的上市公司是一个人和经济交融而成的复杂企业，其复杂程度远超过传统股东利益至上理论所倡导的运营模式。[109]如此，（我们可以认为）开发一种新的运行模式其实是现实驱动的结果。简单来说，旧有的主流模式是以过去的社会背景为基础而设计的，在现代应用过程中存在着明显的不适用问题。当然，也可以这样理解现实对运行模式变化的驱动——随着商业的发展，公司需要做出相应的改变。[110]

目前，从不同的角度去认真思索公司目标这一问题已经是大势所趋了。人们普遍认同，Daily，Dalton 和 Canella 关于公司治理的主张同样可以应用于公司目标的确定：

> 对于公司治理模式的选择，学者更倾向于以单一概念囊括所有公司类型的单一化应用模式，而不是具有多元淘汰机制的选择型应用模式。只在极个别的情况下，主流公司治理模式及其理论（如对于公司独立治理结构的偏好），以及对过去研究方法论与成果的批判性研究，才会受到学者的反对。而这种研究态度很难推进公司治理模式的发展。[111]

前些年，Jay Lorsch 在一项广泛开展的有关美国公司董事的研究中发现，公司董事对于"公司目标到底应该是什么"这一问题的答案并不清楚，他们也因为找不到有关这一问题的权威指引而苦恼不堪。[112]我们都知道，确认公司终极目标是至关重要的，因为公司所有的行为都应该围绕其终极目标展开。相应地，公司目标也应该具有相对宽泛的包容性。在公司目标的指引下，公司董事会应该能够明确有关问题处理的大致方向，如董事会应如何处理公司事务、在公司运营过程中何种商业利益应得到满足等。公司董事需要对他们的行为负责，在公司中设置相关机制明确体现对公司董事的这种要求非常重要，公司目标就是此类机制，可以根据行为是否符合公司目标这一标准评判公司董事是否需要承担相应责任。[113]

最后，公司法审查督导小组（Company Law Review Steering Group）——在 20 世纪末及 21 世纪第一年对英国公司法进行检查回顾的组织，曾经提及公司的终极目标这一问题，[114]并耗时多日研究该问题，[115]但并没有得出确切的答案。即便如此，这至少证明了公司目标问题是一个非常具有研究价值的问题。

1.8　公司理论

有这样一个问题，它让散布在诸如法律、金融、商业伦理、组织行为学等不同学科的许多学者花费大量时间去研究，事实上，这些学科的学者很可能比本书所涉学科的学者花费了更多的时间去研究这个问题——公司理论。有关该问题的研究包括公司是什么，公司存在的意义等。[116]当然，本书并不致力于解决公司理论问题，（但需要注意的是）这个问题是不可忽视的，因为对此问题的妥善回答是找到公司目标确切详尽答案的有力保证。必须明确，在大量有关公司的著述中，公司理论问题而非本书的主题被反复提及（只是被非常模糊地书写），以至于有时候我们会将"公司"概念和"公司目标"概念相混淆（本书当然也提及了公司理论这一问题）。虽然如此，本书的重要方面还是具有较高的相关性且值得提及。本书并不在直接层面上检视公司目标，而是对许多资料提出的公司目标即利润最大化的假设提出质疑。著名的经济学家 Harold Demsetz 曾说："新古典主义理论运用'利润最大化'方式指导其逻辑推理，因为这似乎是一种灵敏并且容易为人们接受的决策标准。"[117] Harold Demsetz 还说过，这种标准看起来更像是从人们脑海中衍生出来的一种杂乱无章的标准。[118]如本章前述文字所言，在考虑公司终极目标的时候,将之简单归结为创造利润的想法是极其肤浅的。

值得注意的是,目前人们围绕着公司性质展开了激烈的争论,一部分人认为公司是一个和其成员分离而独立存在的实体;另一部分人则认为公司实质是个人的集合,公司本身是虚构和抽象的。本书第 4 章详细讨论该问题。

有关公司的所有理论,我们不可能一次性全面而细致地讲解。想要一次性提及从主要理论衍生出来的各种发散理论则更是不可能实现的任务。此处,将主要探讨三个领军学派倡导的三种公司理论。必须提醒大家,由于公司理论问题并不是本书研究的核心,在此只介绍有关理论的概况。同样,也希望读者理解,对于在书中反复提及的理论,我并没有强调的意思。我承认,并不是每一位学者都会与剖析其观点的人拥有绝对相同的学术眼光。为了保证本书撰写核心明确,对于公司理论,我只做简要的介绍和讨论,并将此作为本书撰写的背景和后文介绍的铺垫。在即将介绍的理论中,有一部分已取得不小的成就,这些成就对于解决公司目标这一问题非常有帮助。

首先,我们需要考量法律经济学派所倡导的理论。有关公司法律任何一个方面的理论都可以从法律经济学派的著述中找到翔实的根据。有关公司理论的著述数量巨大,因此我们不讨论法律经济学派的卓著贡献。我们的讨论从宏观层面展开,同时承认,并非所有学者都对本书明确表达的所有学术观点完全赞同。

法律经济学派学者认为,公司以私人利益为导向,并非公共服务机构。该学派的学者更多地接受了与公司有关的经济学理论,而对于相关法律范畴的理论却避而不谈。[119] 在此我们需要注意的是,Ronald Coase 提出了有关公司本质的相关理论并引发了一系列讨论,虽然讨论已经持续了 70 年,但是人们对这一问题仍然莫衷一是。[120] 现在很多法律学者在处理与公司有关的问题时更倾向于运用相关经济学术语。而事实上,法律学者和经济学家在相关术语的表达上是存在一定的出入的。对于这一现象,我们可以从"合同"和"代理人"两个术语的解释上窥见一些端倪。经济学家在界定"公司"这一概念的时候,要么极端轻视与之相关的法律原则,要么就干脆对这些法律原则视而不见,直接将公司的一些法律特质屏蔽在公司的经济学概念之外。[121] 当然,目前也存在一些基础性的理论被法律经济学派学者所采纳,这些理论主要有四种。契约论应该算是目前学界在探讨公司法时采纳程度最高的一种理论。[122]除此之外，由新古典主义模式延伸出来的一些新的理论在学界也有较高的认可度。[123]概括来讲，法律经济学派理论中存在如下假设：每一个社会个体都可以自由地选择他们的生活方式，他们可以在自己认为合适的时机订立各种各样的契约，[124]并且如果立约双方愿意，这种契约甚至可以排除相关法律规定适用。[125]此种模式可以被视为奉行个人主义与反对规章主义的模式。但是，法律经济学派学者在"法律规范存在的合理程度"这一问题上存在意见分歧，并且分歧双方讨论的自由程度受限。[126]对于绝大多数支持契约论的学者而言，公司本身就是一个合约集束，[127]而著名的契约论专家 Stephen Bainbridge 认为，公司本身是一个独立的个体，这一系列的合同关系是公司所拥有的资源。[128]通常情况下人们认为，公司的合同关系模式是法律领域内人们看待公司的主要观点。[129]在此必须申明，上述这种契约论思维通常被称为"经济契约论"，[130]因为该种思维最先是由经济与金融学派学者提出的，法律经济学派学者只是后来沿用了这一说法而已。[131]在经济学的范畴里，学者倾向于将公司看作既有产物而不重视其动态过程，他们视公司为现有商业运营形式的一种类型，而忽略公司在系列创建行为中具备了独立的法人人格的法律事实。由此，公司就完全等同于人们的假想之物了。例如，Robert Hessen 就将公司看做"合伙"这种商业模式的延伸。[132]

通常意义上，公司被人们解构成一系列的合约集束（nexus of contracts）。或者像 William Bratton 提到的那样，公司在"分解"之后，其基础成分是一系列的合同关系。[133]这是因为 William Bratton 认为，公司实质上是以交易双方意思一致为基础的大量复杂和私人交易的集合体；或者，是以合同为基础的合同关系集合体。无论从直接或间接的角度看，公司都包含了一系列复杂的关系，而这些关系是因为与公司存在合同而产生的内在联系。[134]我们将与合同有关的当事人视为理性的经济合作者，这其中包括公司股东、经理、债权人、消费者以及公司员工。他们都在合同关系中竭力使自己地位的作用实现最大化，从而使自己在合同中更多受益。[135]然而（我们不得不承认），当从法律层面审视这些合同关系时，会对合同产生不一样的理解。[136]（如前文所述）经济学者倾向于将合同视为一种因当事人互惠意愿和互惠行动产生的关系，[137]而法律学者却将合同单纯地视为含有明确法律要求的正式合约，这些法律要求包括邀约和承诺等专业事项。从法律角度审视合同时，我们发现合同不过是人们一种社会性的自由约定。它们被用来判断和推测缔约当事人的个人意图。当然，很多时候，法律学者像经济学者一样，会对"合同"这一概念进行宽泛的理解和解释。为此，一些经济学者为了使自己强调的概念与法律学者分开，会刻意使用"协定"一词指代这种因互惠意愿和互惠行动而产生的关系。这种商业组织的合约集束理论实际上是由经济学者提出的，[138]但它得到了以经济效益考量为倾向的法律学者的支持和欢迎。[139]在经济学理论中，公司是商业形式的一种，而我们可以将这种商业形式视为在现货市场购买供应品并贩售货物、服务的系列现实产出实践。[140]无可否认，即使公司概念是一种经济建构，也最好把它视为某种比喻，而不要看作经济现实。[141]

目前，公司合约集束理论仍存在一些不明确的地方，如果公司本身可以被视为系列合同关系的集合体，那么学者就"公司以合同为基准做的系列承诺构成了关系网络"的判断就未免有些瑕疵。[142]如前文所述，在合约集束理论中，公司不是一个完整的单位，而仅仅是一个代表提供不同资源的行为者之间的合同关系的法律虚拟产物。[143]但对于一个公司而言，其做出保证与订立合同的前提就是该公司是一个独立存在的实体。本书第4章将就这一问题做进一步解答。

由于经济契约论在法律领域内的接受程度较高，法律学者为契约论创造了一种法律形式。在某些司法体系中，公司是以法定合同为基础而建立的。例如，在英国，公司的成立需要依照《2006年公司法》第33条订立相关合同。该规定表明，"公司章程中的条款对于公司和公司成员具有同样的效力，公司条款本身是公司的有机组成部分，而公司每位成员必须遵守公司条款"。事实上，自《1855年合股公司法》（Joint Stock Company Act 1855）通过以来，公司立法领域中就有一款与英国《2006年公司法》第33条类似的规定。因为在早些时候，公司的成立要求成员签署有关财产转让契约。有人认为经济契约论和法律意义上的契约论有所出入。法律学者却坚持认为两种理论是合二为一的。[144]关于两个理论的一致性这一问题，是一个需要经历严峻考验方能得出结论的问题，同时也是一个在狭隘语境下无法探讨而需要在宽广维度内进行思考的问题。但是，我们可以说，用经济学的方法对公司进行解释虽然不能被视为法律界的权威性阐释，但它确实可以被视为一种能够帮助我们有效认识公司的工具，因为这些方法形象地阐述了公司实际运转的情况。[145]此外，经济学理论与法学理论在公司问题上的侧重点是不同的，经济学理论更加关注公司控制权和剩余索取权的分配问题，而法学理论则侧重于为不同商业形式划定行为界限的法律重要性问题，如对如何减少代理问题进行具体规定等。[146]

目前，为法律经济学派学者所共同接受的第二种理论就是代理理论。在该理论中，管理被视为一个监督的过程，"其监督的对象是那些参与公司活动的不同行为人，而监督的内容是他们自由协商、缔约与进行清算的行为"。[147]公司董事也被看作股东的代理人。[148]由于股东没有足够的时间或能力对公司进行经营管理，董事会聘请了经理或任命执行董事负责公司的经营管理。也正是因为这样，（经理或执行董事的行为与股东利益休戚相关）股东是经理在行使权利或履行职责时最佳的监督者和指引者。[149]股东需要保证董事不会因失职而置公司利益于不顾，或者为了自己的利益而利用公司从事投机行为。对董事行为的监督会产生开销，这种成本通常被称为"代理成本"，[150]代理理论强调的重点之一就是寻找到有效降低代理成本的途径。本书第 2 章谈及股东利益至上理论的时候，会更详尽地探讨这一问题。

一些学者所倡导的第三种理论为交易成本理论，这一理论基于著名经济学家 Ronald Coase 20 世纪 30 年代后期的理论。[151]概括来讲，Coase 认为公司是为了降低交易成本而存在的。交易成本包括和市场相关的科技研发费用和公关谈判费用。与大量个体分头行事相比，一个统一的公司参与这些事项的运作能有效降低交易成本。在公司法中，交易成本的降低源于公司结构的合理设计，因为这会有效提高公司运作效率。[152]Oliver Williamson 发展了 Coase 的理论，并使这种理论最终投入使用，[153]Williamson 说，在协调交易过程这一问题上，公司比市场更高效。Williamson 也承认，大企业尤其是跨行业经营的企业集团，就像微型资本市场一样，在这样的企业中，公司经理通过重置资源的方法使资源从现有运行地带转移到具有发展前景的地带，而这样的行为实际是在开拓市场。[154]Williamson 在此运用了合同方式，因此，从某种程度上说，他的理论和契约论有几分相似。[155]

最后，就经济理论而言，一些法律经济学派学者持有另外一种理论观点，该观点从财产权的视角审视公司。这种观点主要来源于 Oliver

Hart 和他的支持者们共同撰写的书籍。[156]这种观点倡导，财产所有权在公司中占有基础性重要地位。Hart 说，"公司中的非人类型资产（non-human assets）实际是使公司成为一个整体的黏合剂"。[157]公司可以被视为大家共同所有的权利的集合。[158]对资本型资产的所有权使一个人可以组织生产。具体来讲，他可以通过"购买"相关经济元素，如劳动力投入，[159]对生产进行控制，而这种控制资金运用方式的能力对产出有巨大的影响力。[160]在这样的语境下，"所有权"可以被视为一种对"剩余权利具有控制性的"权利。[161]由于资产所有者有可能无法有效管理和控制他们的资产，需要授权其他人行使控制权。他们可能需要对自己的所有权进行处分和分配，从而使得所有的出资人总体的交易成本最小化。[162]

有相当一部分法律经济学派评论员认为：对于投资者而言，使公司资本以高效的方式最大化应该是公司法的基本职能。[163]Gillian Hadifield 曾把效率比作"推动有关法律的经济分析进步的黄金基石"。[164]

在谈及经济理论时，我们会想到聚合性方法与名义主义者倡导的方法。除此之外，我们发现还有另外一些基于公司这一独立实体而建立的理论。这些理论通常被人们称为法人实在说（real entity theories）。[165]与该理论相关的内容将在本书第 4 章做详尽介绍，此处只做简要说明。可以肯定的是，法人实在说强调"公司是一个实体或企业"这一概念。[166]除此之外，法人实在说派学者在一定程度上也关注公司的有限责任问题和虚拟永续存在性问题。有的人认为，公司是人类思维计谋的创造物，通过注册登记最终成形。另外一些人则认为公司是具有真正的人格的，并且这种人格一直存在，它不是法律拟制的结果，只是后来被公司法确认而已。支持这一观点的人大都被认为是自然实体（natural entity）派理论学者。也就是说，公司法只是在客观上承认了公司这一团体的存在，并且为之披上了法律人格的外衣。除上述两种观点外，以德国学者 Gunther Teubner[167]为首的一些学者支持第三种观点，这种观点认为公司人格以公司是一个整体为基础，而这意味着公司人格是自我创制的。[168]第三种理论以德国社会学家 Niklas Luhmann 提出的自我创建系统理论为根基，并进一步将此理论改造成组织模式加以应用。[169]法人实在说在欧洲大陆的应用比在英国或美国的应用更为广泛。在这些理论中，公司接收到的所有投入，无论是股东投入的股本、供应商提供的物资或是债权人提供的资金，都被视为公司财产。在涉及公司运营及相关决策问题时，经理不以个人身份，而以公司人格有机组成部分这一身份行动。无论从理论上讲，还是从实践中看，应用到公司中的这些法律规则是获得人们认可并得到广泛接受的。

必须指出，在解决"公司是什么"这一问题上，存在一个持续增温的流行方法，即社群主义方法（communitarian approach）。这种方法在更多的时候被人们看做，或者至少被其支持者看做[170]"渐进式"（pro-gressive）方法；该方法与利益相关者理论具有一定的相似性，二者都认为，公司在经营活动中除了考虑股东利益之外，还应该考虑其他相关因素。[171]对于支持社群主义方法的学者而言，他们需要考虑的这些相关因素包括其他利益相关者的利益，如雇员利益与债权人利益。[172]倡导利益相关者理论的学者会将那些利益应被董事考虑的人和群体分类，相似地，渐进式方法更关注非股东利益相关者的诉求强度，以此保证司法介入的适当性。

社群主义是由 Amitai Etzioni 提出的，[173]该理论总体上应用非常广泛，已经深入到了法律和社会科学层面。尽管如此，公司法对于这一理论一直保持距离，直到近些年来，一群美国学者[174]将该理论准则应用到公司法当中。社群主义学派认为大公司从本质上讲不是私有组织，而是公共机构。公司更像是一个"互赖、互信、互惠的社群"。[175]社群主义学者一直致力于强调这样的事实存在，即那些与公司有关联、和公司做交易的当事方是人类，因而公司法不应该将公司去人格化。[176]在社群主义评估过程中，要求人们更多地考虑社会价值及政治价值。社群主义倡导者认为，"公司对社会是否有用"取决于其如何帮助社会成员更好地理解社会，而人们对社会的理解通常表现为对人格尊严的尊重程度和社会整体福利的发展程度。[177]绝大多数社群主义倡导者对于公司的看法无法与契约论倡导者达成一致。社群主义倡导者所关注的不是交易成本的减少，而是公司活动的社会效果。[178]社群主义倡导者认为各利益团体目前无法很好保护自己，因此他们呼吁出台强制性法规以保证各利益团体得到平等的保护。[179]当社会对公司法的应有形态进行决策时，社群主义倡导者往往通过高举尊重、信任、平等及其他道德观念的大旗申明自己的观点。[180]事实上，社群主义学派的理论在很多方面都受到了 E. Merrick Dodd 教授在 20 世纪三四十年代的观点的影响，其中，本书之前提及的 Dodd 教授在当时与 Adolf Berle 辩论所发表的观点影响巨大，该观点认为，"公司具有双重功能，既包括利润创造功能，也包括社会服务功能"。[181]

在处理某一特定争议性问题时，社群主义倡导者更倾向于对于法律经济学派所持的观点持批驳态度。他们反对法律经济学派过分关注自我利益。[182]当法律经济学派在受到批驳后向财政理论和新古典主义经济学派的观点靠拢时，[183]社群主义倡导者也吸纳了人权和社会科学的一些观点。从这一角度看，社群主义倡导者对于公司集中关注自我利益的做法是极端反对的，而这一观点的代表理论股东利益至上理论[184]也是被社群主义倡导者极端否定的。在社群主义倡导者对公司进行评估时，有关社会价值和政治价值受到了更多的考量，其中，对人格尊严的尊重和社会整体福利的发展是重要评价指标。[185]社群主义倡导者一直在强调这样一个事实：人类是共享社群的一个部分，在这个社群里人们承继了社会的利益、价值观和社会目标，因此人们不可能忽视社会文化对他们的影响。由此我们可以看出，相较法律经济学派而言，社群主义倡导者实际从另一个角度审视了我们的世界。[186]在公共机构发表的各种著作当中，[187]他们一直强调：公司是一个拥有公共义务的公共机构，因此社会非常有必要设置强制法规控制公司及其经理的行为，以保证其完全履行自己的社会义务。[188]

社群主义和我们通常所说的利益相关者理论存在一个巨大的区别，即利益相关者理论的支持者在一定程度上强调公司效率，并且集中关注公司经理及其扮演的角色。社群主义和利益相关者理论学者都强调信任合作环境。许多研究利益相关者理论的学者会采用经济方法来解决众多问题，然而社群主义学者却通常不采用这样的方法。在 Douglas Branson 的观点中，渐进式模式"不同于个人主义和自立的经济行为者，它更专注于当公司作为一个社区时的社会现象和道德现象"。[189]

另一个较新的公司理论——团队生产理论也是有必要提及的，该理论由 Margaret Blair 和 Lynn Stout 提出。[190]这是一个建立在微观经济学理论和行为经济学理论的基础上的方法。[191]评论员在整个团队共同努力的基础上进行工作，尤其是 Armen Alchian 和 Harold Demset[192]，以及 Bengt Holmstrom[193]的付出。Blair 和 Stout 将公司看作一个由各种支持者做出贡献的团队，他们包括股东、经理和雇员，[194]同时他们通过采用实证的方法来证明这样的事情的确发生在公司里，其理由是使用这个提倡的方法解决了团队中组织生产的问题。评论员赞同合约集束方法，但是将它更名为"公司特有的投资关系"。[195]在反驳了代理理论后，Blair 和 Stout 方法的主要观点是在董事会中提名一个独立董事作为调解机制来监控投入和产出，他与股东一样没有控制权。Blair 和 Stout 试图去寻找下列问题的答案：在上市公司中，为什么董事被赋予了这么多自主管理权？他们紧接着提出，董事在决定如何利用公司资产的问题上，在调和团队成员间各方利益冲突的问题上有着最终决定权。该理论和利益相关者理论的问题在于，它们都没有表明董事是如何调和利益冲突的。

公司是什么，这是一个有争议的问题。它是一种生产功能，一个法律实体，一个由公司股东、经理和雇员组成的个体集合？[196]这个问题将在第 4 章再一次出现。关于这一点我想说的是，通过某一种理论来概括公司的所有方面不是一件容易的事情。我非常赞同 Stephen Bottomleyde 的观点，设计"一个庞大的理论囊括所有情形下的所有公司"是不可能的。[197]

1.9　本书结构

第 2 章与第 3 章着手于两个优势理论的分析，这两个理论已经被假定为公司的最终目标。然而我希望提出一个新的工具，这样的新工具对于全面深入并结合背景来探究这两个理论，并更深层次地思考是非常必要的。在这些理论的探讨中，许多有关公司和公司目标的问题已被提出，这证明了公开讨论的必要性。一些问题需要在本书后文提出的模式背景下考虑。这两个理论需要验证，因为许多来自不同学科的资深学者都支持这样的观点。当他们试图提出一个新的方法时，他们的学术研究水准为其思考提供了保障。在分析了这些优势理论之后，第 4 章介绍了实体最大化及永续性模式（EMS），我希望以此解释什么是合适的公司最终目标。正如该模式基于公司是一个实体而建立，本章探讨的是作为一个法人的公司。在此之后，这本书重新阐明 EMS 并为其理论提供依据。这些都建立在对大量实际情况和企业生命的重要方面的探索之上。

本书剩余章节进行了进一步研究探讨，例如，EMS应怎样运作（第5章）；投资者是谁，以及他们所扮演的角色如何（第6章）；经理应当如何履行其职责，法律应当如何处理经理需要有广泛的自主管理权的同时也需要对自身行为负责的问题（第7章）；尤其是董事应当如何处理利润分配的问题（第8章）。最后一章，也就是第9章提炼出几点结论并撰写了结束语。

注释

［1］"The Company Director, Past, Present and Future," address to the Australian Institute of Directors, Hobart, 31 March 1998.

［2］"Eclipse of the Public Corporation" (1989) *Harvard Business Review* 61 at 64.

［3］C. Brunner, "The Enduring Ambivalence of Corporate Law" (2008) 59 *Alabama Law Review* 1385 at 1385.

［4］M. Blair, "For Whom Should Corporations Be Run?: An Economic Rationale for Stakeholder Management" (1998) 31 *Long Range Planning* 195 at 195.

［5］M. Blair, *Ownership and Control* (Washington DC, Brookings Institute, 1995) at 17.

［6］R. Estes, *Tyranny of the Bottom Line: Why Corporations Make Good People Do Bad Things*, 1996 at 86 and referred to in C. Bagley and K. Page, "The Devil Made Me Do It: Replacing Corporate Directors" Veil of Secrecy With the Mantle of Stewardship" (1999) 16 *San Diego Law Review* 897 at 899.

［7］L. Hannah, *The Rise of the Corporate Economy*, 2nd ed (London, Methuen, 1983) at 1.

［8］J. McCahery, S. Picciotto and C. Scott, "Introduction: Corporate Control: Changing Concepts and Practices of the Firm" in J. McCahery, S. Picciotto and C. Scott (eds), *Corporate Control and Accountability* (Oxford, Clarendon Press, 1993) at 2.

［9］J. McCahery, S. Picciotto and C. Scott, "Introduction: Corporate Control: Changing Concepts and Practices of the Firm" in J. McCahery, S. Picciotto and C. Scott (eds), *Corporate Control and Accountability* (Oxford, Clarendon Press, 1993) at 2.

［10］O. Couwenberg, "Corporate Architecture and Limited Liability" (2008) 4 *Review of Law and Economics* 621 at 622.

［11］S. Anderson and J. Cavanagh, "Top 200: The rise of corporate global power," Institute for Policy Studies, 2000, 〈 http: //www. ips-dc. org/downloads/ Top＿200. pdf〉 and referred to by the Australian Parliamentary Joint Committee on Corporations and Financial Services, *Corporate Responsibility*: *Managing Risk and Creating Value*, June 2006 at para 2. 39.

〔12〕 G. Morgenson, "A Company Worth More Than Spain" *New York Times*, 26 December 1999, at 1 and referred to in L. Mitchell, *Corporate Irresponsibility* (New Haven, Yale Press, 2001) at 2.

〔13〕 D. Logan, "Corporate Citizenship in a Global Age" (1998) 146 *Royal Society of Arts Journal* 64 at 66 and referred to in S. Wheeler, *Corporations and the Third Way* (Oxford, Hart Publishing, 2002) at 9.

〔14〕 S. Anderson et al, *Field Guide to the Global Economy*, 2nd ed (2005) at 69 and referred to by K. Greenfield, "Defending Stakeholder Governance" (2008) 58 *Case Western Reserve Law Review* 1043 at n4.

〔15〕 Department of the Treasury (Australia), *Submission* 134, pl, and referred to in para 2. 34 of the Australian Parliamentary Joint Committee on Corporations and Financial Services, *Corporate Responsibility*: *Managing Risk and Creating Value*, *June* 2006.

〔16〕 N. Long, "The Corporation, Its Satellites, and the Local Community" in E. Mason (ed), *The Corporation in Modern Society* (Cambridge, Massachusetts, Harvard University Press, 1970 reprint) at 202.

〔17〕 S. Bottomley, *The Constitutional Corporation* (Aldershot, Ashgate, 2007) at 3; C. Kaysen, "The Corporation: How Much Power? What Scope" in E. Mason (ed), *The Corporation in Modern Society* (Cambridge, Massachusetts, Harvard University Press, 1970 reprint) at 99; D. Votaw, "The Mythology of Corporations" (1962) (Spring) *California Management Review* 58 at 68.

〔18〕 J. Parkinson, *Corporate Power and Responsibility* (Oxford, Oxford University Press, 1993) at 1.

〔19〕 "Vidal votes for chaos on his way to heaven" *Sydney Morning Herald*, 24 January 1997 and quoted in J. Hill, "Visions and Revisions of the Shareholder" (2000) 48 *American Journal of Comparative Law* 39 at 53.

〔20〕 C. Kaysen, "The Corporation: How Much Power? What Scope?" in E. Mason (ed), *The Corporation in Modern Society* (Cambridge, Massachusetts, Harvard University Press, 1970 reprint) at 92.

〔21〕 See J. Parkinson, *Corporate Power and Responsibility* (Oxford, Oxford Universiry Press, 1993) at 15.

〔22〕 Confederation of British Industry, *The Responsibilities of the British Pub-*

lic Company, 1973 at 8 and quoted in J. Parkinson, *Corporate Power and Responsibility* (Oxford, Oxford University Press, 1993) at 3.

〔23〕例如，在美国我们可以参见，The Companies (Tables A-F) Regulations 1985, Art 70 of Table A and The Companies (Model Articles) Regulations 2008, SI 2008/3229, reg 2, Sch 1, art 5 (private companies); reg 4, Sch 3, art 5 (public com-panies)。在美国我们可以参见 Delaware General Corporation Law, s. 141 (a) (2009) and Model Business Corporation Act, s. 8. 01 (2008)。

〔24〕*John Shaw & Sons (Salford) Ltd v Shaw* 〔1935〕2 KB 113.

〔25〕S. Bainbridge, *The New Corporate Governance* (New York, Oxford University Press, 2008) at 34.

〔26〕L. Mitchell, *Corporate Irresponsibility* (New Haven, Yale Press, 2001) at 7.

〔27〕*Teck Corporation v Millar* (1972) 33 DLR (3d) 288 at 314 per Berger J.

〔28〕*Corporations and Morality* (Englewood Cliffs, NJ, Prentice Hall, 1982) at 7.

〔29〕对大型公司政治本质的进一步讨论，参见 S. Bottomley, "From Contractualism to Constitutionalism: A Framework for Corporate Governance" (1997) 19 *Sydney Law Review* 277, and his subsequent monograph, *The Constitutional Corporation* (Aldershot, Ashgate, 2007)。

〔30〕J. Parkinson, *Corporate Power and Responsibility* (Oxford, Oxford University Press, 1993) at 22.

〔31〕Ibid at 10. Also, see L. Mitchell, *Corporate Irresponsibility* (New Haven, Yale Press, 2001) at 6; S. Sunder, "Value of the Firm: Who Gets the Goodies?" Yale ICF Working Paper No. 02-15, August 2001 at 4, available at 〈http: // papers. ssrn. com/abstract _ id=309747〉 (last visited, 16 June 2009).

〔32〕S. Wheeler, *Corporations and the Third Way* (Oxford, Hart Publishing, 2002) at 10.

〔33〕Ibid, and referring to F. Johns, "The Invisibility of the Transnational Corporation: An Analysis of International Law and Legal Theory" (1994) 19 *Melbourne University Law Review* 893.

〔34〕J. Parkinson, *Corporate Power and Responsibility* (Oxford, Oxford University Press, 1993) at 19.

〔35〕C. E. Lindblom, *Politics and Markets*, 1977 at 173 and referred to in J. Parkinson, *Corporate Power and Responsibility* (Oxford, Oxford University Press, 1993) at 20.

〔36〕For example, see D. Branson, "The Death of Contractarianism and the

Vindication of Structure and Authority in Corporate Governance and Corporate Law" in L. Mitchell（ed），*Progressive Corporate Law*（Boulder，Westview Press，1995）at 93.

　　［37］M. Kaye，"The Theoretical Basis of Modern Company Law"［1976］*Journal Business Law* 235 at 239.

　　［38］J. Cohan，"'I didn't know' and 'I was only doing my job'：has corporate governance careered out of control?"（2002）40 *Journal of Business Ethics* 275 at 292.

　　［39］"Company Law and Company Theory" in S. Wheeler（ed），*The Law of the Business Enterprise*（Oxford，Oxford University Press，1994）at 107.

　　［40］它卷入了澳大利亚历史上最大的公司倒闭风潮。

　　［41］*The Failure of HIH Insurance：A Corporate Collapse and its Lessons*，Royal Commission，conducted by Justice Owen，April 2003，vol 1，（Commonwealth of Australia，Canberra）at pxiii，and accessible at〈http：//www. hihroyal-com. gov. au/finalreport/Front％ 20Matter,％ 20critical％ 20assessment％ 20and％ 20summary. HTML♯＿Toc37086537〉（last visited，5 April 2010）.

　　［42］近些年来，有人对这些理论观点提出了质疑。例如，参见 L. Hannah，"The Divorce of Ownership From Control From 1900：Recalibrating Imagined Global Historical Trends"（2007）49 *Business History* 404 at 423；C. Holderness，"The Myth of Diffuse Ownership in the United States"（2009）22 *Review of Financial Studies* 1322。But note the response in B. Cheffins and S. Bank，"Is Berle and Means Really a Myth?" ECGI Law Working Paper No 121/2009 and accessible at〈http：//ssrn. com/abstract ＝1352605〉（last visited on 16 November 2009）.

　　［43］近些年的数据显示，无论是在英国还是美国，公司股东的数量都不再像以前那样巨大了。种种迹象表明，在上市公司里投资者所持有的公司股票份额数极大。这种情况在美国尤为典型，数据显示 2008 年美国公司投资者持有的公司股票份额已经攀升到股票总数的 66％（C. Brancato and S. Rabimov，*The Conference Board*，2008，Institutional Investment Report 6，9，20）。在英国暂时没有如此清晰的数据，但可以肯定的是，公司投资者持有公司股票份额的增长情况没有预计的严重。（参见 A. Keay，"Moving Towards Stakeholderism? Constituency Statutes, Enlightened Shareholder Value and All That：Much Ado About Little?"（2011）22 *European Business Law Review* 1。）

　　［44］关于大股东的讨论，参见 C. Holderness，"A Survey of Blockholders and Corporate Control"（2005）*FRBNY Economic Policy Review*（April）51。

　　［45］T. Parsons，*Structure and Process in Modern Scientific Societies*（Glencoe，Free Press，1960）at 63.

［46］ "Value Maximisation, Stakeholder Theory, and the Corporate Objective Function" (2001) 7 *European Financial Management* 297at 298.

［47］ J. Carver, "A Case for Global Governance Theory" (2010) 18 *Corporate Governance: An International Review* 149 at 149, 150.

［48］ P. Drucker, "Business Objectives and Survival Needs: Notes on a Discipline of Business Enterprise" (1958) 31*Journal of Business* 81 at 87.

［49］ 当然，有些公司虽然有自己的目标，但不曾明确表达：M. Metzger and D. Dalton, "Seeing the Elephant: An Organizational Perspective on Corporate Moral Agency" (1996) 33 *American Business Law Journal* 489 at 516。

［50］ S. Thomsen, "Corporate Values and Corporate Governance" (2004) 4 *Corporate Governance* 29 at 34.

［51］ M. Blair, *Ownership and Control* (Washington DC, Brookings Institute, 1995) at 14.

［52］ R. Clark, *Corporate Law*, 1986 at 17 and quoted to in M. Blair and L. Stout, "Specific Investment: Explaining Anomalies in Corporate Law" (2006) 31 *Journal of Corporation Law* 719 at 731.

［53］ J. Walsh, "Introduction to the " 'Corporate Objective Revisited' Exchange" (2004) 15 *Organization Science* 349 at 349.

［54］ J. Farrar, "Frankenstein Incorporated or Fools Parliament? Revisiting the Concept of the Corporation in Corporate Governance" (1998) 10 *Bond Law Review* 142 at 158.

［55］ J. Cohan, " 'I didn't know' and 'I was only doing my job'": has corporate governance careered out of control?" (2002) 40 *Journal of Business Ethics* 275 at 291.

［56］ See H. N. Butler and F. S. McChesney, "Why They Give, at the Office: Shareholder Welfare and Corporate Philanthropy in the Contractual Theory of the Corporation" (1999) 84 *Cornell Law Review* 1195 at 1195.

［57］ W. Allen, J. Jacobs and L. Strine, "The Great Takeover Debate: A Meditation on Bridging the Conceptual Divide" (2002) 69 *University of Chicago Law Review* 1067 at 1067.

［58］ A. Sundram and A. Inkpen, "The Corporate Objective Revisited" (2004) 15 *Organization Science* 350; H. Hu, "Buffet, Corporate Objectives, and the Nature of Sheep" (1997) 19 *Cardozo Law Review* 379 at 380.

［59］ See. H. Hu, "Buffet, Corporate Objectives, and the Nature of Sheep" (1997) 19 *Cardozo Law Review* 379 at 380.

［60］ For instance, see H. Manne, *The Modern Corporation and Social Respon-*

sibility（Washington DC，American Enterprise Institute，1972）at 8. Some，such as Henry Simon，have argued for companies merely making satisfactory profits (*Models of Man*（New York，John Wiley，1957）at 204ff). This is known as "profit-satisficing".

［61］Although J. Galbraith in "Galbraith and the theory of the corporation" (1984) 7 *Journal of Post Keynesian Economics* 43 at 56 regards it only as an assumption at best and some have seen it as an untenable assumption: R. Nelson，S. Winter and H. Schuette，"Technical Change in an Evolutionary Model"（1976）90 *Quarterly Journal of Economics* 90.

［62］E. Sternberg，*Just Business*，2nd ed（Oxford，Oxford University Press，2000）at 45.

［63］In this regard，see Chapter 8 below.

［64］E. Sternberg，*Just Business*，2nd ed（Oxford，Oxford University Press，2000）at 45−46.

［65］"What is a Company For?"（1993）1 *Corporate Governance* 14 at 14. Peter Drucker essentially agrees（"Business Objectives and Survival Needs: Notes on a Discipline of Business Enterprise"（1958）31 *Journal of Business* 81 at 84).

［66］"The Trouble with Profit Maximization"（1960）*Harvard Business Review* 126 at 126.

［67］"The Social Responsibility of Business is to Increase its Profits" *New York Times*，13 September 1970，Section 6（Magazine），32 at 33.

［68］For example，T. Glynn，"Communities and Their Corporations: Towards a Stakeholder Conception of the Production of Corporate Law"（2008）58 *Case Western Reserve Law Review* 4 at 4 ; K. Greenfield，"Saving the World With Corporate Law"（2008）57 *Emory Law Journal* 947 at 963.

［69］J. McConvill，"The Separation of Ownership and Control under a Happiness-based Theory of the Corporation"（2005）26 *The Company Lawyer* 35 at 36.

［70］A. A. Berle Jr "For Whom Corporate Managers are Trustees: A Note" (1932) 45 *Harvard Law Review* 1365 at 1367.

［71］E. M. Dodd，"For Whom Are Corporate Managers Trustees"（1932）45 *Harvard Law Review* 1145 at 1147−1148.

［72］A. A. Berle Jr，"For Whom Corporate Managers are Turstees: A Note" (1932) 45 *Harvard Law Review* 1365.

［73］Ibid at 1367.

［74］在他的理论体系中，股东的优先权实际是对自利行为的描述，此种行为包括欺诈、虚报以及恶劣信誉。Oliver Williamson 对此问题的看法与上述观点一致

(*The Economic Institution of Capitalism* (1985) at 47-49)。

[75] C. Brunner, "The Enduring Ambivalence of Corporate Law" (2008) 59 *Alabama Law Review* 1385 at 1426.

[76] L. Putterman, "Ownership and the Nature of the Firm" (1993) 17 *Journal of Comparative Economics* 243 at 245.

[77] See R. Coase "The Nature of the Firm" (1937) 4 *Economica* 386.

[78] This is done by, for instance, J. Brummer, *Corporate Responsibility and Legitimacy* (New York, Greenwood Press, 1991); J. Parkinson, *Corporate Power and Responsibility* (Oxford, Oxford University Press, 1993); L. Mitchell, *Corporate Irresponsibility* (New Haven, Yale University Press, 2001).

[79] J. Hurst, *The Legitimacy of the Business Corporation* (Charlottesville, 1970), The University Press of Virginia, Chapters 1 & 2.

[80] E. M. Dodd, "For Whom are Corporate Managers Trustees?" (1932) 45 *Harvard Law Review* 1145 at 1148-1149.

[81] (1897) 13 LQR 6.

[82] [1897] AC 22.

[83] 尽管是 18 年前的文献，但是为了更好地探讨公司的力量问题，我们仍需要参见 Chapter 1 of John Parkinson's, *Corporate Power and Responsibility* (Oxford, Oxford University Press, 1993)。

[84] See, S. Ayuso et al, "Maximising Stakeholders" Interests: An Empirical Analysis of the Stakeholder Approach to Corporate Governance," IESE Business School, University of Navarra, Working Paper No 670, January 2007 at 1.

[85] J. Kirkbride, S. Letza, X. Sun and C. Smallman, "The Boundaries of Governance in the Post-modern World" (2008) 59 *Northern Ireland Legal Quarterly* 161 at 172.

[86] S. Letza and X. Sun, "Corporate Governance: Paradigms, Dilemmas and Beyond" (2002) 2 *Poznan University Economic Review* 43.

[87] 基于 "路径依赖" 这一概念产生了许多论著，其中一些已经在法学领域里被视为经典。L. Bebchuk and M. Roe, "A Theory of Path Dependence in Corporate Ownership and Governance" (1999) 52 *Stanford Law Review* 127。

[88] W. Allen, "Our Schizophrenic Conception of the Business Corporation" (1992) 14 *Cardozo Law Review* 261 at 280.

[89] J. Walsh, "Introduction to the 'Corporate Objective Revisited' Exchange" (2004) 15 *Organization Science* 349 at 349.

[90] R. Colombo, "Ownership, Limited: Reconciling Traditional and Progressive Corporate Law via an Aristotelian Understanding of Ownership" (2008) 34 *Jour-*

nal of Corporation Law 247 at 248.

［91］ "Buffet, Corporate Objectives, and the Nature of Sheep" (1997) 19 *Cardozo Law Review* 379 at 380.

［92］ C. Brunner, "The Enduring Ambivalence of Corporate Law" (2008) 59 *Alabama Law Review* 1385 at 1386.

［93］ B. Choudhury, "Serving Two Masters: Incorporate Social Responsibility into the Corporate Paradigm" (2009) 11 *University of Pennsylvania Journal of Business Law* 631 at 631.

［94］ "Value Maximisation, Stakeholder Theory, and the Corporate Objective Function" (2001) 14 *Journal of Applied Corporate Finance* 8 at 8.

［95］ 为了对公司责任做进一步的探讨，可以参见 J. Brummer, *Corporate Responsibility and Legitimacy* (New York, Greenwood Press, 1991); J. Parkinson, *Corporate Power and Responsibility* (Oxford, Oxford University Press, 1993)。

［96］ E. Sternberg, *Just Business* 2nd ed (Oxford, Oxford University Press, 2000) at 4.

［97］ W. Allen, "Our Schizophrenic Conception of the Business Corporation" (1992) 14 *Cardozo Law Review* 261 at 265.

［98］ Ibid at 264, 265.

［99］ Ibid at 265.

［100］ 比如，我们可以从如下文章中论点的变化看出一些端倪: A. Sundram and A. Inkpen, "The Corporate Objective Revisited" (2004) 15 *Organization Science* 350; R. E. Freeman, A. Wicks and B. Parmar, "Stakeholder Theory and 'The Corporate Objective Revisited'" (2004) 15 *Organization Science* 364; A. Sundaram and A. Inkpen, "Stakeholder Theory and 'The Corporate Objective Revisited'": A Reply" (2004) 15 *Organization Science* 370。由此看来，学者们的观点在极大程度上受到了其个人偏好的影响: A. Licht, "The Maximands of Corporate Governance: A Theory of Values and Cognitive Style" (2004) 29 *Delaware Journal of Corporate Law* 649 at 719。

［101］ T. Kochon and S. Rubinstein, "Toward a Stakeholder Theory of the Firm: The Saturn Partnership" (2000) 11 *Organization Science* 367 at 367; S. Ayuso et al, "Maximising Stakeholders" Interests: An Empirical Analysis of the Stakeholder Approach to Corporate Governance," IESE Business School, University of Navarra, Working Paper No 670, January 2007 at 1.

［102］ W. Allen, J. Jacobs and L. Strine, "The Great Takeover Debate: A Meditation on Bridging the Conceptual Divide" (2002) 69 *University of Chicago Law Review* 1067 at 1067.

[103] "The End of History for Corporate Law" (2001) 89 *Georgetown Law Journal* 439.

[104] R. E. Freeman, "The Politics of Stakeholder Theory: Some Future Directions" (1994) 4 *Business Ethics Quarterly* 409 at 413.

[105] I. Lee, "Corporate Law, Profit Maximization, and the " 'Responsible' Shareholder" (2004) 10 *Stanford Journal of Law Business and Finance* 31 at 42.

[106] A. Keay, "Enlightened shareholder value, the reform of the duties of company directors and the corporate objective" [2006] *Lloyds Maritime and Commercial Law Quarterly* 335 at 341-346.

[107] D. Millon, "New Game Plan or Business as Usual? A Critique of the Team Production Model of the Corporate Board" (2008) 86 *Virginia Law Review* 1001 at 1040-1042.

[108] 其中，我们可以从 2004 年《组织科学》(*Organization Science*) 第 15 卷的系列文章中找到例证。首先 Anant Sundaram 与 Andrew Inkpen 坚决支持股东价值理论，R. Edward Freeman, Andrew Wicks 和 Bidhan Parmar 以利益相关者理论对股东价值理论进行了回击，最终 Sundaram 和 Inkpen 中和了这两种理论。具体参见 "The Corporate Objective Revisited" (2004) 15 *Organization Science* 350; Freeman, Wicks and Parmar, "Stakeholder Theory and 'The Corporate Objective Revisited'" (2004) 15 *Organization Science* 364; Sundaram and Inkpen, "Stakeholder Theory and 'The Corporate Objective Revisited'": A Reply" (2004) 15 *Organization Science* 370。

[109] L. Mitchell, "A Theoretical and Practical Framework for Enforcing Corporate Constituency Statutes" (1992) 70 *Texas Law Review* 579 at 630.

[110] L. Zingales, "In Search of New Foundations" (2000) 55 *Journal of Finance* 1623.

[111] C. M. Daily, D. R. Dalton and A. C. Canella, "Corporate Governance: Decades of Dialogue and Data" (2003) 28 (3) *Academy of Management Review* 371 at 379.

[112] J. W. Lorsch, *Pawns or Potentates* (Boston, Harvard Business School, 1989).

[113] R. Monks and N. Minow, *Corporate Governance*, 4th ed (Chichester, John Wiley and Sons, 2008) at 27.

[114] Company Law Review, *Modern Company Law For a Competitive Economy: The Strategic Framework* (London, DTI, 1999), at para 5.1.12.

[115] Ibid at paras 5.1.1-5.1.47.

[116] For instance, D. Rose, "Teams, Firms and the Evolution of Profit See-

king Behavior" at 1, available at 〈http：//papers. ssrn. com/paper. taf? abstract _ id=224438〉(last visited, 16 June 2009).

[117] H. Demsetz, 1996 and quoted in D. Rose, "Teams, Firms and the Evolution of Profit Seeking Behavior" at 3, available at 〈http：//papers. ssrn. com/paper. taf? abstract _ id=224438〉(last visited, 16 June 2009).

[118] D. Rose, "Teams, Firms and the Evolution of Profit Seeking Behavior" at 3, available at 〈http：//papers. ssrn. com/paper. taf? abstract _ id = 224438〉(last visited, 16 June 2009).

[119] 一些学者曾试图强调这些事件的地位。例如，参见 E. Orts, "Shirking and Shaking : A Legal Theory of the Firm" (1998) 16 *Yale Law and Policy Review* 265; M. Eisenberg, "The Conception that the Corporation is a Nexus of Contracts, and the Dual Nature of the Firm" (1999) 24 *Journal of Corporation Law* 819。

[120] S. Masten, "A Legal Basis for the Firm" (1988) 4 *Journal of Law, Economics and Organisation* 181 at 181.

[121] Ibid at 185.

[122] "A Team Production Theory of Corporate Law" (1999) 85 *Virginia Law Review* 247 at 286.

[123] The classic work on the subject is F. H. Easterbrook and D. R. Fischel, *The Economic Structure of Company Law* (Cambridge, Massachusetts, Harvard University Press, 1991).

[124] D. Millon, "New Directions in Corporate Law: Communitarians, Contractarians and Crisis in Corporate Law" (1993) 50 *Washington and Lee Law Review* 1373 at 1382.

[125] For example, see S. Bainbridge, "Community and Statism: A Conservative Contractarian Critique of Progressive Corporate Law Scholarship" (1997) 82 *Cornell Law Review* 856 at 860–861.

[126] For perhaps an example of the extreme view, see L. Ribstein, "The Mandatory Nature of the ALI Code" (1993) 60 *George Washington Law Review* 984.

[127] G. Kelly and J. Parkinson, "The Conceptual Foundations of the Company: a Pluralist Approach" in J. Parkinson, A. Gamble and G. Kelly (eds), *The Political Economy of the Company* (Oxford, Hart Publishing, 2000) at 115. 就合同的整体关系而言，相关著述数量巨大，此处不再一一列举。但是，可以参见例如 A. Alchian and H. Demsetz, "Production, Information Costs and Economic Organizations" (1972) 62 *American Economic Review* 777; M. Jensen and W. Meckling, "Theory of the Firm: Managerial Behaviour, Agency Costs, and Ownership Structure," (1976) 3 *Journal of Financial Economics* 305; E. Fama "Agency Problems

and the Theory of the Firm" (1980) 88 *Journal of Political Economy* 228 at 290; F. Easterbrook and D. Fischel, "The Corporate Contract" (1989) 89 *Columbia Law Review* 1416 at 1426-1427。Stephen Bainbridge 曾说过，合约集束为我们提供了一个有关规则的合理猜想，对于大多数当事人而言，只要他们能够在交易前进行谈判，都会接受这一规则。（"Community and Statism: A Conservative Contractarian Critique of Progressive Corporate Law Scholarship" (1997) 82 *Cornell Law Review* 856 at 869)。合约集束方法不被 W. Bratton Jr 看好，见 "The 'Nexus of Contracts Corporation': A Critical Appraisal" (1989) 74 *Cornell Law Review* 407 at 412, 446-465。当然，时下英国对于这一理论也有一些评论，如 S. Deakin and A. Hughes, "Economic Efficiency and the Proceduralisation of Company Law" (1999) 3 *Company Finance and Insolvency Law Review* 169 at 176-180; I. McNeil, "Company Law Rules: An Assessment from the Perspective of Incomplete Contract Theory" (2001) 1 *Journal of Corporate Law Studies* 107。

[128] S. Bainbridge, *The New Corporate Governance in Theory and Practice* (New York, Oxford University Press, 2008) at 24. The learned author sees the board of directors as the nexus: ibid at 34.

[129] For example, see W. Allen, "Contracts and Communities in Corporation Law" (1993) 50 *Washington and Lee Law Review* 1395 at 1399; M. Eisenberg, "The Conception that the Corporation is a Nexus of Contracts, and the Dual Nature of the Firm" (1999) 24 *Journal of Corporation Law* 819; B. Sheedy, "The Importance of Corporate Models, Economic and Jurisprudential Values and the Future of Corporate Law" (2004) 2 *De Paul Business and Commercial Law Journal* 463 at 464.

[130] For example, see S. Bottomley, "From Contractualism to Constitutionalism: A Framework for Corporate Governance" (1997) 19 *Sydney Law Review* 277 at 284.

[131] For example, see J. Macey, "Fiduciary Duties as Residual Claims: Obligations to Nonshareholder constituencies From a Theory of the Firm Perspective" (1998) 84 *Cornell Law Review* 1266.

[132] *In Defense of the Corporation* (Stanford, Hoover Institution Press, 1979) at 17ff.

[133] "The New Economic Theory of the Firm: Critical Perspectives from History" (1989) 41 *Stanford Law Review* 1471 and referred to by L. Johnson "Individual and Collective Sovereignty in the Corporate Enterprise" (1992) 92 *Columbia Law Review* 2215 at 2221.

[134] F. Easterbrook and D. Fischel, "The Corporate Contract" (1989) 89 *Co-

lumbia Law Review 1416 at 1426. At p1428 the learned commentators give examples of some of the arrangements.

[135] See, H. Butler, "The Contractual Theory of the Corporation" (1989) 11 *George Mason University Law Review*99; C. Riley, "Understanding and Regulating the Corporation" (1995) 58 *Modern Law Review* 595 at 598.

[136] See, M. Klausner, "Corporations, Corporate Law and Networks of Contracts" (1995) 81 *Virginia Law Review* 757 at 759.

[137] O. Hart, "An Economist's Perspective on the Theory of the Firm" (1989) 89 *Columbia Law Review* 1757 at n30.

[138] See R. Coase, "The Nature of the Firm" (1937) 4 *Economica* 386 at 390 – 392; A. Alchian and H. Demsetz, "Production, Information Costs, and Economic Organization" (1972) 62 *American Economic Review* 777 at 794; M. Jensen and W. Meckling, "Theory of the Firm: Managerial Behaviour, Agency Costs, and Ownership Structure" (1976) 3 *Journal of Financial Economics* 305.

[139] See F. H. Easterbrook and D. R. Fischel, *The Economic Structure of Company Law* (Cambridge, Massachusetts, Harvard University Press, 1991) 37 – 39; W. Bratton Jr, "The 'Nexus of Contracts' Corporation: A Critical Appraisal" (1989) 74 *Cornell Law Review* 407.

[140] For example, see S. Bainbridge, "Community and Statism: A Conservative Contractarian Critique of Progressive Corporate Law Scholarship" (1996) 82 *Cornell Law Review* 856.

[141] S. Bainbridge, "The Board of Directors as Nexus of Contracts" (2002) 88 *Iowa Law Review* 1 at 11.

[142] For example, see J. Macey, *Corporate Governance* (Princeton, Princeton University Press, 2008) at 7.

[143] S. Bainbridge, "Community and Statism: A Conservative Contractarian Critique of Progressive Corporate Law Scholarship" (1996) 82 *Cornell Law Review* 856.

[144] For example, A. Belcher, "Boundaries, Corporate Decision-Making and Responsibility" (2008) 58 *Northern Ireland Legal Quarterly* 211 at 215.

[145] J. Macey, "Fiduciary Duties as Residual Claims: Obligations to Non-shareholder Constituencies From a Theory of the Firm Perspective" (1998) 84 *Cornell Law Review* 1266 at 1272.

[146] H. Hansmann, "Ownership of the Firm" in L. Bebchuk (ed), *Corporate Law and Economic Analysis* (Cambridge, Cambridge University Press, 1990) at 283; E. Iaocobucci and G. Triantis, "Economic and Legal Boundaries of Firms"

(2007) 93 *Virginia Law Review* 515 at 517.

[147] D. Millon, "Theories of the Corporation" (1990) 193 *Duke Law Journal* 201 at 230.

[148] 对于究竟代理理论能否成为目前学术界对公司理论看法的基础这一问题，仍存有争议，具体参见 M. Gelter, "The Dark Side of Shareholder Influence: Toward a Holdup Theory of Stakeholders in Comparative Corporate Governance," Discussion Paper No 17, Harvard John Olin Fellow's Discussion Paper Series at 2 and available at 〈http: //ssrn. com/abstract＝1106008〉 (last visited, 16 August 2010)。

[149] J. Matheson and B. Olson, "Corporate Law and the Longterm Shareholder Model of Corporate Governance" (1992) 76 *Minnesota Law Review* 1313 at 1328. But note the reservations, concerning the ability of shareholders to discipline directors, expressed in A. Keay, "Company Directors Behaving Poorly: Disciplinary Options for Shareholders" [2007] *Journal of Business Law* 656.

[150] 倘若管理者没有规范自己的行为，则会形成代理成本。此外，为了防止管理者滥用职权，公司还需要支出另外一部分费用用于监控和规范公司董事行为。

[151] "The Nature of the Firm" (1937) 4 *Economica* 386.

[152] 在公司法领域中，基于公司的结构设计，其交易成本有较大幅度的降低，具体参见：O. E. Williamson, "Transactional-Cost Economics: The Governance of Contractual Relations" (1994) 21 *Journal of Law and Society* 168。

[153] See O. Williamson, "The Vertical Integration of Market Production: Market Failure Considerations" (1971) 61 *American Economic Review* 112; "Markets and Hierarchies: Some Elementary Considerations" (1973) 63 *American Economic Review* 316.

[154] J. Coffee, "Shareholders v Managers: The Strain in the Corporate Web" (1986) 85 *Michigan Law Review* 1 at 31－32.

[155] O. Williamson, The Economic Institutions of Capitalism: Firms, Markets, Relational Contracting (1985) at 43－84 and referred to in E. Orts, "Shirking and Shaking: A Legal Theory of the Firm" (1998) 16 *Yale Law and Policy Review* 265 at 290.

[156] For example, see the following: S. Grossman and O. Hart, "The Costs and Benefits of Ownership: A Theory of Vertical and Lateral Integration" (1986) 94 *Journal of Political Economy* 691; O. Hart and J. Moore, "Property Rights and the Nature of the Firm" (1990) 98 *Journal of Political Economy* 1119; O. Hart, *Firms, Contracts and Financial Structure* (1995), Oxford, Oxford University Press.

[157] O. Hart, *Firms, Contracts and Financial Structure* (1995) at 57 and

quoted in E. Orts，"Shirking and Shaking：A Legal Theory of the Firm"（1998）16 *Yale Law and Policy Review* 265 at 295.

　　[158] S. Grossman and O. Hart，"The Costs and Benefits of Ownership：A Theory of Vertical and Lateral Integration"（1986）94 *Journal of Political Economy* 691 at 693.

　　[159] O. Hart and J. Moore，"Property Rights and the Nature of the Firm"（1990）98 *Journal of Political Economy* 1119 at 1120；O. Hart，*Firms，Contracts and Financial Structure*（1995）at 57 and referred to in E. Orts，"Shirking and Sha-king：A Legal Theory of the Firm"（1998）16 *Yale Law and Policy Review* 265 at 296.

　　[160] J. Armour and M. Whincop，"The Property Foundations of Corporate Law"（2007）27 *Oxford Journal of Legal Society* 429 at 437.

　　[161] Ibid at 437.

　　[162] H. Hansmann，"Ownership of the Firm" in L. Bebchuk（ed），*Corporate Law and Economic Analysis*（Cambridge，Cambridge University Press，1990）at 287.

　　[163] 例如，参见 B. Black and R. Kraackman，"A Self-Enforcing Model of Cor-porate Law"（1996）109 *Harvard Law Review* 1911 at 1921. 一些法律经济学派学者认为，除了效率之外还有其他优点是相关的，且需要考虑（例如，参见 S. Bain-bridge in "Community and Statism：A Conservative Contractarian Critique of Pro-gressive Corporate Law Scholarship"（1997）82 *Cornell Law Review* 856 at 883）. 如一些英国学者就不把效率视为唯一的优点，见 S. Deakin and A. Hughes，"Econom-ics and Company Law Reform：a Fruitful Partnership"（1999）20 *The Company Lawyer* 212 at 218；J. Armour，"Share Capital and Creditor Protection：Efficient Rules for a Modern Company Law"（2000）63 *Modern Law Review* 355 at 358。

　　[164] "The Second Wave of Law and Economics：Learning to Surf" in Megan Richardson and Gillian Hadfield（eds），*The Second Wave in Law and Economics*（Sydney，Federation Press，1999）at 56.

　　[165] 为了更好地剖析和理解这些理论，参见 S. Worthington，"Shares and Shareholders：Property，Power and Entitlement（Part 2）（2001）22 *The Company Lawyer* 307 at 308－309。

　　[166] 概括来讲，所谓的"社会契约模式"与"系统理论"似乎可以应用于所有这些常规理论中。参见 J. Brummer，*Corporate Responsibility and Legitimacy*（New York，Greenwood Press，1991）at 56－58 and 65－67。

　　[167] 参见，例如，其论文 "Enterprise Corporatism：New Industrial Policy and the 'Essence of the Legal Person'"（1988）36 *American Journal of Compara-*

tive Law 130.

[168] S. Worthington, "Shares and Shareholders: Property, Power and Entitlement (Part 2) (2001) 22 *The Company Lawyer* 307 at 308.

[169] 为了更好地研究从 Niklas Luhmann 理论体系中发展出来的新的理论，参见 T. Bakken and T. Hernes (eds), *Autopoietic Organisation Theory* (Copenhagen, Copenhagen Business School Press, 2002)。

[170] For example see L. Mitchell (ed), *Progressive Corporate Law* (Boulder, Westview Press, 1995). Mitchell himself rejects the use of the term "communitarian" See, "Trust. Contract. Process" in L. Mitchell (ed), *Progressive Corporate Law* (Boulder, Westview Press, 1995) 185 at 186-187). The appellation is challenged by some, such as Stephen Bainbridge in "Community and Statism: A Conservative Contractarian Critique of Progressive Corporate Law Scholarship" (1997) 82 *Cornell Law Review* 856 at 856.

[171] For example, Lawrence Mitchell criticises the whole notion of shareholder maximisation in corporate law ("A Theoretical and Practical Framework for Enforcing Corporate Constituency Statutes" (1992) 70 *Texas Law Review* 579 at 640). See D. Millon, "Communitarianism in Corporate Law: Foundations and Law Reform Strategies" in L. Mitchell (ed), *Progressive Corporate Law* (Boulder, Westview Press, 1995), 1 at 7-9.

[172] As to the latter, see A. Keay, "A Theoretical Analysis of the Director's Duty to Consider Creditor Interests: The Progressive School's Approach" (2004) 4 *Journal of Corporate Law Studies* 307.

[173] *The New Golden Rule: Community and Morality in a Democratic Society* (New York, Basic Books, 1996).

[174] 在此方面的主流学者主要有以下几位：Douglas Branson, William Bratton, Lyman Johnson, David Millon 以及 Lawrence Mitchell。我们可以从以下著作中简要了解该理论：J. Dine, "Companies and Regulations: Theories, Justifications and Policing" in D. Milman (ed), *Regulating Enterprise: Law and Business Organisations in the UK* (Oxford, Hart Publishing. 1999) at 295-296; *Company Law* (London, Sweet and Maxwell, 2001) at 27-30。其中，在 *Company Law* 一书中，资深评论员将该理论称为"公众理论"。在英国，这种相对边缘的理论的主要支持者是 John Parkinson 和 Gavin Kelly，他们著有 (*Corporate Power and Responsibility* (Oxford, Clarendon Press, 1993) and (with Gavin Kelly), "The Conceptual Foundations of the Company: A Pluralist Approach" (1998) 2 *Company Finance and Insolvency Law Review* 174)，在这两本著作中，他们对渐近式方法持相似观点。

［175］D. Millon，"Communitarianism in Corporate Law: Foundations and Law Reform Strategies" in L. Mitchell （ed），*Progressive Corporate Law* （Boulder, Westview Press，1995) at 10.

［176］例如，参见 L. Mitchell，"Groundwork of the Metaphysics of Corporate Law" （1993) 50 *Washington and Lee Law Review* 1477 at 1479－1481。除此之外，在另外一部著作中（"The Death of Fiduciary Duty in Close Corporations" （1990) 138 *University of Pennsylvania Law Review* 1675 at 1675)，一位著名的评论员宣称："公司就是一个人员事业的集合"。

［177］D. Sullivan and D. Conlon，"Crisis and Transition in Corporate Governance Paradigms: The Role of the Chancery Court of Delaware" ［1997］*Law and Society Review* 713 and referred to by J. Dine，"Companies and Regulations: Theories, Justifications and Policing" in D. Milman （ed)，*Regulating Enterprise: Law and Business Organisations in the UK* （Oxford，Hart Publishing，1999) at 295.

［178］D. Millon，"New Directions in Corporate Law: Communitarians, Contractarians and Crisis in Corporate Law" （1993) 50 *Washington and Lee Law Review* 1373 at 1379.

［179］D. Millon，"Communitarianism in Corporate Law: Foundations and Law Reform Strategies" in L. Mitchell （ed)，*Progressive Corporate Law* （Boulder, Westview Press，1995) at 4.

［180］For example, L. Mitchell，"Trust. Contract. Process" in L. Mitchell （ed)，*Progressive Corporate Law* （Boulder，Westview Press，1995) at 185.

［181］E M. Dodd，"For Whom are Corporate Managers Trustees?" （1932) 45 *Harvard Law Review* 1145 at 1148.

［182］L. Mitchell，"Groundwork of the Metaphysics of Corporate Law" （1993) 50 *Washington and Lee Law Review* 1477 at 1485.

［183］For a critical discussion of mainstream, neoclassical theory of the firm, see, for example, O. Williamson，*The Mechanisms of Governance* （Oxford，Oxford University Press，1996).

［184］For example, see L. Mitchell （ed)，*Progressive Corporate Law* （Boulder，Westview Press，1995).

［185］D. Sullivan and D. Conlon，"Crisis and Transition in Corporate Governance Paradigms: The Role of the Chancery Court of Delaware" ［1997］*Law and Society Review* 713 and referred to by J. Dine，"Companies and Regulations: Theories, Justifications and Policing" in D. Milman （ed)，*Regulating Enterprise: Law and Business Organisations in the UK* （Oxford，Hart Publishing，1999) at 295.

［186］D. Millon，"New Directions in Corporate Law: Communitarians, Contractarians and Crisis in Corporate Law" (1993) 50 *Washington and Lee Law Review* 1373 at 1382.

［187］当然，对法律经济学派学者而言，他们并不是在所有事情上都与社群主义学者采取相同的观点。

［188］For example，see D. Branson，"The Death of Contractarianism and the Vindication of Structure and Authority in Corporate Governance and Corporate Law" in L. Mitchell (ed)，*Progressive Corporate Law* (Boulder，Westview Press，1995) at 93.

［189］"Corporate Governance 'Reform' and the New Corporate Social Responsibility" (2001) 62 *University of Pittsburgh Law Review* 605 at 639.

［190］第一篇对该理论进行详细论述的文章为"A Team Production Theory of Corporate Law" (1999) 85 *Virginia Law Review* 247。当然，对于该理论的早期发展情况，我们也可以从 Margret Blair 的早期著作中瞥见一二，*Ownership and Control* (Washington DC，The Brookings Institute，1995)。

［191］A. Kaufman and E. Englander，"A Team Production Model of Corporate Governance" (2005) 19 *Academy of Management Executive* 9 at 12.

［192］"Production，Information Costs and Economic Organizations" (1972) 62 *American Economic Review* 777.

［193］"Moral Hazard in Teams" (1982) 13 *Bell Journal of Economics* 324. Also，see R. Marris，*The Economic Theory of "Managerial" Capitalism* (New York，Free Press and McMillan，1964) at 16；P. Doeringer and M. Piore，*Internal Labour Markets and Manpower Analysis* (Boston，D. C. Heath and Co，1971) at 15－16.

［194］"A Team Production Theory of Corporate Law" (1999) 85 *Virginia Law Review* 247 at 269.

［195］Ibid at 275.

［196］G. Enderle and L. Tavis，"A Balanced Concept of the Firm and the Measurement of Its Long-term Planning and Performance" (1998) 17 *Journal of Business Ethics* 1129 at 1131.

［197］S. Bottomley，*The Constitutional Corporation* (Aldershot，Ashgate，2007) at 17.

第 *2* 章　股东利益至上理论

2.1　引言

如第 1 章所述，在关于如何定义公司终极目标的争议中，目前已有两种主要理论。本章的主要任务是具体阐述和分析其中之一 ——股东利益至上理论。[1]该理论亦被称作"股东价值"[2]或者"股东财富最大化"。[3]该理论在英美以及普通法其他辖区内盛行，如澳大利亚、新西兰和加拿大。普遍认为，英美国家既然属自由市场经济，自然具备自由市场经济的特性，如具有分散的股权、更易受恶意收购影响，以及渴望股价季度性提升的大机构投资者的存在等。所有这些特性都有助于巩固股东利益至上理论。[4]

本章并非旨在全面地解释股东利益至上理论，也并不在于探讨该领域的所有文献，因为大量文献已经从不同的学科角度阐释了该理论。本章的目的在于考证该理论的核心要素以及对该理论的主要批评，从而得以全面地评估股东利益至上理论。

我们无法得知该理论何时开始流行。David Million 指出：在 Adolf Berle 和 Gardiner Means[5]年代，股东利益至上理论是一个公认的假想。然而，随着他们的伟大著作 *The Modern Corporation and Private Property* 以及 Berle 个人作品问世，该理论的发展赢得了巨大的动力和契机。从 19 世纪晚期开始，股东利益至上理论一直占据着主导地位。

曾有学者评论：在 19 世纪中叶，该理论全面盛行。[6] Adolf Berle 在 1931 年写道，只要与股东利益相关，则一切赋予管理层的权力都会为这种利益而有效行使。[7]

此后不久，E. Merrick Dodd 阐明：传统的观念认为，公司的董事是为了股东的个人收益而管理企业。[8]然而从 20 世纪 30 年代到 70 年代，普遍认为利益相关者理论（stakeholder theory）模式无论在理论上还是实践中都占据主导地位。尽管如此，在那个时代也总是有人持有股东利益至上的观点，这恰好印证了诺贝尔奖获得者 Milton Friedman 的评论：管理者的职责在于为股东赚钱，而非致力于我们现在所谓的企业社会责任。[9]该理论在不同时期产生了一些影响，尤其凸显于 20 世纪 70 年代。[10]彼时机构投资者已经开始支持雇佣理论。[11]也正是那段时间，法律经济学运动得到了实质性的普及，股东利益至上理论也涵盖于该运动之中并深受推崇。该理论受到如此不遗余力的支持，以至于 Jonathan Macey 曾这样说道："公司董事任何与股东利益最大化理论相悖的行为都会被视为'企业异常'（corporate deviance）"。[12] Margaret Blair 认为，在 20 世纪 80 年代，利益相关者理论的形式受到忽视。[13]业内认为，从 20 世纪 80 年代中期开始，不仅美国的董事开始更加重视股东价值，英国也如是。[14]

实际上，股东利益至上理论已获认可。而且，也许该理论在公司法中并非占据主导地位，但现今已然成为主流理论。据说这是源于"资本市场全球化、机构投资者的兴起、强大的股东激进主义，以及日益显著的公司治理问题"。[15]甚至英国财务报告委员会（Financial Reporting Council）批准生效的《综合治理准则》（UK's Combined Code），在 2008 版的序言中也提到："良好的治理能够促进快速高效的企业管理，从而在长期实现股东价值。"[16]

在后文中，会提到一些股东利益至上理论的批评者。但是毫无疑问，或许是因为路径依赖*（path dependence），该理论被证实极具

---

* 路径依赖，又译为路径依赖性，它的特定含义是指人类社会中的技术演进或制度变迁均有类似于物理学中的惯性的特性，即一旦进入某一路径（无论是"好"还是"坏"）就可能对该路径产生依赖。一旦人们做了某种选择，惯性的力量会使这一选择不断自我强化，并且轻易走不出去。第一个使路径依赖理论声名远播的人是道格拉斯·诺斯（Douglass North），由于使用路径依赖理论成功地阐释了经济制度的演进，道格拉斯·诺斯于 1993 年获得诺贝尔经济学奖。——译者注

弹性。[17]

　　本章首先探讨了何谓股东利益至上理论，股东利益最大化包含了哪些内容，以及一些关于基础性理论的思考。然后介绍了关于该理论的主要争议，并阐述针对该理论的重要质疑。接下来的部分将会简洁地描述该理论的影响，最后得出一些总结。

2.2　何谓股东利益至上

　　何谓股东利益至上？尽管这是基础性问题，但要解决它并非易事。[18]综上所述，此理论何时成为主流不得而知。或许它的沉浮源于 19 世纪赖以生存的经济与社会条件，[19]但是，毫无疑问，该理论最早体现在 1919 年密歇根最高法院裁定的 *Dodge v Ford Motor Corp*[20]案中，此案被认为是股东利益至上理论得以适用的起点。法院裁定如下："组织和运行商业公司的主旨在于为股东谋取利益……董事自主管理权的行使在于选择手段与方法以实现此终极目的……"[21]值得推敲的是，法庭并没有反对福特汽车（Ford Motor Corp）在没有考虑股东利益情况下，仅对利益相关者权益给予考虑（作为福特汽车的 CEO，亨利·福特（Henry Ford）所关注的是劳工条件和顾客能否买得起福特车）；但是反对管理层不按公司章程的规定，没有把公司当做商业公司加以经营。[22]

　　Stephen Bainbridge 把该理论划分为两方面，这一点很有帮助。这两方面即公司目标应为实现股东财富最大化；股东应对公司有最终掌控权。[23]

　　这一理论一直演绎发展至今，其思想精髓是公司董事在运营公司时，应全力确保股东财富最大化。[24]简而言之，公司董事应竭尽所能为股东赚更多钱。此理论精练地概括出：董事不仅要有效地保护股东投资，还要使它增值。因此，在这种理论下，公司管理者仅有经济目标和责任，除此之外，别无他责。当股东与非股东的利益发生冲突时，管理者必须坚定地站在股东一方，采取行动为其谋利。[25]同时，管理者要在法律范畴之内，规范经营。因为如果公司在某领域内触犯法律，其违法行为毫无疑问会带来风险，而这种风险最终可能损害股东利益。[26]"财富"可以从价格的角度去表述，并且被认为是已实现的价值。如 Christo Pitelis 所释，"在资本主义经济里，公司的生产力水平创造了价值，继而在利润的驱使下，通过市场交换实现财富。"[27]

如第 1 章所述，大型公司在当地、国内以及国际上影响深远。顾名思义，股东利益至上意味着以股东为重。这种表达本身就意味着，与其他各方相比，股东在公司中的地位举足轻重。[28]该理论认为，管理层职责应该紧紧围绕着股东利益，与之相比，其他的责任和利益则显得无足轻重，退居次要位置。[29]尽管公司董事不以非股东成员为重，但仍然会考虑他们的利益，[30]否则就可能影响股东利益最大化，丧失公司利益相关者的特定或专项投资，例如，那些有特殊才能的员工和掌握着关键技术的工程师就会选择辞职，而这些人正是公司极其需要的人才。James Brummer 使用向公司债权人进行支付的例子来加以说明。向公司债权人进行支付仅仅是为了确保公司生存和高效运转，[31]否则债权人就可能撤走公司所需的重要资金。

英国工业联合会（The Confederation of British Industry）向哈姆佩尔公司治理委员会（Hampel Committee on Corporate Governance）提供的证据表明："董事会成员须为股东服务，同时有义务维护公司与利益相关者的关系。"[32]利益相关者的价值，体现在他们为促进股东利益最大化做了多少贡献。所以促进与利益相关者的关系能够增加股东利益。但这一点也存在争议，因为企业要发展，绝对不能忽视公司利益相关者的权益。如果企业希望持续发展，那么长期忽视利益相关者的利益最终将导致股东利益受损，[33]公司的名声也会因而受到影响。然而，或许会有某个阶段，管理层为了迎合股东利益而损害利益相关者的权益。[34]关于这点，金融理论有效地提供了依据，即只有"当每一美元的边际效用至少要为股东赚回一美元后，才考虑将剩余资源在利益相关者中进行分配"。[35]

此外，作为公司董事，要以积极的责任心去实现股东的财富最大化，并避免做出任何有损股东财富的事情。

就非股东利益相关者而言，该理论推定与公司发生交易、有牵涉的个人和组织通过合同来维护自己的权益。

管理层不仅要考虑股东的利益，也须考虑处理利益相关者的利益。这一实际情况催生了享有盛誉的金融学家——Micheal Jensen。他提出了所谓的"开明的利益相关者理论"（enlightened stakeholder theory）。

然而，此理论显示，除了长效管理机制的理念外，它在目标和应用方面与股东利益至上理论极为相似。Jensen 认为，"追求股东价值是'公司唯一的客观职能'，这驱动了至关重要的组织和分配效率。"[36]资深评论员解释：对于董事而言，"追求价值"要比追求"价值最大化"更胜一筹，因为在复杂的经济环境里对后者的追求几乎不可能实现。[37]

或许可以这样理解，就公司的管理层而言，要履行增值股东财富的责任，可能要承担更大的风险。[38]股东容易接受公司这种风险。而公司金融不稳定性越大，股东的这种倾向越强。因为当金融风波袭击时，（除了原始资本之外）股东损失较小，甚至毫无损失。股东认为，即使管理层未能使公司承受得住风险，情况也不会更差，因为公司无论如何都会进入停业清算阶段。但如果公司能在风险中制胜，他们就会获利。相反，在上述情况中，债权人面临着潜在的危机：如果公司倒闭，他们的资产不会被完全支付；反之，如果公司因风险盈利，按照公司信用合同规定，债权人也不会获取超出资产部分的利益。[39]实际上，公司管理层可能更愿意采取保守的经营战略，确保公司能够持续安全地运营。[40]否则，公司倒闭时，他们的声誉在劳动力市场将受到严重影响。

2.3　股东利益至上理论的内涵

2.3.1　简介

在美国学术界，股东利益至上理论被奉为主流，在其他许多普通法法域中也极为盛行。但对于该理论是如何形成的，人们则缺乏共识。[41]股东价值到底意味着什么？该理论是如何实现的？[42]股东价值在日常公司营运中起什么作用？它是否对市场股票价格最大化行为有引导作用？它是否意味着，公司管理者在法律许可范围内，要使出浑身解数使股东价值最大化？问题在于"股东价值"的表述与另一种描述"股东价值最大化"本身就非常含糊。[43]许多理论家把股东财富等同于公司利润最大化，[44]这在完全市场或许行得通。所谓完全市场，顾名思义，是指具有理性社会行为并被全球大众所认可的市场。但这种市场几乎是不存在的。[45]

1984 年，可口可乐公司制定了股东价值的目标，并且实现了此目

标所遵循的"每股收益的年增长和资产收益率的增长都应该是市场的终
极目标"。[46]与此同时,美国另外一家为股东带来巨大利益的大型公司
在年报里指出:当一家公司产生的自由现金流超过股东的投资时,股东
价值就被创造出来了。[47]当然,从下面的描述中,我们可以看到对于股
东价值定义的不同解释。

简而言之,人们经常认为,股东价值理论能够提高公司股票价值,
增加股东分红。[48]当然,要实现此目标就要采取多种战略,包括尽可能
降低成本。

Anant Sundaram 和 Andrew Inkpen 指出:股东价值是至高无上的,
它"仅有单一的价值衡量标准,而此标准既能通过观察得到,也可以量
化"。[49]这一观点被众多金融理论家所接受。他们同时指出,股东价值
方法使衡量标准变得很容易实施。然而,如评论员所说,上述评论并没
有考虑这样的事实:"对于公司采用什么战略才能增强股东价值的决策
而言,单一股东的价值也必须给予考虑,绝对不会游离于决策之
外。"[50] Henry Hu 在对股东利益至上的含义调查中总结道:[51]在新的金
融产品的研发过程和金融改革进程中,股东价值是不确定的。上述理论
与许多专家观点保持一致,股东价值理论的目标是模糊的,甚至是被错
误地定义了。[52]当然,如果这种论据成立,那么就可以得出如下结论:
股东价值能否被计算和测量有待商榷,如果股东价值的含义不明确,许
多管理者就无法理解它的实质含义。

2.3.2 股票价值

据说,股东利益至上包含股票价值最大化,每股股票的价值是股息
(分红)贴现后的现值,并在未来的某个时期兑现。[53]强式有效市场
(有效市场假设)理论假定:股票价值会融合特定时间内有效的信息元
素,不管这些信息是来源于公共媒体还是私人媒体,只要与公司特定时
期内的业绩和前景相关都会被囊括在内,进而得出结论:市值会显示哪
家公司值得股东投资。[54]半强式理论认为:股票价格反映了所有公共信
息。而弱式理论认为,股票价格改变仅仅反映股票价格的波动信息。[55]
股票价格被认为是公司业绩的衡量,而股票市场则是公司管理水平的唯
一客观的评估者。[56]也有学者[57]认为,股票价格衡量了董事是否实现了
公司目标。因此可以认为依赖股票价格有众多优点。首先,股票的价格

不可能被管理者直接操控，当然这是指在短期之内的情势。股票价格本身自动折射出当前商业决策对未来的影响，并且避免了短期内的误差。[58]基于这一显而易见的优点，Margaret Blaire 坚持这样的看法：公司董事可能会对财务报告弄虚作假，借此希望股票价格上涨。[59]此外，管理层也可以间接地对价格进行操控，比如通过拖延财务信息披露时间等手段即可达到这一目的。从股票价值最大化考虑，公司的行为必须谋求股东现阶段利益与未来利益的一致性，因为公司未来的价值会在股票中表现得一览无遗。[60]股票价值最大化，顾名思义，就是确保股东对公司所做投资获得最高效用。[61]

依赖股票价格的第二个显著优势在于，这种方法让人很容易判断董事是否在履行其职责。因为据此方法，甚至是外行人也能判断投资者是否从公司的投资中盈利。

第三，会计制度是对企业过去经营状况的回顾，关注股价则是放眼未来，因为股票价格凸显市场精髓理念，能够反映公司已经做出的投资价值几何，以及投资价值在未来如何体现。[62]

许多学者认为股票价格至关重要，但是最近斯沃琪（Swatch）集团的总裁 Nicolas Hayek 却否定了公司股票价值是衡量公司价值标准的观点。[63]

2.3.3　度量标准

管理顾问多次试图从价值度量标准的角度解释股东价值包含的内容。[64]度量标准的优势在于实现了公司业绩的排名。[65]参照所有发展成熟的度量标准是不现实的。以下是关于几种比较热门的度量标准的探讨。一些咨询师认为所有的公司应该适用同一种度量标准，而另一些咨询师则认为不同类别的公司应该采用不同的度量标准。总之，"股东价值的理论通过减少预测现金流（由资本成本引起），继而对所投资的经济价值（如公司股票、商业策略、公司之间的并购以及资本支出）进行预测"。[66]现金流在盈利的基础上，通过分红的形式返还给股东，同时它也是增加股东股票价值的必备条件。[67]为了根据现金流确定股东价值，须先确定公司的企业价值/市场价值，并从中去扣除负债。[68]公司企业价值包括资产和负债。资产很显然涵盖了公司股本，负债是指公司所欠出借人的部分以及其他情况如养老金负债等。[69]进一步讲，市场价值即公司价值，它由三部分组成，一是预测期内经营活动现金流的现值；二是代表预测期之外公司现值的剩余价值；三是可转换为现金，无须投入公司经营的有价证券和其他投资的现值。[70]

EVA 是一种广泛适用的标准，[71] 是指"剩余收入测量方法，即某公司的年收入是否超过资本成本的加权平均值。也就是确定税后净营业利润，减掉所要求的资本回报率余下的部分"。[72] 据说这样就会提供清楚的指导，以此"提高现有资本的回报率，投资于那些收益可以超出资本成本的项目，出售资产换取更高价值"。[73] 另外一种度量标准是股东增加值（shareholder value added，SVA）。[74] 这种衡量方法通过"税后净收入是否少于资本支出"的标准计算出股东价值是否能积累。该度量标准通过"关注四个组成元素，即收入、支出、资本（资产价值）和资本成本（随风险而调整）"，从而得以加强。[75]

也有人在寻求另一种方法，能够将价值度量与其他标准和技术，如计分卡、价值驱动识别和价值链管理相结合，即"一种能激励企业提高股东财富的方法"。[76] 另外，可以断言，当今市场中的股东价值最大化资源不仅包括净利润现值，也包括期权价值，该价值代表着公司未来的发展。[77]

然而，使用度量价值标准存在一个问题，即尽管各种度量方式存在共性，但也存在巨大的差异。另外一个问题是，在用的度量标准通常晦涩难懂，对企业鲜有帮助。

2.3.4 时段

股东利益至上理论中并没有提出实现目标的时间。人们并不清楚该理论是指短期盈利还是长期盈利。或许两种盈利方式都存在，但在过去却是以短期盈利为主。[78] 就在最近，Allen，Jacobs 和 Strine[79] 也提出长期目标对股东利益最大化来说是弱势。很显然，长期目标和短期目标的策略大相径庭。但是问题在于，长期目标和短期目标的界限本身就不清楚，是否有必要对此区别进行设定。[80]

短期主义被界定为："放弃具有长期利益投资的经济价值，以增加当前账面上的收入。"[81] 这意味着，在研发上精打细算；既不扩大生产，也不更新设备；裁员（即使在中期企业可能需要雇佣更多的员工，但至少在短期内裁员会有促进作用）。普遍认为，如此严格地使用短期盈利方法，意味着公司管理层要将所赚的每一分利润都返还给股东，从而放弃考虑储备投资基金，或者通过降低价格扩大企业市场份额。[82]

除了有利于短期盈利目标之外，执行董事薪酬方案和董事经常跳槽的事实常常有碍于其他盈利方式。在许多案例中，公司几乎都要求执行董事关注短期盈利。他们的薪酬计划中包括了重要的股票期权，这能促使董事竭尽所能提升股价，因为与自己的利益息息相关。如果执行董事侧重长期利益，他们可能会感觉到为公司卖命却没有得到相应的赞许和利益。因为董事的任期不长，当公司因长期策略受益时，他们已经离开了自己的岗位。近期，苏格兰皇家银行（Royal Bank of Scotland）的金融机构投资者表达了它们的忧虑：给银行执行董事高薪待遇，来激励他们拉动股价在短期内上涨的行为，不利于公司长期发展。[83]若要使公司长期利益最大化，管理者应着眼于权衡近期和远期的创利机会。

谋求短期利益不再像以前那么容易被接受，而且多年来一直广受非议。比如，只关注短期利益是不现实的，并且助长了风险增加的压力。[84]Railtrack 前执行董事 Steve Marshall 认为，追求短期方法会导致股东价值被间接衡量。[85]

最近，Micheal Jensen 着重阐述了追求长期利益的管理方式的必要性。[86]他认为追求短期利益的最大化其实有损于价值。[87]其他的经济评论员指出，一些资深的法律经济学学者也摒弃了短期利益主义理论。[88]本章后面的部分会进一步阐述这一问题。[89]

从历史上看，针对能否克服追求短期或长期利益带来的弊端问题，人们也进行过广泛的讨论。William Allen 在担任美国特拉华州衡平法院大法官时曾极其公正地说："法律借助长期利益最大化与短期利益最大化的模糊界限，'掩饰'了我们对企业概念理解的冲突。"[90]长期利益与短期利益的分歧被淡化了。评论员认为这两者的区别被市场有效性的假设排除在外，"长期利益最优化仅仅是一系列短期利益决策最优化促成的"，虽然市场有效性受挑战影响。[91]

Steven Lydenberg 把长期投资定义为考虑"企业对社会和环境的贡献价值，同时致力于提高这种价值在企业内部、产业内和社会上的水平"。[92]这种方式对股票价格代表社会价值的理论提出质疑。正如 Allen White 所言，高股价虽然有益于股东的短期利益，但从长远来看，于社会价值并无益处。[93]

2.3.5　股东利益

从股东的角度来考虑，股东价值到底意味着什么并不是一个十分明确的概念。[94]因为这种价值对不同的股东有不同的含义，需要根据股东的商业预期、投资目标、投资时限、风险偏好，以及其资源和目的而定。例如，一些股东有短期投资的策略，而另外一些股东则倾向于长期投资。[95]虽然股东利益至上理论针对的是短期利益，但是，法官们更愿意做出有利于为股东长期利益奋斗的管理层的判决。[96]如前所述，现在的股东利益至上者比以往更注重股东的长期利益。在众多企业中，存在不同类型的股票和利益以满足股东对不同的利益的需求。此外，公司董事的市场策略和经营行为是为了使当前股东获利还是为了未来股东获利？如果他们是出于对未来股东的考虑，那么应该如何去平衡当前股东和未来股东的利益？股东也有不同的投资方式。有些股东或许只持有一家企业的股份，而另一些股东却拥有多样化的投资组合，把投资分配于诸多企业。如果辨证地来看，股东价值理论并没有精确到可以适用投资者具有多样性取向的情况，或者投资者既是公司股东，又是公司债券持有人的情况。[97]那么，鉴于股东利益差异，董事在实施股东价值策略时是否会重点考虑大股东的需求？董事又如何了解股东究竟需要什么？董事不可能在每次进行重要决策时，都召开股东大会向股东咨询。

2.3.6　其他利益

有人建议，尽管股东对利润的眷恋毫不掩饰，但是股东利益至上理论的确也允许管理层考虑非财务事宜。[98]至于这种观点具体能持续多久目前尚无定论。如果管理层采取某种举措可以使特定的利益相关者群体受益，则该举措也可以被认为是为了追求股东价值，因为它毕竟使股东要么直接要么间接地受益。但是，人们会认为，股东所受之益最终应该是某种财务性质的利益。这一点是成为英国《2006 年公司法》第 172（1）条的推动力，依赖于所谓的"开明的股东价值"（enlightened shareholder value）。[99]该条款阐明，在推进企业成功地为股东谋利的进程中，董事必须考虑其他的因素，如董事决议所带来的长期后果、员工利益以及加强公司与客户之间的关系等。据说，该条款基于 20 世纪 90 年代末 BAA 执行董事 John Egan 的表述而制定。他认为，为了股东能赢得长期利益，董事必须满足公司所有利益相关者的利益，并获得他们的合作。[100]这种方式被称为利益相关者方式，[101]但是也有争论认为，这种方法援引了股东价值方法，不过更加务实而已。

据称，当今市场，股东价值最大化资源不仅包含净利润现值，还包含期权价值。这些代表公司未来发展之期权。[102]

2.3.7　总结

很显然，在股东利益至上理论及其贯彻实施中，隐含着一系列显而易见的不确定因素。该理论意义尚未厘清，几乎没有阐明董事应该在实务中如何去操作。尽管代理理论和咨询度量标准都是围绕着股东利益至上理论而设计的，但没有为管理层提供指导，使他们明了应该如何去实际执行。[103]董事在遵循股东利益至上理论竭尽所能为股东服务的过程中，并未得到普遍观念引导，仅获得一些零星理念。有人认为，股东价值"并未在某一论述或政治经济体系中，被持续而精准地定义为一个概念，相反，却作为华而不实的空洞说辞被大面积传播，或作为一个主题，被引用于对原因、结果的分析，以及辩护的理由"。[104]

最后，似乎可以公正地得出如下结论：股东利益最大化所需条件将由财务环境和企业自身的情况所决定。这就意味着，目前不大可能以任何形式对该理论进行精确定性。

2.4　股东价值最大化的原因

此问题的答案将会在"支持论点"一节中进行有效的探讨。对管理者而言，的确存在一系列实际原因促使他们遵循股东价值最大化原则。[105]第一，当管理者持有公司相当可观数量的股份或期权（options）时，他们就有动力去实现股东财富最大化。第二，管理者的薪资形式与股东投资所得利益息息相关。这种关系能解决代理成本问题，并能使管理者与股东形成利益联盟。如果公司业绩使股东获利，公司盈利又常常与股票价格指数紧紧相扣，那么股东承诺给管理者超出薪水之外的津贴就再正常不过了。第三，公司被并购的威胁总是存在，董事通常会不遗余力地使股东对其管理满意。他们主要通过确保高股价继而使股东保留

股份，避免将其出售给收购者。Burton Malkiel 曾说过：

> 如果管理层运营企业的首要目标不是为了使股东获利，那么该
> 公司势必会成为其他公司并购的对象。对于管理者而言，并购所带
> 来的永恒威胁极有可能变成巨大动力，激励他们以实现股东利益最
> 大化为公司的首要目标。[106]

如果公司被收购，恐怕董事的职位也将难以保全。

第四，对董事而言，劳动力市场竞争严峻。如果其他企业看到管理
者使所在公司的股东受益，就会寻找机会将其挖走；相反，如果管理者
业绩平平没有使股东获利，就会被董事会或股东大会踢走，它们会聘用
业绩更好的人继续经营。一位财经杂志的编辑告诫说："无论任何模式
的管理制度——不管是强有力的还是独立的——如果藐视股东利益最大
化的经济目标，恐怕会自食其果。"[107]

第五，该理论具有连贯性，所含准则易于理解，便于管理者解释和
使用。[108]

第六，管理者之所以支持股东利益至上理论，很可能还因为该理论
允许他们致力于发展短期利益，这种短期行为会把成本递延到将来的某
个时间点上，而不是当下。[109] 管理者不愿在位时间过长，以防其管理经
营方略暴露缺点时"自食其果"。

最后，关于董事如何看待自己的职责 Jay Lorsch 进行了一次研究
（采访和调查了 80 位美国及欧洲的董事，以美国为主），结果显示：通
常董事会以股东利益最大化为自己的法定义务。[110] 之所以如此，主要是
因为他们不愿意被股东控告违背董事义务、亵渎职守。

2.5 股东利益至上理论的创立背景

在美国，股东利益至上理论作为公司法中至关重要的一条原则，之
所以长足发展，皆归功于契约学派。[111] 关于公司目标的争论在美国 20
世纪 30 年代早期已初露端倪。此争论始于 Adolf Berle 与 E. Merrick
Dodd 之间激烈严肃的探讨，并在当时出版了文献著作。[112] Berle 认为，
如果不深入探究细节，作为公司管理者的董事除了要对公司的股东负责
之外，别无他责，因为他们在为股东赚钱，而非他人。[113] 另一方面，

Dodd 却认为：公众视企业为经济机构，为股东谋利的同时，还扮演着服务社会的角色。企业对股东、雇员、顾客以及公众负责。[114]然而，前者最终以失败告终，在 20 世纪后半叶，人们对 Berle 的许多观点持摇摆不定的态度，尤其在美国。据说，自从美国超过 40 个州推出利益相关者法之后，股东利益至上理论地位有所降低，此问题将在第 4 章进行探讨。[115]此法规（具有强制性）迫使董事在实际操作中，支持利益相关者的利益而非股东的利益。如果股东利益至上理论的地位动摇了，许多人就会群起而攻之，并认为该理论一文不值。但是毫无疑问，众多学术评论员以及诸多著作证实了股东利益最大化原则的合理性。

许多契约理论倡导尊崇法律或以法律为依托的经济分析法，并关注公司事务中相关各方的契约关系，继而推崇合约的神圣不可侵犯性。许多契约理论支持企业法中的合约集束方法，[116]这点在第 1 章中已做探讨。虽然这并不是契约论的核心部分，[117]但是契约论通常[118]把股东利益至上作为他们眼中的上市公司的重点。[119]该理论填补了企业合同的缺口，[120]并建立了董事对企业"信托责任的本质"，[121]即董事的行为应该是实现股东利益最大化。

2.6　支持论点

理论家依赖不同的论点支持股东利益至上理论，但是让所有的学者都认同某一系列论点是不可能的。以下为主要论点，不以强弱或轻重排序。客观地讲，起初在某种程度上，大部分观点均依据效益价值构成，因为原理是基于有效性而发展的，这点毫无疑问。[122]此外，各论点之间也存在着交叉。

支持股东利益至上理论，并不是关于股东的"哲学偏好"（philo-sophical predilection）[123]的结果，而是来源于对公司运营目标的关注，即公司在具备偿还债务能力的同时，还必须为剩余价值索取者，也就是股东谋求利益。[124]这被看作支持股东利益至上理论的最主要的论点。剩余价值索取者享受公司成果的最大利益，[125]当公司财富增加时，他们受益，获取可观的分红；但是当公司亏损时（如果公司进入清算阶段，股东的利益直到最后才被考虑），他们受损；当股东对一家有清偿债务能力的公司的每一个决策感兴趣时，他们可以凌驾于利益相关者之上，[126]掌握对管理者的操控权。[127]因此，股东拥有巨大的动机使利益最大化，他们也是最合适的群体，可以问责于公司管理者。因此可以断言：股东是最合适制定公司各方面政策的群体，[128]甚至大部分决策正是来源于股东大会，这点将在后面的章节里具体阐述。一般情况下，股东在某议案中只做出积极或消极的表态，不能越俎代庖，发动根本性的改变或者制定不同的决策。

其次，根据现行的代理理论，[129]董事只是股东的代理人，受雇于股东经营企业，因为股东没有时间或能力，因此股东最适合引导与监管董事的职能和责任。[130]股东可以选择董事，在某种程度上讲，他们被认为是董事的老板。[131]有人认为，如果没有股东利益至上准则的约束，董事可能会逃避责任或者实施投机行为。[132]监管董事会产生成本，亦称为"代理成本"。[133]股东对减少董事逃避职责和实施投机行为的可能性负有责任。相关职责的制定同样是出于对股东利益的维护。我们可以得出以下结论，股东利益至上理论意味着：董事经营公司的一切行为，都要充分向股东负责。

事实上，股东可以对那些损害公司利益的董事和相关者提起派生诉讼，这亦被看成董事确保股东利益最大化的原因之一，因为如果不这样做，股东就会采取措施弹劾他们。

第三，董事以股东利益最大化为准则经营公司会更高效，因为花费的成本被降到最低，并均用于实现此目的；[134]他们的工作效率也会更高，因为只关注一个目标和一类投资者的利益。如果董事对不同的投资群体都有责任，那么平衡各个利益群体的利益困难重重，继而可能导致董事做出错误的决策。[135]与考虑多方利益相比，只考虑一方利益，可以更有效地监管董事的行为。这也促使董事对股东更负责。同理，如果董事考虑多方利益，会使资源自由分配受到制约。[136]总而言之，股东利益至上理论具有确定性和易操作性，[137]并能使法庭更理性地审查管理行为，[138]因为这时管理层只需专注追求一个目标。[139]简而言之，此理论具备可实施性。

第四，支持股东利益至上理论是因为，当资源被最有效分配时，鉴于市场机制的原因，遵循此理论通常能增加社会财富。[140]具体而言，所有其他投资者会在董事执行的股东利益最大化行为中受益，当然所有的投资者都受益是不可能的，因此一位评论员严格限定了范围，即"诸多投资者受益"，[141]而非全部。曾有著作总结："试验证据表明：增加股东利益与利益相关者的长远利益并不矛盾。盈利公司为所有利益相关者创造了相对更大的价值……股东在公司中是唯一的在增加自己利益的同时，又能使各方受益的利益相关者。"[142]为审查英国公司法而建立的英国公司法审查督导小组（UK's Company Law Review Steering Group）支持股东利益至上理论，因为此理论能对社会财富做出贡献，其在1999 年的报告中提到："公司的最终目标——股东利益最大化受现行法律保护，原则上讲，是确保总体繁荣与财富最好的方式。"[143]

可以断言，为了遵循股东利益至上理论，不管利益相关者牺牲了什么，继对股东利益做出良好安排之后，他们会得到补偿，如雇员得到更高薪水、借款方获取更多利息。[144]甚至有人认为，单纯地最大化股价有利于社会。[145]因此，功利主义的论点提了出来，在董事致力于创造良好的经济条件提升企业从而使股东受益（如降低生产成本，提高销售量）后，社会财富亦同时得到增长。[146]

第五，股东可以被视为公司资产所有人。[147]英国 Cadbury 委员会在《公司治理财务报告》（Report on the Financial Aspects of Corporate Governance）中采纳了该观点。[148]因为股东是公司所有人，他们可以采取有益于自己的资产管理方式；享有董事对自己的特殊忠诚，[149]包括董事经营公司时处处以股东的利益为出发点，尽忠职守。[150]人们会直接控制他所拥有的，这是人之常情。股东利益至上理论由经济理论家所提出，虽然他们并没有单纯地把公司本身当做独立而具有权利的实体来看待，但是一部分人认为股东利益至上是主流观点。[151]

第六，管理者在管理企业时，会向股东许诺，他们的执行决策将紧紧围绕着股东利益最大化，这点毋庸置疑。[152]这恰好印证了以下观点：公司参与资本市场寻求投资者，当吸引到了投资者，管理者必当竭尽所能为股东的利益服务。从投资和获利的经济现实来看，股东的利益通过获取利润、分红和资本增值的方式得以保证。[153]

第七，股东更愿意管理层做担保，因为与其他的利益相关者相比，股东处于弱势地位，[154]其他利益相关者可以通过合同条款来保障自己的利益，通过监管权得到安全保障，[155]而股东则缺乏这层防护，投资回报也没有任何保障。试图在股东与董事之间签订合同是不必要的，因为在董事运营公司的过程中，所制定的决策不具有完全性，因此也不值得去签订合同。[156] 在诸多方面，股东是受董事摆布的，因为股东很难监控董事的工作，这是毫无疑问的。在谈及股东时，Oliver Williamson 指出："股东在企业中的所有投资是有潜在风险的。"[157] 同时他认为：股东是"唯一无法与公司进行定期续约重新谈判的利益群体……其他的利益相关者，在合约期满续约时，都有机会争取协商合约条款。而股东投资的是企业整个生命周期……"[158] 不像其他的利益群体，股东的投资与财产权无关，因此想要获得投资保护绝非易事。[159] 股东的利益源于剩余价值，通俗地讲，就是除去支付日常管理费用所剩盈余、产品销售价格高于制造成本的部分。股东的这部分利润无法具体化，因而需要保护。

同样，非股东的利益相关者受监管法规的保护，而股东却无法享有。[160] 因此，与其他利益群体如债权人不同，股东并不总能转嫁由投资带来的损失风险。最终，除了上市公司外，当股东对公司的业绩或者管理不满时，他们并不能轻而易举地撤资。即使能够撤资，在他们出售公司时，也会遭受巨大的"打击"。

第八，能够事无巨细罗列管理层对股东担负的所有决策义务的合同是不存在的，更何况这样的合同过于死板，缺乏灵活性，无法随着商业环境的发展而变化。而股东利益至上理论就犹如填充剂，为管理层对股东的责任提供实质保障。[161]

2.7   理论争议与普遍批判

2.7.1   简介

毫无疑问，最近关于公司治理探讨的定论都支持股东利益至上理论模式。[162] Ronald Gilson 甚至认为，公司法的唯一显著特点即它是增加股东价值的一种方式。[163] 甚至连强硬派的评论员 Larry Mitchell 也承认此理论是现代管理的口号。[164] 另一位反对股东利益至上理论的评论员 Kent Greenfield 也承认，股东利益至上理论的确举足轻重。[165] 但是，后两位以及其他学者长期以来对此理论并不赞同，其中有些学者则质疑该理论的规范性价值。[166] 其他人，主要是那些倡导在公司法理论中采用社群主义（communitarian）、利益相关者理论或者多元化方式的学者，[167]认为除了股东利益之外，董事也应该考虑他人利益，即所谓的企业的投资人（contributors）、利益相关者或者委托人（constituents）。尽管股东利益至上理论在法律、财务和金融范畴内占支配地位，但在其他学科领域如管理学、商业伦理并非如此；与股东利益至上理论相较，这些学科包括更广泛的含义。Max Clarkson 证实了此观点，宣称："现在管理者为了主要的利益相关者群体而履行公司的责任和义务。"[168]一些领军学者甚至大胆地断言：利益相关者理论的卓越性已得到普遍认同，股东利益至上理论已然消亡。[169]

对企业管理持有社群主义[170]观点的人，以规范性角度为出发点，对股东利益至上理论不以为然，[171]并展开争论：董事运营企业，应该有义务对所有潜在的利益相关者负责，包括债权人、员工、供应商、顾客以及所在社区。社群主义认为，企业应该为更广泛的社会目的服务，而非仅仅为了股东赚钱。公司不仅是股东的工具，也是服务整个社会的工具。[172]社群主义拥护规范性世界观，强调这样的事实：人是社会的一部分，他们继承了社会的利益、价值和目标，因而其赖以生存的文化环境不容忽视，[173]而企业被当作与人们"互相依存、互相信任、互惠互利的共同体"。[174]该观点引发如下结论：董事在经营公司时，股东的利益不再是唯一需要考虑的因素，其他相关者利益也都要被囊括其中。[175]值得商榷的是，采取股东利益至上理论会损害非股东利益相关者对企业特定项目投资的积极性，因为他们意识到他们的投资始终屈居于股东利益之下。[176]所以，社群主义对此进行了批判，Lyman Johnson 认为："激进的利股东（proshareholder）的企业行为实质上与盛行的社会规范背道而驰。"[177]

专攻伦理学、组织行为学，以及其他管理学的评论员向股东价值理论提出质疑，为了批判该理论，他们从更广泛的角度去论证。这些评论员提出何谓"利益相关者"的疑问。[178]这一问题在第 3 章中将具体阐述。理论研究者拥护这样的观点并提出，董事应该平衡不同利益群体之间的利益，因为他们是公司的组成部分。Clarkson 引用以下评论证实了这点，"管理者现在为了企业利益相关者群体而履行企业职责"。[179]理论研究者迎合此方式，并把企业置放在一系列的关系中，管理者必须关注所有的利益相关者，包括内部的，如员工；外部的，如消费者。与众多社群主义拥护者避开经济只谈伦理和公平不同，利益相关者理论是在寻求经济与伦理的结合点，以借此"抑制资本主义带来的激进因素"。[180]

后文将强调反对股东利益至上理论由来已久的核心争论。众多争论中亦存在交集。在探讨反对此理论的争论之前，原则上应该提及，如果不考虑以下因素股东利益至上不可能实现：公司无法轻易地转化价值给股东，因为商品市场具有结构性约束，任何通过降低价格将劳动力成本转嫁给顾客而获得的收益，都可以作为资本。[181]因此，我们可以得出这样的结论："股东利益至上理论常常行不通，即使从理论本身出发，亦是如此。"[182]

2.7.2　确定性

特别是与利益相关者理论相比较时，股东利益至上理论的主要卖点是确定性和清晰性。因为它能够提供度量企业成功与否的标准及尺度，并为董事提供管理企业的导向，因此股东利益至上理论更具有实用性。但是仅此而已吗？如本章前文所述，[183]围绕着该理论以及它的贯彻实施，存在着诸多重要的不确定性因素。首先，理论的拥护者认为，股东利益至上理论从管理导向的角度考虑问题，提供了许多确定性，并引以为豪。但是事实如此吗？如前所述，[184]该理论含义并不明晰，也几乎没有说明管理者应该怎么做。以股东利益至上原理为基础的代理理论和咨询度量标准也没有为管理者提供参考意见，究竟在实务中应该如何操作。[185]在公司的日常运营中，股东利益至上意味着什么？是否意味着引导股票价值最大化的行为？管理者应该怎么做实际上不清楚。或许意味着"直接收入或者创造财富的资源的长期基本盈利"。[186]是否意味着只要在法律许可范畴内，董事应竭尽全力保证股东利益最大化？是否意味着当预防措施代价很高时，董事可以大规模裁员或者破坏环境，只要这些行为最终会使股东受益？有人认为："倡导利益最大化的核心职责……应该是允许甚至要求董事为了追求利益最大化而违反法律，至少当违法行为尚不构成犯罪时。"[187]问题在于，如上所示，"利益最大化的表述不清不楚，股东利益最大化也好不到哪去"。[188]众多美国理论家似乎把股东价值最大化等同于公司利润最大化，[189]这种观点在理性的、行为被全球接受的完全市场行得通，但是这样的市场几乎不存在。[190]

Henry Hu 在一份详尽的关于股东利益至上含义的调查中指出，[191]在新金融产品开发和金融改革进程中，去解释股东利益最大化的理论，存在三点矛盾之处。第一，Hu 总结出所谓的"经典的实体导向模型"（the classic entity-oriented model）。[192]实质上，此模型建立在通过赚钱盈利提高公司福利，进而增加股东利益的概念之上。[193]他驳斥了该模型，尤其指出"企业总收益或者甚至是每股收益的最大化并不必然带来股东利益最大化"。[194]第二，据 Hu 所言，存在"纯粹"的股东利益最大化模型。[195]股东利益是董事的直接目标，不作为增加公司福利的衍生。这种方式忽略了公司作为一个实体的独立福利。[196]可见，Hu 的观点恰恰与股东利益至上理论主要的解释保持一致。[197]他批判此理论，特别是因为，此理论是股票交易价格的缩影，但是股票交易价格与理性反映关于公司信息的价格相去甚远。[198]换句话说，也就是存在着非理性的因素影响股票价格。同样，由于存在信息不对称，导致在没有全方面了解信息的情况下定价。第三，Hu 所谓的"幸福的"股东利益最大化模式[199]试图解决这样的问题：如果股票市场无所不知并极具理性，那么并非使实际的股东利益最大化，而是使"利益相关者的利益"最大化。[200]因此，他总结出：所有有关股东利益最大化的三点解释都不能为董事提供有价值的引导。[201]

众多结论表明股东利益至上理论的目标实际上是模糊的，甚至是被错误地定义了。[202]当然，如果以上推断是正确的，可得出如下结论：该理论的目标能否被衡量值得商榷。与此同时，董事不理解股东利益至上的含义是很有可能的。因为理论没提供任何准确定义，虽然解释了客观因素的内涵，但仍然似是而非，而且该理论包含着不同的含义。股东利益至上理论"要么通过操控利益最大化测试，要么通过控制测试手段，被用于支持或反对一些管理行为"。[203]

讽刺的是，当涉及利益相关者理论时，一个主要批判因素却被股东利益最大化原则的倡导者所拥护，即利益相关者理论并没有为董事提供管理导向、目标设置，实际上却为董事玩忽职守提供了机会。另外，相同的批判也对准了股东利益至上理论。

第二个不确定因素与此理论没有提出实现目标的时间限制有关，这一点在前文已做探讨。[204]增加股东价值是指短期还是长期？[205]很明显短期和长期的策略不同，因此，短期和长期的界限是否应该确定？[206]如前所述，虽然长期的定义并不明确，今天众多理论学家仍然偏向于长期利益。公司的决策能影响到多远的未来？短期内很难评估，但是有争议认为，长期甚至更难。[207]对那些只是为了一两个目的而建立的公司，第二年对它们来说可能就是长期；而对于更传统的公司来说，长期意味着遥远的未来。

如前所述，过去人们偏好于短期利益，现在这种方式仍然占主导地位，特别是因为迫于股东的压力。可以这样描述，管理者倾向短期利益是因为受任职时间所限，他们只能从公司获得短期收益。管理者从公司的长期利益中并无所获，或者所获微乎其微，相反，他们的下任会从长期利益中获得经济收益或者荣誉。[208]实际上，如果短期方式被执行，那么注重长期利益可能会使今天的管理者看上去不称职，因为股价增长速度没有预期得快。然而，长时间以来，短期方式受到大量批判。看重生产短期利润是不现实的，并且给与日俱增的风险加压。[209]最近，评论员认识到短期目标对公司造成的问题，特别是生存问题。一些人已经意识到，短期方式是引发现代金融危机的主要原因：加在股东身上的短期主义压力引起了股东对非持续性盈利增长的需求，这种增长仅仅通过快捷的过度杠杆化和减少投资实现，是极具风险的方式。因此评论员强调，稳定性和金融实力是平安度过经济周期波动所需的因素，但它们会被眼前利益牺牲。[210]其他评论员认为：

> 短期主义是一种疾病，影响了美国的商业，误读了管理和董事会决议。它并非起源于董事会，而是滋生于风险投资交易厅和专业的机构投资管理者，他们控制着主要公司 75％以上的股份。短期主义的压力来源于股东收益对非持续性增长的需求，这种增长可能仅仅通过快捷的过度杠杆化和减少投资实现，是极具风险的方式。能使经济周期平安度过的稳定性和金融力量却为了满足眼前利益而被牺牲了。在观察家眼中，短期主义压力实质上引发了我们现在面临的经济危机。[211]

还有其他的例子清楚显示了短期衡量标准被过分关注了，董事也应该考虑长期方式。英国政府对此已经做出了警告：《2006 年公司法》第 172 条第 1 款要求董事去考虑追求长期利益的行为。

第三个问题，在第一个问题被提出之后，对于法庭来说，很难判定董事行为到底有没有使利益最大化。[212]要确定董事是否全心全意为股东利益最大化而努力，对专家来说都不是轻而易举能做到的事，更何况是外行人，[213]因此很难去评估董事是否正在为公司目标而奋斗。由此得出，股东价值的理念是清楚的，然而，对董事行为做更多的评估也是不切实际的。[214]

第四，Gerald Frug 断言：股东利益至上理论要么通过操控最大化测试，要么通过控制测试手段，被用于支持或者反对一些管理行为，[215]这有悖于该理论能带来确定性的观点。

第五，如 Jonathan Macey 所说，一般来讲，哪种方式最利于股东利益，哪种不利于，尚无定论，[216]尤其是考虑大型上市公司股东的分歧时，更难判断。

第六，如之前章节所阐述，股东利益至上包括：董事不倚重非股东群体但是仍然会考虑他们的利益，若非如此，可能会影响股东利益最大化，特别是，可能失去公司利益相关者带来的特定投资。董事以股东利益为重，这种方式能持续多久，并不清楚。同样，如果行为 A 和行为 B，能够同等地促进股东利益最大化，行为 A 不会影响利益相关者 X，但会损害利益相关者 Y，而行为 B 不会影响利益相关者 Y，却会损害利益相关者 X。董事该如何取舍，是选择行为 A 还是选择行为 B？

另外一个问题，如本章前面探讨的，[217]对于股东而言，股东利益最大化到底意味着什么并不清楚，对于不同的股东可能含义不同。[218]

最后，基于以上探讨，还存在另外一个问题，即为了追求一个特定的行为，董事可能对一些股东不会全力以赴。如果的确如此，有关系吗？我们可以这样假设，许多股东坚定地支持特定的环境原则，如果董事带领公司开展生产，并借此增加了股东分红，提高了股票的价格，但是却触犯了这些股东的原则，可以说股东利益被最大化了吗？来自股东利益至上学派的回应可能是：董事在使股东利益最大化时，这部分利益必定被视为经济利益，在任何情况下，股东如果不赞同董事所为就会心怀不满而撤资。

尽管背负着这种批判，许多股东利益至上理论的拥护者承认该理论的确具备不确定性。对此的反驳理由如下：股东利益至上理论并不比其他理论更含糊不清。Jeffery MacIntosh 认为，"借助利益最大化标准的不确定性去攻击该理论，是深受涅槃谬论之害；不完美的理论无法与完美的相比，却可以与其他不完美的做比较。"[219]这支持了股东利益至上理论是次优理论的观点，但是法律经济学学者认为，在一个不完美的世界里该理论是人们可期待的最优的。

2.7.3 对股东的承诺

有人认为，董事必须代表股东去经营公司，因为他们向股东承诺，他们会使股东的利益最大化。实际上不存在这种承诺，他们之间也没有合约。正如 Ronald Green 反问的："什么时候股东与董事之间握手言欢，一方承诺去执行具体的服务，以报酬或者其他方式反馈给另一方?"[220]在英国，关于这点最新的案例与《2006 年公司法》中第 33 条有关。在该条的监管下，公司成员与公司绑定在一起，但是公司没有任何承诺去实现成员利益最大化。股东只能寄希望于这样的事实：董事既能管理公司实现公司章程中的目标，[221]又能履行职责，如《2006 年公司法》第 172 条要求的那样，为公司成员谋利。

很显然，或许英国、澳大利亚及其他地方的公司章程，以及美国的公司纲领都没有明确表达，公司是为了确保股东利益至上而经营的。[222]

2.7.4 效率

如上所示，股东利益至上理论所依赖的论据之一是其可以提高效率，特别是在为社会创造财富方面更是如此。借此，管理层能更高效地管理公司，使股东受益。股东具有强烈的动机对董事的职责给予监督，从而为全局谋利。该论点可进行循环推理。首先，股东有权力决定利己的管理模式，于是才有监管动机，之所以要去监管是因为股东有权要求管理层以自己的利益为重。除此之外，Sarah Worthington 认为，股东的地位是否会影响或者掣肘董事，从而使董事无法有效地使社会利益最大化，这点难以断言。因为董事可能会低效行事，只最大化股东价值，[223]没人能够迫使董事为增加社会财富而努力。

有人认为，股东利益至上理论是无效的，因为该理论常带来消极的外部性（外化成本和维持股东利益的行为）和无法控制的社会成本，因此会伤害到无辜的第三方（如劣质产品、高昂价格与拙劣的工作环境）。[224]例如，在并购方案实施的过程中，董事很可能通过协商从收购方收取补偿性报酬。作为交换，他们会损害被收购目标公司利益相关人的利益。[225]这种补偿性报酬可能仅是承诺在公司完成收购之后，被收购公司董事仍能成为董事会成员。也有人认为，利益相关者会通过合同来保护自己，进而削弱外部化影响，[226]但是，不是所有的利益相关者都能事先做到这点，许多利益相关者事后也无法采取相应的措施去应对。

长期以来，甚至支持股东利益至上理论的法律经济学学者也意识到，鉴于人类理性的局限性，所有的合同都不可能完美无缺，因而股东利益最大化的有效性难以获得保证。而为了确保股东利益最大化之效率，非股东的利益必须予以考虑。[227]

事实上，很难有确凿的证据去支持这样的观点：某一特定的公司治理制度会比另一种制度更加奏效。[228]或许可以这样说，股东利益至上理论并非为效率设立，而是基于中立力量的价值判断，为权力关系而设立。[229]

另外值得关注的是，在任何情况下，不应该只强调该理论的有效性，其他的价值也值得考虑，如公平性。[230]对此有人认为，在竞争环境里，企业除了倚重效率之外，别无他择。[231]但是也有人认为，企业追求效率的同时，要兼顾其他的价值。因此效率是手段，而不是终极目标。

2.7.5　控制权

综上所述，[232]倡导股东利益至上理论基于以下观点：股东是公司的所有者，因此，他们有权控制公司财产。对此观点的解释如下：股东控制着公司的资产，因此股东拥有资产，一旦他们拥有资产，他们就会为了自己的利益去行使管理资产的权力。正如之前提到的，这隐含着循环推理。[233]

2.7.6　短视的管理

有人认为，许多管理者为了短期目标经营公司，并非是迫于股东的要求，而是感受到股东利益至上理论的约束，从而意识到应该这么做。管理者在金融市场中压力重重，因此致力于短期行为，以至长期利益前景暗淡，[234]管理者执意于此，是源于市场所持有的观点："今天的股票价格是对未来公司收益与公司逐步积累的价值最好的预测。"[235]或者管理者坚信：如果不采取此种行为，他们就有可能由于股东的压力，或者股东大会决议以及恶意收购行为而遭到免职。反驳观点认为，这种方式会损害公司发展，牺牲长期利益。[236]另外，有人认为，短期利益侧重于股票价格，股票市场无法对公司业绩做出准确判断，因为它无法解决不确定性，因此常常不能准确地给资产定价，[237]股票市场也无法反映公司的实际价值。例如，市场会低估针对长期利益设计的公司计划的价值。[238]毋庸置疑，股票价格会随着人们对市场行为的揣度而改变，而不会因为公司基础性价值的改变而发生变化。[239]市场本身不能从所有现存信息中得出理性结论。[240]对此，可以这样认为，许多评论员现在侧重长期利益，[241]评论员还进一步说明，理论模型显示，即使是长期股票交易价格也不一定等同于真正的价值。[242]然而另外一些人认为，尽管长期利益最大化符合现行理论观点，许多人却会支持短期理论，因为该理论在人们的眼中已经先入为主了。[243]

管理者在公司发展过程中变得短视，可能会带来这样的结果，即当他们在赢得短期利益时，逃避了冲突和商业伦理问题。

2.7.7　业绩未被最大化

有些理论家认为，当管理层执行股东利益最大化原则时，企业整体业绩会受到损害。[244]他们结合了这样的观点：只有当企业致力于社会责任，而不仅仅以股东为核心时，才会促进企业的发展。[245]

2.7.8　股东的差异

可以这样说，股东利益至上理论并没有考虑股东利益确实存在分歧的实际情况。[246]股东的追求因人而异，可能会大相径庭。追求长期利益和短期利益存在着很大的区别。显然，短期和长期的策略不同，对股东产生的影响也不同。Orts 就此列举了一个例子，大幅缩减成本可以在短期获益，但是长期看来可能会给企业的发展造成伤害。[247]个人股东与机构股东也不同。公司有普通股股东和优先股股东，部分股份持有者侧重于通过股票升值获得资本升值，而另外一些则侧重于分红收入。

评论员断言，股东利益至上理论不支持以下情况：众多投资者会紧跟现代投资组合技术，分散风险，这一点可以通过在金融市场投资所有资产资本得以实现。这些技术鼓励股东选由不同的有价证券组成的投资组合。[248]这种分散投资的方式意味着，投资者很有可能同时成为公司股东和公司债券持有人。[249]一些股东更可能直接或间接地拥有竞争对手公司的股份，因此他们的利益可能与其他股东有所不同。[250]那些分散投资的股东与单纯投资一家公司的股东不可能追求相同的经济目标，因为前者会寻求更加平衡的方法去做投资决策。Eric Orts 认为"对于股东不同的时间和风险偏好，要设法进行分解，这样管理层才能公平地代表那些人为地统一在一起的所有股东利益"。[251]

除了分散投资之外，我们要弄清楚，还有一些其他重要因素也导致了股东利益的差异。第一，股东会采用不同的方式去应对风险，[252]他们对股权的期望所得也各不相同。第二，大型公司的股东群体不是由同类型的股东组成，而是类型、规模各异。大股东，尤其是机构股东的利益与小股东截然不同，[253]而管理者显然会偏向于前者的利益，而非后者。因为大股东更有权力，也更有可能踢掉董事。但是在大部分普通法法域中，小股东确实受到了保护，如英国《2006 年公司法》中第 994 条规定，当小股东权益受到不公正的侵犯时，他们可以寻求法庭救济，但是这种救济对上市公司而言，并不常见。

第三，显然，现存股东利益与未来股东利益在某些重要领域可能不同。[254]后者自然会偏重适用于长期利益的模式。

Daniel Greenwood 长久以来一直认为，股东利益至上理论错误地以虚构的（假设的）股东是理性经济主体为理论依据。而事实上，股东被主流看作一个"大型的、流动的、易变化的且正在变化的市场"。[255]评论员认为，在股东利益至上理论的设想中，股东是股份人格化的象征，他们只关注股票价值是否获得最大化。[256]该理论假设股东一切行为总是出于自我利益的考虑。[257]此外，除了在股东大会上有限的几种方式外，股东的需求并没有受到眷顾。必须提到，在美国，法律允许董事考虑一般虚构股东的利益，这使董事享有极大的自主管理权。[258]

有些人可能质疑股东对公司的贡献，认为股东并不是从公司获得股份，而是仅仅在市场中自行购买股票，对公司几乎无所作为，因而无须考虑他们的利益；而其他的利益相关者才对公司做了更大的贡献。[259]但是能否这样认为，如果股东不购买股票，股票价格就会低迷，从这个角度来看，股东是否对公司也有贡献呢？当然，也可以这样认为，如果 A 不买，B 也会买；如果 B 不买，C 也会买，依此类推。

2.7.9　狭隘而肤浅的方法

有人断言，虽然股东利益至上理论被公认提供了一个实用的通用度量标准，但是该理论过于狭隘和肤浅，表现在四个方面。第一，最普遍的情况是，股东利益至上理论之所以被批判为狭隘是因为该理论只是追求单一的目标，而面对复杂的世界，仅仅追求单一目标显然是不理性的，而管理者的理性也是有限的。[260]Lyman Johnson 曾说过，"公司努力的意义"[261]所涵盖的内容必须"比狭隘的股东利益至上理论强调的更加宽泛"。[262]

第二，事实上该理论侧重于赚钱。更直截了当地说，就是为了使股东利益最大化，正是这点使之非常狭隘。股东利益至上理论主张为了利润可以弱化其他一切事务。[263]该理论常常如此狭隘，以至于认为公司股票价格反映了公司的全部价值和未来前景。公司管理层应该谨慎地制定成熟的决策计划，合理地预测发展趋势，而不是依赖股票价格，并将之视为公司业绩。[264]

第三，该理论只考虑效率而没有顾及价值。人们认为该理论容易忽略这样的现实情况：当我们考虑如何管理公司时，与股东利益相比，其他更多的利益亦需要解决。[265]事实上，董事定期处理与雇员、债权人、地方议员、其他组织领导者和政府官员的关系。因此对他们而言，严格地遵循股东利益至上理论就非常困难。实务中，董事可能不得不向股东利益至上理论妥协以便完成任务。Freeman 等人断言，在现实世界里，董事总是与利益相关者群体一起工作，如与顾客和供应商一同测试新产品。[266]另外，股东目标方式看上去太简化，太肤浅。[267]

第四，股东利益不该是董事唯一需要考虑的利益，当董事在履行职责时，同时也要考虑重要的利益相关者的利益。[268]有些人认为治理权应属于承担公司剩余风险的人，而股东正是这样的群体。[269]然而，即使仅有一位股东持有某公司的所有股份，他也不可能成为唯一的剩余风险的承担者，因为尚有许多其他人的利益会受到股东决策的影响，至少在事后如此。[270]因此，很多人认为，除股东之外，有相当多的人拥有剩余价值索取权。

实际上，除了股东之外，其他人也承担剩余风险，这点显而易见。如果我们接受合约集束（the nexus of contracts）理念，那么可以确定，构成此关系的人都拥有剩余价值索取权。Margaret Blair 认为，假若股东获取所有公司收益，承受所有风险，那就犹如倒退到了 19 世纪。那时的公司经营理念与现在截然不同。[271]如今股东并不必然总是受公司决策影响最严重的人。[272]遵循股东利益至上理论毋庸置疑会遏制非股东利益相关者对公司进行特定投资的动机，[273]因为他们意识到，他们的投资总是屈居于股东利益之下。[274]与上述观点相反，诸多利益相关者，如债权人、董事、雇员、供应商、顾客和社团会做特定的投资，从而使他们的经济利益与公司的命运密不可分。[275]例如，员工在公司投入了特定的人力资本，他们把公司的持续永久发展作为获取养老金的保障。如果公司管理方式变化无常，员工就显得处境尴尬，容易受到影响。[276]如果公司进入清算阶段，他们即使有特殊才能也会丢掉饭碗，甚至连部分养老保险金也可能随之泡汤。供应商愿意投资极其专业化的设备和机器，满足公司所需，一旦公司撤资、重组或者清算，供应商就很有可能遭受损失。债权人有权享有公司利润以代替固定的利息率。因此如果公司不能盈利，他们就会受损；如果公司清算，债权人同样会受损。管理层以及其他雇员是根据业绩获得奖金而非领取固定的薪水，因而他们是在为公司做特定的投资。因此，不仅是股东，利益相关者也能够通过与公司签订的合同获得公司一部分剩余价值。[277]另外，社区也深受公司行为的影响（例如，1984 年 12 月的印度博帕尔事件，灾难席卷一家工厂，死者无数，伤者忍受着长期的疾痛）。

当然，与其他投资者相比，股东一般拥有更多机会退出上市公司。他们可以"漫步华尔街"，在交易市场上出售他们的股票。然而，利益相关者却没这么容易全身而退。例如，供应商可能在长期合同的约束下持续提供货物或者服务，贷方无法先于公司撤资，雇员无法轻易换工作。Lyn Stout 认为，当股东真正地被当作剩余价值索取者那一刻起，公司也就进入了破产阶段。[278]

除了股东之外，还有其他的利益相关者促使董事恰当地履行职责，为他们的利益而尽力。例如，贷方通过在与公司借贷合同中加入约束性条款来达到目的，在合同中董事承诺哪些事情可以做，或者哪些事情不能去做。

如果股东的确是所有剩余价值的受益者，又是所有剩余风险的承担者，那么其他为公司做出贡献的利益相关者可以通过完全的（complete）合同得到补偿，这样的合同显示了在任何情况下可能发生的事情。一般认为，公司制定的合同总是出于一系列的原因而不够完全。就条约履行时当事人所能获得的有效信息而言，"如果履行了合约中的实际条款并没有使当事人在交易中实现盈利，那么这样的合同就是不完全合同"。[279]经济学派承认了合同不完全性，但是这一概念主要由法律经济学著作不断完善和发展。[280]从经济学角度来看，不完全的合同基于这样简单的理念：人类心智属有限资源。[281]作为一种有限的资源，人类心智是无法获取、加工并理解无限数量的信息的。[282]

2.7.10 股东乏力

许多理论已经证实，如给予股东内在动力，他们会对管理层进行监管，其权力应该起到核心作用。虽然如此，很多人也认为，股东并未有效地控制管理层，因此不能认为董事对股东负有责任。[283]实际上，如 Antoine Rebérioux 所做出的结论，股东利益至上理论致使董事担负更少的责任。[284]虽然在早期股份合作公司时代，人们认为公司与合伙极为类似，股东能够对董事进行控制，[285]但这种情况最终发生了变化，现在的董事享有更广泛的管理权，丝毫不再依赖股东的支持。众所周知，最近英国发生了一系列股东行动主义（shareholder activism）的案例，当董事会的决策和提议引起股东极大不满时，有时股东便会自行组织起来罢免董事，或者，至少给董事会施加足够压力以罢免董事。[286]但是即使有此类行为发生，[287]从董事会体系来看，股东的力量也不见得那么有影响力。原因之一是股东很难召开临时会议，发起投票否决董事。另外的原因在于公司运转缓慢，罢免董事需要时间。为改变现状，股东通常联合同僚共同行动以取得某种进展。然而，这些干涉行为以及运用"发言权"的成本和代价，最终可能导致股东"退出"并卖掉股份。对个人股东而言，这种选择是最有效的出路。

甚至机构投资股东在采取措施影响管理层时也可能面临惨重的损失，[288]因此它们最好避免采取类似行动。[289]像美国加利福尼亚州公务员退休基金（California Public Employment System，Cal PERS）那样的著名机构股东确实曾采取行动影响管理层的决策，但那是例外。[290] 20 世纪 90 年代的实证证据显示：机构投资者在股东大会上提出动议罢免董事鲜有发生。[291]

有时，由于董事或他人的行为损害了公司的利益，股东会通过派生诉讼的方式提起诉讼。这也是董事必须促进股东利益最大化的另一动因。不过，在多数司法领域内派生诉讼并不多见，因为股东必须在获得法庭允许的情况下方能提起，[292]除此之外，只有在董事损害了公司的整体利益而非仅仅股东的利益（虽然这两点有交集）时，股东提出的索赔请求才能得到支持。

即使董事玩忽职守、投机取巧，并且未能促进股东利益最大化，也并不一定要承担责任，因此股东利益至上理论可能不可行，这是最基本的股东乏力。即使存在某些股东控制董事的情况，这些情况也通常仅发生在最大的股份持有者身上，而且这种控制行为不会给小股东带来任何利益。[293]事实上，股东真正的控制权应该体现在做出决策，影响公司其他投资者的利益。[294]毫无疑问，他们无法做到这一点。

另一种经常被提及的为股东利益至上理论所应用的保护股东的方法是公司控制市场。市场会阻止董事舍弃股东利益最大化这一目标追求。因为如果某一公司经营状况低于预期潜力，就有可能倒闭，股价下跌，给公司恶意收购者低价收购公司，重新开始有效运营并创造利润提供机会。在这种情况下，通常受益者是股东，因为他们既可以高于市场水平的价格将股票转售公司收购者，也可以因公司业绩有所好转而继续持股。而公司管理层恐怕就会丢掉工作，被收购公司的候选人所取代。然而，也有理论论据[295]和实证研究[296]否定了这种收购的有效性。无论在规范董事方面还是在鼓励董事顾及股东利益层面，[297]市场对企业控制的功用的充分性都受到了质疑。[298]

因此，股东实际上无法对董事给予有效监管。恐怕股东能做的唯一的事情就是关注股票价格——行使他们的原始的本能。[299]

总而言之，董事享有一系列重大的自主管理权，去追求他们认为合理的目标。[300]

2.7.11　股东并非与众不同

支持股东利益至上理论的论点之一，是股东与众不同。我们已经探讨过剩余权力的问题。有人认为，股东是最有风险的群体。然而其他的利益相关者也处于危险地位。如果公司进入无力偿还债务阶段，无担保的债权人无法获得完全支付，甚至很有可能颗粒无收。那些具有企业所需的特殊才能的雇员，一旦被裁，这种才能对于他们寻找新的工作毫无助益。大部分利益相关者与公司签订的合同使他们与公司紧紧绑定在一起。

实际上，尽管股东对公司至关重要，但公司的诸多利益相关者对公司也同样不可或缺。股东不过是为公司提供了其创利所需要的一种资源而已。Daniel Greenwood 辩称，认为股东有权因享用剩余收益而获得公司分红的观念是错误的，正如无人可以理所当然地获取租金一样。[301]同理，尽管股东有权力在董事大会上对公司相关事务投票表决，甚至在某些司法领域可以罢免董事。然而，如前所述，无论是这些权力还是股东所处地位都不具有更多优势。实际上，其他利益相关者在安全性、声誉、公司实力和管理层方面相对享有更大的权力。某些利益相关者还可能提起诉讼，从而间接促使董事被取代。[302]

另一方面，股东并非与众不同这一事实还源于合约集束。根据这一观念，所有利益相关者地位平等，无人享有优先权利。[303]因此，尽管那些提倡股东利益至上理论的法律经济学家常常依赖和借助合约集束观念，但该观念却与股东利益至上理论颇为不同。然而，Jonathan Macey 指出公司事务参与人彼此已达成协议，认可非股东成员的利益居于股东利益之下。[304]如何得出该结论尚不得而知。他假定，在任何情况下，非股东的利益相关者都不会否认其利益居于股东之下。可这对我们来说又意味着什么呢？有人认为，很难统一认定非股东利益相关者在任何情况下都同意其利益居于股东利益之下，即使依据假设交易理论也无法作此断言。

Luigi Zingales 提出这样的设想，即当代企业的人力资本已经成为最重要的因素，这使得人们对企业的根本产生了全新的看法。[305]毫无疑问，这一观点意味着我们需要重新考虑股东是否格外特殊；或者股东是否比至关重要的人力资本提供者更加重要、特殊。

2.7.12 无法增加社会财富

与众多拥护股东利益至上的理论家观点相反，有观点认为股东利益至上理论实质上不能增加社会财富。[306]根据一些金融学者，股东利益至上理论提供了短期的目标，短期的盈利使其他盈利方式相形见绌，[307]但这种模式无法使社会财富最大化。这一理论仅仅有益于股东，或许只是部分股东，仅此而已。股东利益至上理论实际上可能使管理层牺牲利益相关者的利益，把财富从他们身上转移到股东身上，如此行为并非提高企业的整体价值（外化问题）。公司或许会发现，该理论原则的适用仅仅通过某些行为增加股东利益，如关闭工厂、裁员、节约开支等，并将因此获得的部分利益以分红的形式转移给股东。[308]虽然这样可以最终提升股东的价值，并间接地使其他投资者受益，但也可能致使企业陷入财务窘境，从而给其他投资者带来负面影响。

Claudio Loderer，Lukas Roth，Urs Waelchli 和 Petra Joerg 在最近的一篇文章中指出，股东利益至上理论所引以为傲并赖以支撑的经济理论，并未展示出股东利益至上有益于整个社会的特征。[309]资深评论员否定了之前提出的观点——即有效性与社会福利之间总存在相互关系的正确性。Loderer 等人不认为提高有效性必然能增加社会财富。[310]

最后，有人指出，除非有某种机制能够迫使股东与利益相关者分享盈利，否则，所获利润不可能流向利益相关者。[311]Steven Wallman 认为，实际上，股东利益至上理论增加了整个社会成本，因为公司与其利益相关者之间的运营成本增加了。利益相关者认为，公司的管理层在满足股东利益最大化过程中，完全可能被迫亵渎利益相关者对他们的信任和期望。[312]

2.7.13　缺乏道德基础

股东利益至上理论在实施中因缺乏道德基础而被批判。股东不过是受公司行为影响的众多群体之一，[313]那他们为什么应该比别人拥有特权去享受利益呢？股东价值理论强调的内容非常狭隘，从某种程度上看也是非常肤浅的。除了效率之外，它并没有考虑其他价值。对股东利益的重视并非起源于道德原因，而是来源于对有效性的需求。公平、平等、正义等因素并未考虑在内。这意味着此理论未能"公平看待人类活动的实质，即创造价值与交易，例如，商业"。[314]该原则忽视了现实情况，即当我们在考虑公司如何运营时，股东利益之外的其他利益也同样利害攸关。[315]以公平性为例，其背后理念是，可以脱离股东利益至上理论以确保公司总体上不对利益相关者以及社会施加外部性。[316]

虽然一些人已经意识到股东利益至上理论提供了一个实用的通用度量标准，然而此标准太过简化，除了利润之外，别的都忽略不计。[317]许多人觉得此理论太过冷静、冷漠，完全忽视了人文因素，而人文因素在人类生活的方方面面，包括商业在内，都非常关键。社会价值远高于利润最大化。财富分配、创造就业、家人团聚、社会影响等都值得关注。[318]但是此理论忽略了为公司运作贡献力量的人文价值。[319]

显然，使董事仅仅聚焦于股东利益最大化，对其他的人或者群体毫

无责任，这促使管理层逃脱了作为道德代理人的责任。当管理层碰到道德和法律上的难题时，该理论并没有为董事提供指引。[320]管理层也许可以把股东利益至上理论作为可能会面对的无数道德困境的答案。

2.7.14　道德问题

尽管股东利益至上理论的拥护者认为该理论本身并不存在不道德的问题，[321]仍有人对该理论的道德基础问题进行了阐述。有人认为，激励体系与股票价格的表现息息相关，是管理者聘用合同中的一部分，这可能损害管理者原本持有的道德观念。[322]该体系极力主张自我利益的意识。[323]同样，这种机制也鼓励董事致力于短期利益，因为董事能够很快因他们的工作得到酬劳奖励。[324]Robert Anthony 解释到，股东利益最大化要求管理者：

> 使用任何能想到的方法来限制薪水和额外补贴，从顾客身上赚取可能得到的最后一美元，销售合法、能够吸引顾客掏腰包但尽可能低质量的商品，为了股东的利益充分利用赚到的每分钱，尽可能少承担社会责任，以最低的价格从供货商处获得商品。[325]

2.7.15　鼓励冒险

支持股东利益至上理论可能产生的问题之一，是当公司拖欠债务时，董事可能会选择不经济的投资政策。[326]在这种情况下，股东不期望董事投资良性净现值的项目，因为虽然这些项目能够产生正的净现值，却不会为股东带来足够的利益。因为当涉及公司的收入分配时，债权人优先于股东。[327]在这种情况下，股东可能选择"大胆一博"的方式，因为无论结果怎样他们都不会有更多损失。实际上，当一家公司在完全具有清还债务的能力时，尽管利用由资本市场提供的风险机会能够提高预期的股票价格，但是会减少他人的利益诉求，"从而降低了对公司的金融诉求的总可期待价值"。[328]这样会导致公司的信誉受损，债务贬值，使稳定的雇佣关系处于危机状态。[329]

2.7.16　对平衡的需求

正如我们所见，支持该理论的一个主要观点，在于管理层能专注于一个目标、潜心于一个群体的利益。该理论的拥护者认为，这一特点使得股东利益至上理论优于利益相关者理论，因为后者要求董事去平衡许多人的利益，这一点是不可能办到的。专业人士通常必须就矛盾问题做出决策，然后不得不努力平衡各方利益。在许多公司中，执行股东利益至上的董事要设法平衡不同级别的股东，股东之间的利益需求要达到一个平衡点。股票分为不同种类及规模，例如，普通股和优先股。董事应平衡不同股东的利益，这是其义不容辞的责任。董事须公平行事，[330]因为有时不同级别的股东利益相互矛盾。[331]Jonathan Macey 和 Geoffrey Miller 指出，[332]一些优先股股东可能拥有固有利益，这一点与一些其他的利益相关者如债权人相似，反而与普通股股东不太相同。一些股东仅仅在短期内持有股份；而另一些则长期持有。一些股东持有多样化的股份，他们的投资分散在多家公司中；而另一些则将所有投资倾注于一家公司，只持有一家公司的股份。股东利益至上理论并不适用于多元化的投资者，以及在对于同家公司来说既是股东又是债券持有人的投资者。[333]如前所示，在此情况下，这部分投资人与单纯的股东所持有的目标有所不同。多元化的股东需要平衡性更强的投资决策。董事为了不同类型股东的利益要做出平衡的决策，压力重重，但鲜有声音为其呼吁。董事平衡利益时，背负着太多包袱，这一点无人关注。

2.7.17 裁员

毫无疑问，股东利益至上理论实际上与当今的商业决策无关。最初引进该理论，是为了解决封闭公司中大股东和小股东之间的纠纷，该理论在美国著名的 *Dodge v Ford Motor Co.*[334]案中得到了充分的运用。法庭判决中有两点值得探讨，而这两点也常被股东利益至上主义者作为支撑该理论的依据。其一，法庭并不关注管理层考虑到非股份持有者的利益相关者的利益，而是关注他们在经营公司时是否违背了公司章程，把公司当作一个半慈善团体，而非商业机构。[335]公司的章程一目了然，表明公司应该是一个盈利机构。其二，可以断言，直到 20 世纪中叶法庭才开始对封闭公司与上市公司进行区分。[336]

2.7.18 股东并非公司所有人

如前章所述，[337]某些理论家辩称，股东利益至上理论部分或全部基于股东乃公司所有人这一理念，因此股东利益最大化应该得到保障，并优于任何其他人。但这一观点并非没有受到强烈批评,[338]所受到的批评也并非最近才横空出世。追溯到 1962 年,Dow Votaw 率先提出挑战,质疑这一理论像个神话。[339]而且,即使许多评论员认为股东是公司的所有人,[340]法庭通常也不予承认。[341]在美国 *Kaufman v Societe Internationale*[342]一案中,法官 Reed 裁决称,股东并不拥有公司财产的当前利益,其利益只有在公司进入清算阶段才展示出来。无独有偶,*Short v Treasury Commissioners*[343]案初期,英国上诉法院大法官 Evershed 否认了股东对公司具有拥有权。甚至在更早期,英国 *Blight v Brent*[344]案显示,股东不享有公司特别的利益。公司法明确规定,公司资产实属公司实体,除此之外,没人能拥有公司,因为公司本身具有法人人格,自然人仅仅为公司提供了资源而已。而上述所有这些判决,都遵循了影响深远的 *Salomon v Salomon and Co Ltd*[345]一案,这一案例的判决原则得到了大部分普通法领域的认可。

从经济角度来讲,一些人已经对把股东视为公司所有者的观点提出了批判,因为这与代理理论不符。[346]另外一些人认为这与合约集束理论不相符。持有该观点的人认为,公司无法被拥有,因为公司由各种不同关系的合约构成,股东仅仅提供了生产过程中的一个要素,即资本。[347]如果公司由股东拥有就不会存在合约集束关系。[348]除此之外,公司不属于股东是有法律依据的。股东持有股份,是他依权享有的财产,[349]但是股票并不会为股东生产公司资产利益,也不应该使股东认为他们拥有公司。[350]同理,从财务角度出发,如果某位股东把资金存放于某家公司,则其所存放的这部分资金就变成了公司的资产。[351]

股东拥有公司的理念倒退到了股份合作制时期,那时无论公司是否注册,法律都将其界定为合伙关系,合伙人当然拥有公司。在这些股份合作制公司里,股东拥有对资产的占有权,进而控制着董事。[352]但是随着公司的发展,情况发生了变化,股东对公司的资产无直接利益关系,他们无权获得公司的盈利,仅仅享有得到分红和转让股份的权力。[353]此时,股份被认为是财产本身来看待,而非简单的一系列合约集束权力。[354]这也意味着董事不再是股东的代言人。[355]公司的概念隐含着财产划分,即把众多的权利划分成许多份额。当股东买进股份时,仅仅获得了"因使用财产而分享成果的权力,分享零星剩余价值的权力以及有限的控制权"。[356]

若股东要赢得派生诉讼和分红就必须通过投票争取权力，这种权力的赋予是因为他们是股份的持有者，而绝非因为他们是公司的拥有者。如 Sheldon Leader 所说："法官们对股东财产的保护重心，已经从保护其在公司的财产权利转移到其在公司的股份财产权利。"[357] 这一点在第 4 章中将得到进一步阐述。

Margaret Blair 指出，即使可以基于股东拥有产权而认为股东是公司的所有人，但"财产"的概念本身就非常复杂，而且很难解释哪些控制权赋予了股东。[358]Berle 和 Means 认为，私有财产的定义的要素来自于三方面，即在企业里拥有利益、权力和行动。[359]毫无疑问，据股东所处位置，他们并不满足以上三点。尤其是，如前所述，股东作为一个群体，居然无法如他们所希望的那样控制公司，因为他们实际上已经放弃了所有权的大部分。

Stephen Bainbridge 认为股东"名义上""拥有"公司。[360]他之所以持有如此观点，是因为他认为股东没有决策权。英国股东无疑比美国股东拥有更多权力，但是两者之间在这方面没有很大差别。[361]Jonathan Macey 作为股东利益至上理论的倡导者，也接受股东在"实质意义上"并不拥有公司的观点。[362]

经济评论员 Katsuhito Iwai [363]认为，股东的确拥有公司，而公司则拥有公司资产。他认为公司既有物的属性也有人的属性，并把这两种属性区分开来。如果是前者，公司可以被拥有，如果是后者，则公司就可以拥有财产。[364]我认为此观点没有说服力，因为区分两者本身没有依据。如前所述，股东的确拥有某家公司的股份，但这并不意味着拥有整个公司。不管怎样，如果股东在某种情况下拥有公司，那么他们肯定拥有公司的资产。

伦理学家 John Boatright 辩称，即使有人接受股东拥有公司的观点，也并不一定意味着董事所承担的职责仅仅是为了股东单方面的利益去管理公司。[365]当然，这引起了更广泛的探讨，即公司管理层究竟应该考虑哪一方的利益，或者说哪一方有权力让公司管理层考虑他们的利益。这一问题可以追溯到 E. Merrick Dodd 的时代。

综上，我们可以得出如下结论，就股东利益至上理论而言，所有权之论点恐怕是最缺乏说服力的。[366]事实上，对上市公司的大部分股东而言，他们享有"比赛中的下注者"的称号，这得到 Charles Handy 的赞同。[367] Alan Goldman 似乎亦支持此观点，他把股东描绘成近乎赌徒。[368]

2.7.19　代理理论的问题

当重新审视对股东利益至上理论的支持时，我曾提到代理理论，此理论得到倡导股东利益至上理论的学者的大力推崇。参照代理理论，公司的管理层被认为是股东的代理人，视股东为自己，因此他们定会竭尽所能为自己增加利益。但是，首先要注意的是，管理层与董事之间并无明确的合约，毫无疑问，也无默认的合约。股东要么从现行股东手里买股份，要么从公司买股份。如果是前者，管理层与新股东之间不可能拟订合约；如果是后者，除了招股说明书之外，也没有真正的协议。[369]此外，从英国、[370]美国[371]和澳大利亚[372]的案例来看，普遍持有董事对公司负有义务的观点。董事与股东之间如果没有合约就不存在代理关系。在 1984 年，Masahiko Aoki 甚至提出代理理论是"过时的"观点。[373] Boatrigh 断言，有效证据表明，股东的行为与债券持有人极为类似，同样购买股份实现金融投资。[374]由 Larry Sonderquist 和 Robert Vecchio 的研究指出，股东希望董事在采取经济行为时要考虑广泛的利益相关者。[375]

接下来的观点是，从法律角度来讲，管理层并非股东的代理人。第一，管理层受雇于公司，而非股东。他们所签订的合约代表着公司实体，合同对公司实体具有约束力。纵然有人提出异议，认为董事对整个股东群体负有信托责任，但关于这一点争议极大。[376]信托责任不会要求以某种特定方式经营公司，[377]也绝不会单纯地以股东利益最大化为基础。第二，管理层无法介入股东个人与第三方的关系，更遑论改善他们之间的关系。第三，当事人有权控制其代理人。组成董事会的管理层和非执行董事通常得到授权才去经营公司，在股东大会上，股东不能指令董事如何行事，董事对公司拥有独一无二的管理权。[378]董事并非股东的代理人，而是公司的代理人，当董事自己或与他人共同行使公司的管理权时，就成为管理层。显然，董事不依赖于股东。因为管理层仅为公司效命，为股东所负的责任充其量是间接的。[379]

2.7.20　股东与其弱点

有人认为股东比其他利益相关者更脆弱，因为后者可以通过合约条款来保护自己，而股东却没有这层保护，这一观点也是充满争议的。可能对一部分利益相关者群体如银行而言的确如此，因为银行属于强势的债权人；但是其他人不能获得保护的因素恐怕有很多，如议价能力的缺失、资金短缺不足以支付必要的成本（如法律成本）等。在现实世界中，由实力相当者进行较量而后生成合约安排实属罕见。众多合约遵循"接受或放弃原则"（take it leave it approach），协商空间微乎其微，或者完全没有，这会导致成本被强加给与公司进行交易的第三方。[380]利益相关者在与公司签订合同时，常受信息不对称的影响，管理层比利益相关者知道的信息全面得多，尤其是对公司的业绩和结构了如指掌。有人认为，股东依赖的是信任而非合约，[381]对利益相关者而言也是如此。利益相关者与公司签订了合约，但是也常常要依赖于有信誉的董事，靠他们去执行合约中的条款。一些学者认为，与利益相关者签订的合约并不完全，也没有被合理地定价，[382]可想而知，合同也不能对非股东给予保护。因此，股东与其他的利益相关者相比，劣势并没有那么突出，这点是可以确定的。

据报道，2002 年英国上市公司 70％的股份属于机构投资者，[383]在美国这个比率为 66％。[384]所以英美公司大部分股份被机构投资者持有，可以说，这些股东所拥有的资源和可以支配的权力并没有受到任何特殊保护。

股东在董事大会上对相关决策的动议和董事竞选有投票权。在许多法域股东还有权免除董事的职务。[385]股东总是可以卖掉股票退出公司（Eric Orts 的描述是："以闪电般的速度退出公司"[386]），即使亏本，也可以退出公司。然而，利益相关者却无法从公司跳出来，如果非要如此，他们只能像雇员那样按月签合同，但这一来就不免会承担个人风险。贷方无法向当事人收回所贷出的资金（除非有违约行为）；雇员则无法在经济上不承受巨大损失的情况下顺利辞职，另谋高就；社区搬迁更是不现实的。[387]股东没有衍生权力去反对董事以及其他人（除非在某些法域能够获得法庭允许）。[388]在许多法域，如果公司法规中存在不公平损害和强制性条款等规定，股东可以提出诉讼，这在英国《2006 年公司法》第 944 条中有相应规定。[389]实际上，可以断言，股东实质上受到了过度的保护，如果公司进入清算结算，股东除了对公司的投资之外，几乎毫无损失。

此外，关于非股东利益相关者同样受到法律法规保护的论断恐怕显得过于宽泛。众多法律对利益相关者的保护是微乎其微的，甚至根本没有。以《1986 年破产法》第 214 条为例，该法条宣布不当交易非法。有些人认为这一条款是对债权人的保护，但是，在该条款存续的时期内，借助此条款进行辩护的几乎无一获得成功。通常情况下，该条款只能被公司债务清算人而非债权人加以运用。[390]

一些评论者认为，当拥护股东利益的公司倒闭时，如安然，利益相关者如雇员可以通过获取股票利益并最终获得支付的方式获利，但是股东一无所获，因为他们只有在公司具备偿债能力时，才因投入资本而获取偿还。[391]这忽略了这样的事实：当公司兴旺的时候，股东获取可观分红，[392]而这部分资金是无法被公司债务清算人追回的，除非分红资金不是以公司利润进行分配的。

股东的弱势还需要结合以下实际情况考虑，许多股东不会只对一两家公司进行投资。他们会使投资多元化，拥有众多公司的股份；他们也持有另一些公司的债券。

或许可以这样认为，不是股东承担风险，风险承担者另有其人。如我们所了解的，股东致力于使风险外向拓展，转移到利益共同体身上，很显然，可以转嫁到雇员身上，通过裁员的方式增加给股东的分红。[393]

2.7.21　填隙原则

如"支持论点"一节所述，契约论者通常认为，股东利益至上理论在公司合约中可以被用来当作恰当的填隙原则（gap-filling term）。但是 Thomas Smith 对此不以为然。[394]他坚持认为，假设的议价分析表明，理性的投资者不认为股东利益至上理论可以作为合理的填隙原则（gap-filling rule）。他断言，公司总是徘徊在破产的边缘，距离破产仅一步之遥，因此，管理层不应该使股东利益最大化，而应考虑更多、更广泛的因素。

2.8　理论的应用

许多人断言，显然股东利益至上理论在英国、美国以及其他国家广泛使用，而不是局限于盎格鲁-撒克逊国家。本书主要针对规范问题进行阐述，在以上提到的区域内，股东利益至上理论是否得以实施？对此问题进行简要的分析是很有必要的。该理论是否得到了广泛适用？

　　研究结果显示，对于公司实质上是否确实以股东价值作为公司目标这一论断，存在的证据是相互矛盾的。在 20 世纪 80 年代晚期，Jay Lorsch 曾做过一个意义重大的课题，采访了 80 位董事，其中大部分是美国人。Jay Lorsch 在采访中发现，当董事做决策时，主要考虑的是股东的利益。[395]之后，20 世纪 90 年代中期由 Masaru Yoshimori 主持的课题中，对日本和西方公司的研究发现，英国 71% 的管理层认为，股东利益应该首先考虑。[396]在近期澳大利亚的学术研究中，研究者援引了一项利益相关者显著性的方法，[397]发现仅有 44% 的管理层认为股东利益应居于高位。[398]总体而言，管理层认为股东比利益相关者更重要。[399]

　　Loderer 等人对大量不同国家上市公司的网站进行了研究，也对瑞士公司的董事长进行了调查，研究调查显示：几乎没有管理者把股东价值最大化当作公司目标。实际上，在谈论董事目标时，股东价值有时根本不被提及，即使被提及，也绝非首要目标。[400]人们本以为此类公司会出现在大陆法系国家，然而有趣的是，评论员发现这一状况与英美法系国家的公司极其相似。[401]

　　Schrader 记载了关于公司的实证研究，表明执行董事时常会因为考虑其他因素而牺牲利润。[402]澳大利亚最高法院法官 Heydon 在荣升为英国议员之前曾断言，"从商人的谈话可以看出，他们时常考虑除了股东之外的利益，而且毫无偏袒之心"。[403]Einer Elhauge 认为利润最大化对董事而言，绝对不是一种要靠强制才能执行的责任，因为董事享有运营公司的自主管理权。[404]美国 Standard Oil 公司董事长在 1946 年提到，"公司的运营应该参照这样的模式：以公正的工作去平衡不同的直接利益群体——股东、雇员、顾客与公众。"[405]尽管这一观点是在利益相关者主义盛行时提出的。[406]20 世纪 20 年代，通用电气的总裁 Owen Young 说，他意识到他不仅对股东负有责任，回馈给他们公平的利润回报率，对顾客、劳工和公众同样负有责任。[407]而在近期对《财富》500 强声誉进行调查中发现：满足某一利益相关者的利益，并非必然地要牺牲其他利益相关者的利益。[408]这一点得到了实证研究的支持，《金融时报》对欧洲最受尊敬的公司的研究显示：优秀公司的特点之一就是执行董事拥有平衡利益相关者群体利益的能力。[409]美国特拉华州衡平法院的首席法官 William Allen 曾说，在过去的 50 年里，管理层眼中的主流观点是，董事会要本着公平的原则，[410]不能把单个利益相关人的利益从其他利益相关人的利益中排除出去。有些人把以下观点作为对商业操作的反思：

> 顾名思义，利益相关人的联盟领袖是那些最重要的人力资本和金融资本长期投资者——主要风险承担者。为了完成明确的公司任务，CEO 必须有效地建立并保持其对所有利益相关人关于共同目标的全部承诺，在管理过程中平衡利益竞争关系，给予每一位利益相关人相应回报……[411]

然而，在董事当中，确实存在明显支持股东价值最大化的案例。实际上，许多管理者认为他们注定要为股东财富最大化行事。英国工业联合会曾说，公司治理 Hampel 委员会认为"组成董事会的董事成员要对他们与利益相关者之间的关系负责，却要对股东本身负有解释说明之责"。[412] Hanson 公众公司的 Lord Hanson 在 1991 年写到，董事的首要责任是增加股东的价值。[413]就在前不久的 2006 年，NTL 电缆公司董事长曾说："我们时时关注股东价值最大化。"[414]几乎同时，雀巢公司 CEO Peter Brabeck-Letmathe 在伦敦商业大学（London Business School）演讲时也倡导股东价值。[415]壳牌公司只是在最近才开始遵守股东利益至上理论，在公司利润大幅度下跌的情况下，为股东提高了 5% 的分红，但是砍掉了 5 000 个工作岗位。[416]最近的一份报告显示：管理层似乎时刻竭尽全力保持股东的分红，他们会通过变卖资产、裁员、外部筹资等方法来避免减少分红。[417]此外，谈及公司目标时，股东利益至上理论是唯一在公司目标行文表述中存在的理论，在法律经济学学者撰写的著作中，更是如此。无疑，Stephen Bottomley 认为股东利益至上理论拥有一种强烈的吸引力，能够"牢牢地印在公司的管理层和高级职员的观念中"。[418]

2.9　结语

20 世纪末，D. Gordon Smith 在一篇受到高度评价的文章中断言，股东利益至上理论"是公司法中最被高估的学说之一"。[419]尽管该理论受限于一系列相关难题，但它的适应力是不容置否的。事实上，众多管理层认为其行为注定要使股东财富最大化。该理论显然带有一些强有力的优点，如专注于单一目标，这样可以促进管理模式更加明确。然而也有人提出了一些实质性的反对论点，且极具探讨价值，证明了该理论存在致命缺点，如我们曾相信它会为管理层提供很强的确定性，事实并不完全如此。令人忧虑的是，业内对这样影响深远的理论在公司生命期中究竟是如何应用的考虑甚少。除此之外，其理论基础也是颇值得推敲的。问题不在于努力挖掘股东利益至上理论的弱点，而在于用其他理论替代该理论。而利益相关者理论会取而代之则是显而易见的答案，这一点将在下一章进行探讨。

注释

[1] Scholars clearly see the approach as the company's purpose. For example, see L. Mitchell, "Groundwork of the Metaphysics of Corporate Law" (1993) 50 *Washington and Lee Law Review* 1477 at 1485; L. Fairfax, "The Rhetoric of Corporate Law: The Impact of Stakeholder Rhetoric on Corporate Norms" (2005) 21 *Journal of Corporation Law* 675 at 676; G. Crespi, "Maximizing the Wealth of Fictional Shareholders: Which Fiction Should Directors Embrace?" (2007) 32 *Journal of Corporation Law* 381 at 383, 386 n15.

[2] "股东价值"一词在 20 世纪 80 年代由美国的咨询师首次引用，那时他们向有股票市场压力的企业销售增值管理方式，以增加回报: K. Wiliams, "From shareholder value to presentday capitalism" (2000) 29 *Economy and Society* 1 at L。

[3] Stephen Bainbridge argues that shareholder primacy differs from shareholder wealth maximisation ("Director Primacy: The Means and Ends of Corporate Governance" (2003) 97 *Northwestern University Law Review* 547 at 574) but in this book the two are regarded as synonymous.

[4] R. Mitchell, A. O'Donnell and I. M. Ramsay, "Shareholder Value and Employee Interests: Intersections Between Corporate Governance, Corporate Law and Labor Law" (2005) *Wisconsin International Law Journal* 417 at 420.

[5] "New Directions in Corporate Law: Communitarians, Contractarians and the Crisis in Corporate Law" (1993) 50 *Washington and Lee Law Review* 1373 at 1374.

[6] D. G. Smith, "The Shareholder Primacy Norm" (1998) 23 *Journal of Corporation Law* 277 at 292.

[7] "Corporate Powers as Powers in Trust" (1931) 44 *Harvard Law Review*

1049 at 1049.

[8] "For Whom are Corporate Managers Trustees?" (1932) 45 *Harvard Law Review* 1145 at 1146－1147.

[9] See, M. Friedman, "The Social Responsibility of Business is to Increase its Profits" *New York Times*, 13 September 1970, Section 6 (Magazine) 32.

[10] A. Rappaport, *Creating Shareholder Value* (New York, The Free Press, 1986) at 5.

[11] W. Lazonick and M. O'Sullivan, "Maximizing Shareholder Value: a New Ideology for Corporate Governance" (2000) 29 *Economy and Society* 13 at 16.

[12] J. Macey, *Corporate Governance* (Princeton, Princeton University Press, 2008) at 2.

[13] M. Blair, "For Whom Should Corporations Be Run?: An Economic Rational for Stakeholder Management" (1998) 31 *Long Range Planning* 195 at 195.

[14] M. Omran, P. Atrill and J. Pointon, "Shareholders versus stakeholders: corporate mission statements and investor returns" (2002) 11 *Business Ethics: A European Review* 318 at 318. See The Company Law Review Steering Group, Department of Trade and Industry, *Modern Company Law for a Competitive Economy: The Strategic Framework* (1999) at para 5.1.24.

[15] M. Omran, P. Atrill and J. Pointon, "Shareholders Versus Stakeholders: Corporate Mission Statements and Investor Returns" (2002) 11 *Business Ethics: A European Review* 318 at 318 and referring to R. Mills, *The Dynamics of Shareholder Value* (Lechlade, Mars Business Association, 1998) and N. Fera, "Using Shareholder Value to Estimate Strategic Choice" (1997) 79 *Management Accounting* (USA) 47.

[16] Financial Reporting Council, *Combined Code on Corporate Governance*, June 2008, at para 1. In June 2010 a new version of the Code was published and paragraph 1 had changed to reflect the inclusion of s. 172 of the Companies Act 2006 in UK law.

[17] S. Bottomley, *The Constitutional Corporation* (Ashgate, Aldershot, 2007) at 7. See L. Bebchuk and M. Roe, "A Theory of Path Dependence in Corporate Ownership and Governance" (1999) 52 *Stanford Law Review* 127 for a discussion of path dependence.

[18] H. Hu, "New Financial Products, the Modern Process of Financial Innovation and the Puzzle of Shareholder Welfare" (1991) 69 *Texas Law Review* 1273 at 1317.

[19] T. Kochan and S. Rubinstein, "Toward a Stakeholder Theory of the Firm:

The Saturn Partnership" (2000) 11 *Organization Science* 367 at 368.

[20] 170 NW 668.

[21] Ibid at 684.

[22] S. Wallman, "Understanding the Purpose of a Corporation: An Introduction" (1999) 24 *Journal of Corporation Law* 807 at 808. Also, it has been argued that the case only related to close corporations and not public companies: D. G. Smith, "The Shareholder Primacy Norm" (1998) 23 *Journal of Corporation Law* 277 at 292.

[23] "Director Primacy: The Means and Ends of Corporate Governance" (2003) 97 *Northwestern University Law Review* 547 at 573. Bainbridge actually rejects the second limb, preferring to see directors having ultimate control. The author expands on his view in *The New Corporate Governance in Theory and Practice* (New York, Oxford University Press, 2008).

[24] For instance, see M. Friedman, "The Social Responsibility of Business is to Increase its Profits" *New York Times*, 13 September 1970, Section 6 (Magazine) 32 at 33.

[25] M. Friedman, *Capitalism and Freedom* (Chicago, University of Chicago Press, 1962) at 133.

[26] W. Cragg, "Business Ethics and Stakeholder Theory" (2002) 12 *Business Ethics Quarterly* 113 at 125.

[27] (Corporate) Governance, (Shareholder) Value and (Sustainable) Economic Performance' (2004) 12 *Corporate Governance: An International Review* 210 at 216.

[28] L. Johnson and D. Millon, "Missing the Point About State Takeover Statutes" (1989) 87 *Michigan Law Review* 846 at 848.

[29] J. Brummer, *Corporate Responsibility and Legitimacy* (New York, Greenwood Press, 1991) at 103.

[30] 这一点在加拿大最高法院裁决的 *BCE Inc v 1976 Debentureholders* 2008 SCC 69 at [82] 案已经做了明确判决。

[31] J. Brummer, *Corporate Responsibility and Legitimacy* (New York, Greenwood Press, 1991) at 103.

[32] *Report of the Committee on Corporate Governance*, 1998 at para 1. 17 and quoted in S. Wheeler, "Fraser and the Politics of Corporate Governance" (1999) *Journal of Law and Society* 241 at 242.

[33] B. Black, "Agents Watching Agents: The Promise of Institutional Investor Voice" (1992) 39 *University of California at Los Angeles Law Review* 811 at 863.

See, M. Jensen, "Value Maximisation, Stakeholder Theory, and the Corporate Objective Function" (2001) 7 *European Financial Management* 297 at 309.

[34] C. Bagley and K. Page, "The Devil Made Me Do It: Replacing Corporate Directors' Veil of Secrecy with the Mantle of Stewardship" (1999) 36 *San Diego Law Review* 897 at 898.

[35] C. K. Prahalabad, "Rethinking Shareholder Value" in D. Chew (ed), *Studies in International Corporate Finance and Governance Systems: A Comparison of the United States, Japan and Europe* (New York, Oxford University Press, 1997) and quoted in L. Mitchell, *Corporate Irresponsibility* (New Haven, Yale University Press, 2001) at 106.

[36] S. Deakin, "The Coming Transformation of Shareholder Value" (2005) 13 *Corporate Governance: An International Review* 11 at 11 and referring to M. Jensen, "Value Maximisation, Stakeholder Theory and the Corporate Objective Function" (2001) 14 *Journal of Applied Corporate Finance* 8.

[37] Jensen, ibid at 11.

[38] J. Macey, *Corporate Governance* (Princeton, Princeton University Press, 2008) at 36.

[39] 董事们更倾向于采取保守策略以确保公司的持续发展: E. Orts, "The Complexity and Legitimacy of Corporate Law" (1993) 50 *Washington and Lee Law Review* 1565 at 1588。

[40] E. Orts, "The Complexity and Legitimacy of Corporate Law" (1993) 50 *Washington and Lee Law Review* 1565 at 1588.

[41] A. Rappaport, *Creating Shareholder Value* (New York, The Free Press, 1986) at 1.

[42] Ibid.

[43] C. Kirchner, "Shareholder Value: A New Standard for Corporation Conduct" in K. Hopt and E. Vermeersch (eds), *Capital Markets and Corporation Law* (Oxford, Oxford University Press, 2003) at 343.

[44] The American Law Institute's *Principles of Corporate Governance* certainly do: Sec 2. 01 (1994).

[45] M. Blair, "Shareholder Value: A New Standard for Corporation Conduct" in K. Hopt and E. Vermeersch (eds), *Capital Markets and Corporation Law* (Oxford, Oxford University Press, 2003) at 348-349.

[46] As quoted in A. Rappaport, *Creating Shareholder Value* (New York, The Free Press, 1986) at 1.

[47] Ibid.

〔48〕J. Brummer, *Corporate Responsibility and Legitimacy* (New York, Greenwood Press, 1991) at 20.

〔49〕A. Sundaram, and A. Inkpen, "The Corporate Objective Revisited" (2004) 15 *Organization Science* 350 at 355.

〔50〕C. O'Kelly, "History Begins: Shareholder Value, Accountability and the Virtuous State" (2009) 60 *Northern Ireland Legal Quarterly* 35 at 45.

〔51〕H. Hu, "New Financial Products, the Modern Process of Financial Innovation and the Puzzle of Shareholder Welfare" (1991) 69 *Texas Law Review* 1273.

〔52〕M. Miller, "The Informational Content of Dividends" in R. Dornbusch, S. Fischer, and J. Bossons, (eds), *Macroeconomics and Finance: Essays in Honor of Franco Modigliani*, (Cambridge, Massachusetts, MIT Press, 1987); C. Loderer, L. Roth, U. Waelchli, and P. Joerg, "Shareholder Value: Principles, Declarations, and Actions" 22 April 2009, European Corporate Governance Institute Finance Working Paper No 95/2006 (revised), and accessible at ⟨http://papers.ssrn.com/sol3/papers.cfm? abstract_id=690044⟩ (last visited, 30 March 2010).

〔53〕E. Sternberg, *Just Business*, 2nd ed (Oxford, Oxford University Press, 2000) at 47; S. Bainbridge, "The Importance of the Shareholder Wealth Maximization Standard," *TCS Daily*, 7 February 2006, and accessible at ⟨www.tcsdaily.com/article.aspx? id=020706G⟩ (last visited, 7 July 2009).

〔54〕Sternberg, ibid at 47. Empirical evidence indicates that reported current earnings will affect share prices: J. Watts and J. Zimmerman, *Positive Accounting Theory* (Englewood Cliffs, Prentice-Hall, 1986) and referred to in J. Grinyer, A. Russell and D. Collision, "Evidence of Managerial Short-termism in the UK" (1998) 9 *British Journal of Management* 13 at 15.

〔55〕E. Fama, "Random Walks in Stock Market Prices" (1965) 21 *Financial Analysts Journal* 55.

〔56〕以安然公司为例，股票价格并非总能有效地反映出公司潜在的资产价值：M. Blair, "Directors' Duties in a Post-Enron World: Why Language Matters" (2003) 38 *Wake Forest Law Review* 885 at 894。

〔57〕For example, M. van der Weide, "Against Fiduciary Duties to Corporate Stakeholders" (1996) 21 *Delaware Journal of Corporate Law*, 27 at 68-69.

〔58〕E. Sternberg, *Just Business*, 2nd ed (Oxford, Oxford University Press, 2000) at 47.

〔59〕M. Blair, "Directors' Duties in a Post-Enron World: Why Language Matters" (2003) 38 *Wake Forest Law Review* 885 at 904.

〔60〕 S. Wallman, "Understanding the Purpose of a Corporation: An Introduction" (1999) 24 *Journal of Corporation Law* 807 at 808.

〔61〕 D. Mramor and A. Valentincic, "When Maximising Shareholders' Wealth is Not the Only Choice" 2006, at 3, and available at 〈http://papers.ssrn.com/paper.taf? abstract_id=258269〉(last visited, 24 July 2009).

〔62〕 M. Blair, "Directors' Duties in a Post-Enron World: Why Language Matters" (2003) 38 *Wake Forest Law Review* 885 at 893.

〔63〕 Referred to in C. Loderer, L. Roth, U. Waelchli, and P. Joerg, "Shareholder Value: Principles, Declarations, and Actions" 22 April 2009, ECGI-Finance Working Paper No 95/2005 at 2 and accessible at 〈http://papers.ssrn.com/sol3/papers.cfm? abstract_id=690044〉(last visited, 30 March 2010).

〔64〕 See, J. Mouritsen, "Driving Growth: Economic Value Added Versus Intellectual Capital" (1998) 9 (4) *Management Accounting Research* 461; J. Froud et al, "Shareholder Value and Financialization: Consultancy Promises. Management Moves" (2000) 29 *Economy and Society* 80 for a critical discussion of the various approaches advocated.

〔65〕 Froud, ibid at 82.

〔66〕 A. Rappaport, *Creating Shareholder Value* (New York, The Free Press, 1986) at 12, 50.

〔67〕 Ibid.

〔68〕 Ibid at 51.

〔69〕 Ibid.

〔70〕 Ibid. The investments and their income are not included in cash flow.

〔71〕 EVA (Economic Value Added) 即经济增加值。

〔72〕 J. Stern and D. Chew, *The Revolution in Corporate Finance*, 2nd ed (Malden, Massachusetts, Blackwell, 1992) at 34.

〔73〕 G. Milano and M. Schwartz, "Need to delegate profitability? EVA™ Will Show You How", *Sunday Times* 27 September 1998 and quoted in J. Froud et al, "Shareholder Value and Financialization: Consultancy Promises. Management Moves" (2000) 29 *Economy and Society* 80 at 83.

〔74〕 此概念由已倒闭的安达信会计师事务所提出。参见 Arthur Andersen *Shareholder Value Added* (London, Arthur Andersen, 1997)。

〔75〕 Ibid at 5 and quoted in J. Froud et al, "Shareholder Value and Financialization: Consultancy Promises. Management Moves" (2000) 29 *Economy and Society* 80 at 83.

〔76〕 For example, Price Waterhouse (undated), *Value Based Management*:

Energizing the Corporation to Create Shareholder Value quoted in J. Froud et al, "Shareholder Value and Financialization: Consultancy Promises. Management Moves" (2000) 29 *Economy and Society* 80 at 82.

[77] R. Grant, "Rescuing Shareholder Value Maximization" and accessible at: 〈http://www. viasarfatti25. unibocconi. eu/notizia. php? idArt = 2131〉 (last visited, 30 March 2010).

[78] D. Miles, *Testing for Short-Termism in the UK Stock Market* (London, Economics Division, Bank of England, 1992).

[79] "The Great Takeover Debate: A Meditation on Bridging the Conceptual Divide" (2002) 69 *University of Chicago Law Review* 1067 at 1076.

[80] See H. Hu, "Risk, Time and Fiduciary Principles in Corporate Investment" (1990) 38 *University of California at Los Angeles Law Review* 277.

[81] J. Grinyer, A. Russell and D. Collision, "Evidence of Managerial Shortter-mism in the UK" (1998) 9 *British Journal of Management* 13 at 15.

[82] J. Heydon, "Directors' Duties and the Company's Interests" in P. Finn (ed), *Equity and Commercial Relationships* (Sydney, Law Book Co, 1987) at 135.

[83] P. Hosking, "RBS chief tries to defuse concern over pay" *The Times*, 2 July 2009.

[84] M. Lipton, T. Mirvis and J. Lorsch, "The Proposed 'Shareholder Bill of Rights Act of 2009'" Harvard Law School Forum on Corporate Governance and Financial Regulation (12 May 2009), and accessible at: 〈http://blogs. law. harvard. edu/corpgov/2009/05/121the-proposed-%e2%80%9cshareholder-bill-of-rights-act-of-2009%e2%80%9d〉 (last visited, 2 April 2010).

[85] Referred to in Charted Institute of Management Accountants, "Maximising Shareholder Value" 2004 and accessible at 〈http://www. cimaglobal. com/Documents/Thought _ leadership _ docs/MigratedDocsMarch2010/Resouces%20 %28pdfs%291Technical% 20reports/Maximising% 20shareholder% 20value% 20 achieving%20clarity%20in%20decision-making. pdf〉 (last visited, 21 June 2010).

[86] M. Jensen, "Value Maximisation, Stakeholder Theory and the Corporate Objective Function" (2001) 14 *Journal of Applied Corporate Finance* 8. In addition it is published in "Value Maximisation, Stakeholder Theory, and the Corporate Objective Function" (2001) 7 *European Financial Management* 297. Also, see H. Hansmann and R. Kraakman, "The End of History for Corporate Law" (2001) 89 *Georgetown Law Journal* 439 at 439; G. Dent, "Corporate Governance: Still Broke, No Fix in Sight" (2006) 31 *Journal of Corporation Law* 39 at 57.

〔87〕M. Jensen, "Value Maximisation, Stakeholder Theory and the Corporate Objective Function" (2001) 14 *Journal of Applied Corporate Finance* 8 at 16.

〔88〕E. Talley, "On the Demise of Shareholder Primacy (Or, Murder on the James Trains Express)" (2002) 75 *Southern California Law Review* 1211 at 1214.

〔89〕Below at pp. 75-77, 82-83.

〔90〕W. Allen, "Our Schizophrenic Conception of the Business Corporation" (1992) 14 *Cardozo Law Review* 261 at 273.

〔91〕A. Sundaram and A. Inkpen, "The Corporate Objective Revisited" (2004) 15 *Organization Science* 350 at 358.

〔92〕*Corporations and the Public Interest: Guiding the Invisible Hand* (San Francisco, Berrett-Koehler, 2005) and quoted in A. White, "What is Long-Term Wealth?" Business for Social Responsibility paper, September 2007 and accessible at ⟨http: //www. bsr. org/reports/bsr _ awhite _ long-term-wealth. pdf⟩ (last visited, 8 July 2009) at 4.

〔93〕A. White, "What is Long-Term Wealth?" Business for Social Responsibility paper, September 2007 and accessible at ⟨http: //www. bsr. org/reports/bsr _ awhite _ long-term-wealth. pdf⟩ (last visited, 8 July 2009) at 4.

〔94〕C. Loderer, L. Roth, U. Waelchli, and P. Joerg, "Shareholder Value: Principles, Declarations, and Actions" 22 April 2009, European Corporate Governance Institute Finance Working Paper No 95/2006 (revised), and accessible at ⟨http: //papers. ssrn. com/so13/papers. cfm? abstract _ id=690044⟩ (last visited, 30 March 2010).

〔95〕然而, George Dent 则认为大部分股东拥有同样的目标, 即股票价值最大化: "The Essential Unity of Shareholders and the Myth of Investor Short-Termism" (2010) 35 *Delaware Journal of Corporate Law* 97 at 100, 105。

〔96〕For instance, see *Shlensky v Wrigley* 237 NE 2d 776 (Ill App Ct, 1968).

〔97〕T. Smith, "The Efficient Norm for Corporate Law: A Neotraditional Interpretation of Fiduciary Duty" (1999) 98 *Michigan Law Review* 214 at 217.

〔98〕S. Bottomley, *The Constitutional Corporation* (Aldershot, Ashgate, 2007) at 175.

〔99〕See, A. Keay, "Enlightened Shareholder Value, the Reform of the Duties of Company Directors and the Corporate Objective" 〔2006〕 *Lloyds Maritime and Commercial Law Quarterly* 335.

〔100〕M. Omran, P. Atrill and J. Pointon, "Shareholders Versus Stakeholders: Corporate Mission Statements and Investor Returns" (2002) 11 *Business Ethics: A European Review* 318 at 319. This approach is implicit in the statement from General

Motors on its website at 〈http：//www. gm. com/corporate/responsibility/ reports/ 06/300 _ company/3 _ thirty/330. html〉（last visited，4 December 2009）.

［101］Ibid.

［102］R. Grant, "Rescuing Shareholder Value Maximization" and accessible at： 〈http：//www. viasarfatti25. unibocconi. eu/notizia. php? idArt = 2131〉（last visited，18 August 2010）.

［103］R. Mitchell, A. O'Donnell and I. M. Ramsay, "Shareholder Value and Employee Interests： Intersections Between Corporate Governance, Corporate Law and Labor Law"（2005）*Wisconsin International Law Journal* 417 at 429.

［104］J. Froud, et al, "Shareholder Value and Financialization： Consultancy Promises. Management Moves"（2000）29 *Economy and Society* 80 at 81.

［105］The following reasons are based on A. Rappaport, *Creating Shareholder Value*（New York，The Free Press，1986）at 7.

［106］"Debt-Equity Combination of the Firm and the Cost of Capital"（1972）at 4 and quoted in R. Hessen, "A New Concept of Corporations： A Contractual and Private Property Model"（1979）30 *Hastings Law Journal* 1327 at 1346.

［107］J. Treynor, "The Financial Objective in the Widely Held Corporation"（1981）（March-April）*Financial Analysts Journal* at 69 and quoted in A. Rappaport, *Creating Shareholder Value*（New York，The Free Press，1986）at 13.

［108］T. Smith, "The Efficient Norm for Corporate Law： A Neotraditional Interpretation of Fiduciary Duty"（1999）98 *Michigan Law Review* 214 at 230.

［109］M. Metzger and M. Phillips, "Corporate Control, Business Ethics Instruction, and Intraorganizational Reality： A Review Essay"（1991）29 *American Business Law Journal* 127 at 133.

［110］*Pawns or Potentates： The Reality of America's Corporate Boards*（Boston，Massachusetts，Harvard Business School Press，1989）at 49.

［111］这并不是说不把自己当作契约者来看待便无法赞同股东利益至上理论。关于此论点参见以下重要文献：J. Macey, "An Economic Analysis of the Various Rationales for Making Shareholders the Exclusive Beneficiaries of Corporate Fiduciary Duties"（1991）21 *Stetson Law Review* 23；S. Bainbridge, "In Defense of the Shareholder Maximization Norm： A Reply to Professor Green"（1993）50 *Washington and Lee Law Review* 1423；B. Black and R. Kraakman, "A Self-Enforcing Model of Corporate Law"（1996）109 *Harvard Law Review* 1911；D. Gordon Smith, "The Shareholder Primacy Norm"（1998）23 *Journal of Corporation Law* 277。必须指出，一些契约论者并不接受股东利益至上理论：D. D. Prentice. "The Contractual Theory of the Company and the Protection of Non-Shareholder Interests" in

D. Feldman and F. Meisel, *Corporate and Commercial Law*: *Modern Developments* (London, Lloyds of London Press, 1996) at 121。

[112] See A. A. Berle, "Corporate Powers as Powers in Trust" (1931) 44 *Harvard Law Review* 1049; E. M. Dodd, "For Whom are Corporate Managers Trustees?" (1932) 45 *Harvard Law Review* 1145; A. A. Berle, "For Whom Managers are Trustees: A Note" (1932) 45 *Harvard Law Review* 1365. Also, see A. A. Berle and G. Means, *The Modern Corporation and Private Property* (New York, MacMillan, 1932); E. M. Dodd, "Is Effective Enforcement of the Fiduciary Duties of Corporate Managers Practicable?" (1935) 2 *University of Chicago Law Review* 194.

[113] A. A. Berle, "Corporate Powers as Powers in Trust" (1931) 44 *Harvard Law Review* 1049. The view was put forward, in effect, in the earlier decision of *Dodge v Ford Motor Co* 170 NW 668 (1919) (Michigan).

[114] E. M. Dodd, "For Whom are Corporate Managers Trustees?" (1932) 45 *Harvard Law Review* 1145 at 1148.

[115] Below at pp. 226 - 228. Also, see A. Keay, "Moving Towards Stakeholderism? Constituency Statutes, Enlightened Shareholder Value and All That: Much Ado About Little?" (2011) 22 *European Business Law Review* 1.

[116] 此理论阐释了，在合约中各方充当了理性经济角色，包括股东、管理者、债权人和雇员。毫无疑问，合同中的每一方会竭尽所能，使合同最大限度地满足自己的利益，并试图使之产生更多伴随利益。涉及合约集束的文献数量庞大，无法一一列举，参见 M. Jensen and W. Meckling, "Theory of the Firm" (1976) 3 *Journal of Financial Economics* 305 at 309-310; E. Fama, "Agency Problems and the Theory of the Firm" (1980) 88 *Journal of Political Economy* 228 at 290; F. Easterbrook and D, Fischel, "The Corporate Contract" (1989) 89 *Columbia Law Review* 1416 at 1426-1427; S. Deakin and A. Hughes, "Economic Efficiency and the Proceduralisation of Company Law" (1999) 3 *Company Financial and Insolvency Law Review* 169 at 176 - 180; I. McNeil, "Company Law Rules: An Assessment from the Perspective of Incomplete Contract Theory" (2001) 1 *Journal of Corporate Law Studies* 107。

[117] I. Lee, "Corporate Law, Profit Maximization and the ' Responsible ' Shareholder" (2005) 10 *Stanford Journal of Law, Business and Finance* 31 at 48.

[118] Stephen Bainbridge 似乎是一个例外，因为他强调董事利益至上："The Board of Directors as Nexus of Contracts" (2002) 88 *Iowa Law Review* 1; "Director Primacy: The Means and Ends of Corporate Governance" (2003) 97 *Northwestern University Law Review* 547。

〔119〕M. Bradley, C. Schipani, A. Sundaram and J. Walsh, "The Purposes and Accountability of the Corporation in Contemporary Society: Corporate Governance at a Crossroads" (1999) 62 *Law and Contemporary Problems* 9 at 38.

〔120〕F. Easterbrook and D. Fischel, *The Economic Structure of Company Law* (Cambridge, Massachusetts, Harvard University Press, 1991), at 90 – 93; J. Macey, and G. Miller, "Corporate Stakeholders: A Contractual Perspective" (1993) 43 *University of Toronto Law Review* 401 at 404.

〔121〕T. Smith, "The Efficient Norm for Corporate Law: A Neotraditional Interpretation of Fiduciary Duty" (1999) 98 *Michigan Law Review* 214 at 217. A view with which Smith disagrees (ibid).

〔122〕一些实证证据表明股东财富最大化并非如此有效: J. Coffee, "Shareholders Versus Managers: The Strain in the Corporate Web" (1986) 85 *Michigan Law Review* 1 at 91. 也可参见 E. Elhauge, "Sacrificing Corporate Profits in the Public Interest" (2005) 80 *New York University Law Review* 733 at 776。

〔123〕M. van der Weide, "Against Fiduciary Duties to Corporate Stakeholders" (1996) 21 *Delaware Journal of Corporate Law* 27 at 37.

〔124〕F. Easterbrook and D. Fischel, *The Economic Structure of Company Law* (Cambridge, Massachusetts, Harvard University Press, 1991) at 36 – 39.

〔125〕J. Macey, "Fiduciary Duties as Residual Claims: Obligations to Nonshareholder Constituencies from a Theory of the Firm Perspective" (1999) 84 *Cornell Law Review* 1266 at 1267. This has been queried by several commentators, such as Margaret Blair (*Ownership and Control* (Washington DC, The Brookings Institute, 1995) at 229).

〔126〕M. van der Weide, "Against Fiduciary Duties to Corporate Stakeholders" (1996) 21 *Delaware Journal of Corporation Law* 27 at 38; R. Gilson and M. Roe, "Understanding the Japanese Keiretsu: Overlaps Between Corporate Governance and Industrial Organization" (1993) 102 *Yale Law Journal* 871 at 887.

〔127〕J. Macey and G. Miller, "Corporate Stakeholders: A Contractual Perspective" (1993) 43 *University of Toronto Law Review* 401 at 408; F. Tung, "The New Death of Contract: Creeping Corporate Fiduciary Duties for Creditors" (2008) 57 *Emory Law Journal* 809 at 819.

〔128〕J. Macey, *Corporate Governance* (Princeton, Princeton University Press, 2008) at 7. Also, see F. Easterbrook and D. Fischel, "Voting in Corporate Law" (1983) 26 *Journal of Law and Economics* 395 at 403.

〔129〕此观点基于大量的研究，毫无疑问，其中最具影响力的是: M. Jensen and W. Meckling, "Theory of the Firm: Managerial Behaviour, Agency Costs, and

Ownership Structure" (1976) 3 *Journal of Financial Economics* 305; E. Fama, "Agency Problems and the Theory of the Firm" (1980) 88 *Journal of Political Economy* 228; E. Fama and M. Jensen, "Separation of Ownership and Control" (1983) 26 *Journal of Law and Economics* 301; F. Easterbrook and D. Fischel, *The Economic Structure of Company Law* (Cambridge, Massachusetts, Harvard University Press, 1991)。

［130］J. Matheson and B. Olson, "Corporate Law and the Longterm Shareholder Model of Corporate Governance" (1992) 76 *Minnesota Law Review* 1313 at 1328.

［131］T. Jones, "Corporate Social Responsibility Revisited, Redefined" (1980) (Spring) *California Management Review* 59 at 61.

［132］在本书中，此概念按照 Oliver William (*The Economic Institution of Capitalism* (1985) at 47-49) 所应用的方式去描述以自我利益为中心的行为特点，包括欺诈、误传、瞒骗与无诚信。

［133］代理成本包括管理者不恰当行为所导致的成本，以及监管和约束管理者防止他们滥用职权而消耗的成本。

［134］M. van der Weide, "Against Fiduciary Duties to Corporate Stakeholders" (1996) 21 *Delaware Journal of Corporate Law* 27 at 56-57. T. Smith, "The Efficient Norm for Corporate Law: A Neotraditional Interpretation of Fiduciary Duty" (1999) 98 *Michigan Law Review* 214, 215 questions whether the goal of shareholder maximisation is efficient.

［135］The Committee on Corporate Law, "Other Constituency Statutes: Potential for Confusion" (1990) 45 *Business Lawyer* 2253 at 2269.

［136］J. Matheson and B. Olson, "Corporate Law and the Longterm Shareholder Model of Corporate Governance" (1992) 76 *Minnesota Law Review* 1313 at 1346.

［137］尤其是与倡导董事行事时应考虑所有利益相关者的利益相关者理论比较时，这些特点更加突出：M. van der Weide, "Against Fiduciary Duties to Corporate Stakeholders" (1996) 21 *Delaware Journal of Corporate Law* 27 at 68。

［138］M. van der Weide, "Against Fiduciary Duties to Corporate Stakeholders" (1996) 21 *Delaware Journal of Corporate Law* 27 at 69; J. Plender, "Giving People a Stake in the Future" (1998) 31 *Long Range Planning* 211 at 212.

［139］M. Jensen, "Value Maximisation, Stakeholder Theory, and the Corporate Objective Function" (2001) 7 *European Financial Management* 297 at 301; A. Sundaram, and A. Inkpen, "The Corporate Objective Revisited" 15 *Organization Science* 350 at 353-355.

［140］H. Hansmann and R. Kraakman, "The End of History for Corporate Law" (2001) 89 *Georgetown Law Journal* 439 at 441; M. O'Sullivan, "The Innovative Enterprise and Corporate Governance" (2000) 24 *Cambridge Journal of Economics* 393 at 395; J. Cohan, " 'I didn't know' and 'I was only doing my job': has corporate governance careered out of control?" (2002) 40 *Journal of Business Ethics* 275 at 291.

[141] J. Macintosh, "Designing an Efficient Fiduciary Law" (1993) 43 *University of Toronto Law Journal* 425 at 452.

[142] T. Copeland, T. Koller and J. Murrin, *Valuation*, *Measuring and Managing* (New York, John Wiley, 1995) at 22.

[143] Company Law Review, *Modern Company Law for a Competitive Economy*: *Strategic Framework* (London, DTI, 1999) at para 5. 1. 12.

[144] I. Lee, "Efficiency and Ethics in the Debate About Shareholder Primacy" (2006) 31 *Delaware Journal of Corporate Law* 533 at 537−538.

[145] E. Brigham and M. Ehrhardt, *Financial Management*: *Theory and Practice*, 10th ed (Thomson Learning, South-Western, 2002) at 10 and referred to in C. Loderer, L. Roth, U. Waelchli, and P. Joerg, "Shareholder Value: Principles, Declarations, and Actions" 22 April 2009, ECGI-Finance Working Paper No. 95/2005 at 3 and accessible at ⟨http: //papers. ssrn. com/sol3/papers. cfm? abstract_id=690044⟩ (last visited, 30 March 2010); G. Dent, "Corporate Governance: Still Broke, No Fix in Sight" (2006) 31 *Journal of Corporation Law* 39 at 51.

[146] K. Davis, "The Case for and Against Business Assumption of Social Responsibilities" in A. Carroll (ed), *Managing Corporate Social Responsibility* (Boston, Massachusetts, Little, Brown and Company, 1977) at 40.

[147] M. Friedman, "The Social Responsibility of Business is to Increase its Profits" *New York Times*, 13 September 1970, Section 6 (Magazine) 32 at 33; R. Hessen, "A New Concept of Corporations: A Contractual and Private Property Model" (1979) 30 *Hastings Law Journal* 1327 at 1330; E. Steinberg, "The Responsible Shareholder" (1992) 1 *Business Ethics*: *A European Review* 192 at 192; M. van der Weide, "Against Fiduciary Duties to Corporate Stakeholders" (1996) 21 *Delaware Journal of Corporate Law* 27 at 77.

[148] London, Gee Publishing, 1992 at para 6. 1.

[149] R. Pilon, "Capitalism and Rights: An Essay Toward Fine Tuning the Moral Foundations of the Free Society" (1982) (February) *Journal of Business Ethics* 29 at 31ff. Also, see for example, Committee on the Financial Aspects of Corporate Governance (Cadbury Report) (London, Gee Publishing, 1992) para 6. 1; Confederation of British Industries, *Boards Without Tiers*: *A CBI Contribution to the Debate* (London, CBI, 1996) at 8.

〔150〕董事是否对股东甚至股东群体负有诚信义务是一个值得商榷的话题。参见 A. Keay，"Enlightened Shareholder Value，the Reform of the Duties of Company Directors and the Corporate Objective" 〔2006〕 *Lloyds Maritime and Commercial Law Quarterly* 335 at 341-346。毫无疑问，在极端情况中，股东并非独立地承担责任。参见 *Gething v Kilner* 〔1972〕1 WLR 337；〔1972〕1 All ER 1166；*Re a Company* 〔1986〕BCLC 382；*Glandon Pty Ltd v Strata Consolidated Pty Ltd*（1993）11 ACSR 543（NSWCA）；*Brunninghausen v Glavanics* 〔1999〕NSWCA 199；（1999）17 ACLC 1247。

〔151〕P. Selznik，"Institutionalism: old and new"（1996）41 *Administrative Science Quarterly* 270 at 271.

〔152〕K. Goodpaster，"Business Ethics and Stakeholder Analysis"（1991）1 *Business Ethics Quarterly* 53 at 63. Also，see S. Bainbridge，*The New Corporate Governance in Theory and Practice*（New York，Oxford University Press，2008）at 58.

〔153〕D. Greenwood，"Fictional Shareholders: For Whom are Corporate Managers Trustees Revisited"（1996）69 *Southern California Law Review* 1021 at 1023；M. Siems，"Shareholders，Stakeholders and the 'Ordoliberalism'"（2002）13 *European Business Law Review* 147 at 147.

〔154〕H. Hansmann and R. Kraakman，"The End of History for Corporate Law"（2001）89 *Georgetown Law Journal* 439 at 449. See L. Zingales，"Corporate Governance" in *The New Palgrave Dictionary of Economics and Law*（Basingstoke，Macmillan，1997）at 501.

〔155〕G. Kelly and J. Parkinson，"The Conceptual Foundations of the Company: a Pluralist Approach" in J. Parkinson，A. Gamble and G. Kelly（eds），*The Political Economy of the Company*（Oxford，Hart Publishing，2000）at 118；J. Fisch，"Measuring Efficiency in Corporate Law"（2006）31 *Journal of Corporation Law* 637 at 667-668.

〔156〕F. Tung，"The New Death of Contract: Creeping Corporate Fiduciary Duties for Creditors"（2008）57 *Emory Law Journal* 809 at 813.

〔157〕*The Economic Institution of Capitalism*（New York，The Free Press，1985）at 304.

〔158〕*The Economic Institution of Capitalism*（New York，The Free Press，1985）at 304-305.

〔159〕J. Boatright，"Fiduciary Duties and the Shareholder-Management Relation: Or，What's Special About Shareholders?"（1994）4 *Business Ethics Quarterly* 393 at 395.

［160］ A. Sundaram and A. Inkpen，"The Corporate Objective Revisited"（2004）15 *Organization Science* 350 at 355；M. Bradley，C. Schipani，A. Sundaram and J. Walsh，"The Purposes and Accountability of the Corporation in Contemporary Society: Corporate Governance at a Crossroads"（1999）62 *Law and Contemporary Problems* 9 at 24－29.

［161］ J. Fisch，"Measuring Efficiency in Corporate Law: The Rule of Shareholder Primacy" December 2005，Fordham Law Legal Studies，Working Paper No 105 at p26 and available at ⟨http：//ssrn. com/abstract＝878391 ⟩（last visited，27 July 2009）.

［162］ H. Hansmann and R. Kraakman，"The End of History for Corporate Law"（2001）89 *Georgetown Law Journal* 439.

［163］ "Separation and the Function of Corporation Law"（January 2005）Stanford Law and Economics Olin Working Paper No. 307 and available at：http：//ssrn. com/ abstract＝732832⟩（last visited，18 August 2010）.

［164］ *Corporate Irresponsibility*（New Haven，Yale University Press，2001）at 4.

［165］ K. Greenfield，"New Principles for Corporate Law"（2005）1 *Hastings Business Law Journal* 89 at 89.

［166］ For example，see D. Millon，"New Game Plan or Business as Usual? A Critique of the Team Production Model of the Corporate Board"（2000）86 *Virginia Law Review* 1001 at 1001－1004；L. Stout，"Bad and Not-So-Bad Arguments for Shareholder Primacy"（2002）75 *South California Law Review* 1189 at 1191.

［167］ 为了讨论应用于公司法的方法，参见 L. Mitchell（ed），*Progressive Corporate Law*（Boulder，Colorado，Westview Press，1995 ）；W. Bratton，"The 'Nexus of Contracts Corporation'：A Critical Appraisal"（1989）74 *Cornell Law Review* 407；L. Mitchell，"The Fairness Rights of Bondholders"（1990）65 *New York University Law Review* 1165；D. Millon，"Theories of the Corporation"［1990］ *Duke Law Journal* 201；L. Johnson，"The Delaware Judiciary and the Meaning of Corporate Life and Corporate Law"（1990）68 *Texas Law Review* 865. Works in the UK that have advocated this approach are：J. Dine，"Companies and Regulations：Theories，Justifications and Policing" in D. Milman（ed），*Regulating Enterprise：Law and Business Organisations in the UK*（Oxford，Hart Publishing，1999）at 295－296；J. Dine，*Company Law*（London，Sweet and Maxwell，2001），27－30；J. Parkinson，*Corporate Power and Responsibility*（Oxford，Clarendon Press，1993）；G. Kelly and J. Parkinson，"The Conceptual Foundations of the Company：A Pluralist Approach"（1998）2 *Company Financial and Insolvency Law Review* 174. Also，see

W. Leung, "The Inadequacy of Shareholder Primacy: A Proposed Corporate Regime that Recognizes Non-Shareholder Interests" (1997) 30 *Columbia Journal of Law and Social Problems* 589; G. Crespi, "Rethinking Corporate Fiduciary Duties: The Inefficiency of the Shareholder Primacy Norm" (2002) 55 *Southern Methodist University Law Review* 141。

[168] M. Clarkson, "A Stakeholder Framework for Analyzing and Evaluating Corporate Social Performance" (1995) 20 *Academy Management Review* 92 at 112.

[169] For example, R. Edward Freeman: "The Politics of Stakeholder Theory: Some Future Directions" (1994) 4 *Business Ethics Quarterly* 409 at 413.

[170] 在公司法中，支持"团队生产"方式的学者中，主要有 Margaret Blair 和 Lynn Stout，参见 "A Team Production Theory of Corporate Law" (1999) 85 *Virginia Law Review* 247; "Director Accountability and the Mediating Role of the Corporate Board" (2001) 79 *Washington University Law Quarterly* 403。

[171] For instance, see D. Millon, "Redefining Corporate Law" (1991) 24 *Indiana Law Review* 223 at 227ff.

[172] D. Schrader, "The Corporation and Profits" (1987) 6 *Journal of Business Ethics* 589 at 594.

[173] D. Millon, "New Directions in Corporate Law: Communitarians, Contractarians and Crisis in Corporate Law" (1993) 50 *Washington and Lee Law Review* 1373 at 1382.

[174] D. Millon, "Communitarianism in Corporate Law: Foundations and Law Reform Strategies" in L. Mitchell (ed), *Progressive Corporate Law* (Boulder, Colorado, Westview Press, 1995) at 10.

[175] 例如, Lawrence Mitchell 批判了公司法中股东价值最大化的整个理论: ("A Theoretical and Practical Framework for Enforcing Corporate Constituency Statutes" (1992) 70 *Texas Law Review* 579 at 640.)参见 D. Millon, "Communitarianism in Corporate Law: Foundations and Law Reform Strategies" in L. Mitchell (ed), *Progressive Corporate Law* (Boulder. Colorado, Westview Press, 1995) at 7-9。

[176] G. Kelly and J. Parkinson, "The Conceptual Foundations of the Company: A Pluralist Approach" in J. Parkinson, A. Gamble and G. Kelly (eds), *The Political Economy of the Company*, (Oxford, Hart Publishing, 2000) at 131.

[177] "The Delaware Judiciary and the Meaning of Corporate Life and Corporate Law" (1990) 68 *Texas Law Review* 865 at 934.

[178] For instance, see R. E. Freeman, *Strategic Management: A Stakeholder Approach* (Boston, Massachusetts, Pitman/Ballinger, 1984); T. Clarke and S. Clegg, *Changing Paradigms: The Transformation of Management Knowledge*

for the 21*st Century* (London, Harper Collins Business, 2000); T. Donaldson and
L. Preston, "The Stakeholder Theory of the Corporation: Concepts, Evidence, Im-
plications" (1995) 20 *Academy of Management Review* 65.

[179] M. Clarkson, "A Stakeholder Framework for Analyzing and Evaluating
Corporate Social Performance" (1995) 20 *Academy of Management Review* 92
at 112.

[180] J. Plender, *A Stake in the Future: The Stakeholding Solution*, 1997,
London: Nicholas Bradley Publishing, and quoted in Janice Dean, *Directing Public
Companies: Company Law and the Stakeholder Society* (London, Cavendish,
2001), at 117.

[181] J. Froud, S. Johal and K. Williams, "Financialisation and the Coupon
Pool" (2002) 78 *Capital and Class* 119 and referred to in R. Mitchell, A. O'Donnell
and I. M. Ramsay, "Shareholder Value and Employee Interests: Intersections Be-
tween Corporate Governance, Corporate Law and Labor Law" (2005) *Wisconsin In-
ternational Law Journal* 417 at 429, n32.

[182] S. Bottomley, *The Constitutional Corporation* (Aldershot, Ashgate,
2007) at 8.

[183] Above at p. 48-49.

[184] Above at p. 47-58.

[185] R. Mitchell, A. O'Donnell and I. M. Ramsay, "Shareholder Value and
Employee Interests: Intersections Between Corporate Governance, Corporate Law
and Labor Law" (2005) *Wisconsin International Law Journal* 417 at 429.

[186] P. Drucker, "Business Objectives and Survival Needs: Notes on a Disci-
pline of Business Enterprise" (1958) 31 *Journal of Business* 81 at 82. For an in-
stance of a court permitting a company to foster long-term benefits, see *Shlensky v
Wrigley* 237 NE 2d 776 (Ill App Ct, 1968).

[187] E. Elhauge, "Sacrificing Corporate Profits in the Public Interest" (2005)
80 *New York Universiy, Law Review* 733 at 756.

[188] C. Kirchner, "Shareholder Value: A New Standard for Company Con-
duct" in K. Hopt and E. Vermeersch (eds), *Capital Markets and Company Law*
(Oxford, Oxford University Press, 2003) at 343.

[189] The American Law Institute's *Principles of Corporate Governance* cer-
tainly do: Sec 2.01 (1994).

[190] M. Blair, "Shareholder Value: A New Standard for Company Conduct" in
K. Hopt and E. Vermeersch (eds), *Capital Markets and Company Law* (Oxford,
Oxford University Press, 2003) at 348-349.

[191] H. Hu, "New Financial Products, the Modern Process of Financial Innovation and the Puzzle of Shareholder Welfare" (1991) 69 *Texas Law Review* 1273.

[192] Ibid at 1277.

[193] Ibid at 1279.

[194] Ibid at 1280.

[195] Ibid at 1277.

[196] Ibid at 1282.

[197] Ibid at 1282 – 1283.

[198] Ibid at 1283.

[199] Ibid at 1277.

[200 Ibid at 1285.

[201] Ibid at 1312.

[202] Ibid at 1277; M. Miller, "The Informational Content of Dividends" in R. Dornbusch, S. Fischer, and J. Bossons, (eds), *Macroeconomics and Finance: Essays in Honor of Franco Modigliani* (Cambridge, Massachusetts, MIT Press, 1987); C. Loderer, L. Roth, U. Waelchli, and P. Joerg, "Shareholder Value: Principles, Declarations, and Actions" April 22, 2009, European Corporate Governance Institute Finance Working Paper No 95/2006 (revised), and accessible at 〈http: //papers. ssrn. com/sol3/papers. cfm? abstract _ id=690044〉 (last visited, 30 March 2010).

[203] G. Frug, "The Ideology of Bureaucracy in American Law" (1984) 97 *Harvard Law Review* 1276 at 1311.

[204] Above at 52 – 55.

[205] H. Simon, "Theories of Decision-Making in Economics and Behavioral Science" (1959) 49 *American Economic Review* 253 at 262. Stephen Bainbridge favours the latter and would prefer to see it referred to as "wealth optimization": *Corporation Law and Economics* (New York, Foundation Press, 2002) at 21.

[206] See H. Hu, "Risk, Time and Fiduciary Principles in Corporate Investment" (1990) 38 *University of California at Los Angeles Law Review* 277.

[207] E. Elhauge, "Sacrificing Corporate Profits in the Public Interest" (2005) 80 *New York University Law Review* 733 at 756.

[208] F. Allen and D. Gale, *Comparing Financial Systems* (Cambridge, Massachusetts, MIT Press, 2000) at 382.

[209] M. Lipton, T. Mirvis and J. Lorsch, "The Proposed 'Shareholder Bill of Rights Act of 2009'" Harvard Law School Forum on Corporate Governance and Financial Regulation (12 May 2009), and accessible at: 〈http: //blogs. law. har-

vard. edu/corpgov/2009/05/12/the-proposed- ％e2％80％9cshareholder-bill-of-rights-act-of-2009％e2％80％9d〉（last visited，24 July 2009）.

［210］M. Lipton，Ti Mirvis and J. Lorsch，"The Proposed 'Shareholder Bill of Rights Act of 2009'" Harvard Law School Forum on Corporate Governance and Financial Regulation （12 May 2009），and accessible at：〈http：//blogs. law. harvard. edu/corpgov/2009/05/12/the-proposed-％ e2％ 80％ 9cshareholder-bill-of-rights-act-of-2009％e2％80％9d〉（last visited，1 June 2010）. 一些支持观点来自对英国富时（FTSE）指数 350 家公司管理人员做的小型调查。参见 P. Taylor，"Enlightened Shareholder Value and the Companies Act 2006" （unpublished PhD thesis，May 2010），Birkbeck College，University of London，at 179. 眼前利益的问题与多年前曾讨论过的事实紧密相关，这一事实即市场对董事施加压力，以迎合他们关于公司应该取得何种成果的观点。参见 C. Williams，"A Tale of Two Trajectories" （2006） 75 *Fordham Law Review* 1629 at 1654－1655；N. Sharpe，"Rethinking the Board Function in the Wake of the 2008 Financial Crisis" （2010） 5 *Journal of Business and Technology Law* 99 at 116－111。Also，see，J. Grinyer et al，"Evidence of Managerial Short-termism in the UK" （1998） 9 *British Journal of Management* 13 at 14，15；J. Graham et al，"The Economic Implications of Corporate Financial Reporting" Duke University Research Paper，11 January 2005 and accessible at〈http：//ssrn. com/abstract＝491627〉（last visited，21 June 2010）.

［211］M. Lipton，T. Mirvis and J. Lorsch，"The Proposed 'Shareholder Bill of Rights Act of 2009'" Harvard Law School Forum on Corporate Governance and Financial Regulation （12 May 2009），and accessible at：〈http：//blogs. law. harvard. edu/corpgov/2009/05/12/the-proposed-％ e2％ 80％ 9cshareholder-bill-of-rights-act-of-2009％e2％80％9d〉（last visited，24 July 2009）.

［212］E. Elhauge，"Sacrificing Corporate Profits in the Public Interest" （2005） 80 *New York University Law Review* 733 at 739.

［213］M. van der Weide，"Against Fiduciary Duties to Corporate Stakeholders" （1996） 21 *Delaware Journal of Corporation Law* 27 at 69.

［214］股东价值需要公司关注高价值活动或多元化活动应该被联合或剥离：J. Bughlin and T. Copelafid，"The Virtuous Cycle of Shareholder Value Creation" （1997） 2 *The McKinsey Quarterly* 156。

［215］G. Frug，"The Ideology of Bureaucracy in American Law" （1984） 97 *Harvard Law Review* 1276 at 1311.

［216］"An Economic Analysis of the Various Rationales for Making Shareholders the Exclusive Beneficiaries of Corporate Fiduciary Duties" （1991） 21 *Stetson Law Review* 23 at 35.

［217］Above at pp. 55－56.

［218］C. Loderer, L. Roth, U. Waelchli and p. Joerg, "Shareholder Value: Principles, Declarations, and Actions" April 22, 2009, European Corporate Governance Institute Finance Working Paper No 95/2006 (revised), and accessible at 〈http: //papers. ssrn. com/so13/papers. cfm? abstract _ id＝690044〉 (last visited, 30 March 2010).

［219］J. Macintosh, "Designing an Efficient Fiduciary Law" (1993) 43 *University of Toronto Law Journal* 425 at 456.

［220］"Shareholders as Stakeholders: Changing Metaphors of Corporate Governance" (1993) 50 *Washington and Lee Law Review* 1409 at 1413.

［221］S. Worthington, "Shares and Shareholders: Property, Power and Entitlement (Part 2)" (2001) 22 *The Company Lawyer* 307 at 311.

［222］L. Stout, "Bad and Not-So-Bad Arguments for Shareholder Primacy" (2002) 75 *South California Law Review* 1189 at 1207.

［223］S. Worthington, "Shares and Shareholders: Property, Power and Entitlement (Part 1)" (2001) 22 *The Company Lawyer* 258 at 266.

［224］M. Velasquez, *Business Ethics: Concepts and Cases* (Englewood Cliffs, Prentice-Hall, 1982) at 149. Also, see J. Pichler, "The Liberty Principle: A Basis for Management Ethics" (1983) (Winter) *Business and Professional Ethics Journal* 19 at 22; C. Bagley and K. Page, "The Devil Made Me Do It: Replacing Corporate Directors' Veil of Secrecy with the Mantle of Stewardship" (1999) 36 *San Diego Law Review* 897 at 903.

［225］S. Bainbridge, "In Defense of the Shareholder Maximization Norm: A Reply to Professor Green" (1993) 50 *Washington and Lee Law Review* 1423 at 1441.

［226］M. van der Weide, "Against Fiduciary Duties to Corporate Stakeholders" (1996) 21 *Delaware Journal of Corporation Law* 27 at 69.

［227］M. Becht, P. Bolton and A. Roell, "Corporate Governance and Control" Finance Working Paper No. O2/2002, European Corporate Governance Institute Working Papers in Finance, 31 October 2002 and last revised, 3 April 2006 at 9 and accessible at: 〈http: //ssrn. com/abstract＝343461 〉 (last visited, 24 July 2009)

［228］R. Ball, "What do we know about stock market 'efficiency'"? unpublished paper, Managerial Economics Research Center, University of Rochester, 1989 and referred to in C. Kelly, "History Begins: Shareholder Value, Accountability and the Virtuous State" (2009) 60 *Northern Ireland Law Quarterly* 35 at 45.

［229］A. Rebérioux, "European Style of Corporate Governance at the Crossroads: The Role of Worker Involvement" (2002) 40 *Journal of Common Market*

Studies 111 at 119.

[230] See A. Keay, "Directors' Duties to Creditors: Contractarian Concerns Relating to Efficiency and Over-Protection of Creditors" (2003) 66 *Modern Law Review* 665 at 677-680.

[231] A. Sundaram and A. Inkpen, "The Corporate Objective Revisited" (2004) 15 *Organization Science* 350 at 356.

[232] Above at p. 66.

[233] M. Blair, *Ownership and Control* (Washington DC, The Brookings Institute, 1995) at 27 and 224; S. Worthington, "Shares and Shareholders: Property, Power and Entitlement (Part 1)" (2001) 22 *The Company Lawyer* 258 at 265.

[234] M. Blair, *Ownership and Control* (Washington DC, The Brookings Institute, 1995) at 122.

[235] Ibidat 202.

[236] S. Letza, X. Sun and J. Kirkbridge, "Shareholding Versus Stakeholding: a Critical Review of Corporate Governance" (2004) 12 *Corporate Governance: International Review* 242 at 249.

[237] C. Bagley and K. Page, "The Devil Made Me Do It: Replacing Corporate Directors' Veil of Secrecy with the Mantle of Stewardship" (1999) 36 *San Diego Law Review* 897 at 920. For an argument to the contrary, see G. Dent, "The Essential Unity of Shareholders and the Myth of Investor Short-Termism" (2010) 35 *Delaware Journal of Corporate Law* 97.

[238] J. Parkinson, *Corporate Power and Responsibility* (Oxford, Clarendon Press, 1993) at 92.

[239] R. Schiller, "Do Stock Prices Move too Much to be Justified by Subsequent Changes in Dividends?" in R. Schiller (ed), *Market Volatility* (Cambridge, Massachusetts, MIT Press, 1989) and referred to in S. Letza, X. Sun and J. Kirkbridge, "Shareholding Versus Stakeholding: a Critical Review of Corporate Governance" (2004) 12 *Corporate Governance: International Review* 242 at 249.

[240] H. Hu, "New Financial Products, the Modern Process of Financial Innovation and the Puzzle of Shareholder Welfare" (1991) 69 *Texas Law Review* 1273 at 1283.

[241] M. Jensen, "Value Maximisation, Stakeholder Theory and the Corporate Objective Function" (2001) 14 *Journal of Applied Corporate Finance* 8; A. Sundaram and A. Inkpen, "The Corporate Objective Revisited" (2004) 15 *Organization Science* 350 at 358; G. Dent, "Corporate Governance: Still Broke, No Fix in Sight" (2006) 31 *Journal of Corporation Law* 39 at 57.

[242] H. Hu, "New Financial Products, the Modern Process of Financial Innovation and the Puzzle of Shareholder Welfare" (1991) 69 *Texas Law Review* 1273 at 1285.

[243] See D. Millon, "Why is Corporate Management Obsessed With Quarterly Earnings And What Should Be Done About It?" (2002) 70 *George Washington Law Review* 890.

[244] R. E. Freeman, *Strategic Management* (Boston, Pitman/Ballinger, 1984) at 65; G. Starling, *The Changing Environment of Business: A Managerial Approach* (Boston, Kent Publishing, 1980) at 224.

[245] 企业致力于社会责任是否具有盈利性，关于这一点存在一些争议。参见 J. Brummer, *Corporate Responsibility and Legitimacy* (New York, Greenwood Press, 1991) at 128-132。

[246] See, g. Bainbridge, *The New Corporate Governance in Theory and Practice* (New York, Oxford University Press, 2008) at 50, 56.

[247] E. Orts, "The Complexity and Legitimacy of Corporate Law" (1993) 50 *Washington and Lee Law Review* 1565 at 1592.

[248] A. Kaufman and E. Englander, "A Team Production Model of Corporate Governance" (2005) 19 *Academy of Management Executive* 9 at 16.

[249] T. Smith, "The Efficient Norm for Corporate Law: A Neotraditional Interpretation of Fiduciary Duty" (1999) 98 *Michigan Law Review* 214. Taking such action obviously reduces risk. Also, see M. Blair, *Ownership and Control* (Washington DC, The Brookings Institute, 1995) at 229.

[250] H. Hu and B. Black, "Hedge Funds, Insiders, and the Decoupling of Economic and Voting Ownership: Empty Voting and Hidden (Morphable) Ownership" (2007) 13 *Journal of Corporate Finance* 343.

[251] "The Complexity and Legitimacy of Corporate Law" (1993) 50 *Washington and Lee Law Review* 1565 at 1591.

[252] L. LoPucki, "The Myth of the Residual Owner: An Empirical Study" (2004) 82 *Washington University Law Quarterly* 1341 at 1351-1352.

[253] R. Miller, "Ethical Challenges in Corporate-Shareholder and Investor Relations: Using the Value Exchange Model to Analyze and Respond" (1988) 7 *Journal of Business Ethics* 117 at 125; C. Loderer, L. Roth, U. Waelchli and P. Joerg, "Shareholder Value: Principles, Declarations, and Actions" 22 April 2009, European Corporate Governance Institute Finance Working Paper No 95/2006 (revised), at 13, and accessible at: ⟨http://papers.ssrn.com/sol3/papers.cfm?abstract_id=690044⟩ (last visited, 30 March 2010).

［254］S. Schwarcz，"Temporal Perspectives：Resolving the Conflict Between Current and Future Investors"（2005）89 *Minnesota Law Review* 1044.

［255］"Fictional Shareholders：For Whom are Corporate Managers Trustees Revisited"（1996）69 *Southern California Law Review* 1021 at 1026.

［256］Ibid at 1043.

［257］I. Lee，"Corporate Law，Profit Maximization and the'Responsible' Shareholder"（2005）10 *Stanford Journal of Law*，*Business and Finance* 31 at 46.

［258］D. Greenwood，"Fictional Shareholders：For Whom are Corporate Managers Trustees Revisited"（1996）69 *Southern California Law Review* 1021 at 1026.

［259］C. Loderer，L. Roth，U. Waelchli and P. Joerg，"Shareholder Value：Principles，Declarations，and Actions" April 22，2009，European Corporate Governance Institute Finance Working Paper No 95/2006（revised），at 19，and accessible at：〈http：//papers. ssrn. com/sol3/papers. cfm? abstract _ id＝690044〉（last visited，30 March 2010）.

［260］R. E. Freeman，A. Wicks and B. Parmar，"Stakeholder Theory and'The Corporate Objective Revisited'"（2004）15 *Organization Science* 364 at 366.

［261］"The Delaware Judiciary and the Meaning of Corporate Life and Corporate Law"（1990）68 *Texas Law*，*Review* 866 at 873.

［262］Ibid at 934.

［263］D. Wood，"Whom Should Business Serve?"（2002）14 *Australian Journal of Corporate Law* 1 at 13.

［264］M. Blair，"Directors' Duties in a Post-Enron World：Why Language Matters"（2003）38 *Wake Forest Law Review* 885 at 908.

［265］W. Allen，J. Jacobs and L. Strine，"The Great Takeover Debate：A Mediation on Bridging the Conceptual Divide"（2002）69 *University of Chicago Law Review* 1067 at 1083.

［266］R. E. Freeman，A. Wicks and B. Parmar，"Stakeholder Theory and'The Corporate Objective Revisited'"（2004）15 *Organization Science* 364 at 368.

［267］R. Miller，"Ethical Challenges in Corporate-Shareholder and Investor Relations：Using the Value Exchange Model to Analyze and Respond"（1988）7 *Journal of Business Ethics* 117 at 126.

［268］例如，Larry Mitchell 批判了股东价值最大化的整体理念："A Theoretical and Practical Framework for Enforcing Corporate Constituency Statutes"（1992）70 *Texas Law Review* 579 at 640。

［269］G. Kelly and J. Parkinson，"Tile Conceptual Foundations of the Company：a Pluralist Approach" in J. Parkinson，A. Gamble and G. Kelly（eds），*The Political*

Economy of the Company (Oxford, Hart Publishing, 2000) at 122; M. Blair and L. Stout, "Director Accountability and the Mediating Role of the Corporate Board" (2001) 79 *Washington University Law Quarterly* 403 at 404.

[270] G. Garvey and P. Swan, "The Economics of Corporate Governance: Beyond the Marshallian Firm" (1994) 1 *Journal of Corporate Finance* 139 at 140.

[271] M. Blair, *Ownership and Control* (Washington DC, The Brookings Institute, 1995) at 232.

[272] L. Zingales, "In Search of New Foundations" (2000) 55 *Journal of Finance* 1623 at 1632; M. Blair and L. Stout, "Specific Investment: Explaining Anomalies in Corporate Law" (2006) 31 *Journal of Corporation Law* 719 at 738.

[273] 一些特定投资一旦做出就很难撤出。

[274] G. Kelly and J. Parkinson, "The Conceptual Foundations of the Company: A Pluralist Approach" in J. Parkinson, A. Gamble and G. Kelly (eds), *The Political Economy of the Company* (Oxford, Hart Publishing, 2000), 131.

[275] M. Blair and L. Stout, "Director Accountability and the Mediating Role of the Corporate Board" (2001) 79 *Washington University Law Quarterly* 403 at 418.

[276] See M. O'Connor, "The Human Capital Era" (1993) 78 *Cornell Law Review* 899, 905–917.

[277] J. Fisch, "Measuring Efficiency in Corporate Law: The Rule of Shareholder Primacy" December 2005, Fordham Law Legal Studies, Working Paper No 105 at p28 and available at: ⟨http://ssrn.com/abstract=878391⟩ (last visited, 27 July 2009).

[278] L. Stout, "Bad and Not-So-Bad Arguments for Shareholder Primacy" (2002) 75 *South California Law Review* 1189 at 1193.

[279] I. McNeil, "Company Law Rules: An Assessment from the Perspective of Incomplete Contract Theory" (2001) 1 *Journal of Corporate Law Studies* 107 at 112 and referring to B. Holstrom and J. Tirole, "The Theory of the Firm" in R. Schmalensee and R. Willig (eds), *Handbook of Industrial Economics* (1989).

[280] I. McNeil, "Company Law Rules: An Assessment from the Perspective of Incomplete Contract Theory" (2001) 1 *Journal of Corporate Law Studies* 107 at 117.

[281] 换句话说，再多的深谋远虑也不够完美；再多的信息也不够完全。参见 O. Hart and J. Moore. "Foundations of Incomplete Contracts" (1999) 66 *Review of Economic Studies* 115。

[282] See, for example, K. Eggleston, E. Posner and R. Zeckhauser, "The Design and Interpretation of Contracts: Why Complexity Matters" (2001) 95 *North-*

western University Law Review 91.

［283］See，A. Keay，"Company Directors Behaving Poorly：Disciplinary Options for Shareholders"［2007］*Journal of Business Law* 656.

［284］"Does Shareholder Primacy Lead to a Decline in Managerial Accountability?"（2007）31 *Cambridge Journal of Economics* 507 at 508.

［285］*Automatic Self-Cleansing Filter Syndicate Co Ltd v Cuninghame*［1906］2 Ch 34.

［286］In November 2006，the chief executive officer of Deutsche Telekom，Kai-Uwe Ricke，resigned after intense pressure from investors（E. Judge，"Underfire leader quits Deutsche Telekom" *The Times*，November 13，2006）as did the chief executive of LogicaCMG in May 2007（D. Jordan，"Shareholder forces Logica chief to resign" *The Times*，28 May 2007）.

［287］在一些国家，如美国，股东的权力要比英国小一些，显而易见，他们的监控并非如此奏效。

［288］G. Garvey and P. Swan，"The Economics of Corporate Governance：Beyond the Marshallian Firm"（1994）1 *Journal of Corporate Finance* 139 at 146.

［289］B. Black and J. Coffee，"Hail Brittania? Institutional Investor Behavior Under Limited Regulation"（1994）92 *Michigan Law Review* 1999 at 2046.

［290］G. Garvey and P. Swan，"The Economics of Corporate Governance：Beyond the Marshallian Firm"（1994）1 *Journal of Corporate Finance* 139 at 146. Compare the view of Stephen Bainbridge："Director Primacy：The Means and Ends of Corporate Governance"（2003）97 *Northwestern University Law Review* 547 at 571.

［291］B. Black，"Shareholder Activism and Corporate Governance in the United States" Vol 3 *The New Palgrave Dictionary of Economics and Law* 459-460 at 462（1998）.

［292］For instance，in the UK see ss. 262 and 267 of the Companies Act 2008；in Australia，see s. 237 of the Corporations Act 2001.

［293］最近有一些关于机构投资者的例子，他们通过手中拥有的大量股票，可以对董事会施加压力：A. Keay，"Company Directors Behaving Poorly：Disciplinary Options for Shareholders"［2007］*Journal of Business Law* 656 at 667-670。

［294］L. Zingales，"In Search of New Foundations"（2000）55 *Journal of Finance* 1623 at 1632.

［295］M. Lipton and S. Rosenblum，"A New System of Corporate Governance：The Quinquenial Election of Directors"（1991）58 *University of Chicago Law Review* 187 at 188；R. Booth，"Stockholders，Stakeholders and Bagholders（or How

Investor Diversification Affects Fiduciary Duty)" (1998) 53 *The Business Lawyer* 429 at 440. For a more recent view, see L. Bebchuk, "The Myth of the Shareholder Franchise" (October 2005) and accessible at: 〈http: //papers. ssrn. com/sol3/papers. cfm? abstract _ id=829804〉

[296] J. Franks and C. Mayer, "Hostile Takeovers in the UK and the Correction of Managerial Failure" (1996) 40 *Journal of Financial Economics* 163.

[297] See I. Anabtawi, "Some Skepticism About Increasing Shareholder Power" (2006) 53 *University of California at Los Angles Law Review* 561 at 568.

[298] G. Garvey and P. Swan, "The Economics of Corporate Governance: Beyond the Marshallian Firm" (1994) 1 *Journal of Corporate Finance* 139 at 145.

[299] C. Brunner, "The Enduring Ambivalence of Corporate Law" (2008) 59 *Alabama Law Review* 1385 at 1410.

[300] M. Blair and L. Stout in "A Team Production Theory of Corporate Law" (1999) 85 *Virginia Law Review* 247 at 252.

[301] "The Dividend Puzzle: Are Shareholders Entitled to the Residual?" (2007) 32 *Journal of Corporation Law* 103.

[302] R. E. Freeman, *Strategic Management* (Boston, Pitman/Ballinger, 1984) at vi.

[303] F. Easterbrook and D. Fischel, "Voting in Corporate Law" (1983) 26 *Journal of Law and Economics* 395 at 396.

[304] "Fiduciary Duties as Residual Claims Obligations to Nonshareholder Constituencies From a Theory of the Firm Perspective" (1998) 84 *Cornell Law Review* 1266 at 1272.

[305] "In Search of New Foundations" (2000) 55 *Journal of Finance* 1623 at 1643.

[306] C. Loderer, L. Roth, U. Waelchli and P. Joerg, "Shareholder Value: Principles, Declarations, and Actions" April 22, 2009, European Corporate Governance Institute Finance Working Paper No 95/2006 (revised), and accessible at 〈http: //papers. ssrn. com/sol3/papers. cfm? abstract _ id=690044〉 (last visited, 30 March 2010).

[307] S. Wallman, "The Proper Interpretation of Corporate Constituency Statues and Formulation of Director Duties" (1991) 21 *Stetson Law Review* 163 at 176 - 177; M. Lipson and S. Rosenblum, "A New System of Corporate Governance: The Quinquennial Election of Directors" (1991) 58 *University of Chicago Law Review* 187 at 205 - 215; M. E. van der Weide, "Against Fiduciary Duties to Corporate Stakeholders" (1996) 21 *Delaware Journal of Corporate Law* 27 at 61.

［308］荷兰皇家壳牌石油公司（Royal Dutch Shell）曾在 2009 年 7 月利润亏损时进行过大量裁员：D. Robertson，"Shell cuts jobs as profits plunge 70%" *The Times*，30 July 2009。2009 年 10 月，由于利润锐减，壳牌石油再次大规模裁员：D. Robertson，"Anglo American cuts 15，000 jobs as profits dive" *The Times*，31 July 2009. Shell again made a substantial number of workers redundant in October 2009 as a reaction to a drop in profits：C. Mortished，"Shell to axe 5，000 jobs amid 73% profit fall" *The Times*，29 October 2009。

［309］C. Loderer，L. Roth，U. Waelchli and P. Joerg，"Shareholder Value：Principles，Declarations，and Actions" 22 April 2009，European Corporate Governance Institute-Finance Working Paper No 95/2005 at 6－8，and accessible at：〈http：//papers. ssrn. com/so13/papers. cfm? abstract _ id＝690044〉（last visited，30 March 2010）.

［310］Claudio Loderer，Lukas Roth，Urs Waelchli and Petra Joerg，"Shareholder Value：Principles，Declarations，and Actions" April 22，2009，European Corporate Governance Institute Finance Working Paper No 95/2005 at 33，and accessible at：〈http：//papers. ssrn. com/so13/papers. cfm? abstract _ id＝690044〉（last visited，30 March 2010）.

［311］K. Greenfield，"Saving the World With Corporate Law"（2008）57 *Emory Law Journal* 947 at 967.

［312］S. Wallman，"Understanding the Purpose of a Corporation：An Introduction"（1999）24 *Journal of Corporation Law* 807 at 812.

［313］D. Wood，"Whom Should Business Serve?"（2002）14 *Australian Journal of Corporate Law* 1 at 7.

［314］R. E. Freeman，A. Wicks and B. Parmar，"Stakeholder Theory and 'The Corporate Objective Revisited'"（2004）15 *Organization Science* 364 at 364.

［315］W. Allen，J. Jacobs and L. Strine，"The Great Takeover Debate：A Mediation on Bridging the Conceptual Divide"（2002）69 *University of Chicago Law Review* 1067 at 1083.

［316］B. Choudhury，"Serving Two Masters：Incorporate Social Responsibility into the Corporate Paradigm"（2009）11 *University of Pennsylvania Journal of Business Law* 631 at 655.

［317］D. Wood，"Whom Should Business Serve?"（2002）14 *Australian Journal of Corporate Law* 1 at 13.

［318］D. Greenwood，"Markets and Democracy：The Illegitimacy of Corporate Law"（2005）74 *University of Missouri at Kansas City Law Review* 41 at 50.

［319］L. Mitchell，"Groundwork of the Metaphysics of Corporate Law"（1993）

50 *Washington and Lee Law Review* 1477 at 1479.

[320] R. E. Freeman, A. Wicks and B. Parmar, "Stakeholder Theory and 'The Corporate Objective Revisited'" (2004) 15 *Organization Science* 364 at 367.

[321] E. Sternberg, *Just Business*, 2nd ed (Oxford, Oxford University Press, 2000).

[322] L. Dallas, "A Preliminary Inquiry into the Responsibility of Corporations and their Directors and Officers for Corporate Climate: The Psychology of Enron's Demise" (2003) 35 *Rutgers Law* Journal 1.

[323] See, M. Blair, "Directors' Duties in a Post-Enron World: Why Language Matters" (2003) 38 *Wake Forest Law Review* 885 at 907.

[324] See D. Walker, "Boardroom Behaviours" Institute of Chartered Secretaries and Administrators, June 2009 at para 2. 15.

[325] "The Trouble with Profit Maximization" [1960] *Harvard Business Review* 126 at 132.

[326] M. Jensen and W. Meckling, "Theory of the Firm: Managerial Behaviour, Agency Costs, and Ownership Structure" (1976) 3 *Journal of Financial Economics* 305.

[327] S. C. Myers "Determinants of Corporate Borrowing" (1977) 5 *Journal of Financial Economics* 147. Also, see, R. Stulz and H. Johnson, "An Analysis of Secured Debt" (1985) 14 *Journal of Financial Economics* 501; E. Berkovitch and E. H. Kim, "Financial Contracting and Leverage-induced Over-and Underinvestment Incentives," (1990) 45 *Journal of Finance* 765.

[328] T. Smith, "The Efficient Norm for Corporate Law: A Neotraditional Interpretation of Fiduciary Duty" (1999) 98 *Michigan Law Review* 214 at 220.

[329] J. Fisch, "Measuring Efficiency in Corporate Law: The Rule of Shareholder Primacy" December 2005, Fordham Law Legal Studies, Working Paper No 105 at p30 and available at 〈http: //ssrn. com/abstract=878391〉 (last visited, 27 July 2009).

[330 *Mills v Mills* (1938) 60 CLR 150, 164; *Re BSB Holdings Ltd* (*No2*) [1996] 1 BCLC 155, 246-249.

[331] M. McDaniel, "Bondholders and Stockholders" (1988) 13 *Journal of Corporation Law* 205 at 273; R. B. Campbell Jr, "Corporate Fiduciary Principles for the Post-Contractarian Era" (1996) 23 *Florida State University Law Review* 561 at 593.

[332] "Corporate Stakeholders: A Contractual Perspective" (1993) 43 *University of Toronto Law Review* 401 at 433.

[333] T. Smith, "The Efficient Norm for Corporate Law: A Neotraditional Interpretation of Fiduciary Duty" (1999) 98 *Michigan Law Review* 214 at 217.

[334] 204 Mich 459; 170 NW 668.

[335] At 683, 684.

[336] D. G. Smith, "The Shareholder Primacy Norm" (1998) 23 *Journal of Corporation Law* 277 at 279.

[337] Above at p. 66.

[338] For example, M. Lipton and S. Rosenblum, "A New System of Corporate Governance: The Quinquenial Election of Directors" (1991) 58 *University of Chicago Law Review* 187 at 195; P. Ireland, "Capitalism Without the Capitalist: The Joint Stock Company Share and the Emergence of the Modern Doctrine of Separate Corporate Personality" (1996) 17 *Legal History* 40; S. Worthington, "Shares and Shareholders: Property, Power and Entitlement (Part 1) (2001) 22 *The Company Lawyer* 258 and Part 2 (2001) 22 *The Company Lawyer* 307; L. Stout, "The Mythical Benefits of Shareholder Control" (2007) 93 *Virginia Law Review* 789 at 804.

[339] "The Mythology of Corporations" (1962) (Spring) *California Management Review* 58.

[340] R. Booth, "Who Owns a Corporation and Who Cares?" (2001) 77 *Chicago-Kent Law Review* 147 at 147.

[341] 与众多权威机构的观点背道而驰，维多利亚高级法庭的 Beach J (in *Re Humes Ltd* (1987) 5 ACLC 64 at 67) 认为：公司的资产属于股东。早些时候，哥伦比亚特区上诉法院 (*Med. Comm. For Human Rights v SEC* (1970) 432 F 2d 659 at 662) 认为：股东是公司资产拥有者，因而对影响他们自身的重要决策有控制权。最近，特拉华州高院在 *North American Catholic Education Programming Foundation Inc v Gheewalla* 930 A 2d 92 at 101 (2007) 案中指出：董事负有为股东利益而运营公司的法律责任。

[342] 343 US156 at 166 (1952).

[343] [1948] 1 KB 116 at122.

[344] (1837) 2 Y&C Ex 268.

[345] [1897] AC 22, HL.

[346] For example, see S. Bainbridge, "Director Primacy: The Means and Ends of Corporate Governance" (2003) 97 *Northwestern University Law Review* 547 at 565. Also, see S. Bainbridge, *The New Corporate Governance in Theory and Practice* (New York, Oxford University Press, 2008) at 27, 32.

[347] See S. Deakin and G. Slinger, "Hostile Takeover, Corporate Law and

Theory of the Firm" (1997) 24 *Journal of Law and Society* 124 at 126; M. Eisenberg, "The Conception That the Corporation is a Nexus of Contracts, and the Dual Nature of the Firm" (1999) 24 *Journal of Corporation Law* 819 at 825; D. Wood, "Whom Should Business Serve?" (2002) 14 *Australian Journal of Corporate Law* 1 at 10.

[348] M. Eisenberg, "The Conception That the Corporation is a Nexus of Contracts, and the Dual Nature of the Firm" (1999) 24 *Journal of Corporation Law* 819 at 825.

[349] S. Worthington, "Shares and Shareholders: Property, Power and Entitlement (Part 1) (2001) 22 *The Company Lawyer* 258 at 259.

[350] 事实上，Alan Goldman 将股东看作赌徒："Business Ethics, Utilities and Moral Rights" (1980) 9 *Philosophy and Public Affairs* 260 at 284。

[351] D. Li, "The Nature of Corporate Residual Equity Under the Equity Concept" (1960) 35 *The Accounting Review* 258 at 261.

[352] See *Isle of Wight Rly Co v Tahourdin* (1883) 25 Ch D 320 and referred to in S. Worthington, "Shares and Shareholders: Property" Power and Entitlement (Part 1) (2001) 22 *The Company Lawyer* 258 at 260.

[353] *Bligh v Brent* (1837) 2 Y & C Ex 268.

[354] P. Ireland, "Capitalism Without the Capitalist: The Joint Stock Company Share and the Emergence of the Modern Doctrine of Separate Corporate Personality" (1996) 17 *Journal of Legal History* 41. Also, see S. Worthington, "Shares and Shareholders: Property, Power and Entitlement (Part 1) (2001) 22 *The Company Lawyer* 258 at 259-261 for a useful discussion of the position of shares.

[355] *Automatic Self-Cleansing Filter Syndicate Co Ltd v Cuninghame* [1906] 2 Ch 34.

[356] D. Votaw, *Modern Corporations* (Englewood Cliffs, Prentice-Hall, 1965) at 96–97 and quoted in M. Blair, *Ownership and Control* (Washington DC, The Brookings Institute, 1995) at 224.

[357] "Private Property and Corporate Governance Part I: Defining the Interests" in F. Patfield (ed), *Perspectives on Company Law.* 1 (London, Kluwer Law International, 1995) at 94.

[358] M. Blair, *Ownership and Control* (Washington DC, The Brookings Institute, 1995) at 226.

[359] A. A. Berle and G. Means, *The Modern Corporation and Private Property* (New York, MacMillan, 1932) and quoted in L. May, "Corporate Property Rights" (1986) 5 *Journal of Business Ethics* 225 at 226.

［360］"Competing Concepts of the Corporation（a. k. a. Criteria? Just Say No)" UCLA Law and Economics Research Paper Series，Research Paper No 05-1，2005 at 13 and accessible at：〈http：//ssrn. com/abstract＝646821 〉（last visited，21 July 2009).

［361］A. Keay，"Company Directors Behaving Poorly：Disciplinary Options for Shareholders" ［2007］ *Journal of Business Law* 656.

［362］"An Economic Analysis of the Various Rationales for Making Shareholders the Exclusive Beneficiaries of Corporate Fiduciary Duties"（1991）21 *Stetson Law Review* 23 at 26.

［363］"Persons，Things and Corporations：The Corporate Personality Controversy and Comparative Corporate Governance"（1999）47 *American Journal of Comparative Law* 583.

［364］Ibid at 592.

［365］"Fiduciary Duties and the Shareholder-Management Relation：Or，What's Special About Shareholders?"（1994）4 *Business Ethics Quarterly* 393 at 395.

［366］L. Stout，"Bad and Not-So-Bad Arguments for Shareholder Primacy"（2002）75 *South California Law Review* 1189；C. Kelly，"History Begins：Shareholder Value，Accountability and the Virtuous State"（2009）60 *Northern Ireland Legal Quarterly* 35 at 37.

［367］"What is a Company For?"（1993）1 *Corporate Governance：International Review* 14 at 15.

［368］A. Goldman，"Business Ethics：Profits，Utilities and Moral Rights"（1980）9 *Philosophy and Public Affairs* 260 at 284.

［369］J. Boatright，"Fiduciary Duties and the Shareholder-Management Relation：Or，What's Special About Shareholders?"（1994）4 *Business Ethics Quarterly* 393 at 397.

［370］See，for example，*Lonrho Ltd v Shell Petroleum Co Ltd* ［1980］1 WLR 627 at 634（HL).

［371］See，for example，*United Teachers Associations Insurance Co v Mackeen and Bailey* 99 F 3d 645 at 650－651（5ᵗʰ Cir，1996).

［372］See，for example，*Brunninghausen v Glavanics* ［1999］NSWCA 199；（1999）17 ACLC 1247 at ［43］.

［373］*The Co-operative Game Theory of the Firm*（Oxford，Clarendon Press，1984）at 49.

［374］J. Boatright，"Fiduciary Duties and the Shareholder-Management Relation：Or，What's Special About Shareholders?"（1994）4 *Business Ethics Quarterly*

393 at 397.

〔375〕"Reconciling Shareholders" Rights and Corporate Responsibility: New Guidelines for Management "〔1978〕*Duke Law Journal* 840.

〔376〕See, A. Keay, "Enlightened Shareholder Value, the Reform of the Duties of Company Directors and the Corporate Objective" 〔2006〕*Lloyds Maritime and Commercial Law Quarterly* 335 at 341—346.

〔377〕R. Marens and A. Wicks, "Getting Real: Stakeholder Theory, Managerial Practice and the General Irrelevance of Fiduciary Duties Owed to Shareholders" (1999) 9 *Business Ethics Quarterly* 273 at 277.

〔378〕*Automatic Self-Cleansing Filter Syndicate Co Ltd v Cuninghame* 〔1906〕2 Ch 34. Also, see *Salmon v Quin & Axtens Ltd* 〔1900〕AC 442.

〔379〕D. Millon, "Theories of the Corporation" 〔1995〕*Duke Law Journal* 201 at 218.

〔380〕F. Easterbrook and D. Fischel, "Antitrust Suits by Targets of Tender Offers" (1982) 80 *Michigan Law Review* 1155 at 1156.

〔381〕J. Macey, *Corporate Governance* (Princeton, Princeton University Press, 2008) at vi.

〔382〕J. Fisch, "Measuring Efficiency in Corporate Law: The Rule of Shareholder Primacy" December 2005, Fordham Law Legal Studies, Working Paper No 105 at p29 and available at ⟨http: //ssrn. com/abstract=878391⟩ (last visited, 27 July 2009).

〔383〕J. Armour, B. Cheffins and D. Skeel, "Corporate Ownership Structure and the Evolution of Bankruptcy Law: Lessons from the United Kingdom" (2002) 55 *Vanderbilt Law Review* 1699 at 1750.

〔384〕C. Brancato and S. Rabimov, *The Conference Board*, 2008, Institutional Investment Report 6, 9, 20 and referred to in V. Ho, "'Enlightened Shareholder Value": Corporate Governance Beyond the Shareholder-Stakeholder Divide" abstract accessible at ⟨http: ssrn. com/abstract=1476116⟩ (last visited, on 10 December 2009).

〔385〕This power is provided in the UK by s. 168 of the Companies Act 2006. But, see A. Keay, "Company Directors Behaving Poorly: Disciplinary Options for Shareholders" 〔2007〕*Journal of Business Law* 656.

〔386〕"Shirking and Sharking: A Legal Theory of the Firm" (1998) 16 *Yale Law and Policy Review* 265 at 311.

〔387〕J. Boatright, "Fiduciary Duties and the Shareholder-Management Relation: Or, What's Special About Shareholders?" (1994) 4 *Business Ethics Quarterly*

393 at 396.

[388] Part 11 of the Companies Act 2006.

[389] This is discussed in Chapter 4 at p. 235.

[390] See A. Keay, *Company Directors' Responsibilities to Creditors* (Abingdon, Routledge/Cavendish, 2007) at 81-150.

[391] A. Sundaram and A. Inkpen, "The Corporate Objective Revisited" (2004) 15 *Organization Science* 350 at 358.

[392] 这与银行股东利益息息相关，英国的纳税人向来为他们买单。在 20 世纪 90 年代后期与 21 世纪初，他们获得了丰厚的利润。例如，在 2005 年，苏格兰皇家银行年终红利为 17%，2006 年为 22%，2007 年为 23% 〈http://www. investors. rbs. com/our _ performance/dividend. cfm〉 (Last visited, 7 June 2010)。而纽约梅隆银行 (bank of New York Meillon) 2009 年的分红锐减了 63% (Ben Steverman, "The Ever-Shrinking Bank Dividend" *Blomberg Businessweek*, 21 April 2009 and accessible at 〈http://www businessweek. com/investing/insights/blog/archives/2009/04/the _ ever-shrink html〉 (Last visited, 7 June 2010)。

[393] L. Johnson, "Individual and Collective Sovereignty in the Corporate Enterprise" (1992) 92 *Columbia Law Review* 2215 at 2224.

[394] T. Smith, "The Efficient Norm for Corporate Law: A Neotraditional Interpretation of Fiduciary Duty" (1999) 98 *Michigan Law Review* 214 at 217.

[395] *Pawns or Potentates: The Reality of America's Corporate Boards* (Boston, Massachusetts, Harvard Business School Press, 1989) at 38.

[396] "Whose Company is it? The Concept of Corporations in Japan and the West" (1995) 28 *Long Range Planning* 33 at 34. Also, see F. Allen and D. Gale, *Comparing Financial Systems* (Cambridge, Massachusetts, MIT Press, 2000) at 111.

[397] 此方法或许与 R. Mitchel, B. Agle 以及 D. Wood 的观点最吻合，"Toward a Theory of Stakeholder Identification Salience: Defining the Principle of Who and What Really Counts?" (1997) 22 *Academy of Management Review* 853。

[398] M. Jones, S. Marshall, R. Mitchell and I. M. Ramsay, "Company Directors' Views Regarding Stakeholders," Research Report, Faculty of Law, University of Melbourne and accessible at 〈http://cclsr. law. unimelb. edu. au/go/centre-activities/research/research-reports-and-research-papers/index/cfm〉 (last visited, 13 July 2009). Also, see M. Anderson et al, "Shareholder Primacy and Directors' Duties: An Australian Perspective" (2008) 8 *Journal of Corporate Law Studies* 161 at 166.

[399] M. Anderson et al, "Shareholder Primacy and Directors' Duties: An Aus-

tralian Perspective" (2008) 8 *Journal of Corporate Law Studies* 161 at 188.

[400] C. Loderer, L. Roth, U. Waelchli, and P. Joerg, "Shareholder Value: Principles, Declarations, and Actions" 22 April 2009, European Corporate Governance Institute Finance Working Paper No 95/2006 (revised), and accessible at ⟨http://papers.ssrn.com/sol3/papers.cfm? abstract_id=690044⟩ (last visited, 30 March 2010).

[401] Ibid.

[402] D. Schrader, "The Corporation and Profits" (1987) 6 *Journal of Business Ethics* 589 at 591.

[403] J. D. Heydon, "Directors' Duties and the Company's Interests" in P. Finn (ed), *Equity and Commercial Relationships* (Sydney, Law Book Co, 1987) at 134-135.

[404] E. Elhauge, "Sacrificing Corporate Profits in the Public Interest" (2005) 80 *New York University Law Review* 733 at 738. The learned professor argues this on the basis that if the discretion were taken away one would destroy the business judgment rule that is so critical to corporate law in the United States.

[405] Quoted in M. Blair, *Ownership and Control* (Washington DC, The Brookings Institute, 1995) at 212. It is also quoted in N. Craig Smith, *Morality and the Market* (London, Routledge, 1990) at 65 and referred to in J. Parkinson, *Corporate Power and Responsibility* (Oxford, Oxford University Press, 1993) at 494, although the date given in the latter is 1950.

[406] See Chapter 3.

[407] E. M. Dodd, "For Whom are Corporate Managers Trustees?" (1932) 45 *Harvard Law Review* 1145 at 1154.

[408] L. Preston and H. Sapienza, "Stakeholder Management and Corporate Performance" (1990) 19 *Journal of Behavioral Economics* 361.

[409] Referred to in E. Scholes and D. Clutterbuck, "Communication with Stakeholders: An Integrated Approach" (1998) 31 *Long Range Planning* 227 at 230.

[410] "Our Schizophrenic Conception of the Business Corporation" (1992) 14 *Cardozo Law Review* 261 at 271.

[411] G. Donaldson, "The Corporate Restructuring of the 1980s-and its Impact for the 1990s" (1994) 6 *Journal of Applied Corporate Finance* 55 at 65.

[412] *Report of the Committee on Corporate Governance*, 1998 at para 1.17 and quoted in S. Wheeler, "Fraser and the Politics of Corporate Governance" (1999) *Journal of Law and Society* 241 at 242.

［413］"Shareholder Value: Touchstone of Managerial Capitalism" (1991) *Harvard Business Review* 141 at 142 (November-December).

［414］E. Judge, "NTL open to offer as customers drop off *The Times*, 9 August 2006.

［415］"Creating Shareholder Value and Corporate Responsibility: Competing Goals?" 2006, and referred to in C. Kelly, "History Begins: Shareholder Value, Accountability and the Virtuous State" (2009) 60 *Northern Ireland Legal Quarterly* 35 at 41.

［416］C. Mortished, "Shell to axe 5, 000 jobs amid 73% profit fall" *The Times*, 29 October 2009.

［417］N. Daniel, D. Denis and L. Naveen, "Do Firms Manage Earnings to Meet Dividend Thresholds?" (2008) 45 *Journal of Accounting and Economics* 2 at 2 and referring to A. Brav, J. Graham, C. Harvey and R. Michaely, " Payout Policy in the 21st Century" (2005) 77 *Journal of Financial Economics* 483. Also, see J. Lintner, "Distribution of Incomes of Corporations Among Dividends, Retained Earnings, and Taxes" (1956) 46 *American Economic Review* 97.

［418］*The Constitutional Corporation* (Aldershot, Ashgate, 2007) at 8.

［419］D. G. Smith, "The Shareholder Primacy Norm" (1998) 23 *Journal of Corporation Law* 277 at 323.

第 *3* 章　利益相关者理论

3.1　引言

　　现在我们来介绍有关公司目标的第二个重要理论——利益相关者理论（也被称为利益相关者模式、利益相关者框架或者利益相关者管理[1]）。很多欧洲大陆和东亚的国家都在公司法的运行中广泛地采用了这种模式，其中德国和日本的模式通常被认为是最好的例证。

　　非常明显，在公司的运营中，并非仅有股东对公司做出贡献。与此同时，还有另外一些群体会受公司行为的影响。在构建公司规范性目标时，是应该仅仅考虑股东的利益还是考虑利益相关者的利益？抑或是对两者的利益都要加以重视？有学者把对公司投资的个人和团体视作利益相关者；[2]而其他的学者则认为利益相关者应该是那些受公司影响或可能受其影响的人或团体。为了与该理论相关文献中的主要观点保持一致，本章将受公司影响的个人或团体视为利益相关者；但之后的章节更倾向于至少将这些个人和团体中的一部分视为投资者。在现实中，一些公司的利益相关者既没有受到合同的保护也没有受到诚信义务的保护。有争议认为，公司董事在管理公司事务时，利益相关者利益值得纳入其考虑之内。就上市公司而言，有人宣称，公司事务涉及广泛的公众关注，影响诸多人的生活及切身利益，因此公司再也不能仅仅为了维护股东单方利益而运营。[3]

　　关于公司的目标，有几种研究方法属于对利益相关者的研究。需要特别注意的是在过去的 20 年里，社群主义（或渐进式理论）和多元理论开始受到公司法的青睐。这些理论被各个领域引用和参考，但本章主要研究重点是"利益相关者理论"。这可能引起人们的猜想，认为这种理论只有一种形式，实际上绝非如此。对于任何理论而言，这种现象都绝非偶然，股东利益至上理论即为一例。曾有人认为，利益相关者理论是一种流派而非一种基本理论。[4]我在此的意图是只讨论利益相关者理论的主要部分，这部分系多数学者所持的观点；而无意覆盖该理论的所有观点，无论这些观点对该理论的发展是否产生过影响。[5]在某些迥异不同的观点中，还有些被视为对这一理论具有批判性质。下面的这一论述便在某种程度上有着这样的意味："（该领域的文献造成的）结果，导致学者对利益相关者与公司目标的解释变得格外困难，因为二者本来就缺乏共同之处。这些文献不仅没有使其清晰化，反而使之更加晦涩难懂。这种情形导致该理论在实际中的应用即使并非不可能，也颇不合常理。"[6]

　　我们更加关注利益相关者理论的原因，在于全球化；目前，公司皆在全球范围内为成功而竞争，在这一日益激烈的竞争形势下，吸引和维系供应厂商和消费者已经成为公司显而易见的需求。[7]而且，在肯定利益相关者对现代公司施加影响力这一方面，全球化起到了至关重要的作用。[8]一些评论者也指出，深谙世事的消费者和得到授权的雇员队伍的壮大使得利益相关者理论在公司中越来越举足轻重。[9]最终，目前的社会变得更关注公司对于社区的影响，[10]同时对于公司行为对环境和社区的影响，公众也开始从道德层面来审视。[11]

　　本章将以对利益相关者理论遵循的基本原理的阐述开篇。接着探讨关于支持该理论成立的论辩。当然，在此之前，会论及一些驳斥该理论的主要观点。如同上一章股东利益至上理论，本章不可能穷尽与利益相关者理论相关的所有问题，亦不能对所有的文献资料都加以评论，因为文献浩如烟海。如上所述，那些能够将其自身置于利益相关者群体中思考的人，想法之多不计其数，所以这里主要考虑探讨的仅仅是那些大多数学者和该理论的践行者所持的观点。利益相关是一个宽泛的概念。至今，学者认为仍有一些尚未解释或解释得不够充分的问题；同时，该理论也随着学者力图提出的问题而得以发展。这一过程的实现，总是通过

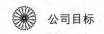

与股东利益至上理论带来的影响博弈而来。

3.2　何谓利益相关者理论

　　显然，利益相关者理论是一个意图为我们解释公司目标的理论。[12]
这是关于组织管理和道德规范的理论，由于越来越多的学者对该理论各
个层面进行阐述，并敢于面对存在的问题，最终使得该理论不断进化。
在清楚阐释基本理论之前，我们应该先要了解该理论的三种研究方向
（有学者认为是四种）：规范性、描述性和工具性。规范性是从道德层面
给予解释，研究被划分为利益相关者的群体应该受到何种待遇。这种原
理认为利益相关者应被视为"目的"而不是"手段"。这一群体对公司
具有潜在的固有价值，而他们在公司事务管理过程中也毫无疑问应该享
有合乎该价值的待遇。[13]这属于合法性的诉求，其核心观点与股东利益
至上理论有着明显的分歧。[14]描述性方向是指该理论是用来解释公司特
定行为的。而工具性方向提供了一种框架，该框架可以用来考察利益
相关者管理的实践和公司业绩之间的关系，它涉及探究利益相关者主
义如何提高公司效率以取得成功。还有一些评论员支持该理论有第四
个研究方向，即聚合研究法，它结合了规范性和工具性两方面的
内容。[15]

　　毫无疑问，该理论的核心是规范性。[16]本章将会着眼于规范性的方
向，但也会就工具性方向某些争议性问题给予简要探讨。后者倾向于提
供一种研究方法，该方法接近在公司治理（corporate governance）中私
人所有制的英美思维模式，但是尽管该方法并不提倡从所有权中脱离出
来，它也确实声称重点并不应该放在股东的独有权上，因为其他利益相
关者也能够主张自己的所有权。[17] Andrew Campbell 如此评论，"我之
所以支持利益相关者理论，并不是来自于左翼的衡平原因，而是因为我
相信该理论可以用来理解商业活动中该如何赚钱的基本原理"，[18]这也
许可以在某种程度上用来理解为什么一些学者对于工具性方向大为
支持。

　　利益相关者理论指明了在公司事务中存在众多相竞争的利益团体，
利益相关者只是其中一分子。概括地说，利益相关者研究方法应当以某

一概念为前提，这一概念即社会、经济和政治视角都是有价值的，而且该理论着眼于激发所有贡献者的全部潜能。利益相关者主义的理念是，"所有的参与人为共同的目标、共享收益而一起工作，'选择参加'商业项目"，[19] 而且所有为公司贡献重要资源的人都应该受益。所以，该理论坚持的观点是公司致力于为所有利益相关者创造价值，而不是为股东创造价值（公司和股东是相互独立的）。而且，利益相关者理论的基本原则在于，对组织进行管理以使利益相关者受益，并对其负责。[20] 利益相关者理论认为，公司的目的是提供一个工具，以协调利益相关者的利益。[21] 利益相关者未必拥有完全一致的利益，但是他们的确享有很多共同的利益。[22] 该理论关注的是外部性对股份制企业的参与者所带来的损害。[23] 此处的外部性是指管理者为股东外化成本和保持收益的实践活动。[24]

　　根据这一倡导理论，从广义上讲，公司管理者的职责是为所有的行为人创造最优价值，这些人可能是能够影响公司决策或是受公司决策影响的人。[25] 有观点认为，那些能够影响或者受公司影响的是利益相关者，而且所有的利益相关者在股份制企业的成就中都起着至关重要的作用。因而，他们有权被视为目的而不是达到目的的一种手段（即他们并非仅仅用来使公司长远受益，他们的利益是公司的目标之一）。[26] 因此，管理者有必要去平衡所有（一些人会把"所有"限制为"主要"[27]）利益相关者的利益，当管理者在作出任何决策的时候，这些决策都有一个目标，这个目标是使公司成为利益相关者及时实现利益最大化的地方。[28] 该理论将董事的角色视为在多样的利益相关者中扮演的调停者。[29] 这便将他们的职责和平衡利益相关者的利益相捆绑。平衡涉及"当参与者的不同利益在组织运营中发生冲突并提出诉求时，评定、权衡和解决这些矛盾"，[30] 这是利益相关者理论中的一个关键部分。在利益平衡过程中，管理者应该注意，尽管所有的利益相关者可能被视为平等的，但并非他们所有的诉求和利益在任何特定情况下都相互平等，或互有关联。在事实已确定的情况下，管理者制定决策的结果，以及何人从公司产出中获得什么都应遵循能力主义（meritocracy）原则，也就是利益相关者到底为公司做了什么贡献。[31] 管理者应该与利益相关者在共事中相互尊重，明确利益相关者的想法，以避免进行单方的管理。[32]

与公司存在利害关系的通常包括消费者、供应商、债权人、股东、出借人、雇员、税务机关以及所在社区等。这些群体的权利一定要予以考虑。而且，在某种程度上，这些群体一定要参与实质上能够影响他们福利的决策。[33]不仅所有利益相关者的利益必须予以考虑，而且该理论并不赞同某一利益相关者群体的利益相对于其他群体具有优先权。只有当行为能够改善最有需求的利益相关者的情况时，某种存在于利益相关者中的不平等才会被接受。[34]管理者有义务透明地、诚实地对待所有的利益相关者，[35]并且扪心自问：利益相关者对我们思忖的决策有何看法？接着他们还要考虑，哪些利益相关者必须得到保障，哪些需求需要关注，哪些不需要。[36]

利益相关者的概念涉及那些与公司存在利害关系的人或团体。利害关系"是指一种主张或实际利益、要求或权利、法律或道德，或是某企业的所有权股份"。[37]它是指某些人的某些事物会因公司行为而置于风险之中。[38]

利益相关者的概念意味着合法性，对于那些能够被归类为利益相关者的人来说，管理者为其花费时间和资源是正当合法的。[39] William Evan 和 R. Edward Freeman 试图扩展对利益相关者的承认范围，他们将对公司在道德上具有有效索取权的人或团体也纳为利益相关者。因此，比起之前已经得到认可的群体来说，这一观点覆盖了更多的利益相关者。[40]关键是公司必须"以某一行动导向的方式来管理有特定利益相关者群体涉入的公司关系"。[41]这就使董事要注意考虑其决策可能给利益相关者带来的影响。[42]但据上面所述，老套地说，没有哪一方利益相关者可以享有优先权。利益相关者理论之所以吸引了如此多的人，是因为它被说成是某一"驯服""资本主义较为严苛的层面"的事物。[43]该理论主张在公司经营中，除赚钱之外，还有更多需要关注的东西。并且它试图确保管理者的视角更为宽广。[44] Lisa Fairfax 对全美《财富》前100 的公司文件的研究发现，仅有两家公司没有利益相关者这一字眼，[45]于是可以从中总结出，公司这样做是为了抵消在追求股东财富最大化时随之而来的消极感受，尤其是在金融危机时期。利益相关者理论已经塑造了这样的形象，即其可以纠正公司管理中过度的股东利益至上引起的错误，如安然公司和世界通讯公司。它已经成为"做到这一点的特定词汇和方法论，因为通过对社会责任这一被动概念的解释，利益相关者概念有能力满足这一目标的实现，成为可行的方法论"。[46]

可以肯定地说，自 19 世纪以来，利益相关者理论与股东利益至上理论的发展状况相同，该理论的优势地位随着经济和社会的发展状况而沉浮不定。正如人们所预料的那样，在公司发展历史的整个过程中，该理论并非一直保持不变。利益相关者的概念大体可以追溯到 1916 年 J. Maurice Clark 的一篇文章。[47] 不过，被视为第一位开发利益相关者概念的则是 Marry Parker Follett，她在 1918 年的文章中曾提到这个概念，但并未使用这一术语。[48] 在 E. Merrick Dodd 20 世纪 30 年代早期的作品中也能看到该理论。而且该理论的某种形式（指的是良性管理模型[49]）也得到了专业学者的运用，像 20 世纪 50 年代的 Edward Mason[50] 和 Carl Kaysen[51]。而且，该理论在 20 世纪 30—50 年代这一时期，被很多成功的美国公司（它们在文献中记载了利益相关者管理方法的采用）所实践；[52] 该理论的发展通常可以追溯到 R. Edward Freeman 和尤其是他的一部颇具影响力的著作——1984 年的《战略管理：利益相关者方法》（*Strategic Management：A Stakeholder Approach*）。[53] 当然，在许多年内，利益相关者理论在更广阔的社会背景中，一直被几位理论家引用，甚至可以追溯到 17 世纪[54] 的德国社会学家 Johannes Althusius 的作品。利益相关者理论的初期形式自工业主义到来之后便存在了。[55] 在 20 世纪 80 年代早期，Freeman 就已经为经营管理的再思考而呐喊。他对 20 世纪 70 年代就已经堪称卓越的经济理论提出不同观点，并声称在这一时期之前，该理论就已经过时了。[56] 尽管多年已经过去，我们今日仍然看到了一种强健而切实可行的利益相关者理论，批评者往往聚焦该理论的某些内容，对于这一问题我们随后探讨。

从 Freeman 1984 年的重要著作中可以看出他的观点，即在公司中不仅仅只有股东投资，作出投资的还涉及利益相关者[57] 或是团体。这些利益相关者中的某些人缺乏合同保护，而且他们的利益值得董事在管理公司和做出决策时予以考虑。所以，利益相关者理论拒绝接受某一单一目标最大化的理念，如把所有的关注点都集中于使股东财富最大化的股东利益至上理论。作为一个规范性论点，利益相关者理论坚持认为，公司中许多不同群体和人们的诉求具有合法性，而且这也证明了贯彻该理论的合理性。[58] 也就是说，该理论以下理念为前提，即除股东之外，其他群体对于公司的财产有诉求是因为他们对公司的资产有所贡献。[59] Freeman 认为，公司很有必要去识别公司的利益相关者，因为他们也是公司利益的一部分。[60]

识别谁是公司的利益相关者并不简单，而是非常棘手的问题。许多用于识别利益相关者的方法得到采用。在 1963—1995 年间，关于利益相关者的定义共有 28 种。[61]作为利益相关者理论的主要倡导者，Max Clarkson 采用了一种狭义的定义，即那些"在公司中，因投资了某些有价值的人力或资金形式的资本，而承担某些形式的风险"的人，[62] Clarkson 所采纳的方法受到相当多的评论员的支持。[63]很多评论员对于主要的（内部的或内在的）利益相关者和次要的（外部的或外在的）利益相关者进行了区分，并将焦点集中于前者身上。与公司有着正式官方的或者合同关系的人通常被公司视为主要的利益相关者，如果没有他们，公司就不可能运转下去。许多利益相关者理论家认为，共存在五种内部的或主要的利益相关者，即融资人、消费者、供应商、雇员以及股东，有时可能还会加上社区。这些利益相关者将会在不同时期享有优先权，并且这些优先权必须得到持续满足。Clarkson 的定义里所说的利益相关者无疑是指这些。在很大程度上，公司和这些利益相关者相互依赖程度较高。次要的利益相关者是指那些未曾与公司有过交易的群体，比如社区和媒体，但它们是能够对公司施加影响，其利益也许会时不时地导致公司必须限制某种特定行为。[64]其他相关争论包括，部分人不认为这些与公司未曾有过交易的群体可以视为利益相关者，因为它们与公司并无价值交换，[65]另一些人之所以否认这些群体是利益相关者，是因为这些群体在公司中并没有经济利益。[66]通常认为存在六种外部的或次要的利益相关者：政府、环境论者、非政府组织、评论家、媒体以及其他。[67]

Archie Carroll 将利益相关者划分为三个类别，即所有权人、在公司有某种权利或对公司有诉求者（可以是法律上或道德上的）、对公司业务产品可以主张某种利益者。[68]一些理论家将那些仅仅影响公司的与那些真正的利益相关者加以区分，[69]下面所述的是通常被大多数作者所识别的以及被大多数学者所接受的作为利益相关者的人或群体：雇员、股东、供应商、金融机构、出借人、一般债权人、消费者、当地社区、地方和国家政府以及环境。当然，某些种类的人群可能拥有若干重复的利益，而且可能既是主要利益相关者又是次要利益相关者。例如，雇员可能在其公司持有股票，从其公司购买产品，而且住在该公司工厂或办公场地所处的社区。

股东利益至上原则关注效率，利益相关者理论则不同，它还包含许多其他价值，即使没有，必要时可拒绝效率。信任的价值在该理论中是一个重要的要素。公司保护信任，尤其是主要利益相关者群体的合作是至关重要的。[70]信任的存在意味着刻意的合同没有了签订的必要。就像Janice Dean 所说的："有关信任的决定，在商业或是其他地方，都集中于人际期望，乐于接受暂时的弱点和对伙伴行为的乐观主义。"[71]利益相关者理论家对信任会使声望增强有争议。这也意味着如果与利益相关者利益相左的行为受到考虑，那么管理者就要解释一下该行为背后的想法及后果。该理论对于价值的强调，比如信任，意味着利益相关者的参与不能被定价。

公司条款中应有相关规则以确保利益相关者之间的关系得到公正处理，而且这些规则必须得到利益相关者的认可。[72]一些人接受了该观点且进一步据理力争，称在公司中应该存在一个专为利益相关者负责的董事会，[73]所以，不仅仅只有股东应该去给这些董事投票。Kent Greenfield 主张，董事会制定决策的最好方式是使所有重要利益相关者参与该决策。资深评论员承认这种机制具有难度，但也认为这样可以使得雇员、重要员工所在社区、长期的商业伙伴及债权人被代表。[74]后面我们将会再次谈到这一点。至于董事，在这样的体系中，被认为是利益相关者利益的受托人，他们应关注公司的长远未来，[75]事无巨细考虑所管理的事物。

为使该理论得到人们的认真对待，Dean 建议下列考虑了利益相关者的适当的立法条款：

> 股份有限公司董事的行为或是决策，须为了消费者、雇员、股东的利益，促进公司的发展；同时，也应适当考虑公司的运行可能对环境和社区所产生的影响。股份有限公司的董事应当给予适当考虑的利益包括：
>
> ● 规定为消费者提供安全有效的商品及高品质、价格公道的服务。
>
> ● 规定为雇员提供公平报酬，保障为其提供合理机会，以使管理层能够知悉雇员在公司工作中的利益主张，为其晋升和发展技能

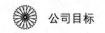

提供机会。

● 规定为股东的投资提供合理回报，鼓励其在公司继续投资。

● 规定如何保障重要的生意伙伴（商品和服务的供应商）关系，维系有利于双方利益的持续合作。

● 规定与项目相关的社区可实行监管，以使公司经营对环境影响达到最小化，并增强公司行为对其周边环境的责任。[76]

Dean 建议的诸多方面可以在英国《2006 年公司法》第 172 条中看到。[77]

根据某些理论家的观点，该理论建立在公平之上，公平主义认为，为公司提供资源的人有权因其投资获得回报。[78] Robert Philips 这样解释：

> 无论何时，当个人或群体主动接纳合作的互惠计划，且该合作要求参与者作出牺牲或贡献时，则必然存在搭便车的可能，这时，参与人就会创制公平责任，根据合作计划中的利益多少来承担相应责任。[79]

Philips 认为商业交易也可以包含于合作计划的概念中，而且他也接受这样的观点，把某人看做利益相关者并无必要征得其同意。[80]他认为公平原则可以把业务关系重新定义为合作性的关系，而非对抗性的。[81]他辩称，该方法可能为利益相关者之间的冲突状况找到解决方案。

其他学者则依据不同的道德基础来探究这一理论。例如，Evan 和 Freeman 依赖社会契约论，以康德哲学的基础来建立其观点。[82]这将在之后进行探讨。他们同时也争辩，利益相关者在罗尔斯主义（Rawl-sian）无知的面纱背后以理性的方式做出了谨慎的考虑，采用公平合同原则，并依此原则管理所有的利益相关者。[83]另一位学者，Antonio Ar-gandona 则这样认为，该理论可以建立于共同利益（common good）的概念之上。[84]共同利益须设定某些条件，以使那些与公司相关的人实现其个人目标。[85] Thomas Donaldson 和 Lee Preston 则建议该理论基础应该建立在产权之上，并提出利益相关者的权利能够与股东相竞争的理念。[86]还有一种理论基础认为，如果管理者未能考虑利益相关者的利益，就会对后者的人权造成破坏。[87]显然，这些辩解理由仅适用于那些主要的利益相关者，他们与公司有着正式的、官方的或是合同上的关系。

利益相关者理论与股东价值和社群主义不同，后两者都将经济和道德分离开来，而利益相关者理论则同时包含经济和道德，因为该理论被作为将商业伦理转化为管理实践和策略的基础。[88]这种根据股东利益至上理论进行的分离，以及对公司单一目标的集中意味着股东价值提供了一条狭窄的路径，该路径"无法公平对待人类活动，即创造价值和交易，例如商业"。[89]经济学和伦理学之间的关系总是一如往常地模糊不清，[90]而利益相关者理论则试图将这二者结合起来。[91]某些利益相关者理论家甚至接受某种将利益相关者视为委托人的代理理论。[92]此外，尽管公司合约集束理论（nexus of contracts metaphor）通常与股东利益至上理论联系在一起，部分持有利益相关者理论观点的人也接受了这种比喻，因为他们相信所有公司成员都是该关系连接点中的一部分，这些人都应该处于平等地位。[93]然而，在大多数公司中，某些通常被认为是利益相关者的群体，比如供应商和消费者，在这种理论之下却不能被视为公司的一部分，尽管这一点极具争议。[94]

根据该理论，公司应该为向利益相关者披露适合公开的信息做准备，而且后者应该受到前者鼓励而参与到公司生活中去。[95]然而，尽管理论家经常将研究重点放在利益相关者和（由管理者所代表的）公司之间的关系上，他们同时也强调，利益相关者彼此之间的确相互作用、相互影响。

正如前面曾提到的，该理论除了关心对公司决策的结果有影响力的人，也关注在公司的决策制定过程中有发言权的人；[96]所以一些理论家对名义上为了多种利益相关者的利益而出现在董事会中的机构代表提出质疑，[97]这一点被多元理论的议程所热衷。尽管二元董事会的公司制度中，通常设有雇员代表，不过也有人指出，丹麦、瑞典和卢森堡的一元董事会公司也有雇员代表。[98]

最终，尽管鲜有理论家对于该如何看待公司性质达成一致观点，因为他们更加关注公司如何运转这个问题，但是，可以这样说，许多理论家将会赞成 Ayuso 等的观点："公司是一个由政治和法律程序构成的、以某种社会实体形式出现的、为了追逐包括公众责任的目标集合的公共组织。"[99]

 公司目标

3.3 基本原理及支撑论据

一些人持有这样的观点，股东利益至上理论实际上损害了非股东利益相关者的利益，而这一观点为以下合法要求建立了基础，即在公司事务的管理中，这些利益相关者的利益应给予考虑并受到保护。[100]但是，理论家也提出了关于利益相关者理论的其他原理。其中一个经典论述大概是由 Freeman 及其合著者提出的，支持该理论的基本原理如下：

> 商业是指共同做成一笔交易，以使供应商、消费者、雇员、社区、管理者和股东在一段时间内可以连续获利。简而言之，在某种程度上，利益相关者的利益不得不被联结在一起——他们必须往同一方向旅行——除非退出，新的合作关系形成。[101]

这里有两个要点。第一，一家公司需要大量的投资者以确保公司能生存并茁壮成长。如果董事不考虑其他利益相关者，那么这些人和群体也将不会对公司承担责任或放弃义务，如此便可能导致这些投资者撤回投资或者在公司需要他们时，不再愿意支持公司。所有的这些都可能会影响公司业绩与财富，从而不能为社会增加财富。

第二，如果公司以此方式运行，对每个人而言都属于最佳的交易，因为这种方式会为利益相关者创造出更多的价值。[102]股东价值提倡者们所言事物与利益相关者相似，但采取方式不同。利益相关者理论流派似乎认为，考虑所有利益相关者利益而非仅追求股东利益至上的做法无疑显得更加合理、更加有益。如果公司需要繁荣发展，则必须为股东提供有竞争力的回报、为获得利润而满足消费者、聘用并激励优秀雇员、与供应商建立良好关系。[103]同时他们也主张，利益相关者理论是一种工具，一旦公司使利益相关者的凝聚力不再存在，公司将不会具有竞争力。了解这一点，将使得公司的效率、盈利能力、竞争能力以及经济上的成功皆能够得以提升。[104]大型矿业公司必和必拓（BHB Billiton）已经承认了这一点，并且声称，它通过探寻新的方式去接近并与关键利益相关者建立关系，以此为公司提供竞争力优势。[105]

该理论规定，如果利益相关者的利益大体上能够得到关注，则该利益相关者便会表现出忠实的一面，股东反而会比实施股东利益最大化原

则时受益更多，因为公司会因利益相关者获益，并且会生产出更为巨大的社会财富。[106]然而，许多股东利益至上理论理论家则辩称，股东利益须为首选，否则公司将无法繁荣。而实际上问题只是利益相关者的利益应该被考虑到何种程度，以及当股东与其他利益相关者的利益发生冲突时将会出现什么情况。股东利益至上理论会认为股东利益理所当然地应该优先考虑，而利益相关者理论可能会认为这须取决于诸多因素，并需要在诸多因素中进行平衡。Dean 对此是这样阐述的："如果董事会必须要考虑所有利益相关者的利益，并且法律对董事的期待标准有更为明晰的定义，则整体状况就会变得更为简单。"[107]她对此给出的理由是，这将会提升公司的声誉，也会使他人感受到该公司的运营有自己的原则，值得信赖。Dean 断言所有这一切会使每一个参与者受益。[108]如果管理者在公司运营中考虑了利益相关者的利益，且利益相关者将会得到回报，则这些利益相关者在和公司做交易时可能会愿意"多付出一些"。[109]雇员在劳动时可能会奉献更多的时间和精力；供应商可能会愿意提供更小批量的货物，这样做会给公司带来边际效益；而消费者也会在公司困难时期保持忠诚。

除了依赖利益相关者对公司的参与需求，Freeman 和 Philips 为该理论辩护的基础还包括利益相关者拥有他们对公司所做投资的产权，因而值得保护。例如，供应商拥有其为公司供应的物资的产权。[110]其依据是除股东之外的利益相关者群体对公司的财产和利润有索取权，因为他们对公司的资产有所贡献；[111]他们对公司投资也承担了风险。而且利益相关者向公司提供的常常是稳定的专用投资。例如，雇员对公司投资是他们接受的专业培训——这种培训可能在其他地方根本不会用到；供应商可能提供某种专业机械设备以便公司生产特殊产品，这些机械设备很可能无法用于供应商以后的业务。

如果把产权的概念暂且搁置一旁，会发现很多人会基于其他理由而对利益相关者给予保护。这一点在第 2 章已经有所提及，非股东利益相关人可以说是受到合同保护的，但对该说法的驳斥论点在于大多数利益相关者无法在平等基础上进行谈判。所以，为利益相关者提供保护的规范基础（normative foundation）在于，它能够确保合同条款之上或之外的人们的合理期待都得到满足。[112]利益相关者参与公司事务本身就意味着某种默示承诺——董事须考虑利益相关者的利益。这便是在该问题上

所表现出来的社会契约论的形式。

从效率角度的观点来看，管理者在一般情况下与利益相关者没有任何实际的个人联系或纽带，但他们与许多被视为利益相关者的人都有联系。[113]如果管理者能够运用利益相关者理论，那么他们会将工作做得更好。管理者定期要处理的事务包括：与雇员沟通怎样完成工作以及洽谈工作条件问题；与供应商处理货物运输问题或订购的非运送性货物问题；应对对公司在市场所售货物进行抱怨的消费者；与当地社区就企业公民应该做什么或不该做什么的问题进行沟通。如果公司管理者采纳利益相关者理论，他们就能够切实考虑利益相关者提出的问题，并且很多情况证明他们的确为利益相关者利益做出了考虑。因此，管理者会获得利益相关者的尊重和信任；更为重要的是，管理者可以更好、更有效率地完成工作。

现代公司的运转会导致某种相互依赖关系，这种依赖关系涉及公司应当给予合理关注的诸多群体。[114]如果这些群体的合理期待未能得到满足，那么公司长期盈利能力将会受影响，因此该理论关心的是公司的长期利益。考虑所有利益相关者的利益就认可了参与公司的群体之间的相互依赖，并可能预先制止利益相关者之间自私的竞争行为。[115]当利益相关者之间的冲突无法避免时，管理者将会采取行动，以使无论利益相关者遭受任何损失都会得到补偿。[116]

利益相关者理论否定使单一目标最大化的理念已广为知晓。作为一个规范性命题，该理论坚持认为许多群体和个人对公司的请求都具有合法性，这一点证实了实施该理论的合法性。[117]而且也有论断声称："公司的经济及社会目标在于为所有主要利益相关者群体创造、分配财富及价值，不是以牺牲其他人为代价而使某一群体单独受益。"[118]和股东利益至上理论相比，该理论主张利益相关者群体中没有哪一群体在其他群体之上享有首要优先权，[119]因为没有哪一群体有充分理由证明这一点。[120] Donaldson 和 Preston 曾说过，"利益相关者中每个群体的利益都值得考虑，而且这种考虑绝不仅仅是因为该群体具有增进某些群体（比如股东）的利益的能力。"[121]股东利益至上理论与利益相关者理论不同，前者把利益相关者当作手段来对待，后者则认为利益相关者应该被视为目的。该理论的追随者提倡个人自治以及社会所有成员的公平正义概念。[122]但该理论坚持所有利益相关者的平等性，因为他们都具有内在价值。而且在公司事务的管理中其利益有权在道德上给予考虑，而且这种考虑应与他方同时给予。[123]对某些利益相关者而言，即使考虑他们的利益不会对股东利益有所促进，这种考虑也是必要的。[124]这些群体的权利必须要得到保证，此外，在某种意义上，这些群体一定要参与到实质上影响其福利的决策中去。[125]这样做的道德基础在于，所有个人都要对所涉及的组织承担义务。所以，无论哪一类利益相关者受到损害，没有让他们参与影响其自身福利的决策，就是对其人权的某种破坏。[126]这与社群（或渐进）学派的观点是一致的，即非股东利益相关者的利益应该给予考虑，因为他们有这样的资格。我们亏欠他们的要远比他们所要求的多得多。可以明确地说，公司的参与者彼此应该相互尊重与支持。[127]

如前所述，利益相关者理论的重点在于信任，许多利益相关者不得不依赖于信任，除此之外几乎没有其他可依赖的。信任对于公司的有利之处在于它可以使公司的声誉得到提升。如果公司与利益相关者之间存有信任，便可降低运营成本。因为利益相关者不必花费过多精力（甚至根本不必花费任何精力）监控公司及其事务，他们相信管理者可以妥善地完成工作。

许多支持该理论的论辩都是从经济或与经济相关的角度来阐述的，但利益相关者理论并非没有道德基础。该理论也规定代理人彼此间应该如何相待。根据某些考察，这些基础反映出人们应该尊重其他人的道义或义务基础。某些人比照哲学家伊曼努尔·康德的著作，提出尊重他人（平等相待）的理念以及所有群体都存在内在价值的理念，引导我们不要把人视为达到目的的手段，而是把他们自身当做目的。[128]因此，利益相关者不应该被视作为股东谋取利润的方式。另一种道德基础是，分配公正（distributive justice）使得利益相关者有权分享公司的盈利，因为他们为公司盈利有所付出、做出贡献，所以理应分享公司的盈利，这也是他们应该持有的合理期待。

利益相关者必须依赖于公平待遇，因为他们无法获得其他保护。导致其无法获得保护的原因很多，例如缺乏谈判能力，对必要的花费（比如诉讼费）没有充足的资金准备或是忽视其必要性。在现实社会中，在当事人之间基于平等形成合同安排的情况比较罕见。很多合同都是"接受或放弃原则"，其结果是成本被强加于和公司有业务关系的第三方身上。[129]有几位学者对该事实已经进行过报告，涉及利益相关者的合同

既有内容不完整的问题，也有定价不完美的问题。[130] 这归咎于诸多因素，其中包括利益相关者像所有其他人一样受制于有限的理性：人们是理性的，但绝非超理性的。正如 Dale Tauke 教授所言：

> 当面临复杂而不确定的偶然情况时，缔约当事人达成完整的未定权益合同（contingent claim contract）的能力会受到当事人有限理性的限制——人类心智在理解和解决复杂问题上所受到的限制。[131]

可以这样说，利益相关者理论反映了这样的事实，即这个世界变得越来越复杂，公司事务及决策会对越来越多的人和群体产生影响，而这些人和群体又反过来影响公司的决策和事务。环境问题即为佐证，直至今日，公司仍没有习惯性地或普遍性地将其视为主要应该关注的问题。利益相关者理论家说，他们的理论能够接纳世界的复杂性，而股东利益至上理论就显得过于肤浅了。

毫无疑问，这种模式有太多的吸引力。它强调了令人欣赏的价值观——信任与公平就是最好的例证。该模式还试图囊括经济学与伦理学，而这两者被看做不易平衡的两个要素。如我们所知，将重点置于利益相关者有几点优势，但也有不足之处，同时关于该理论也存在一些相关的忧虑，现在我们对它们逐一进行检验。

3.4　忧虑与驳斥

某些资深撰稿人已经开始高谈阔论，大胆断言利益相关者理论总体上非常卓越，股东利益至上理论已然死亡。[132] 然而，即使利益相关者理论已经得到迅速传播，其影响和应用也与日俱增，[133] 仍不乏诸多对该理论进行批评的文献。其内容大体上是说该理论"天真、肤浅且不切合实际"。[134] 其中一位主要的批评者认为，该理论"极度危险且完全缺乏公正"，[135] 因为它"破坏私有制，否认代理人对委托人的职责，而且摧毁财富"。[136] 有人甚至认为，该观点不具有理论地位，而仅仅是某种研究传统[137] 或者是某种框架，关于利益相关者理论的文献只是倾向于证实该研究方法具有合理性，而非发展某种有体系的理论。[138]

本节试图识别和检验人们对于利益相关者理论的忧虑，分析批判者所提出的反对该理论的主要论据。其中所思考的许多忧虑以及对该理论进行驳斥的论据具有重叠之处，但在特定标题下，尝试澄清这些论辩，有助于阐述和厘清存在的问题。

3.4.1　缺乏坚实而规范的基础

该观点指出，利益相关者理论不能将规范性基础作为支持它的正当理由。[139] 而且它未能提出某种规范性基础帮助人们确定谁是利益相关者、如何衡量各利益相关者的重要程度。[140] 结果导致人们认为，在公司运营中，管理者缺乏相关基础，因而无法放弃其他道德研究方法而倾向于利益相关者理论。

对该理论哲学基础的解释而引发的问题因该理论的各种辩护者而各异。如前所论，Robert Philips 试图用公平原则构建该理论的基础，[141]而 Evan 和 Freeman[142] 采纳了康德原理（Kantian principles）。Kant 支持了这样的观点，即人类"无论在对待自身还是对其他任何人时，永远不要只将其作为手段，而应将之视为终极目的"。[143] 对该观点的批判认为，康德哲学的方法提出人类作为理性的道德代理人就其自身而言是被视为某种目标。但利益相关者理论通常认为非人类的事物也可作为利益相关者，例如环境也能被视为利益相关者，[144] 所以该理论基础对其并无作用。

3.4.2　缺乏明晰性

概括地说，其中某一主要批判理论认为，支持利益相关者理论的概念令人困惑。[145] 甚至狂热的利益相关者理论家也认为，该理论模棱两可、含混不清且过于宽泛。[146] James Humber 则认为该理论仿佛是抽象拼贴画，要素之间相互不一致，所以缺乏系统连贯性。[147] Goyder 则认为，以采纳利益相关者理论来代替股东利益至上理论等于牺牲了牛奶冻一般清晰的理论，[148] 大概是因为牛奶冻比较难以获得。该理论面临的主要问题是它一直未能被清晰而明确地表达出来。也有这样的说法，认为利益相关者理论是"一只捉摸不定的动物……被不同的人用来描述广泛而不同的事物，这些描述恰恰能够与其论证相吻合"。[149]

尽管出现诸多提议，但是内容却倾向于依赖"各种变量之间的一种严重不协调，这些变量与缺乏理论联系的关于利益相关者的一系列行为变量不加选择地相互混合、相互关联"。[150]另一理由在于,"该领域的大部分工作看起来都沉浸在为公司证明利益相关者研究方法的合理性,而非构建系统的理论来更加充分地描述当代组织实践"。[151]更多的困惑源自这样的事实,即该理论规定,为利益相关者而管理公司在道义上是正确的,但这一规定却与该理论的相对主义不相符合。[152]

首先,利益相关者理论是难以定义的概念。[153]识别和定义利益相关者存在难度,[154]且关于如何定义利益相关者传递出各种信息。[155]事实上,利益相关者的数量具有重大意义。就该理论而言,利益相关者理论家所认同的主要困境之一,[156]就是识别和定义到底谁是利益相关者。[157]由于这是运用利益相关者理论的第一步,所以至关重要。[158]

尽管在利益相关者领域关于概念的文献汗牛充栋,但内容模棱两可、模糊不清。[159]其定义有的狭窄,有的宽泛,种类繁多。对该概念的拓宽并非难事,只是一旦这样做了,该理论就会变得越来越失去意义,越来越没有用处。[160]Simon Deakin 和 Alan Hughes 说过,如果该理论维护过于宽泛的人和群体(如潜在消费者和社会)的利益,则理论本身就会陷入可有可无的境地。[161]

利益相关者概念首次清晰阐述,大概是 1963 年在斯坦福研究所(Stanford Research Institute)的一份内部备忘录中,[162]它认为利益相关者是"缺乏其支持将使组织无法存在的群体"。这样定义趋向于狭窄。根据这一术语,该群体覆盖了股东、雇员、消费者、供应商、出借人以及社会等角色。[163]Freeman 以此建立自己的理论基础,1984 年,他认为利益相关者应该是表示出其与众不同的人。他最终将利益相关者定义为"任何能够影响组织目标成就或是受到组织目标成就影响的群体或个人"。[164]这就拓宽了利益相关者的种类,把政府以及有关环境组织等也包括进来。尽管在过去,公司中持有扩展利益相关者的人仅仅重点考虑公司雇员利益。时有批判者认为,对于使用何种方法来鉴别利益相关者,管理者尚未建立可以依赖的理论基础。[165]而且,某些利益相关者被视为重于其他人,但在如何认定谁的利益更重要这方面没有任何指导。[166]正如 Wai Leung 所言:"尚无简易方法来描绘利益相关者阶层。"[167]面对数量庞大的潜在利益相关者,董事会的问题是确定如何解决相异群体的需求。[168]

Freeman 认为,对于某些公司而言,利益相关者也包括恐怖主义群体（基于其是否能影响公司运行），利益相关者之论可能因此受到了损害。[169] 很多人试图将该理论与其研究方法隔离开来。某些评论员认为，人们须区分影响公司者和真正的利益相关者。有些投资者兼具两者特征。但是，例如媒体则只属于第一种类别。[170] 如前所述，其他的评论员在主要利益相关者或内部利益相关者与次要利益相关者或外部利益相关者之间做了区分，主要关注前者利益。主要利益相关者可以是与公司有着正式的、官方的或是合同关系的相关人。[171] John Parkinson 说，利益相关者包括与公司达成某种长久关系、在持续关系中能够对互利持有合理期待的人。[172] Al Khafaji 说过，利益相关者是那些公司应该为其负责的群体。[173] 其他的评论员还介绍了其他方式来定义和区分利益相关者。Robert Philips 提出了规范性的、派生的以及休眠的利益相关者。[174] 规范性的利益相关者是指公司对其负有道德义务的群体；派生的利益相关者则是指那些能够使公司受损或受益的群体，且公司对其没有道德义务；休眠的利益相关者则是指像恐怖主义分子那样在某个时间可能会影响公司利益的群体。

对利益相关者的界定主要可分为两种方法，主要区别在于，一种方法将利益相关者定义为一旦离开就会导致公司无法运行的群体，另一种则界定为既能影响公司也能被公司影响的群体；[175] 后者属于传统和管理上的定义方法，而前者更多是一种法律观点。就贸易发展模式考虑，传统的方法内涵更广，几乎涵盖了所有人。[176] 从技术上讲，这种方法不仅仅包括与公司有联系的行动者，与公司合同方打交道的当事人也应属于利益相关者。例如，X 为 Y 供应螺栓，Y 是一家为汽车制造商 Z 供应引擎部分的公司，X 可以被视为是 Z 的利益相关者。可以确定的是，如果 Y 与 Z 失去了业务关系，X 则将会受到重大影响，但是 X 和 Z 并没有直接的关系。公司的利益相关者都有其自己的利益相关者，[177] 所以这张网会越织越大。

在近年的研究中，Yves Fassin 在文献中发现了超过 100 个利益相关者群体和子群体。[178] Elaine Sternberg 说过：

> 运输系统、无线电通信和计算机能力的改善使得现代生活越来越内化，全球联络成为可能，受到组织的影响（至少疏离地或是间接地），从而被视为其利益相关者的实质上已经包括了每个人、每件事和每个地方。[179]

Sternberg 的说法虽有些夸张，但其基本观点颇有可取之处。

利益相关者理论家 Andrew Campbell 认为人们无法抽象地在理论上识别利益相关者；如何识别利益相关者应取决于公司目标。[180]对此，评论员表明，大多数公司有四类活跃的利益相关者，即股东、雇员、供应商及消费者。[181]这很显然与利益相关者主要分类相吻合。此外，该理论的主要原则之一是利益相关者之间显然是相互依赖的。不过，某些利益相关者尚不能算作相互依赖的一部分。由此看来，根据前文对利益相关者的定义，可以认为压力集团和恐怖分子属于相互依赖这一概念范畴，尽管他们与公司以及其他利益相关者并不存在真正的联系。根据Fassin 完成的一项研究，评论员关于利益相关者只有三个种类的认定达成了一致意见，这三个种类即金融家、雇员及消费者。[182]这里推定股东并不包含在利益相关者之内，原因在于 Fassin 所做的研究并未仅仅定位于公司，而是考虑了所有商业形式。

一旦人们界定了谁为利益相关者，另一问题便是，某些利益相关者群体规模较大，相互迥异，利益也不一致。如此便给试图平衡各方利益带来了进一步的困难。

对这一批评给予回应的方法之一就是遵从 John Parkinson 的建议。他认为利益相关者应限定于与公司建立长期合作关系的个人和群体。[183]这有利于管理者清楚认定谁是公司利益相关者，既不必依靠法律权利，也不必强化信任关系。

董事对每位利益相关者的责任性质和范围尚未确定，也有可能无法确定。同样，John Argenti 根据 Campbell 观点恰当地指出，目前尚不清楚利益相关者究竟希望从他们对公司的参与中得到什么。[184]对于这一问题的回应，无法在大体上做出概述，因为这须由董事会指定说明，并由董事会向利益相关者传达。[185]就公司收益而言，仍然没有明确什么群体会获得何种利益。股东利益至上理论家表明了他们的忧虑，认为董事由于缺乏目标导向，恐怕会多多少少地有些利己主义。

3.4.3 平衡问题

之前讨论得出，利益相关者原理是以这样一个事实为先决条件的，即在做出决策和管理公司的时候，董事要平衡每位利益相关者的利益。平衡利益是十分必要的，因为利益相关者之间经常会产生利益冲突。平衡利益是利益相关者理论的重要方面。当利益相关者之间发生利益冲突时，平衡利益的想法似乎是解决冲突的一个具有吸引力且合理的方式。但是事实上，用该理论中的原话来说利益相关者管理就是"多种关系和多种目的之间不断平衡、整合的无休止的工作"。[186]因此，日益增加的关于该理论的最主要争论在于，要求董事去平衡公司所有利益相关者的利益几乎是一件不可能完成的工作。[187]甚至 Even 和 Freeman 也曾提及过，公司管理者的工作类似于所罗门国王所遭遇到的难题。[188]并且，因为董事不对任何人负有解释的义务，所以平衡利益的过程可能会将公司的董事引向投机主义的道路，也就是，以牺牲其他利益相关者的利益使自己受益，或者做事缩手缩脚，没能尽到董事应尽之责。

董事在考虑平衡利益时会遇到一些问题。正如我们所知，潜在利益相关者的数量是庞大的。管理者所遇到的第一个问题即是在一个公平的均衡利益和要求的过程中，确定哪些是需要被考虑的利益相关者。而第二个问题是公司董事如何划分各个有分歧团体的需求。[189]利益相关者是否了解自己应该享有何种利益？董事对此并不总是清楚知晓。并且，这种情况由于实践中的具体事实而不断恶化，因为在利益相关者团体的内部拥有不同的观点和态度。[190]公司管理者怎样才能知道哪些是利益相关者所认为的利益，或者哪些是在利益相关者的利益范围之内的？[191]正如之前提到过的，利益相关者群体并不是因同一性集结到一起的，这给董事寻找平衡利益的方案带来了更多的困难。然而，董事会不得不在群体间进行利益的平衡。以债权人为例，公司可能会拥有以下全部或部分债权人：担保债权人、在供应合同中提供所有权保留条款的供应商、一般贸易债权人、提供长期合同的供应商、房东、未到期知识产权许可证的持有者、被拖欠工资的雇员、税收机关、要求侵权索赔的受害者，以及为公司提供的商品和服务预付了保证金的消费者。例如，在拥有公司资产抵押（美国称留置权）的银行债权人与无担保贸易债权人之间可能存在重大的利益差别。如果不同团体的利益不一致，董事怎样做才能考虑到所有债权人的利益？

回到相同群体缺少同一性的问题上，我们可以了解到，群体中的股东通常拥有不同的利益。以广义上的贸易债权人为例，法律通常会以相同的方式对待他们，尤其是当公司破产清算时。极端地讲，这个债权人团体可能包括为公司提供大批量商品的大型企业，也可能包括像水管工这样在必要的时候为公司提供临时服务的个体商户。大型企业每年拥有上百万美元／英镑／欧元／日元的营业额，所以可能更愿意接受敢于冒险的董事；而个体商户的营业收入可能仅仅为几千美元／英镑／欧元／日元，因此较为依赖于债务人返还欠款，对债务人的依赖性较强。相比之下，大型企业能够用它们的债款孤注一掷，而个体商户却不能。与可能获得全部还款，也可能颗粒无收的方式相比，个体商户更倾向于确定能够收回一半还款的保证。而大型企业供应商可能会同意进行一场赌博，因为即使无法收回欠款，它仍然可以生存下去。

利益相关者理论家主张，公司本身需要与利益相关者进行接洽，以便了解他们的利益与需求。但是实践中的焦点在于：具体应该怎样做？尤其是，当利益相关者的分类被划分得较为宽泛的时候，公司的管理者可能就不会意识到其中某些利益相关者的存在。除此之外，如之前所提到过的，公司管理者如何才能知道哪些属于利益相关者所认可的利益，或者哪些属于利益相关者的利益范围之内？[192]

关于平衡利益的第三个问题是：在现实中，究竟怎样才能做到利益的平衡？它是否意味着要求利益相关者之间相互妥协，又或者要求管理者采取措施以使所有利益相关者的利益趋于一致？[193]前者可能有些不切实际而不被接受，后者在极大程度上是不可能实现的。因此从某种意义上说，董事需要关注的是，要了解他们需要在什么样的基础上来进行利益的平衡。董事应该怎样公平合理地处理这种情况？获得多数学者认同的一个较为特殊的观点是，实践中通常不可能将非股东利益相关者的利益提升到与股东利益相等的高度来同时进行考虑。[194]对于如何帮助管理者辨识在利益持有的过程中可依赖的价值标准这一问题上，利益相关者理论既无任何说明，更无任何指导；也没有任何迹象表明，管理者究竟是如何获得相应价值标准并依此做出决策的。[195]事实上，利益相关者理论并没有设计出任何标准，用来分配利益相关人利益的相对权重，并解决实践中的问题。[196]实际上，董事在决定此类问题的解决上拥有"无限自主管理权"。[197]Ronald Mitchell等就曾强调过，由于涉及一些较为复杂的问题，利益相关者的框架结构无法解释或规定出，当某些特殊利益相关者的请求与其他利益相关者产生冲突时，公司管理者将会在多大程度上对这些特殊利益相关者进行优先考虑。[198]Michael Jensen也曾提到，逻辑上，在董事必须要考虑和平衡所有利益相关者利益的前提下，

"想同时将每个层面的利益最大化是不大可能实现的"。[199]他担心的是由于管理者缺乏可以关注的目标，从而会导致管理上的混乱。[200]作为对Jensen 提出的关于利益相关者理论导致管理混乱的看法的回应，Amir Licht 认为，Jensen 的观点忽视了公司管理者的能动性，将他们描述成不能处理多项工作的人，打个比方也就是说，"不能边走路边嚼口香糖"。[201]虽然在不得不做出平衡利益决策的艰难时刻，甚至连经验丰富的管理者也会不知所措，但是正如我们所知道的，公平地来说，Jensen 的观点确实鲜有指导性。

John Parkinson 在此问题上的观点是：

> 原则上，绩效管理不能根据多重标准进行有效评估是没有道理的。实际上，这种做法的目的在于：一方面，要求能够有独立的审查程序去辨别各种管理行为，以防止管理过程中的渎职或者追求个人利益导致的恶果；另一方面，要求尝试调解受其他方影响的利益相关者的合法利益。[202]

就此观点，股东利益至上主义者或许会在回应中声称，这种方法会让董事把水搅浑，因为他们可以借此使某人（可能是法官）在审查其行为时不得不说，董事至少尝试着使某位利益相关者获益了。

在加拿大最高法院审理 *BCE Inc v 1976 Debentureholders*[203]一案的判决中，管理者缺乏指导这一观点得到了进一步的例证。案中指出，没有原则认定某些利益就应该凌驾于其他利益之上。法院还指出，哪些利益应该优先考虑，取决于董事面临的具体情况，而且要运用他们的商业判断。在本案中，法官仍然未能提供指导标准，尤其是未能指出某些特殊利益的权衡标准。有些学者指出，由于法官缺乏商业经验和能力，让他们给出判决来指导董事的商业判断是不合理的。但是我认为这样的观点过于偏颇，因为现代普通法的法官中，有许多是专门研究商业法和公司法领域的。[204]

有人辩称，管理者若想获得一套标准用来解决不同利益相关者团体之间的冲突，恐怕是不切实际的期望。[205]除此之外，如之前所提到的，多数学者主张，将非股东利益相关者的利益提升到与股东利益同等的高度，在现实中不可能达到。[206]然而，由于合同制定的不完善，公司的投资者经常会产生利益需求的冲突，并且部分投资者的投机行为还会影响到所有投资者的利益，这一现实情况使得利益的平衡更加困难。[207]这种情况也使得董事进行利益平衡的过程复杂化。因此，利益相关者理论所面临的挑战是，公司管理者如何平衡利益相关者之间的利益。利益相关者理论中提到一个关键的要素，即要求满足利益相关者合理期待的需求，但是确保合理期待的要求模糊不清，不能提供丝毫指导，反而使管理者更加困惑。[208]

尽管董事已经尽心竭力，忠实地去平衡利益相关者之间的利益，但什么才是能够满足利益相关者的最合理的利益，要想得出这一问题的答案十分困难。现实中，由于利益相关者不断变更，以及利益相关者的既有期待不断变化，平衡利益的工作因此变得更为复杂。除此之外，因为利益相关者理论倡导的是长久的方案，所以要求管理者不仅要考虑现有利益，还要考虑长远利益。这样的要求委实不易做到，尤其是在利益相关者本身都不能说清楚他们的利益，更无法确定长远利益的情况下。[209]

事实上，在公司存续过程中，对公司而言，某些利益相关者较于其他利益相关者更为重要。在这样的情况下，董事在平衡利益时，是否会考量这一因素呢？如果是，这种行为可能会被认为缺乏商业道德；如果不是，则可能妨碍公司的成功运营。因此，毫无疑问，在平衡利益决策过程中，公司所拥有的利益相关者群体的数量越多，董事就会越难考虑到所有利益相关者的利益。在某种特定的情形下，这是十分危险的，因为董事基本处于"只输不赢"的窘境，这时，他们可能会选择"与其做错，毋宁不做"。对此，Kenneth Goodpaster 指出，"利益相关者理论要求董事忠实多方利益，满足不同利益相关者的需求，使公司董事处于两难境地，这会导致决策机制的瘫痪，严重情况下，还可能导致董事做出将现代私营企业转化为公众机构的决定"，[210]这种情况最终会伤害到所有利益相关者的利益。

如前文所述，某个利益相关者会属于不止一个利益相关者群体，这种情况是很有可能出现的。举例来说，公司的雇员可能会成为公司的客户。然而，利益相关者理论没有给出相关的标准规定，管理者平衡利益时如何界定拥有多重身份的利益相关者究竟属于哪个群体。[211]此外，对于何为本群体之利益，群体内部成员看法恐怕也难以统一。[212]这种情况让管理者何去何从，怎样做出合理决策？另外，在决策过程中，董事拥有双重职责——既要决定谁是利益相关者，又要决定利益平衡的实施方案，这种身份的双重性为董事留有一定的空间，使其可以谋求个人利益。

有观点辩称，利益平衡的需求会增加公司的交易成本。然而，从另一方面来说，利益相关者理论倡导者则声称，公司与其利益相关者之间产生出的信任关系能够降低公司成本，例如，利益相关者会减少对公司的监督，从而减少监督流程给公司带来的开支。

多数作者[213]所关注到的较为特殊的一点是，只有当公司管理者被认定为利益相关者的时候，利益的平衡才会产生。这是因为通常被要求进行利益平衡的人正是管理者。如果这些管理者拥有利益相关者的身份，那么他们在平衡涉及自己个人利益的问题时，是否就不应该成为裁判者？但是大多数学者只是将管理者视为不同利益相关者之间的调停者，而不是将他们视为利益相关者本身。[214]

尽管平衡利益的做法本身看上去是值得称赞的，但是在实践中的很多情况下，董事要了解如何进行利益平衡是非常困难的。其中主要的问题是，除非可以设定一个明确的目标指导利益平衡的实行，否则平衡利益只是一个模糊的概念。为了实现预期的效果，所有的利益平衡都必须在追求某个特定目标的大背景下进行。可是什么才是平衡利益要达到的目标？目前面临的问题是，"传统利益相关者理论的提倡仅仅只是让管理者了解一个抽象的概念，这使得管理者做出的有目的性的决策变得不可能实现。并且通过无标准的记分评估方式，利益相关者理论使得管理者在名义上须对他们的管理行为负责。"[215]

另一个反驳利益相关者理论的重要观点建立在如下理念的基础上，即董事必须要考虑多种利益，这些利益之前有提及，也就是说，董事被赋予了按照自己的意愿行事的权利，但是，实际的情况很可能迫使他们不得不成为理性的扮演者，做出以下两种行为中的一种或两种。第一种行为是投机行为，即是指董事尝试着以牺牲其他利益相关者的利益使自己获利。第二种行为是逃避职责的行为，也就是指董事故意不尽力去完成手头的工作。这两种行为都是可能发生的，因为董事事实上不对任何利益相关者负责（即我们所熟知的"雇主太多"的问题）。"一个管理者如果同时服务于两个雇主（其中一个可能是普通股的持有人，另一个可能来自社区），那么实际上这个管理者将不受任何一方控制，并且不对其中任何一方负责……这就导致了代理成本的提高以及社会总体财富的降低。"[216]还有一种可能的情形是，"除了极其糟糕的自我服务的管理行为之外，其他的所有管理行为都是以服务于某些利益相关者的利益为由，使其他利益相关者的利益受到损害的"，[217]因此，当董事需要解释他们的管理行为，以及解释挑拨两个团体之间的利益的原因时，他们能够为自己准备好一套可信的辩护说辞。董事可以辩解称，在利益平衡之后，为了使利益相关者 X 和 Y 能够获利，他们做出了一个决策，而这个决策碰巧也能够保护他们自己的利益，并且使他们受益。因此，要想质疑一个决策是很困难的。Oliver Hart 认为，要求管理者考虑所有利益相关人的利益是"十分空洞的，因为这个要求使得管理者拥有一个可以使某些团体获益的借口，证明他们的管理行为几乎都是正当的"。[218]在这样的体系下，董事无疑被赋予了过多的无限制的自主管理权，从而使其他人不能够监控到他们的管理行为的正当性。通过此种方式，管理者能够做任何他们期望做的事情。然而问题的焦点是，董事仅仅给予口头承诺，保证考虑利益相关者的利益，实际上他们所作出的决定可能以个人获利为基础。[219]对此问题的普遍观点是，董事的某些行为是不应该被允许的，即他们不能任意决定如何处置公司的资产以及如何进行公司的商业活动，因为董事应该对处置他人财产的行为负责。总的来说，尽管利益相关者理论强调，管理者需要对自己的管理行为负有更多的责任，并且要依赖于强有力的监控来判断这些管理行为是否考虑了所有利益相关者，[220]但是不得不说，如果管理者同时对很多利益相关者负责，那么最终的结果是他们将不对任何一个利益相关者负责。[221]因此，关于利益相关者理论的又一个问题是，如何让董事充分地担负起责任。

利益相关者理论的拥护者对以上所提及的问题可能会作出这样的反驳，即上一段提到的观点仅限定于该理论的消极一面，然而事实上，对于那些真正从事管理的专业人士，他们往往更关心如何维持自身的声誉以及诚信，他们为此会避免采取投机取巧的自利行为以及缩手缩脚的失职行为。利益相关者理论家强调，公司在管理过程中必须依赖于董事的可靠信誉。其中，Margaret Blair 以及 Lynn Stout 指出，人类行为学的研究中有大量的证据能够证明，人们的道德观念要求其行为具有利他性，即牺牲自己的个人利益来使他人获益。根据多数利益相关者理论都信奉的管家理论（steward theory），董事具有对功绩、责任感、认同感、利他主义以及来自权威人士的尊重的需求，这一需求使得他们能够成为一个好管家，并为利益相关者争取最大的利益，而非作为投机主义者以牺牲他人的利益来满足自己的利益。除此之外，利益相关者理论家还声称，由于对利益相关者负有道德上的义务，因此董事会以合乎道德的方式运用权力。[222]

对于这一问题的探讨最终演变成一场哲学辩论。股东至上流派认为，我们不能信任董事，因为人的天性决定了他们的自私自利性，他们会尽可能地寻求自己的利益（我们应该对此种行为采取严格的监控措施）。然而利益相关者流派却声称，尽管人的天性决定了董事会作出一些不道德的行为，但总体上，他们仍然是公正、能够被信任的，也能够真诚地胜任公司的管家这一职务。后者的观点主张，董事除个人利益之外，还怀有对其他动机和目的的追求，包括个人专业素质的提升、对工作的成就感，以及对职务的尊重等。

另外需要关注的是，在美国以及其他地区，例如澳大利亚，董事是受到商业判断规则（business judgement rule）的保护的[223]。尤其在美国，由于商业判断规则被视为美国公司法中的核心条例，[224]因此，董事的商业判断仅在一些极端的情况下才会被法官审查。[225]根据商业判断规则，法院重视董事决策的正确与否，也重视决策程序是否恰当、理由是否充分。然而，这一规则在实践中所导致的结果，却是为董事提供了一个"安全的庇护所"。因此，美国的董事被赋予依赖于商业判断规则进行自保的权力，如果需要证明其商业判断与受争议的决策之间的联系，他们可以依据如下理由进行辩解：他们是根据商业判断做出的决策（包括了避免采取任何行动的决策）；这个决策是为达某一合理的目的而在诚信的基础上做出的；董事自身在此决策实行的过程中并没有任何实质的个人利益，所以此决策的实施不会引起他们与其他利益相关者之间的利益冲突；他们告诫过自己决策的制定以及实施一定要在他们认为合理的范围之内进行；[226]他们理性上认为，此决策是能够使公司获利的，等等。[227]这些推定都会被法官所接受，并且推定得出董事的行为是合适恰当的，[228]因此，举证反驳的责任就落到原告一方。如果原告能够举证证明这些推定是不成立的，董事则不得不为受到质疑的推定提供证据以证明其合理性。[229]

实践中，商业判断规则渗透到美国公司法的各个方面。[230]它的提出不仅是为了用来保障董事的自主管理权，也用以保护董事免受法官运用事后认定来判定其负有责任，并承担后果。简单地说，该条例规定，法官不能运用他们的商业判断代替董事从公司利益角度出发所作出的商业判断。[231]除此之外，除非董事的行为不能满足之前所述的推定条件，否则即使原告能够证明董事的管理行为对公司造成了损失，法官也不能就此判定董事负有责任。[232]因此，一位美国的董事，如果可以提供之前提到的推定条件，建立起商业判断与所作决策之间的联系，那么纵然该董事做出了一个糟糕的判断或者是一个不成功的决策，[233]他也不会因此受到法律的处罚。在我们所讨论的美国的背景下，如果董事是出于善意而作出的管理行为，那么谁的利益因为该管理行为而得到了巩固的事实，将不作为法官判定董事是否负有法律责任的考量依据。

虽然商业判断规则[234]不适用于英国，[235]但是关于其的一些派生规则却被英国的法官所采用，尽管对此有些争议。法官不能事后评论董事的管理行为。实践中，英国的法官不断地避免审查董事所作出的商业判断，[236]通过此种方式，法官保护董事免受事后认定的审查。英国《2006年公司法》中第172条规定，董事必须善意地行使管理权，以所有成员的整体利益为出发点，以最有可能的方式促成公司的成功。为了达到这一目的，须考虑以下几点：

> (a) 从长远的角度来考虑所有决策可能带来的后果；
> (b) 公司雇员的利益；
> (c) 培育公司与供应商、顾客以及其他合作者之间的商业关系的需求；
> (d) 公司的运行对社区和环境的影响；
> (e) 维护高标准的商业行为准则；
> (f) 平等对待公司的每一位成员。

事实上，尽管法律条例看上去是偏向于利益相关者的，但是究竟哪些决策能够使得股东获益，或者究竟上述哪些要素能够影响董事在管理中的决策（当然需以善意之心做出），这些问题的最终决定者毕竟是董事而非法官。[237]除了一些非常糟糕的特例，要想证明董事违背了他们的真诚义务实为不易。[238]因此，在大多数情况下，由于董事能够清楚地表明其行为是出于为公司的某种利益考虑，所以想要质疑他们的管理行为是非常困难的。通常，董事不仅会声称他们的动机纯粹，并且事后也可以证明这些动机是纯粹的。因此，对于董事提供的关于动机的任何书面或者口头的证据，法官通常都不愿接受，更何况指控董事的动机不当是相当严重的事情。[239]

另一个重要的问题是，当出现了违反管理职责的情况时，法律条例又是怎样适用的。人们是否有权提起诉讼？法律程序是否恰当？在现实中，只有公司股东是唯一能够通过派生诉讼来寻求救济的适格主体，利益相关者则不具备这种资格。因而，这些利益相关者一般不倾向于采取诉讼的方式寻求救济（考虑到诉讼成本的因素）。这一问题将会在本章结尾处作简要讨论，并且会在第 5 章进行深入分析。

在结束关于平衡问题的探讨之前，我们必须认识到这样一个事实，即在关于互相冲突的利益之间应如何平衡的问题上学术界有着很多不同的看法。第一，有些学者认为平衡互相冲突的利益是公司董事的重要职责。甚至一些管理学专家说过，管理相互对抗的利益是管理者的首要职能。[240]平衡不同利益是董事的能力与知识技巧范围之内的事情，这一认知也早在 1973 年被《英国贸易与工业报告》（UK Department of Trade and Industry Report）[241]以及一些美国的法院[242]所认可。除此之外，另一项也被认可的事实是，要求一个身居董事高位的人做出分配的决策，并不是不合理的或者说是处理不了的。因此，董事可以被划归为受托人，社会会定期地要求这些受托人去平衡一些利益和因素，尽管这一项工作会非常困难。[243]这一观点的支持者还指出了另一种信托关系的形式，即信托公司。信托公司有时要考虑不同种类的受益人的利益去进行投资决策，其中就包括了衡量投资风险，这与董事在公司遇到财务危机时，有义务考虑债权人的利益是相类似的。[244]这种行为通常还包括对于中间利益的把握。

第二，尽管平衡利益有时是带有强求性的，但有证据显示，董事在做决策时通常会考虑或寻求平衡利益关系。[245]一项关于《财富》500 强公司声誉的调查显示，满足其中一个利益相关者的利益并不意味着是以牺牲其他利益相关者的利益为前提的。[246]因此，如果考虑债权人的利益，也不必然意味着股东的利益会被忽视。从一项关于英国私营水利公司的调查中，我们可以得出这样一个经验，即要求董事同时考虑顾客和股东的利益，能够为"拥有明显的经济利益冲突的不同利益相关者群体寻找到共同利益"。[247]例如，如果在实施管理行为之前，通过审查所有能够利用的关于公司财务状况的资料信息的方式，对债权人的利益加以考虑，那么可以为公司避免一些不恰当的管理策略，从而使得公司的股东也同样受益。

第三，即使股东对公司的重要程度决定了他们在地位上的首要性，董事仍然有必要进行利益平衡。正如第 2 章所讨论过的，[248] 股票有不同形式及规模，公司有不同种类的股票，例如普通股和优先股，这些种类的划分是董事在平衡不同股东的利益时应当考虑的因素，考虑这些因素有利于董事公正合理地对待股东，[249] 尤其是当不同种类的股东之间存在对立利益时。[250]

3.4.4 不可操作性

当规模较大且明显不受约束的利益相关者群体出现时，利益相关者理论则变得不再可操作。潜在利益相关者的数量庞大，而对于董事会来说，确定如何处理不同利益相关者群体的需求是一大难题。[251]

与利益相关者理论相比，股东利益至上理论的一个优势是，它能够提供更大的确定性，并且在实际操作中，它也是更为可行的。事实上，经常被用来反驳利益相关者理论的一个主要论点是，由于利益相关者理论的模糊性和不确定性，运用到实际中会引起很多问题。Elaine Sternberg 曾指出"公司应对它的所有利益相关者负有责任，这是利益相关者理论的核心"，但是同样，这一核心原则在实践中也是不可行的。[252] 相比之下，股东利益至上理论则更加实用，因为它为企业的成功提供了一个较为清晰的标准，并且在管理公司时应采用何种自主管理权的问题上提供了指导。之前的章节质疑过关于股东利益至上理论的实践前提，指出股东利益至上理论并没有预想中的那样可行，然而不可否认的是，利益相关者理论在可操作性方面也有其自身的原因。

作为英国公司治理条例的一部分，1998 年的 Hampel 报告将董事的义务做了如下阐明：

> 利益相关者条款意味着划分所有不同的利益相关者群体，并且确定对于每一个利益相关者群体，董事应该负有的责任大小以及责任的性质。结果是，由于没有清晰的衡量标准可以评判董事的管理行为，董事实际上并不对任何一个利益相关者负有责任。因此，这一条款既不能形成有效的管理模式，也不能帮助公司取得成功。[253]

利益相关者理论的拥护者提倡将各方价值融合作为战略管理模式的一个重要方面，但是股东利益至上理论拥护者的回击是：管理者怎样能够辨别出各方价值，并且这些价值是怎样体现到管理者的决策之中的？[254]除此之外，股东利益至上理论拥护者还辩称，要想建立一套价值分配模式，解决不同利益相关者群体所关心的问题，对于管理者来说，是一个不现实的期望。[255]

英国公司法审查督导小组也对利益相关者理论（称其为"多元主义"[256]）持有反对意见，因为：

> 尤其当董事进行利益分配和公司资源管理责任的分担时，利益相关者理论的运用会强迫董事扮演分配经济利益的角色；如果在这种情况下，董事还享有某种形式的权力或者自主管理权，那么这种分配经济利益的角色将会无法控制；并且，如果这种新型的利益分配模式采取了一种强制性义务的形式，使所有利益享有者有权去法院寻求救济，那么类似的宽泛的角色也会强加于法官身上。[257]

Frederick，Davis 和 Post 三人曾经提出过多种方案对利益相关者进行分析，即绘制利益相关者之间的关系；绘制各个利益相关者团体；假设每一个利益相关者所拥有的利益的性质；假设每个利益相关者享有权力的性质；建立一个利益相关者优先次序的矩阵，以及监控各个利益相关者群体之间的变动。[258]这些方案都极其复杂并且会耗费大量的时间，因此能够被管理者采用的可能性不高。

该理论规定董事应该为所有利益相关者负责，这是不可能达到的。对许多大公司而言，管理层根本不对任何利益相关者负责。[259]如前所述，对于任何关于管理层行为不当的指控，他们都可以以平衡某些或全体利益相关者的利益为由替自己辩护。

如前文所述，许多利益相关者理论主义者认为，董事会应该代表利益相关者的利益，因此，要求董事对利益相关者负责，尤其要满足程序公正。[260]并且，这些主张中还提到，在一些欧洲国家以及其他一些地区的公司，雇员拥有代表自身利益的代理董事或者工会。但是怎样能够使得所有的利益相关者都拥有他们各自利益的代表机构呢？假设能够确定哪些人是公司的利益相关者，在这种情况下，一个之前已提及过的难题是，尽管采取了较为狭义的方式来定义利益相关者，但是利益相关者群

体数量过于庞大以至于他们不能够都拥有自己利益的代表者。20 世纪
70 年代，公司评论家 Ralph Nader（以及他的合著者）认识到一个事
实，即"设计一套普遍的'利益群体'准则以确保所有受到影响的大型
工业公司的投资者都能拥有属于自己的利益代表机构，这样的做法看上
去是不能够实现的……"[261]在有代理情况发生的一些欧洲公司中，其中
大部分的公司都拥有二元董事制度，负责代理责任的董事会称为监事
会。监事会可以是大规模的，但是不能像管理董事会或者其他地区所采
用的一元董事会那样灵活简便，这一情况在英美法系的国家表现得尤为
明显。

3.4.5　利益相关者受到合同以及（或者）法规的保护

上一章讨论股东利益至上理论时提出过这一事情。股东利益至上理
论学者认为，与股东不同，非股东利益相关者，如债权人和雇员，在大
多数情况下是受到合同或者法律规范的充分保护的。[262]例如，利益相关
者可以就他们与公司所签订的合同提出，他们被治理权的本质赋予了保
障。[263]所有的这些观点概括成为一个论点，即如果董事被要求考虑这些
受到合同或者法律规范保护的投资者的利益，这些投资者将享有特殊的
待遇，通俗地说，即是"能够尝到两次甜头"。批评家们将这一情况与
不能享有这种待遇的股东进行了对比。

利益相关者理论家通常会就上述提到的普遍主张，即投资者能够通
过他们所签订的合同来保护自己的利益这一观点进行争论。众所周知，
一些群体签订的合同能够给他们提供保护，强势的债权人如银行就是这
类群体的代表，但是出于某些原因，大多数投资者并不能获得这样的
保护，例如，缺乏谈判能力以及没有足够的资金支付必要的费用（如
诉讼费用）。在现实世界中，平等主体之间签订合同的情况是十分罕
见的。在大多数合同签订的过程中，都存在着一种"接受或放弃原
则"，双方能够协商的空间很小或者几乎没有，这种情况导致的结果
是，成本最终被强加到与公司进行贸易行为的第三方身上。[264]利益相
关者理论的拥护者还指出，当双方签订合同时，利益相关者较公司的
管理者而言需要承受信息不对称的劣势，尤其是关于公司的绩效与制
度的信息。一些学者也提到，涉及利益相关者的合同的定价并不完
整，也不完美。[265]

利益相关者理论家也以同样的论证方式提出这样一个观点，即非股票持有者的利益相关者享有法律规范的保护这一说法是十分宽泛的。大多数法律赋予利益相关者的是具有限制性的或者十分空洞的权利保护。即使这些法律规范能够为利益相关者提供保护，但是此种情况下，利益相关者还不得不需要采取预先措施告知管理机构或者采取法律诉讼的形式。出于对时间和成本因素的考虑，利益相关者会被迫放弃提起诉讼。

3.4.6　实施

Adolf Berle 发现，如果舍弃对于股东利益至上理论的关注，那么就需要一套清晰合理的实施方案去规定董事对利益相关者的责任。[266] 显而易见的是，20 世纪 30 年代就已发现，[267] 利益相关者理论模式在实践中存在重大的问题。Berle 认为，虽然为众多投资者管理公司是极具吸引力的，但是怎样管理却成了一大难题。这也是为什么 Berle 将股东利益至上理论摆在优先考虑的位置，因为这样的方式能够控制公司的管理者。甚至连对 Berle 的看法持反对态度的 E. Merrick Dodd 也认为，[268] 在公司治理中，利益相关者理论模式的实施确实存在重大问题。

另一个主要问题是，利益相关者理论在实施中会导致对其本身的任意违反。你会将权力交由利益相关者来掌握吗？诉讼程序合适吗？在这一方面最重要的问题是，一个或者多个董事在实践中会经常违背利益相关者理论。只有公司会对利益相关者理论模式的实施造成伤害这一观点已然陈旧。由于董事管理公司并且拥有权力决定公司是否启动诉讼程序，因此，如果他们违背了自己的职责，他们也不会准许执行任何与自身利益相违背的诉讼程序。在大多数英美法系国家中，为了得到一个有利于公司的判决，立法机关[269]和司法机关[270]允许股东采取派生诉讼程序来对抗董事，或者其他损害公司利益的异端者。但是这些派生诉讼程序并不能帮助大多数利益相关者，因为在大多数情况下，[271]能够提起这种派生诉讼的人仅仅是公司的股东，并且大多数利益相关者也不太倾向于采取派生诉讼程序（需要缴付诉讼费用），因此，当利益相关者的利益受到管理行为的伤害时，由于他们还是其他利益相关者群体中的成员，因此不能从这些派生诉讼程序中获得效益。作为理性的经济行为人，若涉及自身的正当利益时，股东会成为唯一提起派生诉讼

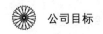

的人。

在当代，Janice Dean 在她关于利益相关者理论的论辩中提出，如果利益相关者理论用于实践，那么仍需要有一股力量去保护利益相关者的预期。[272]正如第 5 章所讨论的那样，Dean 认为，应当赋予利益相关者相应的权利，使得他们能够在《2006 年公司法》第 994 条（《1985 年公司法》第 459 条）的基础上提起诉讼程序，并且此种方式是对利益相关者最好的承诺保障。[273]这一论辩中较为可行的一点是，董事要适当地检测适用于利益相关者利益的所有相关选项。

John Parkinson 也意识到利益相关者理论的实施问题，并且他认为将平衡冲突利益的职责交给董事，将会：

> 使得法官面临一项几乎不可能完成的任务……不仅仅因为法官需要对一个具有争议性的商业政策进行估测，以估计出这个商业政策对于每一个利益相关者可能带来的影响，其中包括短期影响和长期影响，除此之外，法官还需要依据关于规定某些利益应该优先于其他利益的理论来评估这一商业政策。[274]

尽管利益相关者可以采取一些程序，但要想估测出某些利益相关者的利益是否被损害是很困难的，对损失程度进行量化也很困难[275]，因此，任何法定诉讼程序的结果可能都仅仅使得公司获益。

显而易见，法官要想规划一系列能够运用于实践的条例并不容易。

3.4.7 责任与目标

利益相关者理论经常使得责任与目标混淆。确实，正如第 1 章所讨论的，责任与目标应该区别开来。[276]在确定责任之前，确定公司目标是十分必要的。利益相关者理论被用来支持公司社会责任。但是，这并不是唯一可用于支持公司社会责任的理论，因为还有其他理论也有些功效。

3.4.8 关于责任承担的错误看法

Elaine Sternberg 认为，[277]当讨论到责任承担的问题时，利益相关者理论对此方面的阐述令人困惑。尽管并没有明显地表现出来，但是她认为，公司不能对所有的人、群体或者与之相关的事物承担责任，并且，虽然她主张公司应当对如雇员或者供应商这类利益相关者进行回应，但是这并不意味着公司应对这类利益相关者承担责任，除非合同（或者法律）规定要求公司以某种形式对其负责。进一步说，如果利益相关者的合作是具有主观意愿性的，则不能期望公司对他们负责。如果利益相关者不满意管理者的管理行为，那么他们则拥有终止合同的选择权。[278]对于这一主张的回应是，一些利益相关者所处的位置决定了他们很难终止与公司的合作。例如，一些雇员拥有与公司经营领域相关的技能，这些技能很难用于他处；一些供应商被要求在规定的时期内提供商品或服务。

3.4.9　公正性

公正性的价值经常作为利益相关者理论中的一个元素被强调。但是，也有学者对此持反对看法，他们指出，如果非股东利益相关者在没有合同权利的情况下得到了管理者的支持，那么这其中就会涉及不公正以及不合理的价值转移，并且这样的价值转移是以牺牲股东利益为代价的。[279]因此，采用利益相关者理论的做法忽视了最初因创立公司而做出的自由选择；[280]股东筹划公司的创立，并且他们期望公司成为其投资对象。这些学者还认为，当签订合约时，利益相关者能够抬高他们所供给的资源的"卖价"，从而通过这种方式保护他们自身的利益，股东却不能这样做。

除此之外，也有学者认为，利益相关者并没有他们自己所形容的那样脆弱，因此考虑他们的利益意味着他们是通过不公正的方式被摆在了优势的地位。还有学者认为，非股东利益相关者并没有一次性将他们所有的资源投入到公司之中，而是渐进性的，因此，如果他们的期待没有得到满足，或者要价没能得到允许，那么他们将能够终止投资，并且自身不会受到实质性的损失。[281]

利益相关者理论中的公正性价值存在的另一个问题是关联性，即希望实行利益相关者理论模式的公司不能够平等地对待所有的利益相关者，并且这一问题也被利益相关者理论所认可。有时，会出现偏袒一方的情况。因此，也有学者说，这样的偏袒会导致不公正，从而使得利益相关者理论的许多主张仅仅建立在了康德的纯粹平等的理念上。

还有一种情况也是有可能的，即管理者能够通过主张实施利益相关者理论模式的方式，选择支持拥有较强议价能力或者是具有政治影响力

的投资者，这种做法很明显地违背了公正性价值在实践中的应用。

3.4.10 正当性

我们可以看到，利益相关者理论是建立在这样一个假设之上的，即利益相关者是公司的合理受益人。然而，主张这一假设的理论依据是颇具争议的。John Parkinson 认为："没有任何一项管理权利能够被视为是由这样一个假设分析产生的，即以巩固公司利益相关者的利益为目的。"[282]

3.4.11 政治性

有学者认为，利益相关者理论使得公司政治化，因为它允许一些特殊的利益群体对管理者施压，从而使得这些特殊利益群体获益。同样的道理，它也允许管理者依据个人观点作出决策，并且允许管理者利用公司资源来达到自己的目的。上述情况被认为会减少社会福利。[283]

3.4.12 低效率

有观点认为，如果由于不能从公司的正常运营获利中得到边际收入，股东不再影响决策的制定，那么公司的财富将不能最大化，并且，由此公司中的其他利益相关者也将不能获益。[284]这一观点的依据是，如果需要考虑诸如债权人和雇员等利益相关者，管理者将仅仅从事一些能够满足这一类利益相关者利益的商业行为，这类商业行为大体上可能是低风险的，而当公司从事可能带来巨大收益的高风险商业活动时，并不是站在债权人和雇员的角度考虑问题，[285]这是由于大多数非股东利益相关者虽然并不从公司的巨大收益中获利，但是如果这类商业行为失败，公司会破产，非股东利益相关者也会遭受巨大损失。例如，公司不能全额偿还对债权人的欠款，雇员会失去工作（除非公司或者它的商业活动能够存活下来）。因此，限制公司从事低风险的商业活动会扼杀公司寻求高回报的机会，从而会导致公司实际运营中的低效率。

3.4.13 承诺的模糊性

如前所述，一些学者认为董事不得不考虑利益相关者的利益，因为他们需要践行对利益相关者做出的默示承诺。这类主张有着与股东利益至上理论（见第 2 章）相同或者类似的问题。主张中所说的管理者对利益相关者做出的默示承诺实际上并不存在，他们之间也不存在合同关系，并且，也没有任何迹象能够证实这类默示承诺的实质性。对于大多数利益相关者来说，在董事对利益相关者利益的管理行为与利益相关者自身考虑和认同的利益之间建立起关联性是不可能实现的。以社区为例，正如 Eugene Schlossberger 所说："公司对社区需求的感知方式是复杂的、灵活的、微妙的，并且会改变合同中的某些不协调因素。"[286]

比起依赖一些特殊的承诺，一些理论学者更倾向于依赖这样的事实，即管理者会善意地考虑利益相关者的利益。[287]但是这并不能成为不实行股东利益至上理论的理由，也许对社会需求的敏感性是一种责任，然而显然，这不是公司的目标。在这方面，利益相关者理论又一次将责任与目标混淆。

3.5　理论的应用

本书在涉及利益相关者理论的规范性研究的同时，也简要地对其作了相应的对研究有帮助的描述性介绍。有些学者认为，利益相关者理论被股东利益至上理论的实践弱化了，进一步说，在实践中，利益相关者理论被股东利益至上理论损害，通过恶意收购、缩小规模、并购或调整执行股价支付的方式，[288]正如我们所看到的那样，利益相关者理论在实践中很难运用。因此，它究竟能否在英美法系国家中使用呢？

其实，在现实中有迹象表明利益相关者理论是能够有效地运用于商业活动中的。追溯到 20 世纪 20 年代，通用电气公司董事长 Owen Young 就曾提到过，他认识到，尽管他有义务保障股东能得到合理比例的回报，但是他也有义务保障员工、消费者以及社会大众的合理利益。[289]随后，在 1946 年，美国 Standard Oil 公司主席也表示，公司的商业活动要"通过一种合理的方式，维持一个公正且有效的平衡点，使得不同直接利益群体，如股东、雇员、消费者和社会大众的利益最大化"。[290]如上述所示，在 20 世纪 20—60 年代，有大量关于利益相关者理论实践的例子。相比之下，最近，利益相关者理论实践的情况又是怎样的呢？20 世纪 80 年代后期，一项关于《财富》500 强的公司声誉调查发现，满足一个利益相关者的利益并不必然意味着牺牲其他利益相关者的利益。[291]这一调查结果被《金融时报》做的针对欧洲最权威的公司的调查得出的经验性证据所支持，该调查发现，公司的 CEO 认为，成功公司的特征之一，即是拥有保障利益相关者群体之间利益平衡的能力。[292]前美国特拉华州衡平法院大法官 William Allen 曾说过，在过去的 50 年间，公司领导者的主流观点是，从董事会公正考量的角度来看，没有任何一个投资者的利益应该被排除在其他投资者利益之外。[293]

近期，在澳大利亚进行了一项研究，调查董事对于利益相关者理论的看法，结果显示，大多数（55%）董事认为应该对利益相关者的利益加以平衡。[294]

总体上讲，当公司面临财务危机时（在美国指接近破产边缘时），除了认识到要对债权人的利益加以考量，许多地区的法院抵制管理者对任何超越股东利益范围的其他利益加以考虑。[295]需要注意的是，在过去的七年间，加拿大最高法院的两项重要判决明确地驳斥了股东利益至上理论，并且虽然这两项判决中没有明确表明，董事需要考虑利益相关者的利益，但是将决定权交给了董事，允许他们考虑利益相关者的利益。在 *People's Department Stores v Wise*[296]一案中，法院认为，董事有义务为公司牟取最大的利益，"公司的最大利益"意味着最大化公司的价值。大法官 Major 和 Deschamps 提到：

> 我们接受这样一个精确的法律表述，即当确定董事是否履行为公司牟取最大利益的义务时，如下考虑是合法的（考虑到案件中的所有具体情况），即除了其他利益之外，董事会应当考虑股东、雇员、供应商、债权人、消费者、政府以及环境等各种利益。但是在任何时候，董事以及公司的高级职员都应该对公司负有信托义务。公司的利益不能与债权人或者其他利益相关者的利益相混淆。[297]

法院明确表明，"公司的最大利益"不能被简单地理解为"股东的最大利益"。[298]在之后的 *BCE Inc v 1976 Debentureholders*[299]一案中，法院肯定了这样一个事实，即董事可以考虑决策对于非股东利益相关者的影响。[300]

有学者宣称，一些公司，例如摩托罗拉和 3M，确实是在利益相关者理论基础上经营公司的。[301]在一个关于美国《财富》100 强公司文件的调查中，Lisa Fairfax 发现，除了两家公司，其他所有公司的文件中都显示出要对利益相关者的利益加以考量的标注。[302]她还提到，从美国公司的文件以及谈话中可以看出，这些公司有向利益相关者理论模式转变的趋势。[303]Fairfax 根据她的调查得出结论，公司感觉到有责任对利益相关者群体的利益加以关注，并且对与股东利益无关的问题也应予以重视，[304]除此之外，公司还应该切实践行它们所作出的承诺。[305]

随着涉及利益相关者理论著作的不断增多，越来越多的学者被说服，认为利益相关者理论在英美法系国家逐渐处于优势地位。并且由此可以得出，在英美法系国家中，大量涌现的社会报告[306]以及公司人力资本重要性的提升[307]使得这些国家和地区逐渐向利益相关者理论的方向倾斜。然而，一些评论员对此结论持怀疑态度。[308]

尽管上述表明的仅仅是利益相关者理论在实践中的些许影响，但确实显示出利益相关者理论在实践运用方面产生的影响，虽然这样的影响并不能使我们得出这样的结论，即尤其是在英美法系国家，利益相关者理论处于支配地位，或者它能够完全运用于实践中。

3.6　结语

利益相关者理论旨在将经济效益与企业道德相结合，并且确保当管理者在决定公司的管理决策时，所有利益相关者的利益能够被考虑到。更重要的是，该理论使得利益相关者的利益不再是管理者最大化股东利益的附属品，而是单独考虑并且使之能够实现。

公司目标的两个主流理论的主要分歧是，管理者能否被信任。尽管在对于管理者如何管理公司的问题上缺乏确定性，但关键是管理者能否被委任以提高利益相关者的地位。利益相关者理论依赖于董事的专业性以及是否值得信任，然而股东利益至上理论并不需要以此为理论基础，因为其理论前提就是假定董事是具有投机主义行为或逃避责任的行为的。因此，值得肯定的一点是，既使将董事的投机主义行为及逃避责任行为放在一边不谈，利益相关者理论在现实中的实行仍然是一大难题。在某种情况下，尽管董事的行为是值得尊敬且适当的，但是他们却很难知道应当怎样实行管理。例如，假设一种管理行为的实施仅仅能够使投资者 A，B 和 C 获益，不能使 D 和 E 获益；另一种具有效力的管理行为能够使投资者 A，D 和 E 获益，不能使 B 和 C 获益。在这种情况下，董事该怎样做？他们应该怎样在这两种管理方案中进行取舍？他们不能够使所有的利益相关者群体获利，并且也没有任何实质的指导能够提供帮助。因此，应该什么方案都不采取吗？可以想到的是，这种不作为将会损害所有投资者的利益。

利益相关者理论模式对许多群体以及个人是具有吸引力的。它强调了一系列较为积极的价值观，如信任、公正（因为雇员通常是公司的重要资产；作为公司的经营场所，社区也是很重要的，所以公正性要求雇员和社区的利益应该被考虑），但是早在 20 世纪 30 年代就已发现，[309] 利益相关者理论在实践中存在严重的问题。Adolf Berle 认为，为众多投资者管理公司是极具吸引力的，但这不能成为公司管理模式的依据。这也是他推崇股东利益至上理论的原因，因为该理论能够有效地限制管理者。

虽然利益相关者理论有较多的追随者，并且在以利益相关者理论为导向的地区之外，该理论也持续具有较为重要的影响，但是如许多理论一样，在实践中它具有许多实质性的困难。其中主要的问题有：不能明确定义出谁是公司的利益相关者；缺少依据及能力解释理论中的一些重要方面，如董事应怎样平衡利益相关者的利益；缺少清晰的说明；不能提供明确有力的证据表达出理论在实践中的运用模式；不能提供规范且明确的理论基础；并且对于该理论在现实中的实施这一问题也没能给出令人满意的解释。尽管股东利益至上理论也不是与规范的理论视角一样具有说服力，但是与利益相关者理论相比，它能够被视为更加实用且更加可操作。利益相关者理论虽具有一定的吸引力，但是规范地讲，它并不实用，并且有学者认为，[310]尽管该理论解决了股东的投机主义行为问题，[311]却导致了更加严重的问题，即利益相关者的投机主义行为会使得公司不得不为了公共的权益资本支付高额的成本费用，[312]因为投资者要防止他们的投资被利益相关者寻租。

因此，尽管有强有力的观点支持，董事应当平衡所有利益相关者的利益，但不得不承认的是，虽然他们尽力去平衡各种利益，却相应地也引起了更多的问题，从而降低了该理论本身的价值。可以明确的一点是，不论评论员持何种观点，他们中的大多数都接受这样一种观点，即平衡利益相关者的利益是一个棘手的问题，它意味着，董事不得不解决被一些评论员认为不可能的利益冲突。[313]

现在，我们能够确信的是，不论是股东利益至上理论，还是它的主要对手——利益相关者理论，都存在重大问题。而这导致的结果是，我们必须寻找一些其他的可行方案，下一章将会提供一种。

注释

〔1〕R. E. Freeman, *Strategic Management：A Stakeholder Approach*（Boston, Pitman/Ballinger, 1984）at 25. Some regard the last descriptor to be outdated：J. Andriof, B. Hunter, S. Waddock and S. Rahman, "Introduction" in J. Andriof, B. Hunter, S. Waddock and S. Rahman（eds）, *Unfolding Stakeholder Thinking*（Sheffield, Greenleaf Publishing, 2002）at 9.

〔2〕"利益相关者"一词据说来源于 1963 年斯坦福研究所（Stanford Research Institute）备忘录，意指"缺乏其支持将使组织无法存在的群体"：R. E. Freeman and D. Reed, "Stockholders and Stakeholders：A New Perspective on Corporate Governance"（1983）25 *California Management Review* 88 at 89。

〔3〕R. Karmel, "Implications of the Stakeholder Model"（1993）61 *George Washington Law Review* 1156 at 1171 1175；L. Johnson and D. Millon, "Corporate Takeovers and Corporate Law：Who's in Control?"（1993）61 *George Washington Law Review* 1177 at 1197-1207.

〔4〕R. E. Freeman, "The Politics of Stakeholder Theory：Some Future Directions"（1994）4 *Business Ethics Quarterly* 409.

〔5〕For a discussion, see M. Huse and D. Eide, "Stakeholder Management and the Avoidance of Corporate Control"（1996）35 *Business and Society* 211.

〔6〕C. Stoney and D. Winstanley, "Stakeholding：Confusion or Utopia? Mapping the Conceptual Terrain"（2001）38 *Journal of Management Studies* 603 at 604.

〔7〕E. Scholes and D. Clutterbuck, "Communication with Stakeholders：An Integrated Approach"（1998）31 *Long Range Planning* 227.

〔8〕A. Hillman and G. Keim, "Shareholder Value, Stakeholder Management and Social Issues：What's The Bottom Line?"（2001）22 *Strategic Management Journal* 125 at 125.

〔9〕Ibid.

〔10〕E. Scholes and D. Clutterbuck, "Communication with Stakeholders：An Integrated Approach"（1998）31 *Long Range Planning* 227 at 228.

[11] 例如，2006 年关于运动品牌耐克公司利用血汗工厂来生产产品的论断在世界范围内引起了广泛的关注。〈http：//news. bbc. co. uk/1/hi/programmes/panor ama/archive/970385. stm〉(last visited，4 April 2010)。

[12] B. Lantry，"Stakeholders and the Moral Responsibilities of Business" (1994) 4 *Business Ethics Quarterly* 431 at 431.

[13] S. Reynolds，F. Schultz and D. Hekman，"Stakeholder Theory and Managerial Decision-Making：Constraints and Implications of Balancing Stakeholder Interests" (2006) 64 *Journal of Business Ethics* 285 at 293.

[14] B. Van de Ven，"Human Rights as a Normative Basis for Stakeholder Legitimacy" (2005) 5 *Corporate Governance* 48 at 51.

[15] T. Jones and A. Wicks，"Convergent Stakeholder Theory" (1999) 24 *Academy of Management Review* 206.

[16] T. Donaldson and L. Preston，"The Stakeholder Theory for the Corporation：Concepts，Evidence，Implications" (1995) 20 *Academy Management Review* 65 at 74.

[17] S. Letza，X. Sun and J. Kirkbride，"Shareholding and Stakeholding：a Critical Review of Corporate Governance" (2004) 12 *Corporate Governance：An International Review* 242 at 251.

[18] "Stakeholders，the Case in Favour" (1997) 30 *Long Range Planning* 446 at 446.

[19] J. Dean，*Directing Public Companies* (London，Cavendish，2001) at 94.

[20] W. Hutton，*The State We're In* (London，Jonathan Cape，1995).

[21] W. Evan and R. E. Freeman，"A Stakeholder Theory of the Modern Corporation" in T. Beauchamp and N. Bowie (eds)，*Ethical Theory and Business* (Englewood Cliffs，Prentice Hall，1974) and referred to in C. Metcalfe，"The Stakeholder Corporation" (1998) 7 *Business Ethics：A European Review* 30 at 30.

[22] B. Ford，"In Whose Interest：An Examination of the Duties of Directors and Officers in Control Contests" (1994) 26 *Arizona State Law Journal* 91 at 101.

[23] Anon，"Principles of Stakeholder Management" (2002) 12 *Business Ethics Quarterly* 257 at 258.

[24] 一些股东利益至上主义者认为，背离股东地位的优先性来确保没有外部化的影响，这样的做法将会增加代理成本，并且减少社会财富：I. Lee，"Efficiency and Ethics in the Debate About Shareholder Primacy" (2006) 31 *Delaware Journal of Corporate Law* 533 at 539。

[25] R. E. Freeman，*Strategic Management：a Stakeholder Approach* (Boston，Pitman/Ballinger，1984). 一些学者对此比 Freeman 更加严格。例如，19 世纪 90

年代中期的学者 Margaret Blair (*Ownership and Control* (Washington DC, The Brookings Institute, 1995)) (她随后支持了团队生产的观点) 对那些给予公司特定投资的社会人员的数量加以限制 (她在团队生产的理论下也继续持有这一观点: M. Blair and L. Stout in "A Team Production Theory of Corporate Law" (1999) 85 *Virginia Law Review* 247)。

[26] R. E. Freeman, *Strategic Management: a Stakeholder Approach* (Boston, Pitman/Ballinger, 1984) at 97.

[27] For example, J. Plender, "Giving People a Stake in the Future" (1998) 31 *Long Range Planning* 211 at 214.

[28] R. E. Freeman and R. Phillips, "Stakeholder Theory: A Libertarian Defense" (2002) 12 *Business Ethics Quarterly* 331 at 333.

[29] R. Karmel, "Implications of the Stakeholder Model" (1993) 61 *George Washington Law Review* 1156 at 1157.

[30] S. Reynolds, F. Schultz and D. Hekman, "Stakeholder Theory and Managerial Decision-Making: Constraints and Implications of Balancing Stakeholder Interests" (2006) 64 *Journal of Business Ethics* 285 at 286.

[31] R. Phillips, E. Freeman and A. Wicks, "What Stakeholder Theory is not" (2003) 13 *Business Ethics Quarterly* 488.

[32] J. Andriof, B. Hunter, S. Waddock and S. Rahman, "Introduction" in J. Andriof, B. Hunter, S. Waddock and S. Rahman (eds), *Unfolding Stakeholder Thinking* (Sheffield, Greenleaf Publishing, 2002) at 9.

[33] W. Evan and R. E. Freeman, "A Stakeholder Theory of the Modern Corporation: Kantian Capitalism" in T. Beauchamp and N. Bowie (eds), *Ethical Theory and Business* (Englewood Cliffs, NJ, Prentice-Hall, 1988) at 103.

[34] R. E. Freeman, "The Politics of Stakeholder Theory: Some Future Directions" (1994) 4 *Business Ethics Quarterly* 409 at 415.

[35] Anon, "Principles of Stakeholder Management" (2002) 12 *Business Ethics Quarterly* 257 at 259. 公司管理者应该怎样做见本书第 5 章，关于这些做法的原理参见 The Clarkson Centre for Business Ethics, *Principles of Stakeholder Management* (Toronto, University of Toronto Press, 1999)。

[36] R. Mitchell, B. Agle and D. Wood, "Toward a Theory of Stakeholder Identification and Salience: Defining the Principle of Who and What Really Counts" (1997) 22 *Academy of Management Review* 853 at 855.

[37] L. Ryan, "The Evolution of Stakeholder Management: Challenges and Potential Conflicts" (1990) 3 *International Journal of Value Based Management* 105 at 108.

［38］Anon，"Principles of Stakeholder Management"（2002）12 *Business Ethics Quarterly* 257 at 258.

［39］R. E. Freeman，*Strategic Management：a Stakeholder Approach*（Boston，Pitman/Ballinger，1984）at 45.

［40］B. Lantry，"Stakeholders and the Moral Responsibilities of Business"（1994）4 *Business Ethics Quarterly* 431 at 432.

［41］R. E. Freeman，*Strategic Management：a Stakeholder Approach*（Boston，Pitman/Ballinger，1984）at 53.

［42］Ibidat 196.

［43］J. Plender，*The Stakeholding Solution*（London，Nicholas Brealey，1997）referred to in J. Dean，*Directing Public Companies*（London，Cavendish，2001）at 117.

［44］E. Orts and A. Strudler，"The Ethical and Environmental Limits of Stakeholder Theory"（2002）12 *Business Ethics Quarterly* 215 at 216.

［45］L. Fairfax，"The Rhetoric of Corporate Law：The Impact of Stakeholder Rhetoric on Corporate Norms"（2005）21 *Journal of Corporation Law* 675 at 677－678.

［46］S. Wheeler，"Works Councils：Towards Stakeholding?"（1997）24 *Journal of Law and Society* 44 at 49.

［47］"The Changing Basis of Economic Responsibility"（1916）24 *Journal of Political Economy* 203.

［48］J. Post，L. Preston and S. Sachs，*Redefining the Corporation Stakeholder Management and Organizational Wealth*（Stanford，Stanford Business Books，2002）at 18.

［49］By John Parkinson in "Models of the Company and the Employment Relationship"（2003）41 *British Journal of Industrial Relations* 481 at 493.

［50］"The Apologetics of Managerialism"（1958）31 *Journal of Business* 1.

［51］"The Social Significance of the Modern Corporation"（1957）47 *American Economic Review* 311.

［52］参见 L. Preston，"Stakeholder Management and Corporate Performance"（199）19 *Journal of Behavioral Economics* 361 at 362。John Hendry 将这段时期称为"工业管理主义时期"（industrial managerialism）："Missing the Target：Normative Stakeholder Theory and the Corporate Governance Debate"（2001）11 *Business Ethics Quarterly* 159 at 160。

［53］Boston，Pitman/Ballinger，1984.

［54］E. Orts，"A North American Legal Perspective on Stakeholder Management Theory" in F. MacMillan Patfield （ed）, *Perspectives on Company Law.* 2 (London, Kluwer, 1997) at 170.

［55］J. Clarke, "The Stakeholder Corporation: A Business Philosophy for the Information Age" (1998) 31 *Long Range Planning* 182 at 186.

［56］因此，该理论是对股东利益至上理论的回应: R. Phillips, "Stakeholder Theory and a Principle of Fairness" (1997) 7 *Business Ethics Quarterly* 51 at 52。

［57］"利益相关者"一词据说来源于 1963 年斯坦福研究所（Stanford Research Institute）备忘录，意指"缺乏其支持将使组织无法存在的群体": R. E. Freeman and D. Reed, "Stockholders and Stakeholders: A New Perspective on Corporate Governance" (1983) 25 *California Management Review* 88 at 89。

［58］See T. Donaldson and L. Preston, "The Stakeholder Theory for the Corporation: Concepts, Evidence, Implications" (1995) 20 *Academy Management Review* 65 at 66−67.

［59］R. Karmel, "Implications of the Stakeholder Model" (1993) 61 *George Washington Law Review* 1156 at 1171.

［60］R. E. Freeman, *Strategic Management. a Stakeholder Approach* (Boston, Pitman/Ballinger, 1984) at 54 and 196.

［61］R. Mitchell, B. Agle and D. Wood, "Toward a Theory of Stakeholder Identification and Salience: Defining the Principle of Who and What Really Counts" (1997) 22 *Academy Management Review* 853.

［62］M. Clarkson, "A Risk Based Model of Stakeholder Theory," Proceedings of the Second Toronto Conference on Stakeholder Theory, Centre for Corporate Social Performance, University of Toronto, 1994 at 5 and quoted in A. Hillman and G. Klein, "Shareholder Value, Stakeholder Management and Social Issue. What's the Bottom Line? (2001) 22 *Strategic Management Journal* 125.

［63］For example, E. Orts and A. Strudler, "The Ethical and Environmental Limits of Stakeholder Theory" (2002) 12 *Business Ethics Quarterly* 215.

［64］J. Dean, *Directing Public Companies* (London, Cavendish, 2001) at 99, 103.

［65］For example, see R. Miller, "Ethical Challenges in Corporate-Shareholder Investor Relations: Using the Value Exchange Model to Analyze and Respond" (1998) 7 *Journal of Business Ethics* 117 at 121.

［66］E. Orts and A. Strudler, "The Ethical and Environmental Limits of Stakeholder Theory" (2002) 12 *Business Ethics Quarterly* 215.

［67］Y. Fassin, " The Stakeholder Model Refined" (2009) 84 *Journal of Business Ethics* 113 at 115.

［68］*Business and Society: Ethics and Stakeholder Management*（Cincinnati, South-Western, 1989）at 56-57.

［69］T. Donaldson and L. Preston, "The Stakeholder Theory for the Corporation: Concepts, Evidence, Implications"（1995）20 *Academy Management Review* 65 at 86.

［70］C. Handy, *The Hungry Spirit*（London, Hutchinson and Co, 1997）at 181.

［71］J. Dean, *Directing Public Companies*（London, Cavendish, 2001）at 107.

［72］N. Bowie, "A Kantian Theory of Capitalism"（1998）8 *Business Ethics Quarterly* 37 at 47.

［73］For example, K. Greenfield, "Saving the World With Corporate Law"（2008）57 *Emory Law Journal* 947 at 978; F. Post, "A Response to 'The Social Responsibility of Corporate Management: A Classical Critique'"（2003）18 *Mid-American Journal of Business* 25 at 32. This issue is discussed briefly in Chapter 5.

［74］"Reclaiming Corporate Law in a New Gilded Age"（2008）2 *Harvard Law and Policy Review* 1 at 24.

［75］J. Plender, "Giving People a Stake in the Future"（1998）31 *Long Range Planning* 211 at 215.

［76］J. Dean, *Directing Public Companies*（London, Cavendish, 2001）at 138

［77］关于这一法案的讨论，参见 A. Keay, "Enlightened Shareholder Value, the Reform of the Duties of Corporation Directors and the Corporate Objective"［2006］*Lloyds Maritime and Commercial Law Quarterly* 335; S. Kiarie, "At Crossroads: Shareholder Value, Stakeholder Value and Enlightened Shareholder Value: Which Road Should the United Kingdom Take?"（2006）17 *International Corporation and Commercial Law Review* 329; A. Keay, *Directors' Duties*（Bristol, Jordan Publishing, 2009）, Chapter 6; A. Keay, "Moving Towards Stakeholderism? Constituency Statutes, Enlightened Shareholder Value and All That: Much Ado About Little?"（2011）22 *European Business Law Review* 1。

［78］C. Metcalfe, "The Stakeholder Corporation,（1998）7 *Business Ethics: A European Review* 30 at 32.

［79］"Stakeholder Theory and a Principle of Fairness"（1997）7 *Business Ethics Quarterly* 51 at 57.

［80］Ibid at 59.

［81］Ibid at 64.

［82］W. Evan and R. E. Freeman, "A Stakeholder Theory of the Modern Corporation: Kantian Capitalism" in T. Beauchamp and N. Bowie （eds）, *Ethical Theory and Business* （Englewood Cliffs, NJ, Prentice-Hall, 1988）.

［83］R. E. Freeman and W. Evan, "Corporate Governance: A Stakeholder Interpretation" （1990） 19 *Journal of Behavioral Economics* 337. This is critiqued by J. Child and A. Marcoux in "Freeman and Evan: Stakeholder Theory in the Original Position" （1999） 9 *Business Ethics Quarterly* 207.

［84］"The Stakeholder Theory and the Common Good" （1998） 17 *Journal of Business Ethics* 1093.

［85］A. Argandona, "The Stakeholder Theory and the Common Good" （1998） 17 *Journal of Business Ethics* 1093 at 1097.

［86］"The Stakeholder Theory for the Corporation: Concepts, Evidence, Implications" （1995） 20 *Academy Management Review* 65. The learned authors do not develop the view.

［87］B. Van de Ven, "Human Rights as a Normative Basis for Stakeholder Legitimacy" （2005） 5 *Corporate Governance: International Review* 48.

［88］Y. Fassin, "The Stakeholder Model Refined" （2009） 84 *Journal of Business Ethics* 113 at 113.

［89］R. E. Freeman, A. Wicks and B. Parmar, "Stakeholder Theory and 'The Corporate Objective Revisited'" （2004） 15 *Organization Science* 364 at 364.

［90］J. Hendry, "Missing the Target: Normative Stakeholder Theory and the Corporate Governance Debate" （2001） 11 *Business Ethics Quarterly* 159 at 161.

［91］有趣的是，作为股东地位优先主义理论的支持者，Elaine Sternberg 也认为需要将经济效益与商业伦理结合在一起：E. Sternberg, *Just Business*, 2nd ed （Oxford, Oxford University Press, 2000）。

［92］C. Hill and T. Jones, "Stakeholder-Agency Theory" （1992） 19 *The Journal of Management Studies* 131.

［93］For example, see M. Eisenberg, "The Conception That the Corporation is a Nexus of Contracts, and the Dual Nature of the Firm" （1999） 24 *Journal of Corporation Law* 819 at 833.

［94］L. Zingales, "In Search of New Foundations" （2000） 55 *Journal of Finance* 1623 at 1634.

［95］J. Dean, *Directing Public Companies* （London, Cavendish, 2001）, at 101

［96］R. E. Freeman, *Strategic Management: a Stakeholder Approach* （Boston, Pitman/Ballinger, 1984） at 196; R. Phillips, E. Freeman and A. Wicks, "What Stakeholder Theory is not" （2003） 13 *Business Ethics Quarterly* 487.

[97] W. Evan and R. E. Freeman, "A Stakeholder Theory of the Modern Corporation: Kantian Capitalism" in T. Beauchamp and N. Bowie (eds), *Ethical Theory and Business* (Englewood Cliffs, Prentice-Hall, 1988); K. Greenfield, "Reclaiming Corporate Law in a New Gilded Age" (2008) 2 *Harvard Law and Policy Review* 1 at 24.

[98] F. Allen, E. Carletti, and R. Marquez, "Stakeholder Capitalism, Corporate Governance and Firm Value," August 4, 2007, Working Paper, University of Pennsylvania, at 6, and accessible at: ⟨http://knowledge.wharton.upenn.edu/papers/1344.pdf⟩ (last visited, 3 August 2009).

[99] S. Ayuso et al, "Maximising Stakeholders' Interests: An Empirical Analysis of the Stakeholder Approach to Corporate Governance," IESE Business School, University of Navarra, Working Paper No 670, January 2007 at 3.

[100] D. Millon, "Communitarianism in Corporate Law: Foundations and Law Reform Strategies" in L. Mitchell (ed), *Progressive Corporate Law* (Boulder, Colorado, Westview Press, 1995) at 3.

[101] R. E. Freeman, A. Wicks and B. Parmar, "Stakeholder Theory and 'The Corporate Objective Revisited'" (2004) 15 *Organization Science* 364 at 365 and referring to S. Venkataraman, "Stakeholder Value Equilibration and the Entrepreneurial Process" in R. E. Freeman and S. Venkataraman (eds), *The Ruffin Series No 3: Ethics and Entrepreneurship* (Charlottesville, Philosophy Documentation Center, 2002), at 45.

[102] R. E. Freeman, A. Wicks and B. Parmar, "Stakeholder Theory and 'The Corporate Objective Revisited'" (2004) 15 *Organization Science* 364 at 365.

[103] J. Dean, *Directing Public Companies* (London, Cavendish, 2001) at 251.

[104] A. Campbell, "Stakeholders, the Case in Favour" (1997) 30 *Long Range Planning* 446 at 446.

[105] BHP Billiton, *Submission* 13, p1 to the Australian Joint Parliamentary Committee on Corporations and Financial Services, *Corporate Responsibility: Managing Risk and Creating Value*, June 2006 para 4.46 and accessible at ⟨http://www.aph.gov.au/senate/committee/corporations_ctte/completed_inquiries/2004-07/corporate_responsibility/report/index.htm⟩ (last visited, 16 December 2009) and referred to at para 3.18 of the report.

[106] K. Greenfield, "Saving the World With Corporate Law" (2008) 57 *Emory Law Journal* 947 at 975.

[107] J. Dean, *Directing Public Companies* (London, Cavendish, 2001)

at 108.

[108] Ibid.

[109] J. Plender, "Giving People a Stake in the Future" (1998) 31 *Long Range Planning* 211 at 215.

[110] R. E. Freeman and R. Phillips, "Stakeholder Theory: A Libertarian Defense" (2002) 12 *Business Ethics Quarterly* 331 at 338.

[111] R. Karmel, "Implications of the Stakeholder Model" (1993) 61 *George Washington Law Review* 1156 at 1171.

[112] W. Leung, "The Inadequacy of Shareholder Primacy: A Proposed Corporate Regime that Recognizes Non-Shareholder Interests" (1997) 30 *Columbia Journal of Law and Social Problems* 589 at 622.

[113] E. M. Dodd, "Is Effective Enforcement of the Fiduciary Duties of Corporate Managers Practicable?" (1935) 2 *University of Chicago Law Review* 194 at 202－203.

[114] R. Karmel, "Implications of the Stakeholder Model" (1993) 61 *George Washington Law Review* 1156 at 1169.

[115] L. Mitchell, "A Theoretical and Practical Framework for Enforcing Corporate Constituency Statutes" (1992) 70 *Texas Law Review* 579 at 641－643.

[116] D. Millon, "Communitariamsm in Corporate Law: Foundations and Law Reform Strategies" in L. Mitchell (ed), *Progressive Corporate Law* (Boulder, Colorado, Westview Press, 1995) at 12.

[117] See T. Donaldson and L. Preston, "The Stakeholder Theory for the Corporation: Concepts, Evidence, Implications" (1995) 20 *Academy Management Review* 65 at 66－67.

[118] M. Clarkson, "A Stakeholder Framework for Analyzing and Evaluating Corporate Social Performance" (1995) 20 *Academy Management Review* 92 at 112.

[119] T. Donaldson and L. Preston, "The Stakeholder Theory for the Corporation: Concepts, Evidence, Implications" (1995) 20 *Academy Management Review* 65.

[120] M. Omran, P. Atrill and J. Pointon, "Shareholders Versus Stakeholders: Corporate Mission Statements And Investor Returns" (2002) 11 *Business Ethics: A European Review* 318 at 318.

[121] T. Donaldson and L. Preston, "The Stakeholder Theory for the Corporation: Concepts, Evidence, Implications" (1995) 20 *Academy Management Review* 65 at 67.

[122] For example, J. Boatright, "Fiduciary Duties and the Shareholder-Man-

agement Relation: Or, What's So Special About Shareholders?" (1994) 4 *Business Ethics Quarterly* 393.

[123] R. Mitchell, "Toward a Theory of Stakeholder Identification and Salience: Defining the Principle of Who and What Really Counts" (1997) 22 *Academy Management Review* 853 at 862.

[124] R. Marens and A. Wicks, "Getting Real: Stakeholder Theory, Managerial Practice and the General Irrelevance of Fiduciary Duties Owed to Shareholders" (1999) 9 *Business Ethics Quarterly* 273 at 274.

[125] W. Evan and R. E. Freeman, "A Stakeholder Theory of the Modern Corporation: Kantian Capitalism" in T. Beauchamp and N. Bowie (eds), *Ethical Theory and Business* (Englewood Cliffs, Prentice-Hall, 1988) at 103.

[126] R. Phillips, E. Freeman and A. Wicks, "What Stakeholder Theory is not" (2003) 13 *Business Ethics Quarterly* 494.

[127] D. Millon, "Communitarianism in Corporate Law: Foundations and Law Reform Strategies" in L. Mitchell (ed), *Progressive Corporate Law* (Boulder, Colorado, Westview Press, 1995) at 4.

[128] K. Gibson, "The Moral Basis of Stakeholder Theory" (2000) 26 *Journal of Business Ethics* 245 at 248. Also, see T. Donaldson and L. Preston, "The Stakeholder Theory for the Corporation: Concepts, Evidence, Implications" (1995) 20 *Academy Management Review* 65 at 67.

[129] F. Easterbrook and D. Fischel, "Antitrust Suits by Targets of Tender Offers" (1982) 80 *Michigan Law Review* 1155 at 1156.

[130] J. Fisch, "Measuring Efficiency in Corporate Law: The Rule of Shareholder Primacy" December 2005, Fordham Law Legal Studies, Working Paper No 105 at p29 and available at ⟨http://ssrn.com/abstract=878391⟩ (last visited, 27 July 2009).

[131] Dale B. Tauke, "Should Bondholders Have More Fun? A Reexamination of the Debate Over Corporate Bondholder's Rights" [1989] *Columbia Business Law Review* 1 at 15, n28.

[132] For example, R. E. Freeman, "The Politics of Stakeholder Theory: Some Future Directions" (1994) 4 *Business Ethics Quarterly* 409 at 413.

[133] P. Ireland, "Corporate Governance, Stakeholding, and the Company: Towards a Less Degenerate Capitalism" (1996) 23 *Journal of Law and Society* 287 at 296.

[134] C. Stoney and D. Winstanley, "Stakeholder Confusion or Utopia? Mapping the Conceptual Terrain" (2001) 38 *Journal of Management Studies* 600 at 606.

［135］E. Sternberg，"The Defects of Stakeholder Theory"（1997）5 *Corporate Governance：An International Review* 3 at 6.

［136］Ibid at 9.

［137］L. Trevino and G. Weaver，"The Stakeholder Research Tradition：Converging Theorists-not Convergent Theory"（1999）24 *Academy of Management Review* 222.

［138］S. Learmount，"Theorizing Corporate Governance：New Organizational Alternatives"（2003）14 *Journal of Interdisciplinary Economics* 159.

［139］T. Donaldson, *The Ethics of International Business*（New York，Oxford University Press，1989）at 45，See，A. Argandona，"The Stakeholder Theory and the Common Good"（1998）17 *Journal of Business Ethics* 1093；F. Lépineux，"Stakeholder Theory，Society and Social Cohesion"（2005）5 *Corporate Governance：An International Review* 99 at 99；S. Wheeler，*Corporations and the Third Way*（Oxford，Hart Publishing，2002）at 6.

［140］T. Donaldson and T. Dunfee，"Toward a Unified Conception of Business Ethics：Integrative Social Contracts Theory（1994）19 *Academy of Management Review* 252.

［141］"Stakeholder Theory and a Principle of Fairness"（1997）7 *Business Ethics Quarterly* 51.

［142］Freeman 也声称，没有规范的基础的理由是必需的："Ending the So-called 'Friedman-Freeman' Debate" in B. Agle，T. Donaldson，R. E. Freeman，M. Jensen，R. Mitchell and D. Wood，"Dialogue：Towards Superior Stakeholder Theory"（2008）18 *Business Ethics Quarterly* 153 at 161.

［143］I. Kant，"Groundwork of the Metaphysic of Morals" translated in H. J. Paton，*The Moral Law*（Hutchinson，1948）at 91.

［144］E. Steinberg，"The Defects of Stakeholder Theory"（1997）5 *Corporate Governance：An International Review* at 3 at 6.

［145］For instance，see C. Stoney and D. Winstanley，"Stakeholder Confusion or Utopia? Mapping the Conceptual Terrain"（2001）38 *Journal of Management Studies* 600；F. Lepineux，"Stakeholder Theory，Society and Social Cohesion"（2005）5 *Corporate Governance：An International Review* 99.

［146］R. Phillips，E. Freeman and A. Wicks，"What Stakeholder Theory is Not"（2003）13 *Business Ethics Quarterly* 479.

［147］"Beyond Stockholders and Stakeholders：A Plea for Moral Autonomy"（2002）36 *Journal of Business Ethics* 207 at 215.

［148］M. Goyder，*Living Tomorrow's Company*（Hampshire，Gower，1998） at 3.

［149］M. V. Weyer，"Ideal World"（1996）*Management Today*，September，35 at 35.

［150］D. J. Wood and R. E. Jones，"Stakeholder Mismatching：a Theoretical Problem in Empirical Research on Corporate Social Performance"（1995）3（3）*The International Journal of Organizational Analysis* 229 at 231.

［151］S. Learmount，"Theorizing Corporate Governance：New Organizational Alternative" ESRC Centre for Business Research，University of Cambridge，Working Paper No 237，June 2002 at p10.

［152］J. Humber，"Beyond Stockholders and Stakeholders：A Plea for Moral Autonomy"（2002）36 *Journal of Business Ethics* 207 at 215.

［153］M. Omran，P. Atrill and J. Pointon，"Shareholders Versus Stakeholders：Corporate Mission Statements and Investor Returns"（2002）11 *Business Ethics：A European Review* 318 at 318.

［154］R. E. Mitchell 与他的合著者确定了 27 种利益相关者的定义，见"Toward a Theory of Stakeholder Identification and Salience：Defining the Principle of Who and What Really Counts"（1997）22 *Academy Management Review* 853。在美国，对于不同的投资者的法律地位也存在争议：W. Leung，"The Inadequacy of Shareholder Primacy：A Proposed Corporate Regime that Recognizes Non-Shareholder Interests"（1997）30 *Columbia Journal of Law and Social Problems* 589 at 618。

［155］R. Mitchell，B. Agle and D. Wood，"Toward a Theory of Stakeholder Identification and Salience：Defining the Principle of Who and What Really Counts"（1997）22 *Academy Management Review* 853 at 853.

［156］For instance，R. Phillips，"Stakeholder Legitimacy"（2003）13 *Business Ethics Quarterly* 25 at 25.

［157］R. E. Mitchell，B. Agle and D. Wood in "Toward a Theory of Stakeholder Identification and Salience：Defining the Principle of Who and What Really Counts"（1997）22 *Academy Management Review* 853 at 858 identify 27 definitions of stakeholders.

［158］Y. Fassin，"The Stakeholder Model Refined"（2009）84 *Journal of Business Ethics* 113 at 125.

［159］See，E. Orts and A. Strudler，"The Ethical and Environmental Limits of Stakeholder Theory"（2002）12 *Business Ethics Quarterly* 215 at 215 and the articles referred to at note 1.

［160］Ibid at 218.

［161］"Comparative Corporate Governance：An Interdisciplinary Agenda"

(1997) 24 *Journal of Law and Society* 1 at 4.

[162] Freeman 在他的如下著作中有提及: *Strategic Management: A Stakeholder Approach* (Boston, Pitman/Ballinger, 1984) at 31。

[163] lbid at 32.

[164] lbid at 246.

[165] J. Humber, "Beyond Stockholders and Stakeholders: A Plea for Moral Autonomy" (2002) 36 *Journal of Business Ethics* 207 at 211.

[166] A. Sundaram and A. Inkpen, "The Corporate Objective Revisited" 15 *Organization Science* 350 at 352.

[167] W. Leung, "The Inadequacy of Shareholder Primacy: A Proposed Corporate Regime that Recognizes Non-Shareholder Interests" (1997) 30 *Columbia Journal of Law and Social Problems* 589 at 622.

[168] Ibid at 621.

[169] R. E. Freeman, *Strategic Management: A Stakeholder Approach* (Boston, Pitman/Ballinger, 1984) at 53.

[170] T. Donaldson and L. Preston, "The Stakeholder Theory for the Corporation: Concepts, Evidence, Implications" (1995) 20 *Academy Management Review* 65 at 86.

[171] A. Carroll, *Business and Society* (Cincinnati, South-Western Publishing, 1993) at 62.

[172] "Company Law and Stakeholder Governance" in G. Kelly, D. Kelly and A. Gamble (eds), *Stakeholder Capitalism* (Basingstoke, Macmillan, 1997) at 149-150.

[173] A. Al Khafaji, *A Stakeholder Approach to Corporate Governance: Managing in a Dynamic Environment* (Westport, Quorum Books, 1989) at 36.

[174] "Stakeholder Legitimacy" (2003) 13 *Business Ethics Quarterly* 25.

[175] Y. Fassin, "The Stakeholder Model Refined" (2009) 84 *Journal of Business Ethics* 113 at 117.

[176] C. Metcalfe, "The Stakeholder Corporation" (1998) 7 *Business Ethics: A European Review* 30.

[177] R. Phillips, "Stakeholder Legitimacy" (2003) 13 *Business Ethics Quarterly* 25.

[178] Y. Fassin, "The Stakeholder Model Refined" (2009) 84 *Journal of Business Ethics* 113 at 120.

[179] "Stakeholder Theory: The Defective State It's In" in *Stakeholding and its Critics* (London, Institute of Economic Affairs, 1997) and quoted in C. Metcalfe,

"The Stakeholder Corporation" (1998) 7 *Business Ethics: A European Review* 30 at 32.

[180] A. Campbell, "Stakeholders, the Case in Favour" (1997) 30 *Long Range Planning* 446 at 448.

[181] Ibid.

[182] Y. Fassin, "The Stakeholder Model Refined" (2009) 84 *Journal of Business Ethics* 113 at 120.

[183] "Company Law and Stakeholder Governance" in G. Kelly, D. Kelly and A. Gamble (eds), *Stakeholder Capitalism* (Basingstoke, Macmillan Press, 1997) at 149.

[184] A. Campbell, "Stakeholders, the Case in Favour" (1997) 30 *Long Range Planning* 446 at 446.

[185] Ibid at 448.

[186] R. E. Freeman and J. McVea, "A Stakeholder Approach to Strategic Management" in M. Hitt, R. E. Freeman and J. Harrison (eds), *Handbook of Strategic Management* (Oxford, Blackwell Publishing, 2001) at 194.

[187] 关于这一做法的困难参见: B. Shenfield, *Company Boards* (London, George Allen and Unwin, 1971), Chapter 7。

[188] W. Evan and R. E. Freeman, "A Stakeholder Theory of the Modern Corporation" in T. Beauchamp and N. Bowie (eds), *Ethical Theory and Business* (Englewood Cliffs, Prentice Hall, 1974) at 314.

[189] W. Leung, "The Inadequacy of Shareholder Primacy: A Proposed Corporate Regime that Recognizes Non-Shareholder Interests" (1997) 30 *Columbia Journal of Law and Social Problems* 589 at 621.

[190] S. Letza, X. Sun and J. Kirkbride, "Shareholding and Stakeholding: a Critical Review of Corporate Governance" (2004) 12 *Corporate Governance: An International Review* 242 at 255.

[191] E. Steinberg, "The Defects of Stakeholder Theory" (1997) 5 *Corporate Governance: An International Review* at 3 at 4.

[192] Ibid.

[193] B. Shenfield, *Company Boards* (London, George Allen and Unwin Ltd, 1971) at 149.

[194] A. Licht, "The Maximands of Corporate Governance: A Theory of Values and Cognitive Style" (2004) 29 *Delaware Journal of Corporate Law* 649 at 686ff.

[195] A. Sundaram and A. Inkpen, "The Corporate Objective Revisited" (2004)

15 *Organization Science* 350 at 353；M. Jensen，"Value Maximisation，Stakeholder Theory，and the Corporate Objective Function"（2001）7 *European Financial Management* 297 at 305.

［196］T. Donaldson，*The Ethics of International Business*（New York，Oxford University Press，1989）at 45.

［197］L. Mitchell，"A Theoretical and Practical Framework for Enforcing Corporate Constituency Statutes"（1992）70 *Texas Law Review* 579 at 589.

［198］R. Mitchell，B. Agle and D. Wood，"Toward a Theory of Stakeholder Identification and Salience：Defining the Principle of Who and What Really Counts"（1997）22 *Academy Management Review* 853 at 854.

［199］M. Jensen，"Value Maximisation，Stakeholder Theory，and the Corporate Objective Function"（2001）7 *European Financial Management* 297 at 300－301.

［200］Ibid at 301.

［201］"The Maximands of Corporate Governance：A Theory of Values and Cognitive Style"（2004）29 *Delaware Journal of Corporate Law* 649 at 731.

［202］"Models of the Company and the Employment Relationship"（2003）41 *British Journal of Industrial Relations* 481 at 499 and referring to J. Kay and A. Silberston，"Corporate Governance"（1995）*National Institute Economic Review* 84 at 93－95.

［203］［2008］SCC 69 at［84］.

［204］例如，关于这一观点的讨论参见：A. Keay，"The Ultimate Objective of the Public Company and the Enforcement of the Entity Maximisation and Sustainability Model"（2010）10 *Journal of Corporate Law Studies* 35 at 65－71. 专门研究商业法或公司法的法官的一个较好的例子是英国最高法院衡平法庭的法官。另一个例子是特拉华州衡平法院的杰出的法官。这将在第 5 章进行深入讨论：参见262～266 页。

［205］A. Sundaram and A. Inkpen，"The Corporate Objective Revisited"（2004）15 *Organization Science* 350 at 353.

［206］A. Licht，"The Maximands of Corporate Governance：A Theory of Values and Cognitive Style"（2004）29 *Delaware Journal of Corporate Law* 649 at 686ff.

［207］M. Blair and L. Stout，"A Team Production Theory of Corporate Law"（1999）85 *Virginia Law Review* 247 at 276－287. 资深评论员（追求他们所认为的"团队生产理论"）所提供的答案是，在调节博弈利益和争端时，应该由董事会作出最终决策（ibid at 276－277）。

［208］M. Jensen，"Value Maximisation，Stakeholder Theory，and the Corporate Objective Function"（2001）7 *European Financial Management* 297 at 301.

[209] S. Berns and P. Barron, *Company Law and Governance: An Australian Perspective* (Melbourne, Oxford University Press, 1998) at 149.

[210] "Business Ethics and Stakeholder Analysis" in M. Clarkson (ed), *The Corporation and its Stakeholders. "Classic and Contemporary Readings* (Toronto, University of Toronto Press, 1998) at 115.

[211] E. Steinberg, "The Defects of Stakeholder Theory" (1997) 5 *Corporate Governance. An International Review* at 3 at 4.

[212] Ibid at 5.

[213] 例如，P. Coelho, J. McClure and J. Spry, "The Social Responsibility of Management: A Reprise" (2003) 18 *Mid-American Journal of Business* 51 at 53.

[214] L. Mitchell, "A Critical Look at Corporate Governance" (1992) 45 *Vanderbih Law Review* 1263 at 1272; S. Bainbridge, "Director Primacy: The Means and Ends of Corporate Governance" (2003) 97 *Northwestern University Law Review* 547. Also, see R. Colombo, "Ownership, Limited: Reconciling Traditional and Progressive Corporate Law via an Aristotelian Understanding of Ownership" (2008) 34 *Journal of Corporation Law* 247 at 249.

[215] L. Donaldson, "The Stakeholder Revolution and the Clarkson Principles" (2002) 12 *Business Ethics Quarterly* 107 and quoted in F. Robins, "Why Corporate Social Responsibility Should be Popularised but not Imposed" (2007) 8 *Corporate Governance: An International Review* 330 at 333.

[216] F. Easterbrook and D. Fischel, *The Economic Structure of Company Law* (Cambridge, Massachusetts, Harvard University Press, 1991) at 38. Also, see M. Jensen, "Value Maximisation, Stakeholder Theory, and the Corporate Objective Function" (2001) 7 *European Financial Management* 297 at 305.

[217] "Balancing Act" in J. DesJardins and J. McCall (eds), *Contemporary Issues in Business Ethics*, 4th ed (Wadsworth, 2000) at 97.

[218] O. Hart, "An Economist's View of Fiduciary Duty" (1993) 43 *University of Toronto Law Journal* 299 at 303.

[219] 英国政府提到，为了履行《2006年公司法》第172条所规定的义务，董事必须不能仅对法律所规定的因素作出空头支票（这些因素包括：对雇员的利益加以考虑，培养与供应商之间的良好关系，以及在法律条文中所列举的其他全部因素）：见《2006年公司法》的解释性条款第328段。但是不仅政府在司法解释性文件中没有注明，法律条款本身也没有对怎样判断董事的行为这一问题提供任何指导性说明。

[220] K. Greenfield, "A New Era for Corporate Law" *Summit on the Future of the Corporation*, Paper No 2, November 2007, 19 at 23 and accessible at: ⟨ht-

tp：//www. corporation2020. org/pdfs/SummitPaperSeries. pdf〉（last visited，17 July 2009）.

[221] M. Blair, *Ownership and Control* （Washington DC，The Brookings Institute，1995）at 225.

[222] S. Sharma，"Managerial Interpretations and Organizational Context as Predictors of Corporate Choice of Environmental Strategy"（2000）43 *Academy of Management Journal* 581；J. Aragon-Correa，F. Matias-Resch and M. Senise-Barrio，"Managerial Discretion and Corporate Commitment to the Natural Environment"（2003）57 *Journal of Business Research* 964；C. Cennamo，P. Berrone and L. Gomez-Mejia，"Does Stakeholder Management have a Dark Side?"（2009）89 *Journal of Business Ethics* 491 at 492.

[223] s. 180（2）of the Corporations Act 2001.

[224] D. Rosenberg，"Galactic Stupidity and the Business Judgment Rule" （2006 - 07）32 *Journal of Corporation Law* 301 at 301 - 302.

[225] S. Bainbridge, *Corporation Law and Economics*（New York, Foundation Press，2002）at 241.

[226] 参见 *Cede and Co v Technicolor Inc*（1993）634 A 2d 345（Delaware）一案，该案中法官认为董事没有履行合理告知义务。

[227] American Law Institute，*Principles of Corporate Governance and Structure: Restatement and Recommendations*，1982 at s. 4. 01. See，for example，*Aronson v Lewis*（1984）473 A 2d 805；*Parries v Bally Entertainment Corp*（1999）722 A 2d 1243（Delaware）. Also，see S. Bainbridge，*Corporation Law and Economics*（New York，Foundation Press，2002）at 270 - 283.

[228] Stephen Bainbridge 认为，根据"推定"一词的证据学意义的角度，这只是一个假设，而不是一项推定（*Corporation Law and Economics*，（New York，Foundation Press，2002）at 269 - 270）。

[229] L. Johnson "The Modest Business Judgment Rule"（2000）55 *Business Lawyer* 625 at 628.

[230] S. Bainbridge，"Director Primacy: The Means and Ends of Corporate Governance"（2003）97 *Northwestern University Law Review* 547 at 601.

[231] For instance，see *Moran v Household International Inc*（1983）500 A 2d 1346 at 1356（Delaware）；*Aronson v Lewis*（1984）473 A 2d 805 at 812（Delaware）；*Spiegel v Buntrock* 571 A 2d 767 at 774（1990）（Delaware）；R. Cieri，P. Sullivan，and H. Lennox，"The Fiduciary Duties of Directors of Financially Troubled Companies"（1994）3 *Journal of Bankruptcy Law and Practice* 405 at 408.

[232] See，D. Millon，"Why is Corporate Management Obsessed with Quarterly

Earnings and What Should be Done About it?" (2002) 70 *George Washington Law Review* 890 at 917.

[233] *Joy v North* (1983) 692 F 2d 880 at 885.

[234] For example, see *In re Healthco International Inc* (1997) 208 BR 288 at 306 (Massachusetts). Also, see American Law Institute, *Principles of Corporate Governance and Structure*: *Restatement and Recommendations*, 1982; M. Eisenberg, "The Duty of Care and the Business Judgement Rule in American Corporate Law" (1997) 2 *Company Financial and Insolvency Law Review* 185.

[235] 法律委员会在 1999 年的报告 "Company Directors: Regulating Conflicts of Interest and Formulating a Statement of Duties" (No 261) 中认为这样的规则是不必要的 (Pt5)。CLRSG 也同意这一观点：Company Law Review, *Modern Company Law for a Competitive Economy*: Developing the Framework (London, DTI, 2000) at paras. 3.69 – 3.70。CLRSG 认为这一规则的实施将会使事情更加复杂化，并且由于这样做会在一些案件中显得过于严苛，另一些案件中过于宽松，从而导致不公平的现象。

[236] R. Reed, "Company Directors-Collective or Functional Responsibility" (2006) 27 *The Company Lawyer* 170 at 170.

[237] See, A. Keay, "Enlightened Shareholder Value, the Reform of the Duties of Corporation Directors and the Corporate Objective" [2006] *Lloyds Maritime and Commercial Law Quarterly* 335; A. Keay, *Directors' Duties* (Bristol, Jordan Publishing, 2009), Chapter 6; A. Keay, "Moving Towards Stakeholderism? Constituency Statutes, Enlightened Shareholder Value and All That: Much Ado About Little?" (2011) 22 *European Business Law Review* 1.

[238] P. Davies, *Gower and Davies' Principles of Company Law*, 7th ed (London, Sweet and Maxwell, 2003) at 389. This is also acknowledged by Richard Nolan in "The Legal Control of Directors' Conflicts of Interest in the United Kingdom: Non-Executive Directors Following the Higgs Report" (2005) 6 *Theoretical Inquiries in Law* 413 at 424.

[239] R. Hollington, *Shareholders* " *Rights*, 5th ed (London, Sweet and Maxwell, 2007) at 51.

[240] H. Ansoff, *Implanting Strategic Management* (Englewood Cliffs, Prentice Hall, 1984) and referred to in J. Harrison and R. Freeman, "Stakeholders, Social Responsibility and Performance: Empirical Evidence and Theoretical Perspectives" (1999) 42 *Academy of Management Journal* 479 at 479. 管理学评论员指出，董事实际上是两个利益相关者群体之间的调解人 (M. Aoki. *The Co-operative Game Theory of the Firm* (Oxford, Oxford University Press, 1984) and referred to in

T. Donaldson and L. Preston, "The Stakeholder Theory of the Corporation Concepts, Evidence, and Implications" (1995) 20 *The Academy of Management Review* 65at 86)。

［241］*Company Law Reform*，Cmnd. 5391 at ［55］－［59］.

［242］For example，*Unocal Corporation v Mesa Petroleum Corporation* 493 A 2d 946 (1985).

［243］R. Campbell Jr，"Corporate Fiduciary Principles for the Post－Contractarian Era" (1996) 23 *Florida State University Law Review* 561 at 593.

［244］有人认为，就价值性而言，董事和受托人在很多方面是不同的。例如，受托人不能与类似于企业家的董事从事同样程度风险的事业。参见 A. Keay，*Directors' Duties* (Bristol，Jordan Publishing，2009) at 18－21。

［245］之前提到，董事已经将不同投资者的利益加以考虑：*Report of the Committee on Corporate Governance* (chair，Sir Ronald Hampel) (1998) and referred to by J. Dine，"Implementation of European Initiatives in the UK：The Role of Fiduciary Duties" (1999) 3 *Company Financial and Insolvency Law Review* 218 at 223。

［246］L. Preston and H. Sapienza，"Stakeholder Management and Corporate Performance" (1990) 19 *Journal of Behavioral Economics* 361.

［247］S. Ogden and R. Watson，"Corporate Performance and Stakeholder Management：Balancing Shareholder and Customer Interests in the UK Privatized Water Industry" (1999) 42 *Academy of Management Journal* 526 at 536.

［248］Above at 84－85.

［249 *Mills v Mills* (1938) 60 CLR 150 at 164；*Re BSB Holdings Ltd* (*No2*) [1996] 1 BCLC 155 at 246－249.

［250］M. McDaniel，"Bondholders and Stockholders" (1988) 13 *Journal of Corporation Law* 205 at 273；R. Campbell Jr，"Corporate Fiduciary Principles for the Post-Contractarian Era" (1996) 23 *Florida State University Law Review* 561 at 593；R. de R Barondes，"Fiduciary Duties of Officers and Directors of Distressed Corporations" (1998) 7 *George Mason Law Review* 45 at 78.

［251］W. Leung，"The Inadequacy of Shareholder Primacy：A Proposed Corporate Regime that Recognizes Non-Shareholder Interests" (1997) 30 *Columbia Journal of Law and Social Problems* 589 at 621.

［252］E. Sternberg，"The Defects of Stakeholder Theory" (1997) 5 *Corporate Governance：An International Review* 3 at 6.

［253］*Final Report of the Committee on Corporate Governance* (Hampel Report)，1998 at para 1. 17.

[254] A. Sundaram and A. Inkpen, "The Corporate Objective Revisited" (2004) 15 *Organization Science* 350 at 353.

[255] Ibid.

[256] 具有争议性的多元主义理论与利益相关者理论在一些方面存在着不同。Janice Dean 提到，前者隐含了差异与冲突，而后者强调了包容性：*Directing Public Companies* (London, Cavendish, 2001) at 93。

[257] Company Law Review, *Modern Company Law for a Competitive Economy*: Developing the Framework (London, DTI, 2000) at para 2. 12.

[258] W. Frederick, K. Davis and J. Post, *Business and Society* (New York, McGraw-Hill, 1988) and referred to in G. Vinten, "Shareholder v Stakeholder-is there a governance dilemma?" (2001) 9 *Corporate Governance*: *An International Review* 36 at 41.

[259] E. Steinberg, "The Defects of Stakeholder Theory" (1997) 5 *Corporate Governance*: *An International Review* 36 at 41.

[260] For instance, P. Phillips, R. E. Freeman and W. Wicks, "What Stakeholder is Not" (2003) 13 *Business Ethics Quarterly* 479.

[261] *Taming the Giant Corporation*, 1976, at 124 and quoted in D. G. Smith, "The Dystopian Potential of Corporate Law" (2008) 56 *Emory Law Journal* 985.

[262] H. Hansmann and R. Kraakman, "The End of History For Corporate Law" (2001) 89 *Georgetown Law Journal* 439 at 442.

[263] G. Kelly and J. Parkinson, "The Conceptual Foundations of the Corporation: a Pluralist Approach" in J. Parkinson, A. Gamble and G. Kelly (eds), *The Political Economy of the Corporation* (Oxford, Hart Publishing, 2000) at 118.

[264] F. Easterbrook and D. Fischel, "Antitrust Suits by Targets of Tender Offers" (1982) 80 *Michigan Law Review* 1155 at 1156.

[265] J. Fisch, "Measuring Efficiency in Corporate Law: The Rule of Shareholder Primacy" December 2005, Fordham Law Legal Studies, Working Paper No 105 at p28 and available at: ⟨http: //ssrn. com/abstract=878391⟩ (last visited, 27 July 2009).

[266] A. Berle, "For Whom Corporate Managers Are Trustees: A Note" (1932) 45 *Harvard Law Review* 1365 at 1367.

[267] E. M. Dodd, "Is Effective Enforcement of the Fiduciary Duties of Corporate Managers Practicable?" (1934) 2 *University of Chicago Law Review* 194 at 199.

[268] Ibid.

[269] For example, see UK (Pt. 11 of the Companies Act 2006), Canada

(s. 239 of the Canada Business Corporations Act 1985), Australia (Pt. 2F1A of the Corporations Act 2001), Singapore (s. 216A of the Companies Act), New Zealand (s. 165 of the Companies Act 1993), Hong Kong (s. 168BC of the Companies Ordinance).

[270] For example, in the US, see *Kusner v First Pa Corp*, 395 F. Supp. 276 at 280-83 (ED Pa 1975); *Dorfman v Chem Bank*, 56 FRD 363 at 364 (SDNY 1972).

[271] 加拿大和新加坡是其中的例外情况。《1985 年加拿大商业公司法》(Canada Business Corporations Act 1985) 第 238 (d) 条包括了做出申请的所有人,即"在法院的自由裁量下,适格做出申请的任何人"。同样地,在《新加坡公司法》(Singaporean Companies Act) 第 216A (1) (c) 条中提供了能够申请派生程序的人的范围,它包括"任何在法院自由裁量下可以被认为是适格的当事人"。关于这一问题的讨论,请参见第 5 章。

[272] J. Dean, *Directing Public Companies* (London, Cavendish, 2001) at 176.

[273] Ibid at 177.

[274] *Corporate Power and Responsibility* (Oxford, Clarendon Press, 1993) at 86.

[275] Gregory Crespi 试图解释以下问题,即法院怎样确定利益相关者是否受到董事决策的损害,如果是,在多大程度上被损害 ("Redefining the Fiduciary Duties of Corporate Directors in Accordance with the Team Production Model of Corporate Governance" (2002-03) 16 *Creighton Law Review* 623 at 637–639)。但是,如果资深评论员的解释被采纳,法院将会面临一个极其复杂的局面。Crespi 似乎在文章的后面部分认识到了这一问题,并且认为,董事关于利益相关者利益的任何义务将会成为一项梦寐以求的规范,而不是一项法律指令 (641 页)。

[276] See I. Ansoff, *Corporate Strategy* (New York, McGraw-Hill, 1965).

[277] E. Sternberg, *Just Business*, 2nd ed (Oxford, Oxford University Press, 2000) at 50.

[278] E. Steinberg, "The Defects of Stakeholder Theory" (1997) 5 *Corporate Governance: An International Review* at 3 at 7.

[279] D. Millon, "Communitarianism in Corporate Law: Foundations and Law Reform Strategies" in L. Mitchell (ed), *Progressive Corporate Law* (Boulder, Colorado, Westview Press, 1995) at 4.

[280] T. Fort, "The Corporation as Mediating Institution: An Efficacious Synthesis of Stakeholder Theory and Corporate Constituency Statutes" (1998) 73 *Notre Dame Law Review* 173 at 187.

［281］A. Marcoux，"A Fiduciary Argument Against Stakeholder Theory"（2003）13 *Business Ethics Quarterly* 1 at 17.

［282］J. Parkinson，"Models of the Company and the Employment Relationship"（2003）41 *British Journal of Industrial Relations* 481 at 495.

［283］M. Jensen，"Value Maximisation，Stakeholder Theory，and the Corporate Objective Function"（2001）7 *European Financial Management* 297 at 306.

［284］F. Easterbrook and D. Fischel，*The Economic Structure of Company Law*（Cambridge，Massachusetts，Harvard University Press，1991），at 69.

［285］股东有时会牺牲其他利益相关者的直接利益，尤其是债权人的利益，来使公司承担过高的风险，以通过此种方式实现高额回报，同时冒着把整个公司赌掉的风险（例如，资产替代问题（the asset substitution problem））。See，M. Jensen and W. Meckling，"Theory of the Firm：Managerial Behaviour，Agency Costs，and Capital Structure"（1976）3 *Journal of Financial Economics* 305. Also，see C. Smith and J. Warner，"On Financial Contracting-An Analysis of Bond Covenants"（1979）7 *Journal of Financial Economics* 117 at 119。

［286］"A New Model of Business：A Dual-Investor Theory"（1994）4 *Business Ethics Quarterly* 459 at 463.

［287］Ibid at 462.

［288］W. Beaver，"Is the Stakeholder Model Dead?"（1999）42 *Business Horizons* 3.

［289］E. M. Dodd，"For Whom are Corporate Managers Trustees?"（1932）45 *Harvard Law Review* 1145 at 1154.

［290］Quoted in M. Blair，*Ownership and Control*（Washington DC，The Brookings Institute，1995）at 212. It is also quoted in N. Craig Smith，*Morality and the Market*（London，Routledge，1990）at 65 and referred to in J. Parkinson，*Corporate Power and Responsibility*（Oxford，Oxford University Press，1993）at 494，although the date given in the latter is 1950.

［291］L. Preston and H. Sapienza，"Stakeholder Management and Corporate Performance"（1990）19 *Journal of Behavioral Economics* 361.

［292］Referred to in E. Scholes and D. Clutterbuck，"Communication with Stakeholders：An Integrated Approach"（1998）31 *Long Range Planning* 227 at 230.

［293］"Our Schizophrenic Conception of the Business Corporation"（1992）14 *Cardozo Law Review* 261 at 271.

［294］S. Marshall and I. M. Ramsay，"Sharcholders and Directors' Duties：Law，Theory and Evidence，" Centre for Corporate Law and Securities Regulation，

University of Melbourne, 2009, at 35 and accessible at: 〈http: //cclsr. law. unimelb. edu. au/go/centre-activities/research/research-reports-and-research-papers/ index. cfm〉(last visited, 25 August 2009).

[295] 在美国和英国，管理者可能会关心利益相关者的利益，但并非出于被迫。

[296] [2004] SCC 68; (2004) 244 DLR (4th) 564.

[297] Ibid at [42] -[43].

[298] Ibid at [42].

[299] [2008] SCC 69.

[300] Ibid at [39].

[301] R. E. Freeman, A. Wicks and B. Parmar, "Stakeholder Theory and 'The Corporate Objective Revisited'" (2004) 15 *Organization Science* 364 at 365.

[302] "Easier Said Than Done? A Corporate Law Theory for Actualizing Social Responsibility Rhetoric" (2007) 59 *Florida Law Review* 771 at 773.

[303] L. Fairfax, "The Rhetoric of Corporate Law: The Impact of Rhetoric on Corporate Norms" (2006) 31 *Journal of Corporation Law* 875; L. Fairfax, "Easier Said Than Done? A Corporate Law Theory for Actualizing Social Responsibility Rhetoric" (2007) 59 *Florida Law Review* 771.

[304] L. Fairfax, "Easier Said Than Done? A Corporate Law Theory for Actualizing Social Responsibility Rhetoric" (2007) 59 *Florida Law Review* 771 at 775.

[305] Ibid at 776.

[306] S. Thomsen, "The Convergence of Corporate Governance Systems and European and Anglo-American Standards" (2003) 4 *European Business Organization Law Review* 31.

[307] S. Jacoby, "Corporate Governance in Comparative Perspective: Prospects for Convergence" (2002) 22 *Comparative Labour Law and Policy Journal* 5.

[308] For example, see A. Keay, "Moving Towards Stakeholderism? Constituency Statutes, Enlightened Shareholder Value and All That: Much Ado About Little?" (2011) 22 *European Business Law Review* 1.

[309] E. M. Dodd, "Is Effective Enforcement of the Fiduciary Duties of Corporate Managers Practicable?" (1934) 2 *University of Chicago Law Review* 194 at 199.

[310] L. Ribstein, "Accountability and Responsibility in Corporate Governance" (2006) 81 *Notre Dame Law Review* 1431 at 1440.

[311] 股东选择牺牲其他利益相关者的直接利益，尤其是债权人的利益，来分担过多的风险，通过此种方式实现高额回报，同时冒着把整个公司赌掉的风险（例

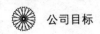

如：资产替代问题）。See，M. Jensen and W. Meckling，"Theory of the Firm：Managerial Behaviour，Agency Costs，and Capital Structure"（1976）3 *Journal of Financial Economics* 305。

［312］D. G. Smith，"The Dystopian Potential of Corporate Law"（2008）56 *Emory Law Journal* 785.

［313］很多美国评论员认同这一观点。例如，J. Macey，"An Economic Analysis of the Various Rationales for Making Shareholders the Exclusive Beneficiaries of Corporate Fiduciary Duties"（1991）21 *Stetson Law Review* 23 at 31；V. Jelisavcic，"A Safe Harbour Proposal to Define the Limits of Directors" Fiduciary Duty to Creditors in the 'Vicinity of Insolvency'"（1992）17 *Journal of Corporation Law* 145 at 148；N. Beveridge，"Does a Corporation's Board of Directors Owe a Fiduciary Duty to its Creditors?"（1994）25 *St Mary's Law Journal* 589 at 621. This view gains some support from the Ontario High Court of Justice in *Royal Bank of Canada v First Pioneer Investments Ltd*（1980）20 OR（2d）352。

第 *4* 章 实体最大化及永续性模式

4.1 引言

迄今为止，本书已经集中阐述了旨在解决公司目标问题的两种主要理论。股东利益至上理论与利益相关者理论的支持者不断指出对方理论的缺陷，导致双方在考虑公司目标时立场出现严重分化。不可否认，关于两种理论所提出的许多缺点都是合理的。Jonathan Macey 说过，[1]公司很难持续适用股东利益最大化的抽象目标或者坚持使用宽泛的利益相关者模型。考虑到管理者的控制、权力以及与公司成员而非股东之间的关系，股东利益最大化是难以实现的。同样，鉴于股东为公司提供资金而使公司得以运转的事实，利益相关者理论也难以持续适用。可以这样说，就规范的角度而言，股东利益至上理论不太具有吸引力，尽管该理论可能被认为更加务实可行。也有人认为，股东利益至上理论比利益相关者理论增加了更多的确定性。然而，人们通常会忽略的实际情况是前者实际上也体现了较多的不确定性。关于这一点我们已在第 2 章进行过探讨和确认。从规范角度出发，利益相关者理论颇具吸引力，尤其是该理论包含了信任与公平的理念。不过，该理论如何有效运用于实践却是一大难题。

有人认为，与其尝试对这两种模式进行改进，不如寻求另一种新的模式。因此，本章我们将构建一种新的理论。我们在第 1 章论证了新模式的必要性，紧接着在第 2、3 章分别研究探讨了两个最主要的模式，在此不再赘述。而在余下章节中，我们会继续阐述这种新模式理论，在使之更加形象化、具体化的同时，力图回答在具体实施此模式过程中遇到的一些问题。

本章首先为新模式做简单、通用的解释。之后再将公司作为一个实体进行深入讨论。讨论将涉及许多意在探究实体概念的文献，考虑到此模式的研究重点，这也是必要的举措。除了对作为实体的公司的本质进行探讨的理论文献，本章也参考了现存的学说观点以及会计学科所采用的方法。此后，本章将就提出的新模式进行进一步的探究，在试图详细阐释新模式及其带来的影响的同时，对该模式试图解决公认的棘手问题进行了重点介绍。

4.2　新模式

在本章以及接下来的几章中，为确保对利益相关者理论不会产生混淆，与公司有利益关联的人或群体将被称为投资者（investor）。投资者这个术语常用来特指股东，但是用来形容其他虽非股东却对公司进行了投资的人也十分恰当。比如，债权人提供贷款、员工提供技能和时间、当地政府提供服务等。关于投资者的更多内容，请阅读第 6 章。

文献资料通常会关注这样的问题：管理者经营业务是为了谁？或者说，董事的行为代表了谁的利益？正如我们之前探讨的那样，人们通常的思维路径是，公司业务的运作从特别意义上说是为了股东，而从一般意义上讲，则是为了利益相关者。然而，这样的说法也暗含了我们将关注点放在了人或群体上，而非公司目标上。公司业务究竟应该为谁的利益而运营？这个问题过于沉重，以致我们甚至不应有此一问。一旦我们将注意力集中于群体上，即刻就会联想到党派利益。当然，我们不能不关注群体，然而只要一涉及上述问题，我们就难以摆脱以上两种主要说法去寻找其他答案。

此处提出的模式，即实体最大化及永续性模式（entity maximisation and sustainability Model，EMS），它主要包括两大要素。首先，简而言之，就是要保证做到使实体财富最大化。公司管理层应力求对其所监管企业创造财富的潜能进行全方位的开发。[2] 其次是确保公司的可持续运营，换句话说，就是保证公司得以生存，[3]并能持续营运。

　　此模式一个重要的方面在于将公司作为一个实体或是企业看待，亦即认为"公司本身就是一个机构"。[4]该模式假定公司有其自身利益，这些利益能够独立于影响公司或受公司影响的投资者或投资群体的利益。这一观点被认为是在寻求一条中庸之道，介于股东利益至上理论所倡导的个人主义和利益相关者理论支持的集体主义之间。[5]

　　在此模式之下制定的公司目标并不是实现公共利益。不过，在试图实现根据模式而制定的公司目标过程中，毫无疑问，它确实有利于公共利益的实现，因为实体的加强会有利于作为公司主要成员的投资者的利益，而他们的投资带来的利益也能惠及甚至与公司无关的人。

　　实体最大化及永续性模式立足于公司的长远发展，因而通常显得更公平，使更多投资者从中获益，因为一些投资者的利益在短期内不能得到满足。如果一家公司意在求得自身的持久发展，股东会更加倾向于长期投资，因为若是时刻面临遭受清算的风险，股东则更易作出短期且较小额的投资。[6]也正基于此，股东不必为短期内的股价波动而担忧。

　　此模式有几大亮点。第一，投资者的利益受到保护。因为管理者不会单单追求某个人或某个特定组织的利益，从而促进了公平正义的实现。第二，有利于资产效用最大化。人们期望董事能够避免管理不善，并且他们关注的重点即是实体财富的最大化，因此资产能够得到更有效的利用。第三，能使人们对于"资本主义是残酷的"观点有所改观。因为董事不必不惜一切代价追求股东利益最大化，当他们进行决策时，可以将经济之外的其他因素纳入考虑。第四，投资者对一个公司进行投资，除了希望他们的权利得到尊重之外，也期望他们的投资能够为实现公司财富最大化添砖加瓦；[7]投资者也因此得以从投资中获利。

　　此模式是以公司为中心而建立的，尽管每一位投资者对公司均有投资，但公司不属于任何人，[8]也不是所有每个个体合作资源单一产品之复合体；[9]它本身就是目的，并非任何人的工具，是自治[10]的、鲜活且发展着的企业，[11]有其自己的生命。英国上诉法院在 *Short v Treasury Commissioners*[12]案的判决书中亦作出如此表述。上诉法院常任法官 Evershed LJ 认为股东不是公司的所有者。他说道："就法律而言，股东不是一个公司的共有人。企业不同于股权的总和。"由此，实体最大化及永续性模式是将公司作为一个独特的法律实体加以对待。事实是，相对于投资者而言，实体是独立的存在，不管投资者的身份如何变化，它都持续地存在着。[13]这也符合 Margaret Blair 和 Lynn Stout 在他们团队生产理论中明确提出的对于公司的看法。[14]他们说一旦股东建立起公司，选举产生出董事会，就已经"创造出一个新的、独立的实体，具有自己的生命，并且暗含违背股东利益的可能"。[15]实际上，EMS 以"为了自身"这个答案回答了"公司成立的目的是什么"的问题。[16]

实体的概念对 EMS 来说意义重大，因此，在进一步探究此模式前，我们应当对于实体概念有所了解。

4.3 实体概念

4.3.1 简介

虽然不打算着手对公司实质与实体概念进行深入讨论，但由于 EMS 是基于实体理念提出来的，因而我们无法避开对公司实质的考虑。然而，当我注意到实体概念事实上是大量评论直接或间接涉及的主题时，才意识到此问题的重要性；同时，由于顾虑甚多，恐难在本书中为这一概念作出公允的解释。

公司实质的问题长久以来引发广泛争议，即使时至今日仍然存在重大的不确定性。就如 Stephen Bottomley 所指出的那样，当其虑及公司实质问题时：

> 展现在我们眼前的是一些杂乱的规则集合。其中，公司的概念有时简化为一个法律设计（公司被归类为独自承担责任的法人），但有时又被描述为依照股东大会过半数投票做出的决定，或是"整体公司成员的利益"，抑或不仅仅代表现成员和董事利益的实体。[17]

关于此段注解的第一点是 EMS 将实体视为一位行为者，一位以自己名义为其自身行为负责的行为者。此种解释中，我们能体会出公司是能够主导自己生命的。[18]那么，公司就是：

> 一个法律概念，其通过独立法人人格的授予，对由不同权利持有人以集体名义组成的机构团体给予法律认可，能够承担独立的法律后果。也就是说，这不仅仅是形式与拟制的问题。[19]

4.3.2　公司实体

1. 理论

实体是独立于那些与其有利益关联，包括组织成员在内的组织，有独立的法律地位和法律人格。实体有自己的目的、权利和义务，同时借由董事与其他代理人对自己的行为负责。公司不是拟制物（fiction），而是自给自足、可以自我更新的独立实体；[20]通过从事经营活动，能够与其他公司、个人相竞争。[21]据此说法，组织对于我们之于公司的理解是非常关键的。[22]组织的生命不仅在于公司成员的所有行为、权利和义务的简单相加；[23]不只包括变动部分。[24]公司具有独立的、不属于其内部成员的特征。[25]事实上，像公司一样的组织能够产生由其本身真实属性带来的影响，此影响并非来自其内部成员。这些影响的出现"源自人们共同行为的方式，而不仅是他们各自行为的简单加总"。[26]正是在人们社会行为的共同作用下，出现了公司的自治。[27]公司有权使用其收益来扩展经营等，以及力图使财富得到最大化利用，均证明了公司享有自治权。如此，对比 19 世纪盛行一时的、仅仅是个体结合的非法人团体，[28]公司则是采取股东统一于一个集合体的形式而成为一个独立实体。[29]公司促进和保护的不只是股东的利益，同时也包括其他投资者的利益，他们的投资意在使公司存续及实现资产可持续发展，而创造出来的独立于所有投资者的实体也使这一切变得可能。[30]正由于公司具有如此独特的能力，法人组织形式才得以发展和盛行。举例来说，公司拥有自己名下的财产，能够签订合约，能够以自己的名义提起诉讼或进行辩护。所有合同与法律诉讼带来的收益不是为了股东的利益，尽管他们可能通过分红的方式而获得某些利益，但这首先是为了公司本身。股东的利益与公司的利益是两回事，可以分离。不仅如此，如同 Sarah Worthington 指出的那样，法律承认公司行为与个人行为（董事和股东的行为）的差别。前者引起的是公司责任，而后者引发的却是个人责任。同时，她也得出一个结论："实际上，公司不可能被视为股东的代表或是象征；法人实在说承认与公司地位相连的法律真实。"[31]作为独立实体的公司，掩盖了组成这个实体的股东的利益、权利、义务。它也是一个机构，因为其存在和范围均已明确，并且受外部权力管理。[32]在由英国上议院审判的 *British Equitable Assurance Company Ltd v Baily*[33]一案的判决书中，Robertson 议员也承认了此点。Blair 和 Stout 认为公司人格是法人组织形式的关键所在，或许这也正是公司区别于其他企业形式，如合伙制、独资企业的最主要特征。[34]要点就在于公司是一个真实实体。

当然，这是欧洲大陆许多国家以及日本对于公司所采取的通常态度。相对于 EMS 更加注重平衡利益相关者利益的设想而言，在欧洲和日本，则会发现利益相关者的利益以更加直接的方式对公司进行干涉，但在这些法域内，公司被视为最终目的。这也是本书所论证的。

理论家为支持法人实在说提出了不同的论证方法。这些方法的共同之处，就是认为公司是真实存在的（非拟制物），是自然的存在，具有公司成员所不具备的独特特点。[35]或许其中最主要的方法是自然实体理论（natural entity theory），或称有机体理论（organic theory）。[36]此理论主张实体不是公司设立的创造物，只是经由此种方式得到认可。[37]公司不是一个拟制物，而是一个不可简化的真实的实体，[38]是能够表达组织整体意志的人。公司是一个活的机体、真实的人。此理论承认公司的起源在于个体的自然活动，公司拥有股东赋予的权力。Dicey 说过："当人们为了同一目标而一致行动时，他们试图创造一个团体，一个不是源于法律拟制，而是具有独特本质的团体，这个团体不同于组成此团体的每一个体。"[39]

Arthur Machen 支持第二种方法。[40]按照以前的观点，实体是没有意志的，因而此种方法设想的是实体并非一个理性人。Arthur Machen认为，虽然公司人格是拟制的，但是"被人格化的实体却不再是拟制物"。[41]他还认为，此种方法提供了两个批判性的命题，即公司是一个异于其组成人员的实体，并且这个实体是一个人。[42]

Gunther Teubner 则主张另一种方法。此种方法的构想源于自创生理论（autopoesis）。自创生理论认为公司能够被描述为一个单位，所以公司是自行设立的，有独立的存在性。[43]Teubner 采取的此种方法，是在 Nicklas Luhmann 的基础上继续努力的成果。[44]Teubner 宣称："将法人这个实体放在一个自主交际过程之下考虑，将有助于我们更好理解其内在动力，而人可简单地被当做此过程环境中的一部分。"[45]他也争辩说，自创生社会系统是一个"操作/通信系统，通过从组织网络元素中不断创生新的操作/通信元素而更新换代、存续发展"。[46]在 Teubner 看来，公司是真实的，因为公司是具有结构效应的拟制物，并且"通过共同决策来主导其社会行为"。[47]据此，公司实体通过公司决策加以界定，而这些决策又会引发进一步的决策制定，并使实体得以延续。[48]他还认为，任何一个投资者都无权成为公司的最高权威。更确切地说，以"公司行动者"利益为导向的效益考虑，决定了公司控制权的配置，而"公司行动者"利益并不与任一参与者的利益一致。[49]在法国和德国法律中，公司不是拟制的或是一个便利设置（convenience），而是社会实体的一部分。[50]

总之，法人实在说与拟制说是有区别的。拟制说认为公司的设立即是创造了一个公司。而法人实在说则认为法律并不能创造一个实体，只是认可实体的存在。在拟制理论下，公司注册证书颁发之前，公司是不存在的。Berle 却争辩道，公司实体的存在取决于企业组建的事实。正是企业这个真实的实体，而非公司设立手续，导致了实体的存在。[51]

David Gindis[52]认为实体理论家的观点可划分为三代。第一代是上文中已论述的有机体理论的方法。第二代是 Machen 所持方法。根据 Gindis 的观点，第三代关注的则是实体观的影响，而非其本质定义。Berle 的观点亦属于此类。这种方法同时也包含了 Blair 和 Stout 在其团队合作理论与其个人作品中所采纳的观点。

本书的观点是，公司实体是真实的，由各分支部分组合而成，又有别于各部分的总和。公司实体是由具有共同意愿、同一目的的成员聚集在一起而形成创造的。实体独立于其成员，却又依赖于他们。总之，公司实体的身份和永久持续经营的特点"允许我们论及团队协作能力、公司竞争力以及商誉等，因为公司具有独特的自然属性及由此产生的权力"。[53]

2. 法律惯例

虽然从根本上说，这是一个规范性研究，但需提请注意的是，对于实体概念也难免有描述性论证。我们已经查阅了英国、美国和其他国家法院中有关于公司实体的参考文献。[54]实体理论与其说符合企业事实，不如说符合法律规范。[55]此理论同时也解释了为什么股东可以一方面成为公司的成员，另一方面却对公司提起诉讼。当股东和管理者发生更替时，公司依然存在。从 20 世纪早期至今，纵然管理者和股东不断更迭，但从法律意义上讲，公司本身并没有发生变化。同样地，像英国石油公司（BP）这样的大公司，由于股票交易数量巨大，本周公司成员数量与上周相比，就会发生变化。

Lee v Lee's Air Farming Ltd[56]这个案例是比较具有指导性的。此案例讲述了一个典型的一人公司（one man company），Lee 既是执行董事，也是控股股东。他被公司（作物除尘承包商）任命为首席飞行员（雇员）。Lee 在一次飞行中因公殉职，他的遗孀要求保险公司支付工伤保险赔偿金。保险公司拒绝赔偿，原因在于保险公司认为 Lee 实质上就是公司本身。而英国枢密院司法委员会（Judicial Committee of the privy Council）则将 Lee 与公司进行了区分，指出 Lee 正是利用其飞行技术，与公司签订了合同。司法委员会接着说道："因为死者生前作为一个法律上的人自愿为公司效力，并且与作为另一个法律实体的公司签订了合约，所以两者之间存在这样的劳动关系。"[57]

在英国经典案例 *Salomon v Salomon and Co Ltd*[58]中，Halsbury LC 议员曾说：

> 公司一旦合法成立，就应当被视为独立的个人，具有相应的权利与义务。而公司发起人设立公司的目的与上述权利义务完全无关。[59]

关于下级法院法官如何确定公司是否真实存在，议员接着说道："如果公司的确真实而合法地存在，能够行使法律赋予的权利，承担法律规定的义务……就不能否认其合法交易的有效性。"[60]同样在此案中，MacNaughton 议员亦说道："就法律意义而言，公司作为个人与组织大纲签订者迥然不同。"[61]

此后，实体原则得到越来越多案例的认可。之前提及的 *Lee v Lee's Air Farming Ltd*[62]即为一例。在 *Re Halt Garages*（1964）*Ltd* 一案中，Oliver J 曾提到，有几个英国案例已采纳了董事应当为实现公司实体利益而工作的观点。正如 Denning MR 议员在 *Wallersteiner v Moir (No 2)*[63]中所言：

> 这是我们法律上的基本原则，即公司是一个法人，有自己的企业标识，独立于且不同于董事和股东，单独享有自己的财产权利与利益。[64]

在 *Darvall v North Sydney Brick & Tile Co Ltd*[65]一案中，新南

威尔士州最高法院认为，将公司视为独立于其成员的商业实体，是十分恰当的。[66]英国上诉法院在 *Fulham Football Club Ltd v Cabra Estates plc*[67]一案中，似乎采取了类似观点，"董事应对公司负责，而公司不仅仅是其成员的总和"。在 *Peoples' Department Stores v Wise*[68]一案中，加拿大联邦最高法院认为股东有为公司最佳利益行事的义务。其中，"公司的最佳利益"意味着最大化公司价值。苏格兰 *Dawson International Plc v Coats Paton Plc*（*No. 1*）[69]案说道，在执行公司事务和履行职责时，董事应该虑及公司的利益；他们不是对股东负责。[70]其他诸如英国[71]、美国[72]、加拿大[73]和澳大利亚[74]的法院，均认为董事对公司负责。此外，英国法律[75]现已明确载明董事须对公司负责。准确讲，应当是对公司实体负责。

美国特拉华州衡平法院审理的 *Credit Lyonnais Bank Nederland NV v Pathe Communication Corp*[76]一案，也接受此实体概念，认为其指代"股份制企业"。该案例中，首席法官 Allen 提到，董事会"有义务着眼于整体利益以维持公司发展，并在透明度高、信誉卓著的基础上做出决策以使公司创造长远利益的能力最大化"。[77]此观点在 2003 年的 *Guttman v Huang*[78]一案中得以延续。该案认为如果董事对公司实体公平无私，那么董事可以进行自我交易。

许多适用普通法的国家在最近 20 年左右彻底废除越权行为原则的实际情况，亦谈及了独立实体概念。许多立法明确规定，公司章程或营业执照无论怎样描述与说明，都不会限制公司的经营和交易能力。[79]比如美国发展至今的立法。《标准商务公司条例》（Model Business Corporations Act）赋予公司"与独立个体相同的权力，可以做对公司业务有必要或便利的任何事情"。[80]

让我们用具体例子对此加以阐述。旧法指明，只有公司有权提起诉讼，用以纠正错误行为。[81]即便当前，在许多国家，根据立法[82]或普通法[83]股东可以提起派生诉讼，倘若大多数情况下得到了法院支持，法律实则认为公司才是受害者。这样的诉讼是有利于公司整体利益的，而不是为了股东的利益（至少并非直接）。诉讼有关的所有财产利益将归于公司所得。如此，派生诉讼的存在似乎实际上接受了实体理论，甚至是对于实体利益最大化的承认。[84]像 Michael Whincop 等作者，原本赞同的是本书后文将做介绍的公司的经济理论，不过，他们却不得不想方设法否定它，比如阐述 *Foss v Harbottle* 原则的例外情况，[85]作为对于简单多数原则进行限制的案例。关于其原则，Denning 议员在 *Waller-steiner v Moir（No 2）*[86]案中说道，如果公司：

> 被不怀好意者欺诈，公司本身作为一个独立的人可以起诉请求赔偿。这就是 *Foss v Harbottle*（1843）2 Hare 461 的原则。当公司被外部人员欺诈时，此原则比较容易适用。公司是唯一有资格提起诉讼的人。同样，当公司被持少数股的内部人员欺诈时，该规则亦可适用。然而，倘若再做设想，如果该内部人员可以掌控公司事务——是持多数股的董事，那么谁能够提起赔偿之诉？这部分人是有过错的，但如果召开董事会，他们不会允许公司提起对其不利的诉讼；若是举行股东大会，他们将以持股优势来避免诉讼决议的通过。公司是遭受损失的人，也是应该起诉的人。[87]

我们可以看到，对公司实体的认可不仅出现在判例法中，按照我们之前讨论过的方式，它也出现在英国的公司法审查督导小组的评论中。有趣的是，评论指出公司的目标是股东利益最大化。[88]谈及业务关系，他们则说此为公司重要的无形资产。[89]他们紧接着说道，普通法关于董事职责的规定，常被视为导致董事"过分狭隘地关注短期利益，而以牺牲公司最佳长远利益为代价……"[90]

无疑，实体概念的发展始于现代公司法时代的早期。而在 18 世纪与 19 世纪早期，结算公司的出现，被视为盛极一时的合伙企业。[91]那时公司尚不是独立于其成员的实体企业。《1844 年合作股份公司法》使公司地位合法化，承认了公司的企业地位。不过，立法却设定公司为成员的联合体。[92]此种观点的持续经历了《1856 年合作股份公司法》的颁布，直至《1862 年公司法》的出台才有所改变。Ireland，Grigg-Spall 和 Kelly 对此发展过程及影响已做了清晰明了的阐述。[93]他们认为，相较于 1856 年的规定，英国《1862 年公司法》虽然仅有细微变化，却产生了重要差别。《1856 年合作股份公司法》第 3 部分说道，"七人或七人以上可以成立一个由他们自己组成的法人公司"。[94]这表明新设公司是由创立者组成的。而《1862 年公司法》在相应的条款中删除了"由他们自己组成的"。此种表述意味着公司不再是由其成员组成的，"公司是由这些人员创设的，但不必然是由这些创设人员组成的"。[95]此即说明公司独立于其成员。Ireland 等人指出，现在对于公司的表述一般由代词"它"（it）指代，从而"确认了其完全个性化、具体化的地位",[96]不过，在《1862 年公司法》颁布以前的 19 世纪，公司企业、非公司企业均用"他们"（they）代称。[97]

当今社会，在上市公司中流行着所有权主体虚置的观念，而实体的概念更加符合这样一个事实，即大公司的股东并非积极参与公司事务；他们仅仅是投资者,[98]与债权人等其他人一样。经济合作与发展组织（OECD）公开提出的《公司治理原则》（*Principles of Corporate Governance*），似乎接受了公司是实体的观点。[99]

最后，会计师采用了实体的概念。他们使用了会计学的实体理论，其实质包括，承认债权人和股东一样，均为公司提供了资源，公司作为一个区别于此类群体的实体而独立存在。[100]资产与债务属于公司,[101]用会计术语表示，公司是能够持续经营的实体，该实体既是自治的，又是独立的，有别于股东和其他利益相关者。[102]

3. 批评

除却以上支持观点，仍存在大量对公司实体概念的批判言论。[103]有些认为此理论"陈旧老套、难以理解、不切实际、荒诞不经"。[104]有利于法律的经济分析支持指出，为进一步发展方法论之个体论（methodological individualism），公司实则乃个体的集合,[105]是一个抽象物，是一群人的总和，有时包括非人力资源。[106]Robert Hessen 认为公司是简化合约的象征。[107]既然公司为集合体，那么实际上问题就出现了，即没人能够区分公司与其组成人员的权利。[108]如果能将公司简化至仅是其组成人员，我们人类也可以简化为许许多多的化学元素。[109]类似于将人类简化为一大堆化学元素，却忽略了人之所以为人的实质，若是将公司视为一群人的组合,[110]势必也会忽略重点。

Whincop 认为组建公司是"实用主义的妥协之举"。[111]聚合方法（aggregate approach）的问题之一在于，如果有新成员的加入，公司的性质应当异于其加入前。[112]因为正如新合伙人的加入导致新合伙关系的成立，按照此种观点，新成员加入公司，也就创造了一个新的公司。某种程度上，与上市公司相比，封闭公司可以被视为个体成员的集合体，因为股东有更高的参与度。但是即便如此，个体成员或是他们之中的一部分是无法决定公司事务的。比如对外签订合同或是持有公司的财产，除非他们有公司章程或董事会决议后的授权或许可。与公司的持续存在相较而言，个体的成员资格不可能始终保持不变。

Ross Grantham 曾说，公司仅仅是一个设置，使作为成员的个体权利与在公司集合体中产生的权利能够得到法律上的区分。[113]不过，这可能使得股东对于他们的权利含糊不明。其实，股东作为公司个体成员享有权利，仅此而已。

Frank Easterbrook 与 Daniel Fischel 对于公司作为实体有自己权利的观点调侃道，[114]公司具有人格仅仅是出于方便的考虑，而非事实。[115]根据他们的说法，公司不是真实的。[116]其他人，比如 Michael Jensen 和 William Meckling，否认公司有自己的目标和意志。[117]按照聚合理论的观点，公司仅包括个体的行为，其唯一目标是使股东利益最大化。某种意义上，公司就是一个海市蜃楼。[118]但是果真如此，便很难解释为什么许多公司投入大量资金进行兼并或是反兼并。[119]

该理论的支持者概述其观点，一般认为公司是合约集束（nexus of contracts）。[120]据此，公司仅具有经济意义而非法律术语。[121]公司并未被看做独立实体——只是一系列合约的简化符号。[122]该理论多次提及，公司仅是组成其一系列合约的总和，仅此而已。[123]并且主要认为，将公司看作一个人，这是不切实际的空想，应当摒弃。[124]该理论存在弊端。如果公司只是被视为处理个人事务的权宜之计，为何股东可以起诉公司，甚至拥有公司？进一步分析，如果公司实体不存在，只是一组由众多利益相关人参与的契约之联结，那么公司为何能签订合约？事实上，股东可以与公司签订具有强制执行力的合同。典型例子如 *Lee v Lee's Air farming Ltd*。[125]

再者，合约集束理论没有涉及的是，组成公司的并不只是人，也包括"经济理论中，理性经济人应当使效用最大化的其他资源"。[126]公司包括非人力资源的观点，与资源基础理论相矛盾。非人力资源如何能成为公司的一部分？

更进一步的问题是，合约集束理论没有赋予公司设立与终止确切的界限，所以公司何时设立、何时终止是不确定的[127]。Blair 与 Stout 提出的另一个问题同样发人深省：[128]执行董事与通用汽车公司（GM）签订的合同是否属于公司内部合约？如果一个小公司与通用公司签订供应汽车零部件合同，性质又如何？对于第二种情况，评论员会提出质疑：通用汽车公司与供应商是否都是单独的公司？

Whincop 解释道，合约集束理论不是"公司现实的描述"，而是"研究的一个范例"。[129]如果这种说法是正确的，合约集束理论就是在打擦边球。那些力图从经济层面解析公司的人，实则是希望"鱼和熊掌兼得"。在某些情况下，他们将公司看作一个集合体，否认公司的人格；而在另一些情况下，尤其是涉及承担责任时，却又从实用主义出发，强调公司的独立人格性质，股东和管理者不对合同以及公司的其他事务负责。赞成聚合理论的许多著作均假定存在一个公司实体，公司本身可以繁荣昌盛也可以衰败倒闭。虽然有"组织"或"公司"等的提法，却未发现对其定义的完整表述。

毋庸置疑，公司并非人类。然而，正如法律经济学假定的，假设视公司为人的聚集或集合，是否有人会认为公司人格是无法否认的？[130]而且，如果公司是人的总和，那么除非股东一致同意，否则公司事务无法执行。[131]事实上，法院曾明确指出不应混淆股东和公司。关于这一点我们曾在第 2 章讨论过，[132]亦即公司法中，尤其在美国，被认为"拥有"公司的那些人实际上对公司只有有限的控制。最终，包含于聚合理论的契约模式，所呈现的问题在于其不能够：

> 处理公司与其他实体的关系，因为其无法从概念上明确区分公司与股东……于此，此理论委实难以解释为何公司有能力对外广泛建立联系并且对其行为独立承担责任。[133]

当然，合约集束理论的基础是经济分析，而非法律分析。即使承认这一点，正如上述讨论的那样，我们应当看到该理论的合法性及其不符合会计实务的事实。[134]

当提及董事行为代表谁的利益时，不只是法律经济学者会回避公司实体的概念。John Parkinson 是公司法多元论的坚定支持者。他在关于企业权力与责任的力作中认为，也可以不把重点放在使公司受益的层面。他指出：

> 要求使拟制实体受益，并将其视为公司目标，这是非理性的徒劳之举。因为非真实实体是没有幸福感的。把无生命的实体有意识地视为有利益可言的确令人疑惑……企业的目标只能理解为服务于人的利益或目标。因而，正确的观点是公司实体是为特定某一或某些群体利益服务的一种手段。[135]

我对此持保留意见，因为我认为公司当然可以有自己的利益。比如，根据《1998 年人权法案》（Human Right Act 1998），公司能够寻求自身利益与权利的保障（此举将《欧洲人权公约》（European Convention on Human Rights）纳入英国法律）。英国上诉法院在 *R v Broadcasting Standards Commission*[136]一案中说道，根据《1996 年广播法》（Broadcasting Act 1996），公司隐私权受损，可以依法起诉。该上诉法院在 *Huntingdon Life Sciences v Curtin*[137]一案中认为公司可能遭受骚扰。[138] "被认为是美国公民权利源泉"[139]的美国宪法第十四修正案，现亦可适用于公司，具体体现在除经过正当程序，不得剥夺公司的财产。[140]尽管投资者的数量和身份千变万化，但是公司一直持续拥有其利益。总之，所有事实均证明了公司俨然具备相当于自然人的属性和地位。[141] *Dawson International Plc v. Coats Paton Plc（No. 1）*[142]的判决中一如 Parkinson 所承认的那样，[143]似乎亦认可公司独立的实体利益。其中，Cullen 议员说道：

> 最初，我并不接受这样的基本观点，即在公司的合并中，股东身份更迭，公司没有从中获利。在我看来，似乎在某些案件中，公司的代理人即董事是可以看到在某一投标中股份的转移接收是有利于公司的。例如，这可能为整合经营或获取额外资源提供了一个有利时机。而在有些案件中，董事可能又会看到某次投标是不符合公司最佳利益的。[144]

我的观点是，董事为了提高实体效益而工作，以期满足公司目标的要求。不过，必须补充一点，在此过程中，自然人最终也必然会受益，即追求投资回报得到了满足。

有时也有反对的声音，即认为实体概念要求公司具体化、物化。[145]由此常常引发忧虑，即认为公司就是一个机制，"使原本复杂的事物简单化，这样的想法可能是危险的"。[146]不过，必须承认这是一个有用的机制，甚至有关的批判言论[147]也承认，倘若未经物化，公司便很难进行有效的交际与沟通。[148]法律似乎没有物化的问题。[149]只要在使用时有附加说明，没有理由不使用这个概念。值得注意的是，公司拟制说的追随者、合约集束理论的支持者及实体理论的大多数激进批判者中，均以物化为基础。其实，合约集束理论也包含了物化的意思。[150]

长久以来，英国以及深受英国法律影响的其他国家的公司立法均有这样的规定，这样规定常常被认为是隐含了一个"法定合同"。这体现在《2006 年公司法》的第 33 条，即公司成员之间，或是成员与公司之间是受到权利义务关系约束的。此乃历史上首次在法律上清晰载明合同对公司有约束力。此条款明确物化了公司实体。

此外，政府或教会也是物化的主体。经济学者常用"社团"概念。上述所有像公司一样的主体，均需要代理人代表执行具体事务。公司如同政府，一旦没有代理人，就无法运作；[151]一旦离开人的交际与互动，就无法存在。[152]法律经济学者 Stephen Bainbridge 认为要想与公司签订合同，则公司须为实体。如若违反合同，则实体可诉或被诉（作为原告，得到的赔偿应入公司账户；作为被告，则以公司资金承担责任），而且，不应忽略所有事实而仅将其视为物化的东西。[153]

不仅如此，一些作者似乎也乐于论及实体。他们认为，由于设立而得以创造的实体有权力签订合约、持有资产[154]以及提起诉讼。然而，在其他文章中，他们则试图在公司具体化、物化基础上轻视、贬低实体概念。既然我们可以谈及公司持有资产的问题，为何不能论及使资产最大化的问题？

虽然此前已提及公司需要代理人执行公司事务，这是否意味着公司不是一个真实实体？正如 Reid 议员在 *Tesco Supermarkets Ltd v Nattrass*[155]一案中所说：

> 生命体通常有头脑，可以拥有知识、意图，也可以有过失行为，但该生命体有能力实现自己的意图。而公司并不具备这些特点：公司必须通过代理人行事，尽管有时公司并不只有一名代理人或一直只有同一名代理人。代理人代表公司行事，指导代理人行为的意思是公司的意思……代理人是公司的化身，或者可以这样阐述，代理人在合理的范围内，通过公司的外在人格形象，听从公司的指示并表述公司观点；而代理人的大脑就是公司的大脑。[156]

在普通法法域判例法中，拟人论被法官采用。严格来说，这些并非总是正确的。公司拟人化既没有否定实体的存在，也没有强调人们代理公司行事的事实。举例说明，当公司进入清算时，清算人替代公司代理人的位置。[157]清算人有权力限制公司行为。[158]但即便如此，通过清算行为，公司还是被视为实体。

尽管 Jim Gower 鼓吹董事如果没有考虑股东的利益，那么他们就并非在代理公司事务，但也确实承认董事能够代表"公司实体的经济优势"。[159]

总之，尽管有诸多人批评公司属于实体，但也有明晰的论据支撑这样的事实：公司与公司设立者以及公司股份持有人是相互分立的。

4.4　模式阐释

在本章前面部分，我将该模式设定于某一较为宽泛的术语范围中。现在则致力于做细致化的阐述。在 EMS 中存在两个主要的要素，即最大化以及永续性。现在，将对这两者分别阐述，并在随后的章节中对该模式相关要素进行探讨，以保证思虑周密和更细致的解释。

4.4.1　最大化

实体最大化涉及促进公司实体财富的增长，这些则牵涉到董事必将致力于增加公司整体的全部长期市场价值，也包括需考虑不同的群体及个人对于公司的投资。换言之，董事需试图将公司潜在的总资产最大化，所以董事的行为应当能够体现出将公司实体最大化的价值，其结果是使公司整体的净现值得以提升，这便是该策略的重要性所在。该策略的目的在于使公司自身需求得以满足，并且尽可能地成长壮大。[160]所有的这些都意味着董事要将公司领向成功，以此来实现个体目标。在这一过程中，董事应当考虑到"共同利益"（community of interest）。[161]即该公司所有投资者的共同利益都获得提升，在某种程度上，这意味着某些群体的利益建立于其他群体的损失之上。[162]这也同时意味着投资者的共同利益在任何时候都不可取代公司实体的整体利益。如前所述，如果公司是独立于其股东的真正实体法人，则无须要求董事按照股东的意志行事；[163]他们可以直接为公司自身利益而做出决策。EMS 意味着董事并非直接受制于股东或者任何其他利益相关者群体。该模式允许董事做出对公司最为有利的决策，而这一决策并非对某一投资者最为有利。在判断某公司成功之处时，并非评判哪位投资者的贡献最具价值，也不是对投资者的投入效用进行排名。但是，根据第 6 章的细致探讨，我们知道很多投资者对公司的成功都做出了贡献，并且由董事来判断这些投资本身的价值及其对公司最大化和生存所产生的影响。

　　具体来说，最大化能够使股东分得更多的红利，使债权人及时实现债权并且降低风险，使雇员的工作条件得以改善，并获得更多的工作保障和津贴，也能够改善对客户的服务水准，并对稳定公司生存环境做出贡献等。但是，正如利益相关者理论阐述的，最大化并非将焦点置于投资者及其利益之上，而在于实体本身以及如何才能巩固其地位。而投资者的所有利益皆源于这仅有的目标。实体最大化及永续性模式也是围绕这一目标而展开。该模式并非着眼于以投资者利益为重，它仅为公司实体利益的副产品；而更着眼于实体利益及其财富的提升，伴随着产生投资者获利这一潜在结果。有些投资者的利益会帮助提升公司实体利益，而其他的则对实体财富有害无益。例如，管理者需要意识到，某些雇员利益会使公司财富如同安上排水管一般流失掉，而公司自身却未从中获取等量益处。George Enderle 以及 Lee Tavis 则给出这样一则例证，为雇员提供早餐不仅仅对其有好处，对公司也可能会产生利益。但如果将早餐提供给雇员的家庭，则无疑对公司有害而无利；[164]同时还有人指出，任何给予投资者的利益都可能会为公司带来相反效果。管理者通常很难判断其应当授予投资者群体何种程度的好处。在某些情况下，派出的好处可能会超出公司获得的总利益。当然，该情形常常也可能是公司为了长远利益而牺牲短期利益的结果。

　　同时，重要的是实体最大化不仅仅关注利润的最大化，即每股收益的最大化；当然也不关注某些股东利益至上理论家所提倡的股价最大化。公司最大化的实现并非受限于利润的最大化。[165]实体最大化及永续性模式所关注的是实体利益长期最大化——公司本年获得的收益相较于上一年或许会少些，但长远看来，实体最大化能够得以实现。为长期目标而工作有着明显的益处，这一点已经得到很多股东价值理论家的认可。其中某些益处在于"保留和扩展人力、自然以及社会资金——这些商业运转不可或缺的资产"。[166]将目光放在长远时，公司则会在研发工作、实现革新上投入时间。同时，长期模式会帮助公司争取到客户[167]及其他利益相关者的信任和信心。长期模式向投资者传达了一种理念，公司并不会陷入"破产及掠取"，而是试图在相当长的时间内与投资者之间建立一种纽带关系。

　　有人这样认为，公司的福利与股东的福利相一致，对公司有益的必然对股东有益。例如，美国法律学会（American Low Institute）曾评论公司："应当以增加公司利润以及股东所得指导商业活动的开展，并以此作为公司目标。"[168]管理上常常按照前者观点将公司幸福与股东幸福相互联系。[169]但是在一段时间内金融理论家则提出质疑，认为公司收入总额最大化并不必然转化为股东财富最大化。[170]同时，公司与股东在风险方面也会有利益冲突。[171]这一说法对现代流行的投资组合理论持批评态度，该理论认为公司福利与股东福利显然应当加以区分。[172]

尽管大多数最大化行为都旨在使公司在长远发展上能够有利可图，但最大化过程所涉及的内容远不止这些。最大化所包含的财富内涵极其丰富，也包含比如提升声誉等内容，而这也被视为公司最为重要的无形资产。[173]公司希望能在办公地及工厂所在社区获得良好声誉，有其经济诱因。而未能实现这一目标则意味着公司需要付出更高的税费，或者给公司招聘带来困难。[174]公司声誉的提升并非总是等同于利润的增长。尽管难以衡量，[175]公司声誉的提升在适当的时候可能会为公司增加实体财富，有时只有在长期才能实现。公司可能会拒绝参与某些项目，尽管这些项目短期而言可能使公司有利可图，但会影响公司与当地甚至更广的社区的关系，可能会为公司引来非议甚至导致其名声败坏，诸如此类的事情在近年来就发生在某些著名的公司中。例如，耐克在过去就将其加工工厂设立在工资低的国家，曾有报道称耐克公司在剥削第三世界国家的工人，这一事件对该公司造成了重大而深远的损害。[176]还有一个经典案例便是澳大利亚的 James Hardie 集团。很多年来，该集团的许多公司使用石棉加工产品。在同意为受石棉损害的员工设立信托基金之后，该公司历经重组，将曾使用石棉的价值 19 亿澳元的公司资产控制权剥离转让给荷兰公司，以使公司免于法院判决，从而避免承担责任。据调查，该公司为工人建立的基金不能冲抵诉讼。[177]该集团的声誉受到伤害，其利润也因其在境外转让资产而深受影响。[178]

其他措施也可使实体财富在长期获得最大化，比如投资于知识产权、研发、专门技能、品牌以及概念。此类风险投资通常只有经历较长时间才能获得收益。同时，最大化还应当包括建设公司的有形资产，比如未来发展需要的工厂、土地、存货，也包括无形资产。公司承诺重视客户价值、确保雇员满意度以及对债权人的保护都可以视为对公司整体地位的提升。[179]整体最大化能够通过有效的公司策略（考虑到永续性）、切实可行的行为目标、构建诚实公平的企业文化以及向市场投入精良的产品得以实现。实体最大化及永续性模式的理念在于增加价值。

　　实现长远目标及公司资产最大化的愿景也意味着要避免采取某些措施，如削减劳力成本、压缩关于健康及安全事务的开支（因为这样的措施往往会将企业劳动力或社区置于危险之中）、推迟清偿债权人的债务、对供应商采用卑鄙的交易手段以及试图通过高风险投机手段增加收益。启动实体最大化及永续性模式则意味着董事不会为某些行为所打动，例如，设法为提升股价辩解、做假账（如篡改公司的财务报表）、获取无利可图的资产或公司，或承揽有负净现值的投资项目。[180]该模式允许管理者在研发上多做投资（为生成未来资金流及利润流做出投资），对雇员进行培训以及在当地或者更广的社区进行投资，以确保公司在当地保持长期的发展。如 Jensen 所言："价值创造并非意味着公司价值量每日的无常变幻。"[181]对应该做什么的判定在很大程度上取决于董事做出的善意决策。对董事角色的作用以及相关限制等问题将会在第 7 章进行探讨。

　　或许有人会根据假设交易理论（hypothetical bargain theory）[182]辩称，既然实体最大化的目的是增加所有投资者利益（如实体使企业潜在财富最大化），而且如果投资者可以就此利益进行商议或讨价还价，那么他们就可以在事前把这一问题提出来。[183]假设交易分析（分析哪些当事人会同意）可适用于公司与股东之间的合同，也可以适用于公司与某些特定的原告以及他人之间的合同。很显然，所有投资者都为其持有不同的利益争取事前谈判（*ex ante* negotiations）。比如说，在签订合同之前，债权人会期待合同中涵盖某种默示条款，规定董事的行事方式不能危及还款的可能性。[184]雇员及供应商则会期待公司不要采取某些行动以免使其有失去工作的危险。当地政府则会很愿意为公司提供相应服务或者做出某些让步，但要基于某个默示前提，即公司要确保它的工厂和办公地在政府所在地持续保留一段合理的期间。[185]但所有的投资者都表示，他们希望看到董事对公司总资产最大化负责，因为这是其共同利益所在。[186]

　　一些人，如 Jensen，又提出质疑，认为公司目标应该只有单一价值，即股东价值最大化。[187]他认为，人们不能总对管理者说要使当前利润、市场股额、未来利润增长等最大化，这样会使其失去目标。事实上，实体最大化及永续性有一个总目标（我们将会在后面谈及实体最大化及永续性具有互补性），很显然，该目标该如何实现取决于很多因素，包括公司状况、运营策略以及市场行情。所以公司到底该如何实现其最大化的目标这一问题，实际上要取决于对公司商业目的及其所处市场环境的综合考虑。

在谈及公司资产最大化时，经常会涉及公司决定裁员或者关闭工厂的问题，或者转移地点继续运营的问题。此时不可忘记公司在这样做的同时会产生相当大的开销，比如裁员补贴以及转移某些员工需要支付的成本。此外，常常被人们忽视的问题在于，在公司关闭工厂或者转移运营地之后，新的厂址会有新的工作岗位产生。但是很多人对此会产生质疑，认为公司对当前岗位工人存有既存义务，他们应该比未来的工人有优先权利。Stephen Bainbridge 做出这样一个假设，[188]如果某公司考虑关闭废弃的工厂并开设新工厂，则原工厂的工人和当地政府将会受到损害，而股东、债权人以及新工厂的工人将会因此受益。那么这时董事当何以为计？Bainbridge 认为事情很清楚，董事必须追求股东财富最大化，这就意味着需去旧迎新，关闭旧工厂并开设新工厂。而根据实体最大化及永续性模式，公司也会做出同样的决定。只是决定的因素须取决于：就长久发展而言，哪种决策对公司有利？

另外一个例证也值得考虑。某公司为产品的升级付出了巨额开销，则此时该公司就必须决定是否要提高产品的价格。该产品实际上已经为客户提供了较多的便利，如果产品仍按原价销售，顾客显然会从中获益更多；如果提高产品价格，则客户须额外付出代价才能获得产品带来的益处。对此，董事会须决定使用哪种策略方能使公司最终获得长久财富利益。董事会很可能决定维持原价，这不仅使客户更忠于公司的产品，还会使客户为公司的改良产品做出积极宣传，从而提升产品销售量。或者，董事会可能合理认为提高价格会更加有益，因为公司可以为客户提供其他的好处，例如，如果客户依旧对升级后的产品保持热情，该公司会降低另一种产品的价格。通过这种方法公司同样可以获利。

我们对利益相关者理论的忧虑之一，在于投资者利益的平衡较难实现。实体最大化方法究竟与其他模式有何不同？不同之处在于，根据企业财富最大化模式，董事没有必要积极主动地对投资者利益进行平衡，因为他们的目标是实现实体财富的最大化。毋庸置疑，董事不可避免地需要做出某些平衡，这也是应用大多数理论的必然需要，也包括股东利益至上理论在内。但与利益相关者理论不同，实体最大化模式所谓的平衡并非利益的平衡，而是行为的平衡；该平衡伴随着清晰的目标——实现实体的最大化及永续性。而平衡问题在利益相关者理论中则表现为缺乏平衡目标，平衡就是结果本身。在实体最大化及永续性模式中，平衡只是实现公司目标过程中的一部分。根据实体最大化及永续性模式，董事在执行某一特定行动后，不会被迫对不同的利益相关者的利与弊进行衡量。他们追求的是提升实体财富，而任何平衡的目的都应为实现追求实体财富的目标。董事所要思考的应当是基于公司所处的环境以及他们所采取的建议，对如何实现实体最大化做出决定。当然，他们须对其决策负责，这一点将会在第 7 章加以论述。

有人提出，实体最大化及永续性模式可以做到公平有效。所谓公平，是指对公司进行投资的人能够使其所投资的事务运作起来，以此来增加公司资产，而并非仅仅以某一特定群体获利作为公司追求的终极目的。如果人们向某一公司进行投资，尽管他们期待自己的投入能够获得尊重，但是这些投资者也必须接受的事实是，公司必定是为成就其自身利益而进行管理的，而非特意为投资者的利益进行经营。

实体最大化及永续性模式极具效力，[189]尤其是该模式会产生更少的交易成本。因为投资者并不太关注公司为保护其利益而采取的高成本措施（如公司尚存在其他需要实现的目标，也会有较大花费）。同时，实体最大化及永续性模式意味着雇员、债权人以及其他人都希望持续地向该公司进行投资，这样便降低了寻找新投资者及签约的成本。如果公司采取的管理模式能够使投资者感到满意，则势必会增加或保持公司资产，这与股东利益至上理论相比，更能促使投资者对公司保持忠诚。可以说，没有投资者的忠诚，公司将无前程可言。忠诚之所以产生，是因为管理者的关注点在于使实体财富最大化，而不是使股东受益。当债权人知道董事并非把决策焦点置于关注股东资产，而是公司实体财富时，他们会更愿意答应为公司贷款或者继续发放贷款给该公司。因为他们清楚，在公司制定决策时，对他们利益的考虑并非必定排在股东之后。以上的阐释很有效，因为有证据证明股东的经济利益越来越受到那些主要非股东投资者的牵绊。[190]在第 5 章中，将会对实体最大化及永续性模式该如何实施加以论述。一旦董事未能实现公司价值最大化，该模式则允

许所有投资者提起诉讼以对抗董事，这将极具效力，它会使所有投资者
对推动 EMS 充满动力与热情。我将在第 5 章中主要阐释这一点。[191]

当某一公司处于经济困难时期，这一模式的好处便会显现出来。如
果股东利益至上理论得以运用，则董事将会以有利于股东的方式行事，
但这可能对公司（以及其他投资者）有所损害。当某一公司陷入经济危
机时，董事很有可能为了股东利益涉足于更大风险之中，[192]因为即使董
事的投机行为以失败告终，股东也未见得受到什么损失；反之，如果董
事投机行为获得成功，那么股东将会受益颇丰。当然，如果因投机冒险
不成功而导致公司进入清算程序，且公司并未采取任何其他行动，那么
基于有限责任的概念，股东的损失将不会超出其投资范围。但不可否
认，对其他投资者而言，破产带有潜在极端后果。债权人的债权无法获
得全部满足，雇员将会失去工作（即使公司能够获得拯救，也不可能使
所有雇员继续保有岗位），供应商会损失客户，所欠的政府税费也无力
支付，社区也会痛失一位雇主。

当然，该模式也并非去教导管理者应如何具体操作。如该模式不会
教导管理者应该寻求何种业务、加工何种产品或提供何种服务、雇佣何
种员工、承受何种风险、向何处筹资募款，在何处安置工厂及办公地点
等。所有这些问题，都需要董事在现有市场条件、可能加入的投资者类
型、对公司业务及商业作出展望的基础上进行决策。而该模式所能做的
就是为管理者提供一个参照点。上述的所有问题都应该在实体财富最大
化的基础上得到解决。如前所述，该问题使管理者必须考虑采取什么样
的措施会有利于公司的长远利益，这就可能需要管理层对特定策略有所
权衡。例如，从切实可行的观点来看，这意味着如果董事会决定生产 X
产品将有利于公司的长远利益，那么脱离这一产品生产的行为就必须充
分说明其原因和理由。如这样做会增加公司资产，而非仅仅给某些投资
者带来利益。对于最后一则陈述仅有的适格条件就是，鉴于某些原因，
董事会有理由认为这种背离为投资者带来益处的做法，会为公司发展带
来长远利益。[193]实际情况是，管理者必须选择对公司最为有利的政策、
项目或者行为方向，从而使公司境况最为有利。在做出决策的过程中，
董事会必须忽略其正在考虑的项目是否盈利的问题（虽然这的确是值得
考虑的事情），该项目是否"超出了投资要求的报酬率"，[194]以及董事是
否为该项目所吸引。董事会必须考虑对该项目的积极因素与消极因素予

以评估,[195]在梳理相关数据及专家的意见后再对该项目进行判断,衡量其是否对实体利益的长远提升有所帮助。在此过程中,投资者的观点并非无关紧要,因为为恰当促进实体财富提升,董事会所认同方案在极大程度上有赖于部分或者全部投资者认同。考虑投资者的观点并非因为投资者享有权利(虽然他们合理且恰当的期待应当得到考虑),而是因为对于能够增强公司实力的项目,他们的涉足与支持至关重要。所以,对于那些能够引领公司在实体最大化及永续性模式之下前进的行动方案或计划,如果投资者的观点与之相左,董事会就极有可能对其置若罔闻或置之不理。

实体最大化及永续性模式的一个富有建设性意义的优点在于,虽然董事对投资者相当尊重,并且承认其对公司的重要性,但董事并非对某一特定群体负责。虽然从短期来看,董事的特定行为会给某个或者某些投资者的利益带来损害,但追求实体最大化及永续性模式可能提升所有投资者的长远利益。发展与投资者的长期关系能使公司(以及投资者)获得所投资本带来的全部价值。[196]实体最大化及永续性模式整体来看将会使投资人受益,因为企业所增加资产的大部分是用来偿还投资者的。[197]

与其他模式类似,EMS 的重要因素之一是管理者虽未在形式上对投资者承担责任,但会告知投资者其主要决策,并解释所以做出这样决策的理由以及他们会通过何种方式来实现公司利益的最大化。如果上述这些工作能够做到,那么投资者获利梦想破灭的可能性就大为降低,而公司也不会失去这些投资者。

董事怎样实体财富最大化?这一点取决于不同的公司,但很显然,他们需要考虑哪些东西能够创造财富。Margaret Blair 在她一本极为出色的书——《所有权与控制力》(*Ownership and Control*)[198]中谈到,[199]有三种方式能够创造财富。第一,向市场投入"产品或服务的价值超出客户为这些产品支付的价值";第二,"比照其他同样岗位,使雇员有机会在工作中更具创意、更有创造性";第三,公司可以"为投资者创造出比投资其他项目更多的利润流"。这解决了 Allan Kennedy 就股东利益至上理论提出的质疑,他提出:

> 如果公司目标是创造财富,那么有多少公司会把公司资产用在股票回购方案上?如果公司目标是积累财富,为什么会有那么多公

司任意裁减研发开支？如果公司的目标是创造财富，为什么会有那么多公司傲慢地抛弃那些具有长远目光且心怀忠诚的雇员？而且这些雇员脑中充满对公司有价值的信息。[200]

本章中所采纳的研究方法与凯恩斯（Keynes）在 20 世纪 20 年代中期所说的有几分一致。他曾说管理者将从希望"避免来自公众与客户的批评"演化为开始关注"保有公司的声誉与整体稳定性，而不是希望获取'最大化的利润'"。[201]与此相辅相成的是，管理者需要预期并且回应市场对公司的企业责任的评论。如果管理者未能做到这些，那么很有可能会影响该公司的财富及发展，甚至是存活。[202]

实体最大化及永续性模式就是为了有效发挥管理者的职能，也就是要为公司最大利益行事。在世界范围内，把使公司利益最大化作为董事责任的司法辖区业已超过 40 个。[203]

那么何为最大化的必要条件呢？在此，我们对该问题的解决不做客观陈述，而且这种客观陈述也不可能实现。就鼓吹单一公司目标的股东利益至上理论而言，虽然董事知晓公司目标所在，但终究无功可立，无法实现这一单一目标。Robert Kaplan 以及 David Norton 这样说道："他们（高级执行董事）意识到没有单一办法可以为重要的商业领域描绘出清晰的行为目标或重心。"[204]决定某公司是否实现了实体财富最大化，并不是简单地把公司上一财务年度与本财务年度的股票价值进行观察和比较。实体最大化及永续性模式远比这种单纯的观察和比较更加微妙、更加精细。这往往需要结合诸多因素综合考量。

最大化取决于很多要素，包括公司类型、财务状况、市场条件、在相关市场中的地位以及公司历史等。董事显然也需考虑许多因素，比如把公司实体的总价值作为管理目标。但正如前面提到的，实体最大化并非仅仅意味着以利润最大化为重心，[205]它还包含如公司声誉这一因素，该因素长期影响公司的市场经济地位，能够增加总产量，提升公司内部斗志。此外，该模式还包括对有竞争力项目的引资能力以及息诉能力。公司还有可能在任务陈述中或股东大会中自行设计实体最大化的理念。对此有人或许会提出异议，即在公司目标标准（如股东价值）尚未确定的情况下，很难确定董事是否胜任岗位。而将股票价值作为唯一的判定因素则要容易得多，因为正如前面探讨过的那样，大型股份公司运用这一研究方式过于繁杂，并且带有短期投机主义的意味，这为大多数评论员所声讨。[206]对此存在一个底线，即如果董事未能恰当履行职责，那么投资者将会退出或者提起诉讼，这将在下一章中探讨。[207]问题在于即使有人认为董事目标就是提升股价，股东或许也未必因股价得到提升而满足，或者因市场条件，不管董事是否尽职尽责，股价都会得以提升。

后续的章节将会探索对理论的实际操作并解决某些问题，例如理论该如何实施、管理者如何负责以及公司如何分配利润。下一节会对在该理论的适用中出现的难题及解决方法给予思考。

4.4.2　艰难抉择

首先必须承认没有一种模式能够解决所有问题。显而易见，任何一种模式在适用过程中不得不面临艰难抉择，EMS 亦不例外。而不得不作出不利于某个或多个投资者的决策，也许是最难的。这是董事面临的大多数情况。当然，此时他们会分析公司当前环境、公司定位、市场属性等因素。于此，有几个实例可以佐证。其一，一家公司当前的确盈利，若是换一个环境，可能将获利更多。假设迁至新址，将获得 800 万英镑收益，虽然这一举措将导致原厂关闭。毫无疑问，搬迁将影响员工，他们可能面临裁员或者被重新安置。同时，搬迁也会对公司声誉产生影响。若是公司不迁址，则将获得 300 万英镑固定回报。选择迁址的董事可能认为，至少就中短期而言，搬迁不一定对公司声誉与秩序带来重大的影响与干扰。而另一方面，如果关闭原有工厂，从长远看来对公司有利，则董事一般倾向于搬迁更符合公司最佳利益。持异议者可能反驳道，原址固定 300 万英镑的回报已足够。但这不符合公司趋利的本质。不搬迁可能是最安全的选择，至少从短期来看，因为这种选择不会对现有员工或所处社区产生任何影响。不过，长此以往，公司竞争力可能会因此严重削弱，以致阻碍公司发展，消磨企业意志，最终会影响大部分乃至全体投资者。因此，不搬迁可以防止工人辞职或退休，或者防止强制裁员。当然，必须虑及新厂的设立对所处社区的影响，尤其应当考虑到对社区与新厂员工能够带来何种利益。很大程度上，这取决于董事权衡利弊的决策，其中必然考虑许多复杂易变的因素，在此不一一列举。不过，与利益相关者理论不同的是，此处不是针对利益相关者利益的权衡，而是围绕着整个实体利益的相关因素进行衡量与取舍。

再者，回到最初假设，如果公司走的是一条以顾客为导向的道路，产品质量一如既往地好，但是生产加工程序的成本降低了，此时，公司是保持售价以赚取更多利润，还是选择回报顾客？或许后者更有利于公司的持久经营，因为公司声誉以及信任度得以巩固提高。但是另一方面，董事还须听取投资者尤其是股东的不同意见，毕竟短期内投资者获利减少也是事实（公司并未因产量增加而向顾客收取更高费用）。

如何运用 EMS 理论处理美国著名的 *Shlensky v Wrigley* 案？[208] 因为考虑到可能对附近住宅区居民日常生活造成不良影响，公司董事拒绝在体育馆中安装电灯致使芝加哥小熊棒球队无法顺利展开训练。由此，股东对董事提起诉讼，理由是没有安装电灯的不作为，违背董事应当虑及股东利益的职责。按照 EMS 分析，立足于公司长远利益的董事，因为预料到对社区的不良影响将有损于公司持久发展，所以其决策的确合乎情理。仅仅着眼于眼前利益而葬送公司声誉，实在是得不偿失。

1980 年，通用汽车（General Motors）的董事亦面临相同境况。[209] 公司于 1921 年首次出现净亏损。为使公司重获竞争优势并提升利润空间，经理意在制定资本支出计划。一项庞大的五年开支计划紧随出炉，其中包括引进最新技术以增产高效节能汽车。关闭位于底特律的两个老厂，此举意味着 500 个工作岗位的流失。新厂厂址若选择在底特律，那么只有坐落于人口密集的区域才符合计划要求。选择美国另一州的"未开发土地"也是可以的。在底特律建造新厂，成本颇高（耗资 2 亿美元，而在另一地点，则只需 8 000 万美元）。同时，底特律的失业率也很高，在该区设立新厂已得到当地政府的资助以及汽车工人联合会的支持。可是厂址所在区域的居民却在忧虑。董事不得不评估另设新厂是否为最佳选择。

为了着手解决经济危机带来的经济衰退问题，例如 2009 年第一季度 13 亿英镑的亏损，英国电信（BT）采取了以放长假的方式削减员工工资的举措，[210] 同时避免裁员。英国电信的设计方案主要考虑了两个因素。其一，裁员势必引发对公司形象的负面影响，因而应尽量避免。其二，公司不希望损失定向培养的技术工人，因为一旦经济复苏，他们将是振兴企业的中坚力量。[211]

1982 年美国强生公司（Johnson & Johnson）同样遭遇了艰难处境。公司生产一种轻度止痛药，即非处方药泰诺。该药品销量非常好。然而，好景不长，因为包装受污染，7 人在服用后死亡。公司当即采取召回措施，将原包装改为"防拆封"的新包装。尽管死亡事件造成药品销量急剧下降，但是公司很快便重新占据了市场份额。召回措施固然使公司亏损不少，不过在危急情况下，公司将作为投资者之一的顾客放在了首位。纵然短期内遭受严重损失，但最终实现了实体财富最大化。

　　不妨再作一假设。有两个项目，均耗资 100 万英镑，即公司需要支出 100 万英镑。A 项目有 110 万英镑的回报（保守估计，初次投资就有固定回报）。B 项目投资成功的概率有五成，如项目经营失败，公司将承受 50 万英镑的亏损；若是成功，将获得 150 万英镑的回报。股东通常青睐于 B 项目，其他利益相关者则倾向于 A 项目。B 项目实际上将非股东资产转移至股东。一般而言，依据股东利益至上理论进行分析，一旦 B 项目成功，获利最多的是股东，其他投资者可能没有得到半点好处；然而如果失败，其他投资者将遭受大部分损失，以债权人为例，其债权可能无法实现，至少公司不能按时清偿，同时也将伴随员工冗余现象。以 EMS 理论作为指导，董事必须考虑哪一项目更加符合实体利益最大化。B 项目若是成功，当然是最佳选择，A 项目则提供了固定回报。作出决策的前提是了解市场需求，认清公司资产情况与目标定位，以及掌控项目相关信息，否则便无法取舍。如果公司资产状况良好，即使遭受损失也有能力偿还债务、支付工资，可能就会选定 B 项目。倘若公司本身经营状况不太乐观，或者项目投资回报数额巨大非常诱人时则难以抉择。例如，我们索性将投资数额增至 1 000 万英镑，A 项目有 1 100 万英镑的固定回报，B 项目仍是一半的成功率。B 项目投资失败，仅余 500 万英镑（损失 500 万英镑）；如若成功，公司获得 1 500 万英镑（盈利 500 万英镑）。此时如何选择将涉及公司持续经营的问题（下节将作探讨）。选择 B 项目，不仅意味着投资者想要搏一把，同时也意味着公司有可能面临资不抵债的风险。

　　我们亦会担忧如果公司处于被收购的境地，在 EMS 理论下，董事该如何作为？表面上，收购对某些投资者是有利的，譬如股东，[212]对其他投资者则无利可言。[213]英美法系常常是股东利益至上。这被认为是对利益相关者的剥削。[214]因为股东在收购时可以将员工、债权人、社区的财富转移至自己名下。[215] Andrei Schleifer 与 Larry Summers 曾说，股东常常从收购中获得不菲利益，包括转移非股东利益相关者失去的资产，比如员工人力资源或分包商企业专用资产的减少。[216]当然，现实案例也告诉我们，公司成功收购的背后，股东将获得巨额收益。[217]美国大部分州关于收购的立法均要求[218]或允许[219]董事顾及股东之外的其他投资者的利益。根据股东利益至上理论，董事须以股东利益最大化为宗旨。特拉华州更被视为股东利益至上理论的坚定堡垒（虽然可能有争议）。州法院要求董事举证反驳恶意收购的合理性与善意。[220]在 *Dawson International Plc v Coats Paton Plc*（*No 1*）[221]一案中，包括收购在内的公司事务的执行，董事应对股东负责。[222]然而，Cullen 议员在此案中却评述道：

> 最初，我并不接受这样的普遍观点，即在公司的收购中，公司不会因股东身份更迭而从中获利。在我看来，似乎在某些案件中，公司代理人即董事会发现在某一投标中股份的转移接收是有利于公司的。例如，这可能为整合经营或获取额外资源提供了一个有利时机。而在有些案件中，董事能够观察到某次投标是不符合公司最佳利益的。[223]

此观点坚持这样的理念，即公司在收购中能够获利。原因是投资者是经常变动的。接受收购对公司长远发展可能是有害的。[224]这样的情况的确会发生，比如企业收购者意图侵蚀公司资产时，收购就会对公司不利，收购者或决定大规模裁员，或关闭工厂，损害公司声誉。即使收购者没有剥夺公司资产的想法，倘若任由收购者为所欲为，公司将不能发挥其原有创造财富的价值，也就失去了发展前景。[225]收购发生时，董事决策应从公司整体利益出发，虑及其经营性质，为公司生存着想。[226]需要注意，按照英国《收购法》第 3 条和第 25 条的有关规定，董事作出决定时，不仅应对投标之于现有股东的影响作出判断，也需要分析收购对于公司实体带来的风险与挑战。[227]

虽然不是以股东利益为导向，但是在董事为实体利益最大化所作出决策的过程中，股东同样能够因此获利。投资者需要监督董事对公司事务的执行情况，因为管理者可能出于私人利益而拒绝或抵制收购。鉴于新的控股股东很有可能驱逐或取代他们，董事因此会力图保住自己的职位。事实的确如此，公司被收购后，原公司管理者通常被解雇。[228]可以说，管理者与员工、社区的利益是一致的。因而股东需求证管理者抵制收购的决策不仅仅是为了确保自身职位免受影响。

已故的 John Parkinson 认为 EMS 理论的问题在于：

为了企业长远利益而对董事设置此义务不会有什么帮助，因为这样的构想具有局限性：既未能明确识别利益相关者身份，也未表明应该给予这些利益相关者什么样的优先权。[229]

然而，如前所述，EMS 不在乎身份的区分与强调，也不直接关注某一群体利益。其所关注的是实体利益本身。本章所涉及的投资者，仅仅是在实体利益最大化基础上将其纳入考虑。

公司利益如何分配也是一个棘手的问题。关于此，我们将在第 8 章详细论述。

4.4.3 永续性

在讨论 EMS 中公司永续性之前，有必要先谈一下"永续性"（sustainability）这个术语。就某种意义而言，此术语已成为"21 世纪的一大咒语"。[230]但是目前尚无固定的含义。它是一个"富有争议性的概念"，[231]此时要想赋予其内涵还是颇为棘手的。[232]有些人将其界定为"一种正常运营状态，包括企业日常经营活动及其与利益相关者互动的社会与环境等层面的营运状态"。[233]有些人认为对该术语做出定义不可避免地会联系到利益相关者理论，因为永续性是指这样一种状态——既满足现今企业利益相关者利益，又不危及日后利益相关者利益。[234]一般认为，这一概念包含三个方面——经济、社会与生态，三者被认为是公司永续性的三重基线。[235]它涉及经济、社会和生态环境资本基础，摒弃了仅关注经济可持续发展的观念。[236]然而，本章所探讨的实体永续性在大多数情况下特指公司的生存，亦即公司没有处于无法逃避的破产状态。但是，公司在维系自身生存过程中，不得不虑及社会、生态以及经济方面的可持续性。对于以上几方面考虑的侧重程度取决于公司经营业务的性质与其所处特定时期的具体形势。努力让员工满意和尽量避免破坏污染环境都能够促使实体财富最大化。社会与经济是可以和谐共同发展的，这一点已经得到印证。[237]无疑，吸引主要投资者参与公司事务管理通常是必要的，参与意味着满意。[238]论及经济可持续性，则应当分析同行竞争者的加入、社会生活习惯的变化、消费者喜好的改变、商品服务需求市场的转向等。经济可持续性须从长远角度进行衡量，因而应将整个商业经济周期性起伏变化的情况纳入考虑，并进行预测评估。

实体价值最大化着力使公司经济增长，不过这只是问题的一个方面。根据后凯恩斯经济理论，公司也应当以持久生存为目标。"发展与生存如一枚硬币的两面，是相互依存的两部分"，[239]只关注其中之一可能使另一者或两者皆难以实现。支持利益相关者理论的 Frederick Post 同样意识到了公司持久生存的重要性。他指出，在管理层难以平衡各方利益时，"公司的持久生存目标往往有利于权衡最重要的因素，以便作出最终决策"。[240]

盈利是公司永续性的关键因素，[241]许多人认为如果公司无法使利润最大化，则必将被竞争者所取代以致无法生存。[242]强调持久生存目标，意味着这是一个低风险的战略。对比局限于短期利益所得的决策，立足长远将面临更小的风险。

本节中，我们了解到 EMS 关于永续性的设计，力图促使实体通过持续经营而维持生存。其重点是公司不应发生资不抵债的现象，即使出现这种情况也只能是暂时存在。保证公司生存的意义不言而喻。[243]如果公司连自身生存都无法维持，更遑论为自己或其他人谋利了。一旦投资者与公司签订合约而成为公司的一员或与公司有利益关联，他们所关注的不仅是使实体财富最大化，同时也包括公司的生存（由此才可谈及股东的资产安全、投资者的贷款能够偿还以及员工的工资得以支付等）。

探索企业发展之路，最初通常会问及企业的生存之道。"如果企业能够得以生存，它必须成为什么？做什么？去实现什么？"[244]公司也不禁会自问：我们若要生存，应何以为依？事实上，忽略生存仅追求利益最大化是没有抓住公司治理要领的做法，因为公司很可能因此无法继续经营下去。[245]

有人可能会反驳道，当关注利益最大化时，自然会涉及生存问题，因而不必把这一问题单独提出。然而，生存可以视为目标，但不能够预测。[246]为了使实体财富最大化，公司必须保持经济（公司业务的有效运作）和金融（营造一个有助于进一步吸引投资的环境）的竞争力。[247]不能指望生存就已足够，否则会出现沾沾自喜的情况。即便是经济状况最好的公司，也可能因为一个决策而濒临破产。[248]就此意义而言，所有的公司均可能面临错误决策引发的破产风险。英国巴林银行就是一个典型。曾经的巴林银行经济效益非常好，发展前景一片光明，却由于金融衍生品交易中的巨大损失而导致破产。[249]期货经理 Nick Leeson 在新加坡分行分管交易与清算（拥有相当大的权力）。Leeson 的行为可以被视为"押注打赌"，如果他赢了，巴林银行的股东将获益不小。[250]然而事实却注定难逃失败，他们不得不面对银行倒闭的现实。即使股东享有高收益的公司，也极有可能在不久的将来处于倒闭的边缘。[251]关注公司生存，将影响管理者的经营决策，同时也可能对实体财富最大化计划产生影响。

当董事力求公司财富最大化时，首先必须维持公司生存——如果按照既定轨道前行能够为公司带来利益，但无法满足眼前中短期融资需要，则这样的发展策略毫无意义。管理者必须同时虑及追求长远利益的实体财富最大化与公司生存状况，尤其是短期内的生存状况。任何宏伟计划的构想对于债权人而言并不十分必要——公司能够维持自身的生存才是最有力的说服与证明。保障生存可以避免短期盈利主义，因为公司必须保证企业价值的持久发展，而不至于今日盈利，明日就破产。所以有必要权衡利弊以维持公司的生存与发展。[252]

在公司制定的具体目标中，生存是必要前提。[253]没有生存，公司自然无法达成任何目标。这也是将生存纳入公司目标制定的缘故。然而，生存不能当做唯一目标，因为仅有生存是无法为公司发展指明方向或使公司实现宏伟蓝图的。公司必须为保障生存而确保达到足以面对风险的最小盈利额，[254]但这只是最基本的要求。仅仅满足生存意味着没有雄心壮志。更重要的是，没有盈利事实上也意味着无法生存。[255]公司必须不断追求发展而非原地踏步。比如，公司在激烈的竞争市场中，得以生存的唯一方法就是使实体财富最大化。[256]公司应当在考虑维持生存必需的经济与金融稳定的同时，努力追求最大化利润。一方面尽力实现实体财富最大化目标，另一方面也要时刻警惕公司的生存现状。

公司实现永续性，需要苦心经营各种资产/财产，亦即金融资本（股权与债务），有形资产如工厂、土地、股票，无形资产如企业商誉、知识产权、工艺技术。公司若想经济持续发展，则必须保证资金的有效流动，具备偿债能力。为此，公司应当做到以下几点。[257]首先，组建一个为了共同目标而高效协作的人力资源机构。此机构应该能够持续存在。其次，公司能够及时适应不断变化的社会经济环境。再次，公司盈利能力应当至少足以抵御风险。

永续性有可能正迎合了公司的发展战略要求，即立足长远，追求实体财富最大化而避免作出导致破产的决策。公司关注长远利益，带来的是稳定的发展，而非寻求可能威胁日后财务状况的"权宜之计"。

公司必须足以支付营业费用才能够维持生存。营业费用通常称为"一般管理费用"，主要包括处理借款、支付职工工资、采购所需原材料、支付许可证的费用等。

有些人认为，确保主要投资者能够留在公司也是一个必要条件。[258]如此当然最好，但不能一概而论。对于某些公司而言，设法留住专业投资者的做法通常是正确的，这一点已经得到了事实的证明。而另一些公司则在部分投资者退出的情况下，选择让其他投资者进行管理。

可以说，公司的永续性对于董事也是有好处的。能够拥有一份稳定工作，在人力市场中声誉也会逐步提高；若是在执行董事监管下公司破产，相应地，他们的声誉也会骤然下跌。公司持续经营，投资者也会不断获得利益。若与此相反，则会导致股东失去资产、员工丧失工作、公司无法清偿债务、供货商失去客源、消费者不能买到喜爱的产品，公司运营所在的社区受到严重伤害。[259]

一般而言，公司以持续经营为目标会产生积极影响。因为如果公司遭受财务危机，则其生存岌岌可危。即便危机只是暂时的，对于企业价值来说，这种暂时的危机带来的也可能是长远影响。[260]有实例证明，公司的财务危机可能导致公司对于重要项目的投资不足。[261]所以，公司尽力维持生存有助于降低风险，减少对企业价值的不利影响。财务危机将导致公司吸引的投资减少，其声誉亦会严重受损。

伴随稳定的经济金融环境，实现永续性是公司"持续经营"的必要前提。[262]在如此良好的环境下，商业活动的有效开展将促进公司稳健生存与发展。这符合所有投资者的利益。[263]

4.4.4 适应法律

探究 EMS 如何适应所有法律体系是不现实的，但是我们可以参照一些主要的发达国家。首先，探讨一下英国的情形。毫无疑问，目前英国法律有争议地为股东利益至上理论提供了一个变量。[264]这与《2006年公司法》中的第 172 条陈述内容相吻合。这一变量称作"开明的股东价值"（enlightened shareholder value，ESV）。[265]Virginia Ho 在做此描述时显得驾轻就熟："在相当程度上，'开明的股东价值'看上去像标准的英美公司监管模型。正如其名所示，EVS 完全以股东至上模式为依据……"[266]

实施 EMS 几乎无须从立法角度出发。《2006 年公司法》第 170 条（1）规定：董事应对公司负有义务（信托义务和谨慎与技能义务）。在这种情况下，"公司"这个词具有多样性的理解，可以理解为实体含义，[267]或者是公司现在和未来的股东，[268]抑或两者都是。[269]因此，此条款解释了公司作为一个整体，即所谓的完整的法人企业，正如本章之前所阐述的。现在所出现的变更问题皆来源于第 172 条（1）：

> 公司董事必须善意地行使管理权，以所有成员的整体利益为出发点，以最有可能的方式促成公司的成功。为了达到这一目的，须考虑以下几点（与其他相关事宜）：
>
> （a）从长远的角度来考虑所有决策可能带来的后果；
>
> （b）公司雇员的利益；
>
> （c）培育公司与供应商、顾客以及其他合作者之间的商业关系的需求；
>
> （d）公司的运行对社区和环境的影响；
>
> （e）维护高标准的商业行为准则；
>
> （f）平等对待公司的每一位成员。

虽然此条款看上去是以利益相关者为导向进行公司治理，[270]然而事实并非如此。此条款系建立于股东价值之上，隐含着董事必须以股东集体最佳利益去行事的含义；[271]但是该条款在实施中避开了"只专注于短期的金融底线"，寻找内涵更加丰富的盈利方式，这种方法对建立长期关系弥足珍贵。[272]如第 2 章所述，众多股东利益至上理论家[273]的确支持公司采用长期策略，即使股东价值理论只有在实施到一定的阶段才会增加股东财富。这在著名并极具影响力的论文《公司法历史之终结》（"The End of History for Corporate Law"）[274]中得到了具体的阐述。作为股东利益至上理论的倡导者，Henry Hansmann 和 Reiner Kraakman 在文章中指出："公司法应该力求增加长期股东价值，对于这一观点的激烈反对者已经不复存在。"ESV 所倡导的也正是英国立法所解释的：在实现股东财富最大化过程中，利益相关者具有推动性的重要作用，但是仍然以股东利益至上理论为核心。[275]

为了执行 EMS 第 172 条（1）可以进行如下修订，去除条款中"公司的成功"之后的所有词语。重要的是，将删除"以所有成员的整体利益为出发点"的字眼，以及分项中关于利益相关者的列举。此举侧重于将公司作为一个实体，[276]目前"公司的成功"含义是模糊的。[277]本节给出了意指实体财富最大化的暗示。

董事对作为实体的公司负有信托责任。因此，董事的责任在于促成公司的最佳利益。毫无疑问，对于董事而言，仍然有空间去投机取巧并玩忽职守，这在秉持股东利益至上理论（和利益相关者理论）的公司中，仍然是个问题。股东利益至上理论因为解决代理问题提供了最佳方案而骄傲，即对作为股东代理人和公司日常事务管理者的董事如何控制和监管？然而，一些典型的例子，如美国的安然公司和世通公司，英国的 Maxwell Communication 以及澳大利亚的 HIH Insurance 和 One Tel 都败于股东利益至上理论的实践中，且都是因为缺乏对董事的监管和控制。显然，管理者在股东利益至上理论的实践中存在大量自我服务的行为。[278]

其次，我们将简单地参照美国案例，在美国超过 40 个州，拥有与第 172 条类似的条款，美国人称之为"利益相关人法"（constituency statutes）。[279]

该法中许多条款生效于 20 世纪 80 年代，有些则是在 20 世纪 90 年代才颁布，其中一条直到 2007 年[280]才在华盛顿州颁布。第一部利益相关人法颁布于 1983 年的费城。以其中第 1715 条为例，这一法条很好地代表了当时一系列利益相关人法中的规定：[281]

（a）考虑到公司的最大利益，董事会在履行职责时，在一定程度上应充分地考虑：

（1）任何举措给任何或所有群体带来的后果，这些群体包括股东、员工、供应商、客户与公司债权人，同时也要考虑这些举措给公司办公地或者其他机构周边社区所带来的影响。

通常意义上利益相关人法"声称允许上市公司董事在代表公司做决策时考虑扩大的'利益'群体；或者更准确地讲，董事在为公司做决策时应考虑这一扩大的'利益'群体"。[282]因此，这些法规允许董事考虑利益相关者而非股东的福利。与第 172 条不同，除了康涅狄格州[283]，这些法规没有要求董事顾及利益相关人的利益。此法规仅仅允许董事根据自我判断力来考虑这些利益。除顾及利益相关者与其利益之外，许多州立法还规定，董事既要注重公司的长期利益，也要关注公司的短期利益。[284]

重要的是，该法规允许董事在考虑"公司最佳利益"的同时，也要考虑利益相关人的利益。因此，该条款无法当作维护利益相关者本身（per se）的条款，因为董事追求的最终目的仍然是谋求公司利益。"公司最佳利益"这一措辞在美国以及其他司法辖区引起的争议很大。有人认为，这种表达本身就是参照股东利益而定义的。[285]但是在某些案例中，法庭已经非常明确地把公司与股东区分开来。

EMS 能够被引入美国法律，对现行的利益相关人法规进行修订，并在没有该法规的少数几个州颁布生效，以至于这些州也要求董事以公司的最佳利益行事。显然，这里所指的"公司"意味着公司实体而非公司股东。同理，做出类似英国立法第 170 条的规定势在必行，即董事对公司实体负有义务。

4.5　区分模式

区分 EMS 与其他模式非常重要。首先，它与股东利益至上理论截然不同，因为股东利益至上理论存在一种诱因：为了增加股东利益可以减少其他投资者的利益（有时又称为"打劫"），即公司可能考虑将一个或者多个投资者的价值转移出来以确保股东的利益，并认为此举合理。例如，管理层为给股东带来更丰厚的分红，可能会裁员或采用高风险的公司经营策略，尽管这个策略有可能会给清偿债权人债务带来损害。EMS 寻求的方式不仅会增加股东的财富，而且能增加整个实体的财富。在执行 EMS 的过程中，股东财富的增值是公司财富最大化产生的结果，即公司福利的副产品；而股东至上则直接探索追求股东财富最大化。

与利益相关者理论不同，根据 EMS 模式，董事无须平衡各投资者的利益或解决他们自身的纷争矛盾，所要做的只是确定采取什么样的行为才能确保实体财富最大化。在此过程中，为了整个实体利益，董事不得不采取某种可能导致一方投资者利益受损的行为。如关闭一家分公司而导致裁员。在利益相关者理论中，董事被看做所有利益相关者利益的代表和维护者，[286]而 EMS 理论则强调董事作为公司实体的代理人，对实体负有的信托义务与谨慎和技能义务。董事并非裁判;[287]他们为作为实体的公司的持续繁荣与发展而效命。

有一个有趣而重要的理论在本书中曾被几次引用,即所谓的"团队生产"(team production,TP)。这一理论是 1999 年由 Blair 和 Stout[288]提出的构想。TP 理论在这里需要给以考虑,尤其要考虑的是该理论是否会影响本章节所提及的理论,也需要解释它与 EMS 有何不同。简而言之,TP 的主旨体现在公司属于一个团队,它汇集了不同人的智慧和努力,因此大家期待回馈是理所应当的。该理论把董事会视为独立个体,肩负协调主导的身份,掌控着输入与产出。而股东却无此控制权。董事同时具有以下两种重要权力,即公司资产的使用权以及调节不同团队成员利益矛盾的权力。以这种模式行事出现的问题与利益相关者模式可能带来的问题如出一辙:都没有表明董事如何协调各利益之间的矛盾。EMS 与 TP 不同,前者为公司提出了目标,此目标与投资者(即 TP 理论中的"团队")并无直接关联,然而 TP 则要求董事在缺乏指导引领的情况下顾及团队成员利益。同理,关键在于 TP 并没有提出公司目标的设想,而是提出一个公司的理论(作者希望从这个角度废弃代理理论),试图描述公司实务中究竟发生了什么(回答为什么在上市公司中董事被赋予了诸多自主管理权的问题)。相反,EMS 寻求提供公司的标准目标,而非公司理论。最后,TP 认为利益相关者组建了公司,[289]但是 EMS 并不这样认为。

4.6　结语

相对于第 2 章和第 3 章对重要理论的探讨,本章论证的是关注公司目标的另一理论,即实体最大化及永续性模式理论。其主要涉及对公司作为独立实体、以实体资产最大化作为公司目标以及如何保证公司持久经营的论述。该理论集中讨论了如何将公司作为整体,立足长远,努力扩展市场份额。同时也强调,实体资产最大化必须与公司生存联系在一起。不仅如此,该理论同样也重视投资者能够获取相应的投资回报,这取决于实体利益最大化过程中公司所获利益。

虽然没有经验性证据证明董事直接运用 EMS 理论,但是本书大量的规范性研究与坊间证据显示许多董事运用了法人实在说。此外，关于企业使命说明书的一项研究以及英国富时 100 指数（FTSE 100）选取的公司的公开资料表明 EMS 理论很可能将付诸实践。

　　在阐释 EMS 及其原则后，有必要解析其构成要件，以及讲解如何将其利用以解决实际问题。有关此模式的具体操作，请继续关注下章内容。

注释

　　［1］ "Convergence in Corporate Governance"（1999）84 *Cornell Law Review* 1166 at 1172.

　　［2］ See M. Blair, *Ownership and Control*（Washington DC，The Brookings Institute，1995）at 239.

　　［3］ French Vienot Report 曾于 1995 年作出与此类似的表述（MEDEF-AFEP，Report 1 at 8）and referred to in E. Pichet，"Enlightened Shareholder Value：Whose Interests Should be Served by the Supports of Corporate Governance" at 16（accessible at ⟨http://ssrn. com/abstract=1262879⟩（last visited，15 December 2009）。

　　［4］ W. Suojanen，"Accounting Theory and the Large Corporation"（1954）29 *The Accounting Review* 391 at 392.

　　［5］ 虽然作者从不同角度看待事物，但是提出这一主张的是 S. Wheeler，*Corporations and the Third Way*（Oxford，Hart Publishing，2002）at 33。

　　［6］ K. Iwai，"Persons，Things and Corporations：The Corporate Personality Controversy and Comparative Corporate Governance"（1999）47 *American Journal of Comparative Law* 583 at 590.

　　［7］ See R. Campbell Jr，"Corporate Fiduciary Principles for the Post-Contractarian Era"（1996）23 *Florida State University Law Review* 561 at 591-592.

　　［8］ C. Handy，"What is a Company For?（1993）1 *Corporate Governance：An International Review* 14 at 16.

　　［9］ 此观点在 1972 年得到正式确认，并且在一篇关于团队生产的经典论文中提及：A. Alchian and H. Demsetz，"Production，Information Costs and Economic Organizations"（1972）62 *American Economic Review* 777 at 781-783，无论何时都无法找到一个能够集聚所有利益相关者利益的单一方法：S. Marshall and I. Ramsay，"Stakeholders and Directors'Duties：Law，Theory and Evidence，" Centre for Corporate Law and Securities Regulation，University of Melbourne，2009，at 15and accessible at：⟨http://cclsr. law. unimelb. edu. as/go/centre-activities/research/research-reports-and-research-papers/index. cfm⟩（last visited，25 August 2009）。

［10］这是法国关于公司的构想：M. Vienot, "Rapport sur le Conseil d'Administration des Societes Cotees" (1995) 8 *Revue de Droit des Affaires Internationales* 935 and referred to in A. Alcouffe and C. Alcouffe, "Control and Executive Compensation in Large French Companies" (1997) 24 *Journal of Law and Society* 85 at 91。

［11］C. Handy, "What is a Company For? (1993) 1 *Corporate Governance: An International Review* 14 at 17.

［12］［1948］1 KB 116 at 122.

［13］W. Suojanen, "Accounting Theory and the Large Corporation" (1954) 29 *The Accounting Review* 391 at 393.

［14］"A Team Production Theory of Corporate Law" (1999) 85 *Virginia Law Review* 247 at 251.

［15］Ibid at 277.

［16］C. Handy, *The Empty Raincoat: Making Sense of the Future* (Arrow Business Books, 1994) at 143.

［17］S. Bottomley, *The Constitutional Corporation* (Aldershot, Ashgate, 2007) at 30−31.

［18］M. Blair and L. Stout, "A Team Production Theory of Corporate Law" (1999) 85 *Virginia Law Review* 247 at 277.

［19］J. Farrar, "Frankenstein Incorporated of Fools Parliament? Revisiting the Concept of the Corporation in Corporate Governance" (1998) 10 *Bond Law Review* 142 at 142 and referring to *The Case of Sutton Hospital* (1613) 10 Coke Rep 1 at 32.

［20］M. Horwitz, "*Santa Clara* Revisited: The Development of Corporate Theory" (1985) 88 *West Virginia Law Review* 173 at 218.

［21］E. Orts, "Shirking and Sharking: A Legal Theory of the Firm" (1998) 14 *Yale Law and Policy Review* 265 at 283.

［22］W. Bratton, "The Economic Structure of the Post-Contractual Corporation" (1992) 87 *Northwestern University Law Review* 180 at 209. Also, see M. Blair, "The Neglected Benefit of the Corporate Form: Entity Status and the Separation of Asset Ownership from Control" in A. Grandori (ed), *Corporate Governance and Firm Organization: Microfoundations and Structural Forms* (New York, Oxford University Press, 2004) at 45.

［23］P. Selznick, "The Moral Commonwealth: Social Theory and the Promise of Community" (1992) at 242. and referred to in S. Bottomley, *The Constitutional Corporation* (Ashgate, Aldershot, 2007) at 31.

［24］P. Blumberg, "The Corporate Personality in American Law: A Summary

Review"（1990）38 *American Journal of Comparative Law* 49. Also，see L. Hobhouse，*The Metaphysical Theory of the State：A Criticism*（1951）at 6. M. Phillips，"Reappraising the Real Entity Theory of the Corporation"（1994）21 *Florida State University Law Review* 1061 at 1114.

［25］Hobhouse，ibid at 27 referred to in Phillips，ibid at 1115.

［26］M. Keeley，*A Social-Contract Theory of Organizations*（Notre Dame，Indiana，Notre Dame Press，1988）at 230.

［27］K. Iwai，"Persons，Things and Corporations：The Corporate Personality Controversy and Comparative Corporate Governance"（1999）47 *American Journal of Comparative Law* 583 at 616. Also，see G. Teubner，"Enterprise Corporatism：New Industrial Policy and the 'Essence' of the Legal Person"（1988）36 *American Journal of Comparative Law* 130.

［28］F. B. Palmer，*Company Law*，21st ed（London，Sweet and Maxwell，1968）at 134 and referred to P. Ireland，I. Grigg-Spall and D. Kelly，"The Conceptual Foundations of Modern Company Law"（1987）14 *Journal of Law and Society* 149 at 150.

［29］V. Chassagnon，"The Network-Firm as a Single Entity：Beyond the Aggregate of Distinct Legal Entities" and available at ⟨http：//ssrn. com/abstrct＝1386962⟩（last visited，6 November 2009）.

［30］M. Blair，"The Neglected Benefits of the Corporate Form：Entity Status and the Separation of Asset Ownership from Control" in A. Grandori（ed），*Corporate Governance and Firm Organization：Microfoundations and Structural Forms*（New York，Oxford University Press，2004）.

［31］"Shares and Shareholders：Property，Power and Entitlement（Part 2）"（2001）22 *The Company Lawyer* 307 at 309.

［32］S. Masten，"A Legal Basis for the Firm"（1988）4 *Journal of Law，Economics and Organization* 181 at 184.

［33］［1905］AC 35 at 39.

［34］M. Blair and L. Stout，"Specific Investments and Corporate Law"（2006）31 *Journal of Corporate Law* 719 at 729.

［35］A. Machen，"Corporate Personality"（1911）24 Harvard Law Review 253 第 262 页；M. Phillips，"Reappraising the Real Entity Theory of the Corporation"（1994）21 *Florida State University Law Review* 1061 at 1062，1068.

［36］一些理论家持如下观点，认为该理论亦可称作法人实在说。例如，请看 R. Harris，"The Transplantation of the Legal Discourse on Corporate Personality Theories：From German Codification to British Political Pluralism and American Big

Business" (2006) 63 *Washington and Lee Law Review* 1421。

[37] 此观点也为 Otto Gierke 的著作所引用，Otto Gierke, *Political Theories of the Middle Ages* (Cambridge, Cambridge University Press, 1900) (translated by F. Maitland)。然而此外，也有其他作者持此种观点：J. Davis, "The Nature of Corporations" (1897) 12 *Political Science Quarterly* 173。同时，参见 W. Brown, "The Personality of the Corporation and the State" (1905) 21 *Law Quarterly Review* 365 at 370。

[38] D. Gindis, "From Fictions and Aggregates to Real Entities in the Theory of the Firm" (2009) 5 *Journal of Institutional Economics* 25 at 26.

[39] A. Dicey, *Lecture, on the Relation Between Law and Public Opinion in England during the Nineteenth Century* (London, Macmillan, 1905) at 154.

[40] "Corporate Personality" (1911) 24 *Harvard Law Review* 253 at 265.

[41] Ibid at 266.

[42] Ibid at 258.

[43] 例如，参见 G. Teubner, *Law as an Autopoietic System* (Oxford, Blackwell, 1993); G. Teubner, "Enterprise Corporatism: New Industrial Policy and the 'Essence' of the Legal Person" (1988) 36 *American Journal of Comparative Law* 130。一般认为，最近的相关著作请参见 T. Bakken and T. Hernes (eds), *Autopoietic Organization Theory* (Copenhagen, Copenhagen Business School Press, 2002)。

[44] For example, see N. Luhmann, *Social Systems* (Stanford, Stanford University Press, 1995).

[45] "Enterprise Corporatism: New Industrial Policy and the 'Essence' of the Legal Person" (1988) 36 *American Journal of Comparative Law* 130 at 135.

[46] Ibid at 136.

[47] Ibid at 138.

[48] G. Teubner, *Law as an Autopoietic System* (Oxford, Blackwells, 1993) at 134.

[49] Ibid at 140.

[50] P. Nobel, "Social Responsibility of Corporations" (1999) 84 *Cornell Law Review* 1255 at 1259.

[51] A. Berle, "The Theory of Enterprise Entity" (1947) 47 *Columbia Law Review* 343 at 344, 358.

[52] D. Gindis, "From Fictions and Aggregates to Real Entities in the Theory of the Firm" (2009) 5 *Journal of Institutional Economics* 25 at 32-35.

[53] Ibid at 41.

[54] See, G. Mark, "The Personification of the Business Corporation in Ameri-

can Law" (1987) 54 *University of Chicago Law Review* 1441 at 1465.

[55] Ibid at 1470.

[56] [1961] AC 12.

[57] Ibid at 25.

[58] [1897] AC 22.

[59] Ibid at 30.

[60] Ibid at 33.

[61] Ibid at 51.

[62] [1982] 3 All ER 1016 at 1035.

[63] [1975] QB 373.

[64] Ibid at 390.

[65] (1988) 6ACLC 154at 176.

[66] But see, *Re Humes Ltd* (1987) 5 ACLC 64 at 67.

[67] [1994] 1 BCLC 363 at 379.

[68] [2004] SCC 68; (2004) 244 DLR (4th) 564. 此种方法广为接受，如之后的联邦最高法院的 *BCE Inc v* 1976 *Debentureholders* [2008] SCC 69 案。

[69] 1988 SLT 854; [1989] BCLC 233.

[70] Ibid at 860; 241.

[71] See, for example, *Lonrho Ltd v Shell Petroleum Co* Ltd [1980] 1 WLR 627 at 634 (HL).

[72] See, for example, *United States v Byrum* 408 US 125 at 138 (1972); *United Teachers Associations Insurance Co v Mackeen and Bailey* 99 F 3d 645 at 650—651 (5th Cir, 1996).

[73] *Peoples' Department Stores v Wise* [2004] SCC 68; (2004) 244 DLR (4th) 564; *BCE Inc v* 1976 *Debentureholders* [2008] SCC 69.

[74] See, for example, *Brunninghausen v Glavanics* [1999] NSWCA 199; (1999) 17 ACLC 1247 at [43] (New South Wales Court of Appeal).

[75] s. 170 (1) of the Companies Act 2006.

[76] 1991 WL 277613; 1991 Del Ch LEXIS 215; reprinted in (1992) 17 *Delaware Journal of Corporate Law* 1099 (Delaware Chancery Court).

[77] See n. 55.

[78] 823 A 2d 492 at 502 (Del Ch Ct, 2003).

[79] For instance, see s. 39 of the Companies Act 2006 (UK).

[80] s. 3. 02.

[81] 英国法律中，*Foss v Harbottle* (1843) 2Hare 461 案概括了此点。

[82] For instance, see the UK (Part 11 of the Companies Act 2006); Canada

(s. 239 of the Canada Business Corporations Act 1985)，Australia（Part 2F1A of the Corporations Act 2001），Singapore（s. 216A of the Companies Act），New Zealand (s. 165 of the Companies Act 1993)，Hong Kong（s. 168BC of the Companies Ordinance）.

［83］In the US，see *Kusner v First Pa Corp* 395 F Supp 276 at 280－83（ED Pa 1975）；*Dorfman v Chem. Bank* 56 FRD. 363 at 364（SDNY 1972）.

［84］R. Campbell Jr，"Corporate Fiduciary Principles for the Post-Contractarian Era"（1996）23 *Florida State University Law Review* 561 at 589.

［85］M. Whincop，"Overcoming Corporate Law：Instrumentalism, Pragmatism and the Separate Legal Entity Concept"（1997）15 *Company and Securities Law Journal* 411 at 424.

［86］［1975］QB 373.

［87］Ibid at 390.

［88］Company Law Review，*Modern Company Law for a Competitive Economy*：Strategic Framework（London，DTI，1999）at para 5. 1. 17.

［89］Ibid at para 5. 1. 10.

［90］Ibid at para 5. 1. 17.

［91］M. Lobban，"Corporate Identity and Limited Liability in France and England 1825—67"（1996）25 *Anglo-American Law Review* 397 at 401.

［92］R. Grantham，"The Limited Liability of Company Directors"［2007］ *Lloyds Maritime and Commercial Law Quarterly* 362 at 369.

［93］P. Ireland，I. Grigg-Spall and D. Kelly，"The Conceptual Foundations of Modern Company Law"（1987）14 *Journal of Law and Society* 149 at 150. Also，see L. S. Sealy，"The Director as Trustee"［1967］*Cambridge Law Journal* 83 at 89－90.

［94］此处有强调。

［95］P. Ireland，I. Grigg-Spall and D. Kelly，"The Conceptual Foundations of Modern Company Law"（1987）14 *Journal of Law and Society* 149 at 150. 此处系作者的强调。

［96］Ibid at 150.

［97］同上。Ireland 等的观点是，并非公司的成立赋予了公司独立的人格，而是历史进程导致公司的股份以虚拟资本的形式出现（at 160）。

［98］D. Millon，"The Ambiguous Significance of Corporate Personhood"，Washington and Lee University，School of Law，Working Paper No 01－6，January 2001 at 8－9.

［99］OECD Publications，2004 at 46.

[100] See, R. Sprouse, "The Significance of the Concept of the Corporation in Accounting Analyses" (1957) 32 *The Accounting Review* 369.

[101] R. Schroeder, M. Clark and J. McCathey, *Accounting Theory and Analysis*, 7th ed (New York, John Wiley, 2001) at 444. Also, see R. Scott, "'Owners' Equity: The Anachronistic Element" (1979) 54 *The Accounting Review* 750; Y. Biondi, "Accounting and the Economic Nature of the Firm as an Entity" in Y. Biondi, A. Canziani and T. Kirat (eds), *The Firm as an Entity* (Abingdon, Routledge, 2007).

[102] Y. Biondi, A. Canziani and T. Kirat (eds), *The Firm as an Entity* (Abingdon, Routledge, 2007) at 17.

[103] For example, see M. Radin, "The Endless Problem of Corporate Personality" (1932) 32 *Columbia Law Review* 643; F. Cohen, "Transcendental Nonsense and the Functional Approach" (1935) 35 *Columbia Law Review* 809.

[104] M. Phillips, "Reappraising the Real Entity Theory of the Corporation" (1994) 21 *Florida State University Law Review* 1061 at 1099, and referring to M. Radin, "The Endless Problem of Corporate Personality" (1932) 32 *Columbia Law Review* 643 at 649.

[105] 首先提出这一观点的学者是德国的 Ihering, 法国的 de Vareilles-Sommières, 瑞士的 Schwabe: A. Machen, "Corporate Personality" (1911) 24 *Harvard Law Review* 253 at 257。

[106] M. Phillips, "Reappraising the Real Entity Theory of the Corporation" (1994) 21 *Florida State University Law Review* 1061 at 1066.

[107] "A New Concept of Corporations: A Contractual and Private Property Model" (1979) 30 *The Hastings Law Journal* 1327 at 1336. This approach is not new. It was in existence in the nineteenth century. See W. J. Brown, "The Personality of the Corporation and the State" (1905) 21 *Law Quarterly Review* 365 at 370.

[108] M. Metzger and D. Dalton, "Seeing the Elephant: An Organizational Perspective on Corporate Moral Agency" (1996) 33 *American Business Law Journal* 489 at 497.

[109] D. Greenwood, "Introduction to the Metaphors of Corporate Law" (2005) 4 *Seattle Journal for Social Justice* 1 at 15.

[110] D. Gindis, "Some Building Blocks for a Theory of the Firm as a Real Entity" in Y. Biondi, A. Canziani and T. Kirat (eds), *The Firm as an Entity* (Abingdon, Routledge, 2007) at 278.

[111] "The Political Economy of Corporate Law Reform in Australia" (1999) 27 *Federal Law Review* 77

[112] M. Phillips，"Reappraising the Real Entity Theory of the Corporation" (1994) 21 *Florida State University Law Review* 1061 at 1108. 这似乎并没有使 Armen Alchian 动摇，其依然认为新成员的加入导致了新公司的产生："Specificity, Specialization and Coalitions" (1984) 140 *Journal of Institutional and Theoretical Economics* 34 at 47。

[113] R. Grantham，"The Limited Liability of Company Directors"〔2007〕 *Lloyds Maritime and Commercial Law Quarterly* 362 at 369.

[114] F. Easterbrook and D. Fischel "*The Economic Structure of Corporate Law*" (Cambridge，Massachusetts，Harvard University Press，1991) at 12.

[115] Ibid.

[116] Ibid at 89.

[117] "Theory of the Firm" (1976) 3 *Journal of Financial Economics* 305.

[118] O. Hart，"An Economist's Perspective on the Theory of the Firm" (1989) 89 *Columbia Law Review* 1757 at 1764.

[119] J. Moore，"The Firm as a Collection of Assets" (1992) 36 *European Economic Review* 493 at 494.

[120] 此观点认为，合同的当事人是理性经济主体，包括股东、管理者、债权人、雇员，公认的事实是每一部分人员都希望合同对自身有利，并试图使自己的利益最大化。一般认为一系列合约集束的概念太宽泛以至于难以界定。但是，参见 M. Jensen and W. Meckling，"Theory of the Firm" (1976) 3 *Journal of Financial Economics* 305 at 309－310；E. Fama，"Agency Problems and the Theory of the Firm" (1980) 88 *Journal of Political Economic* 228 at 290；F. Easterbrook and D. Fischel，"The Corporate Contract" (1989) 89 *Columbia Law Review* 1416 at 1426－1427；S. Deakin and A. Hughes，"Economic Efficiency and the Proceduralisation of Company Law" (1999) 3 *Company Financial and Insolvency Law Review* 169 at 176－180；I. McNeil，"Company Law Rules：An Assessment from the Perspective of Incomplete Contract Theory" (2001) 1 *Journal of Corporate Law Studies* 107。

[121] S. Bainbridge，"Director Primacy in Corporate Takeovers：Preliminary Reflections" (2002) 55 *Stanford Law Review* 791 at 799.

[122] L. Zingales，"In Search of New Foundations" (2000) 55 *Journal of Finance* 1623 at 1631.

[123] 根据 Luigi Zingales 的观点，有些定义只包括显性契约，而另一些也包括隐性契约：ibid at 1634。

[124] 尽管从法律层面给公司下定义时，法律经济学者接受实体概念。例如，参见 S. Bainbridge，*Corporation Law and Economics*（New York，Foundation

Press，2002) at 7。

［125］［1961］AC 12.

［126］M. Phillips，"Corporate Moral Personhood and Three Conceptions of the Corporation"（1992）2 *Business Ethics Quarterly* 435 at 439.

［127］M. Blair and L. Stout，"Specific Investments and Corporate Law"（2006）31 *Journal of Corporation Law* 719 at 739.

［128］Ibid.

［129］M. Whincop，"Overcoming Corporate Law：Instrumentalism, Pragmatism and the Separate Legal Entity Concept"（1997）15 *Company and Securities Law Journal* 411 at 412.

［130］C. Bruner，"The Enduring Ambivalence of Corporate Law"（2008）59 *Alabama Law Review* 1385 at 1389.

［131］M. Phillips，"Reappraising the Real Entity Theory of the Corporation"（1994）21 *Florida State University Law Review* 1061 at 1083.

［132］Above at 90 92.

［133］S. Berns and P. Baron，*Company Law and Governance：An Australian Perspective*（Melbourne，Oxford University Press，1998）at 143-144.

［134］Paddy Ireland 认为合约集束理论可追溯至 19 世纪早期，此前，一般谈及公司法的有限责任和其他方面的内容："Property and Contract in Contemporary Corporate Theory"（2003）23 *Legal Studies* 453 at 474。

［135］J. Parkinson，*Corporate Power and Responsibility*（Oxford，Oxford University Press 1993）at 76-77.

［136］［2001］QB 885；［2000］3 WLR 1327；［2001］BCC 432.

［137］［1998］Env LR D9，CA.

［138］此为著名案例，*Daiichi Pharmaceuticals UK Ltd and others v Stop Huntingdon Animal Cruelty*［2003］EWHC 2337；［2004］1 WLR 1503。

［139］L. Mitchell，*Corporate Irresponsibility*（New Haven，Yale University Press，2001）at 42.

［140］R. Monks and N. Minnow，*Corporate Governance*，4ᵗʰ ed（Chichester，John Wiley，2008）at 14.

［141］J. Nesteruk，"Persons，Property and the Corporation：A Proposal for a New Paradigm"（1990）39 *DePaul Law Review* 543 at 551.

［142］1988 SLT 854；［1989］BCLC 233.

［143］J. Parkinson，*Corporate Power and Responsibility*（Oxford，Oxford University Press，1993）at 78，n21.

［144］［1989］BCLC 233 at 242-243.

[145] 例如，参见 F. Easterbrook and D. Fischel, *The Economic Structure of Corporate Law* (Cambridge, Massachusetts, Harvard University Press, 1991) at 11-12; E. Orts, "The Complexity and Legitimacy of Corporate Law" (1993) 50 *Washington and Lee Law Review* 1565 at 1578-1579。Easterbrook 与 Fischel 反对使用物化的概念 (ibid at 11-12)。同样的观点见 M. Gulatietal, "Connected Contracts" (2000) 47 *University of California at Los Angeles Law Review* 887 at 888-893。

[146] W. Klein and J. Coffee, *Business Organization and Finance: Legal and Economic Principles*, 10th ed (New York, Foundation Press, 2007) at 117-118.

[147] Ibid at 118.

[148] M. Gulati et al, "Connected Contracts" (2000) 47 *University of California at Los Angeles Law Review* 887 at 890.

[149] *Oxford English Dictionary* (Vol 13, 2nd ed, 1989 at 532) 对于该词的解释是"一人或物或抽象概念变为实物化的心理转变"(引用自 G. Crespi, "Rethinking Corporate Fiduciary Duties: The Inefficiency of the Shareholder Primacy Norm" (2002) *Southern Methodist University Law Review* 141 at 155, n142)。

[150] See, S. Bainbridge, *The New Corporate Governance in Theory and Practice* (New York, Oxford University Press, 2008) at 18, 26.

[151] See, J. Strauss, "The Entrepreneur: The Firm" (1944) 52 *Journal of Political Economy* 112 at 112.

[152] J. Dewey, *Experience and Nature* (Chicago, Open Court, 1925) at 163. Also, see J. Dewey, "The Historical Background of Corporate Legal Personality" (1926) 35 *Yale Law Journal* 655 at 673.

[153] "The Board of Directors as Nexus of Contracts" (2002) 88 *Iowa Law Review* 1 at 16.

[154] 即使是法律经济学者 Henry Hansmann 和 Reiner Kraakman 也认可实体可持有资产 ("The Essential Role of Organizational Law" (2000) 110 *Yale Law Journal* 387)。这是他们重要观点，即实体资产分离，独立于股东 (Hansmann 与 Kraakman 认为是"所有者")和管理者。

[155] [1972] AC 153.

[156] Ibid at 170.

[157] *Re Anglo-Moravian Ry Co.* (1875) 1 Ch D 130; *Knowles v Scott* [1891] I Ch 717; *Butler v Broadhead* [1975] Ch 97 at 108; *Re Timberland Ltd*; *Commissioner for Corporate Affairs v Harvey* (1979) 4 ACLR 259 at 285; *Sydlow Pry Ltd v TG Kotselas Pty Ltd* (1996) 14 ACLC 846.

[158] See *Re Farrow's Bank Ltd* [1921] 2 Ch 64.

〔159〕 L. C. B. Gower, *Principles of Modem Company Law*, 5th ed （London, Sweet & Maxwell, 1992) at 554.

〔160〕 C. Handy, "What is a Company For?" (1993) 1 *Corporate Governance: An International Review* 14 at 16.

〔161〕 *Credit Lyonnais Bank Nederland NV v Pathe Communications Corp* 1991 WL 277613; 1991 Del Ch LEXIS 215; LEXIS 215; reprinted in (1992) 17 *Delaware Journal of Corporate Law* 1099 （Delaware Chancery Court), at 〔34〕 per chancellor Allen. 此观点与将董事视为公司及实现公司目标的管理者的观点有部分重合: J. Davis, F. D. Schoorman and L. Donaldson, "Toward a Stewardship Theory of Management" (1997) 22 *The Academy of Management Review* 20。

〔162〕 利益相关者理论支持者亦接受此观点。W. Evan and R. Freeman, "A Stakeholder Theory for Modern Corporations: Kantian Capitalism" in T. Beauchamp and N. Bowie （eds), *Ethical Theory and Business* （Englewood Cliffs, Prentice-Hall, 1988), at 103.

〔163〕 G. Mark, "The Personification of the Business Corporation in American Law" (1987) 54 *University of Chicago Law Review* 1441 at 1472—1473.

〔164〕 "A Balanced Concept of the Firm and the Measurement of Its Long-term Planning and Performance" (1998) 17 *Journal of Business Ethics* 1129 at 1141.

〔165〕 D. Rose, "Teams, Firms and the Evolution of Profit seeking Behavior" (1999) at 5, and accessible at ⟨http: //papers. ssrn. com/sol3/papers. cfm? abstract _ id=224438⟩ (last visited, 30 July 2010).

〔166〕 A. White, "What is Long-Term Wealth?" September 2007 at 1, and accessible at ⟨http: //www. bsr. org/reports/bsr _ awhite _ long-term-wealth. pdf⟩ (last visited, 16 October 2009).

〔167〕 I. Davis, "What is the Business of Business?" (2005) *McKinsey Quarterly* 18 （Issue 3) at 19.

〔168〕 *Principles of Corporate Governance: Analysis and Recommendations*, s. 2. 01 (a) at 69 (Proposed Final Draft 11, 31 March 1992).

〔169〕 R. Miller, "Ethical Challenges in Corporate-Shareholder and Investor Relations: Using the Value Exchange Model to Analyze and Respond" (1988) 7 *Journal of Business Ethics* 117 at 127.

〔170〕 For example, A. Rappaport, *Creating Shareholder Value* （New York, The Free Press, 1986) at 19.

〔171〕 H. Hu, "New Financial Products, the Modern Process of Financial Innovation and the Puzzle of Shareholder Welfare" (1991) 69 *Texas Law Review* 1273 at 1281.

[172] Ibid at 1307.

[173] J. Dean, *Directing Public Companies* (London, Cavendish, 2001) at 107. Also, see S. Letza, X. Sun and J. Kirkbride, "Shareholding and Stakeholding: a Critical Review of Corporate Governance" (2004) 12 *Corporate Governance: An International Review* 242 at 255; R. Woolley, "Shareholder Analysis" 31 *Company Secretary's Review* 62, 8 August 2007.

[174] L. Ribstein, "Accountability and Responsibility in Corporate Governance" (2006) 81 *Notre Dame Law Review* 1431 at 1457−1458.

[175] 澳大利亚企业与金融服务联合委员会 (Australian Parliamentary Joint Committee on Corporations and Financial Services), "Corporate Responsibility: Managing Risk and Creating Value," June 2006 at para 4.28 and accessible at 〈http://www.aph.gov.au/senate/committee/ corporations_ctte/completed_inquiries/2004−07/corporate responsibility/report/ index. htm〉(last Visited: 16 December 2009).

[176] Ibid at para 3.6.

[177] For further details, see the article on the Ethical Corporation website and accessible at 〈http://www.ethicalcorp.com/content.asp? ContentID=3018〉(last visited, 9 January 2010).

[178] S. Long, "James Hardie profits slump in wake of asbestos cases" Australian Broadcasting Commission website, 14 February 2005, and accessible at 〈http:// www.abc.net.au/worldtoday/content/2005/s1302408.htm〉 (last visited, 31 August 2010).

[179] S. Thomsen, "Corporate Values and Corporate Governance" (2004) 4 *Corporate Governance: An International Review* 29 at 37.

[180] See, P. Joerg, C. Loderer, L. Roth and U. Waelchli, "The Purpose of the Corporation: Shareholder−value Maximization?" European Corporate Governance Institute Finance Working Paper No 95/2005, February 2006 at 13 and available at 〈http://ssrn.com/abstract=690044〉 (last visited, 30 June 2009).

[181] M. Jensen, "Value Maximisation, Stakeholder Theory, and the Corporate Objective Function" (2001) 7 *European Financial Management* 297 at 309.

[182] 有时也称为"完美合同假想"。参见 C. Rose, "Stakeholder Orientation versus Shareholder Value-A Matter of Contractual Failures" (2004) 18 *European Journal of Law and Economics* 77 at 79。

[183] T. Smith, "The Efficient Norm for Corporate Law: A Neotraditional Interpretation of Fiduciary Duty" (1999) 98 *Michigan Law Review* 214 at 244; A. Chaver and J. Fried, 'Managers' Fiduciary Duty Upon the Firm's Insolvency: Ac-

counting for Performance Creditors" (2002) 55 *Vanderbilt Law Review* 1813 at 1825.

［184］当然，债权人可以在信贷合同等契约中降低信贷风险及约束董事行为。但是此方法很难实行。最主要的原因可能是董事不愿权力受限，也不愿其合理作为被干涉（亦即在决策时能排除外部因素的干扰）；参见 A. Keay and H. Zhang, "Incomplete Contracts, Contingent Fiduciaries and a Director's Duty to Creditors" (2008) 32 *Melbourne University Law Review* 141。

［185］此方法主要针对受美国联邦《破产法》第 11 章管制的公司。参见 *In re Johns-Manville Corp* (1985) 52 Bankr 879 (NY)；*Official Committee of Unsecured Creditors v R F Laf/erty & Co* (2001) 267 F 3d 340 at 348 (3rd Circuit)。同时参见 R. Nimmer and R. Feinnberg, "Chapter 11 Business Governance: Fiduciary/ Duties, Business Judgment, Trustees and Exclusivity" (1989) 6 *Bankruptcy Developments Journal* 1 at 33；R. Campbell and C. Frost "Managers' Fiduciary Duties in Financially Distressed Corporations: Chaos in Delaware (and Elsewhere)" 2006 and available at 〈http://papers. ssrn, com/sol3/ papers. cfm? abstract _ id = 900904〉 (last visited, 30 July 2010)。See, for example, *In re Central Ice Cream* 836 F 2d 1068 at 1072 (7th Circuit, 1988)。尽管表述不甚明确：Nimmer 与 Feiberg 指考虑负债人的需要，以权衡利益："Chapter 11 Business Governance: Fiduciary Duties, Business Judgment, Trustees and Exclusivity" (1989) 6 *Bankruptcy Developments Journal* 1 at 34。

［186］See G. Crespi, "Redefining the Fiduciary Duties of Corporate Directors in Accordance With the Team Production Model of Corporate Governance" (2003) 16 *Creighton Law Review* 623 at 636.

［187］M. Jensen, "Value Maximisation, Stakeholder Theory, and the Corporate Objective Function" (2001) 7 *European financial Management* 297 at 300.

［188］S. Bainbridge, *The New Corporate Governance in Theory and Practice* (New York, Oxford University Press, 2008) at 66-67.

［189］Gregory Crespi 认为，相较于对股东负责，董事对公司负责，会使公司事务运作更有效率。"Rethinking Corporate Fiduciary Duties: The Inefficiency of the Shareholder Primacy Norm" (2002) *Southern Methodist University Law Review* 141 at 143. 这种观点也被 Thomas Smith 采纳："The Efficient Norm for Corporate Law: A Neotraditional Interpretation of Fiduciary Duty" (1999) 98 *Michigan Law Review* 214。

［190］V. Ho, "'Enlightened Shareholder Value': Corporate Governance Beyond the Shareholder-Stakeholder Divide" abstract accessible at 〈http://ssrn. com/ abstract=1476116〉 (last visited, 8 January 2010).

［191］See，T. Smith，"The Efficient Norm for Corporate Law：A Neotraditional Interpretation of Fiduciary Duty"（1999）98 *Michigan Law Review* 214 at 265

［192］R. Scott，"A Relational Theory of Default Rules for Commercial Contracts"（1990）19 *Journal of LegalStudies* 597 at 624；L. LoPucki and W. Whitford，"Corporate Governance in the Bankruptcy Reorganization of Large Publicly Held Companies"（1993）141 *University of Pennsylvania Law Review* 669 at 768；B. Adler，"A Re-Examination of Near-Bankruptcy Investment Incentives"（1995）62 *University of Chicago. Law Review* 575 at 590－598；R. de R Barondes，"Fiduciary Duties of Officers and Directors of Distressed Corporations"（1998）7 *George Mason Law Review* 45 at 46 and 49.

［193］See，E. Sternberg，*Just Business*，2nd ed（Oxford，Oxford University Press，2000）at 43.

［194］Ibid at 56.

［195］Ibid.

［196］M. Blair，*Ownership and Control*（Washington DC，The Brookings Institute，1995）at 244.

［197］J. Davis，F. Schoorman and L. Donaldson，"Towards a Stewardship Theory of Management"（1997）22 *Academy of Management Review* 25.

［198］Washington DC，The Brookings Institute，1995 at 240 241.

［199］M. Blair 的著作重述了此观点。"Directors'Duties in a Post-Enron World：Why Language Matters"（2003）38 *Wake Forest Law Review* 885 at 898－899.

［200］*The End of Shareholder Value：Corporations at the Crossroads*（Cambridge，Massachusetts，Perseus，2000）at 207.

［201］J. Keynes，*The End of Laissez-Faire*（1926）reprinted in Essays in Persuasion（1931）at 314－315 and quoted by P. Ireland，"Corporate Governance, Stakeholding and the Company：Towards a Less Degenerate Capitalism?"（1996）23 *Journal of Law and Society* 287 at 291.

［202］See R. Aguilera，D. Rupp，C. Williams and J. Ganapathi，"Putting the S. Back in Corporate Social Responsibility：A Multi-Level Theory of Social Change in Organizations" at 20（2007）〈http：//ssrn. com/abstract＝567842〉（last visited，12 December 2009）；L. Ribstein，"Accountability and Responsibility in Corporate Governance"（2006）81 *Notre Dame Law Review* 1431 at 1451.

［203］"Corporate Law Project：Overarching Trends and Observations,"July 2010，（accessible at〈http：//www. reports-and-materials. org/Ruggie-corporate-law-project-Jul-2010. pdf〉）（last visited，29 July 2010）.

［204］R. Kaplan and D. Norton，"The Balanced Scorecard-The Measures that

Drive Performance"（1992）*Harvard Business Review*（January-February）71 at 71.

［205］A. Keay，"Ascertaining the Corporate Objective：An Entity Maximisation and Sustainability Model"（2008）71 *Modern Law Review* 663 at 685.

［206］包括很多股东利益至上理论支持者。

［207］Below at pp. 241-242.

［208］237 NE 2d 776（Illinois，1968）.

［209］The following is taken from K. Goodpaster，"Business Ethics and Stakeholder Analysis"（1991）1 *Business Ethics Quarterly* 53 at 54-55.

［210］R. Henry，"BT in bid to cut staff pay in return for holidays" *The Times*，4 July 2009.

［211］第二个因素也是近来频频引发公司形势变更的原因，许多公司就是依靠这些无可替代的技术工人得以生存发展。参见 L. Zingales，"In Search of New Foundations"（2000）55 *Journal of Finance* 1623。

［212］B. McDonnell，"Corporate Constituency Statutes and Employee Governance"（2004）30 *William Mitchell Law Review* 1227 at 1236.

［213］英国联合工会代表吉百利公司员工与筹划收购吉百利的卡夫公司（Kraft）进行谈判，因为这必将引发公司大量裁员：R. Lindsay，"Cadbury union warns Kraft my axe jobs" *The Times*，2009-11-30。最终卡夫完成收购后关闭原工厂，裁员 400 人：C. Boyle，"Kraft censured for breaching the Takeover Code on Cadbury" *The Times*，2010-05-27。

［214］W. Allen，"Our Schizophrenic Conception of the Business Corporation"（1992）14 *Cardozo Law Review* 261 at 274.

［215］M. van der Weide，"Against Fiduciary Duties to Corporate Stakeholders"（1996）21 *Delaware Journal of Corporate Law* 27 at 78. 值得注意的是，在 *Dawson International Plc v Coats Paton Plc*（*No 1*）1988 SLT 854 at 860 以及［1989］BCLC 233 at 241 中，苏格兰法院认为，董事必须考虑公司的最佳利益。

［216］A. Schleifer and L. Summers，"Hostile Takeovers as Breaches of Trust，" Discussion Paper No 0008，London School of Economics Financial Market Group and referred to in J. Plender，"Giving People a Stake in the Future"（1998）31 *Long Range Planning* 211 at 215. But compare，J. MacIntosh，"Designing an Efficient Fiduciary Law"（1993）43 *University of Toronto Law Journal* 425 at 462.

［217］S. Ross et al，*Corporate Finance*（London，McGraw-Hill，1993）at 854 and referred to by M. van der Weide，"Against Fiduciary Duties to Corporate Stakeholders"（1996）21 *Delaware Journal of Corporate Law* 27 at 79.

［218］例如，参见 Connecticut：Connecticut General Statute s. 33-313（2003）；

Arizona：Arizona Revised Statute，s. 10-1202（2002）；Idaho：Idaho Code，s. 30-1602（2002）。

［219］例如，参见 Indiana，Indiana Code，s. 23-1-35-1（d）；Ohio. Ohio Revised Code，s. 1701. 59（E）（Supp 1989）。

［220］W. Allen，J. Jacobs and L. Strine，"The Great Takeover Debate：A Meditation on Bridging the Conceptual Divide"（2002）69 *University of Chicago Law Review* 1067 at 1079. 许多案例表明，法院是支持董事的决定的。例如，*Moran v Household International Inc* 500 A 2d 1346（Del，1985）；*Unocal v Mesa Petroleum Co* 493 A2d 946（Del，1985）。

［221］1988 SLT 854；［1989］BCLC 233.

［222］*Dawson International Plc v Coats Paton Plc*（*NO*1）1988 SLT 854；［1989］BCLC 233.

［223］［1989］BCLC 233 at 242-243.

［224］This is envisaged by R. Mitchell，A. O'Donnell and I. Ramsay，"Shareholder Value and Employee Interests：Intersections Between Corporate Governance，Corporate Law and Labor Law"（2005）23 *Wisconsin International Law Journal* 417 at 438.

［225］W. Allen，J. Jacobs and L. Strine，"The Great Takeover Debate：A Meditation on Bridging the Conceptual Divide"（2002）69 *University of Chicago Law Review* 1067 at 1077.

［226］M. Phillips，"Reappraising the Real Entity Theory of the Corporation"（1994）21 *Florida State University Law Review* 1061 at 1097.

［227］A. Alcock，"An Accidental Change to Directors'Duties"（2009）30 *The Company Lawyer* 362 at 366.

［228］比如，吉百利在 2010 年 2 月 3 日被卡夫收购后不久，便解雇了主要的高级经理：C. Boyle，"Cadbury executives exit hours after deal closes" *The Times*，3February 2010。

［229］J. Parkinson，*Corporate Power and Responsibility*（Oxford，Oxford University Press，1993）at 79.

［230］T. Dyllick and K. Hockerts，"Beyond the Business Case for Corporate Sustainability"（2002）11 *Business Strategy and the Environment* 130 at 130.

［231］D. Dunphy，"Corporate Sustainability：Challenge to Managerial Orthodoxies"（2003）9 *Journal of the Australian and New Zealand Academy of Management* 2 at 3.

［232］参见澳洲证券与投资委员会副主席 Jeremy Cooper 在对澳大利亚联邦议会联合委员会关于公司与金融服务提交的报告第 2 和第 3 段，"Corporate Responsibility: Managing Risk and Creating Value" (June 2006), 〈http://www. aph. gov. au/senate/committee/corporations_ctte/completed_inquiries/2004 - 07/corporate_responsibility/report/index. htm〉 (last visited, 16 December 2009)。

[233] A. Caldelli and M. Parmigiani, "Management Information System-A Tool for Corporate Sustainability" (2004) 55 *Journal of Business Ethics* 159 at 159.

[234] T. Dyllick and K. Hockerts, "Beyond the Business Case for Corporate Sustainability" (2002) 11 *Business Strategy and the Environment* 130 at 131.

[235] Ibid at 132. 此三重基线有时也简化为"人，地球，利润"。参见 T. Hardjono and P. de Klein, "Introduction on the European Sustainability Framework (ECSF)" (2004) 55 *Journal of Business Ethics* 99 at 99。

[236] T. Dyllick and K. Hockerts, "Beyond the Business Case for Corporate Sustainability" (2002) 11 *Business Strategy and the Environment* 130 at 132.

[237] R. Aguilera et al, "Putting the S Back in Corporate Social Responsibility: A Multi-Level Theory of Social Change in Organizations" (2007) 32 *Academy of Management Review* 836.

[238] See, J. Post, L. Preston and S. Sachs, "Managing the Extended Enterprise" (2002) 45 *California Management Review* 6 at 7.

[239] M. J. Gordon, *Finance, Investment and Macroeconomics: The Neoclassical and a Post-Keynesian Solution* (Aldershot, Edward Elgar, 1994) at 94.

[240] F. Post, "A Response to The Social Responsibility of Corporate Management: A Classical Critique" (2003) 18 *Mid-American Journal of Business* 25 at 32.

[241] L. Mitchell, *Corporate Irresponsibility* (New Haven, Yale University Press, 2001) at 11.

[242] D. Schrader, "The Corporation and Profits" (1987) 6 *Journal of Business Ethics* 589 at 590. Schrader does argue that non-maximising firms do survive. But he recognises that there have to be positive profits as a necessary condition of survival (ibid at 591, 597).

[243] M. J. Gordon, *Finance, Investment and Macroeconomics: The Neoclassical and a Post-Keynesian Solution* (Aldershot, Edward Elgar, 1994) at 93.

[244] P. Drucker, "Business Objectives and Survival Needs: Notes on a Discipline of Business Enterprise" (1958) 31 *The Journal of Business* 81 at 84.

[245] 最近的例子如安然公司。

[246] D. Li, "The Nature of Corporate Residual Equity Under the Equity Concept" (1960) 35 *The Accounting Review* 258 at 259.

[247] Ibid at 259, 262.

[248] T. Smith, "The Efficient Norm for Corporate Law: A Neotraditional In-

terpretation of Fiduciary Duty" (1999) 98 *Michigan Law Review* 214 at 223 and referring to C. Loomis, "A House Built on Sand: John Meriwether's Once Mighty Long-Term Capital Has All But Crumbled" *Fortune*, 26 October 1998 at 110.

[249] N. Denton, "The Barings Crisis: Disaster, Just When Most Things Were Going Right" *The Financial Times*, 27 February 1995 at 3.

[250] T. Smith, "The Efficient Norm for Corporate Law: A Neotraditional Interpretation of Fiduciary Duty" (1999) 98 *Michigan Law Review* 214 at 225.

[251] A. Campbell, "Stakeholders: The Case in Favour" (1997) 30 *Long Range Planning* 446 at 449.

[252] P. Drucker, "Business Objectives and Survival Needs: Notes on a Discipline of Business Enterprise" (1958) 31 *The Journal of Business* 81 at 87. 当然，目标可能指向不同方向。

[253] D. Li, "The Nature of Corporate Residual Equity Under the Equity Concept" (1960) 35 *The Accounting Review* 946 at 948.

[254] P. Drucker, "Business Objectives and Survival Needs: Notes on a Discipline of Business Enterprise" (1958) 31 *The Journal of Business* 81 at 86.

[255] R. Eels and C. Watson, *Conceptual Foundations of Business* (Homewood, Richard D Irwin, 1969) at 535. See D. Rose, "Teams, Firms and the Evolution of Profit seeking Behavior" (1999) and accessible at ⟨http://papers.ssrn.com/sol3/papers.cfm? abstract_id=224438⟩ (last visited, 8 January 2010).

[256] S. Enke, "On Maximizing Profits: a Distinction between Chamberlain and Robinson" (1951) 41 *American Economic Review* 566.

[257] 以下观点归纳改编自 P. Drucker, "Business Objectives and Survival Needs: Notes on a Discipline of Business Enterprise" (1958) 31 *The Journal of Business* 81 at 85-87。

[258] M. Clarkson, "A Stakeholder Framework for Analyzing and Evaluating Corporate Social Performance" (1995) 20 *Academy Management Review* 92 at 107.

[259] 例如，英国汽车制造商罗孚 (Rover) 于 2005 年在位于英格兰中部西米德兰兹郡的朗布里奇关闭了工厂。

[260] L. Zingales, "In Search of New Foundations" (2000) 55 *Journal of Finance* 1623 at 1633.

[261] Ibid at 1636.

[262] L. Cerioni and A. Keay, "Corporate Governance and the Corporate Objective in the European Community: Proposing a Redefinition in Light of EC Law" (2008) 19 *European Business Law Review* 405.

[263] Ibid.

［264］在美国一些州颁布了所谓的"利益相关人法"（constituency statutes）。虽然此处有争议，在除了康涅狄格的董事必须考虑非股东成员的利益之外，其他州别的董事有明确权力决定是否虑及利益相关者的利益。已颁布法令的州名列表，参见 K. Hale, "Corporate Law and Stakeholders: Moving Beyond Stakeholder Statutes"（2003）45 *Arizona Law Review* 823 at 833, n78.

［265］参见 A. Keay, "Enlightened Shareholder Value, the Reform of the Duties of Company Directors and the Corporate Objective"［2006］*Lloyd Maritime and Commercial Law Quarterly* 335; A Keay, "Tackling the Issue of the Corporate Objective: An Analysis ol the United Kingdom's 'Enlightened Shareholder Value Approach'"（2007）29 *Sydney Law Review* 577.《2006 年公司法》第 417 节非常重要，因为显示了 ESV 理念。其要求较大型公司处理公司事务的同时，应意识到面临的主要风险等不确定因素。上市公司还需尽量把握公司地位、运行及发展情况，评估对于环境的影响，及时了解员工、社会社区及与公司有利益关联的其他人的相关信息。参见 A. Johnson, "After the OFR: Can UK Shareholder Value Still Be Enlightened?"（2006）7 *European Business Organizations Review* 817。

［266］V. Ho, "'Enlightened Shareholder Value': Corporate Governance Beyond the Shareholder-Stakeholder Divide" abstract accessible at 〈http://ssrn. com/abstract=1476116〉（last visited, 8 January 2010）

［267］For example, see *Lonrho Ltd v Shell Petroleum Co Ltd*［1980］1 WLR 627; *Fulham Football Club Ltd v Cabra Estates plc*［1994］1 BCLC 363; *NichoIson v Permakraft（NZ）Ltd*（1985）3 ACLC 453; *Brunninghausen v Glavanics*［1999］NSWCA 199;（1999）17 ACLC 1247; *Peoples' Department Stores v Wise*［2004］SCC 68;（2004）244 DLR（4th）564.

［268］For example, see *Parkev Daily News Ltd*［1962］Ch 927; *Brady v Brady*（1987）3 BCC 535. Also, see *Greenhalgh v Arderne Cinemas*［1951］Ch 286 in a different context.

［269］*Darvall v North Sydney Brick and Tile Co Ltd*（1987）12 ACLR 537 at 554;（1988）6 ACLC 154 at 176.

［270］See, A. Keay, "Moving Towards Stakeholderism? Constituency Statutes, Enlightened Shareholder Value and All That: Much Ado About Little?"（2011）22 *European Business Law Review* 1.

［271］Company Law Review, *Modern Company Law for a Competitive Economy: Developing the Framework*（DTI, London, 2000）para 2. 22.

［272］Ibid. See, A. Keay, "Moving Towards Stakeholderism? Constituency Statutes, Enlightened Shareholder Value and All That: Much Ado About Little?"（2011）22 *European Business Law Review* 1.

[273] For example, M. Jensen, "Value Maximisation, Stakeholder Theory, and the Corporate Objective Function" (2001) 7 *European Financial Management* 297; "Value Maximisation, Stakeholder Theory and the Corporate Objective Function" (9001) 14 *Journal of Applied Corporate Finance* 8.

[274] (2001) 89 *Georgetown Law Journal* 439.

[275] A, Alcock, "An Accidental Change of Directors'Duties?" (2009) 30 *The Company Lawyer* 362 at 368.

[276] Gregory Crespi 认为美国应该采纳此种观点: "Redefining the Fiduciary Duties of Corporate Directors in Accordance with the Team Production Model of Corporate Governance" (2003) 16 *Creighton Law Review* 623 at 633。

[277] A. Keay, *Directors' Duties* (Bristol, Jordan Publishing, 2009) at 129-130.

[278] T. Donaldson and L. Preston, "The Stakeholder Theory for the Corporation: Concepts, Evidence, Implications" (1995) 20 *Academy Management Review* 65 at 87.

[279] K. Hale, "Corporate Law and Stakeholders: Moving Beyond Stakeholder Statutes" (2003) 45 *Arizona Law Review* 823 at 833. 相关州及州内立法的情况,参见 Hale n78. 相关条文不胜枚举。例如, Committee on Corporate Laws, "Other Constituencies Statues: Potential for Confusion" (1990) *Business Lawyer* 2253; J. Hanks Jr, "Playing With Fire: Nonshareholder Constituency Statues in the 1990s" (1991) 21 *Stetson Law Review* 97; L. Mitchell, "A Theoretical and Practical Framework for Enforcing Corporate Constituency Statutes" (1992) 70 *Texas Law Review* 579; S. Bainbridge, "Interpreting Nonshareholder Constituency Statutes" (1992) 19 *Pepperdine Law Review* 971; E. Orts, "Beyond Shareholders: Interpreting Corporate Constituency Statutes" (1993) 61 *George Washington Law Review* 14; T. Fort, "The Corporation as Mediating Institution: An Efficacious Synthesis of Stakeholder Theory and Corporate Constituency Statutes" (1998) 73 *Notre Dame Law Review* 173; J. Springer, "Corporate Constituency Statutes: Hollow Hopes and False Fears" (1999) *Annual Survey of American Law* 85; E. Adams and J. Matheson, "A Statutory Model for Corporate Constituency Concerns" (2000) 49 *Emory Law Journal* 1085; B. McDonnell, "Corporate Constituency Statutes and Employee Governance" (2004) 30 *William Mitchell Law Review* 1227; A. Bisconti, "The Double Bottom Line: Can Constituency Statutes Protect Socially Responsible Corporations Stuck in Revlon Land?" (2009) 42 *Loyola of Los Angeles Law Review* 765。

[280] HB 111, 60th Leg, Regular Session (2007).

[281] Pennsylvania (PA, 15 Consolidated Statutes) (1990). The provision is

now s. 516 and it has been changed in minor ways.

〔282〕 J. Macey, "Fiduciary Duties as Residual Claims: Obligations to Non-shareholder Constituencies From a Theory of the Firm Perspective" (1999) 84 *Cornell Law Review* 1266. 亚利桑那与爱达荷为例外。两州仅是简单规定董事应同时考虑公司的长期与短期利益: Arizona: Revised Statute, s. 10 - 1202 (2002); Idaho Code, s. 30 - 1602 (2002)。

〔283〕 Connecticut: General Statute, s. 33 - 756 (2005).

〔284〕 For example, see Minnesota (s. 302A. 251 (5) (West 1985 & 2001).

〔285〕 S. Wallman, "The Proper Interpretation of Corporate Constituency Statutes and Formulation of Director Duties" (1991) 21 *Stetson Law Review* 163 at 170. 英国亦是如此。参见 A. Keay, "Enlightened Shareholder Value, the Reform of the Duties of Corporation Directors and the Corporate Objective" 〔2006〕 *Lloyds Maritime and Commercial Law Quarterly* 335 at 341 - 343。

〔286〕 K. Hall, *The Magic Mirror: Law in American History* (New York, Oxford University Press, 1989) and referred to in S. Letza, X. Sun and J. Kirkbride, "Shareholding and Stakeholding: a Critical Review of Corporate Governance" (2004) 12 *Corporate Governance: An International Review* 242 at 250.

〔287〕 See W. Leung, "The Inadequacy of Shareholder Primacy: A Proposed Corporate Regime that Recognizes Non-Shareholder Interests" (1997) 30 *Columbia Journal of Law and Social Problems* 589 at 590.

〔288〕 "A Team Production Theory of Corporate Law" (1999) 85 *Virginia Law Review* 247. 该理论是在其他作品基础上构建的。例如, A. Alchian and H. Demsetz, "Production, Information Costs and Economic Organization" (1972) 62 *American Economic Review* 777。

〔289〕 "A Team Production Theory of Corporate Law" (1999) 85 *Virginia Law Review* 247 at 305.

第5章 实体最大化及永续性模式的实施

5.1 引言

上一章提出了一种新的规范性模式，即实体最大化及永续性模式 (EMS)。在上一章中，我们已经解释过该模式的两个要素——实体财富最大化的同时确保实体的财务可持续性。本章则将会处理关于该模式的第一个问题，即如何实施？假使董事没能使公司的管理与制定公司目标的模式原则保持一致，结果会怎样？如何质疑他们的行为？正如 Morey McDaniel 所言，"没有救济的权利没有价值"。[1] 所以对于该模式的实际应用必须要有实施机制。[2] 必须有可实施的标准来确保董事恰当地履行对公司事务和资产的管理工作，并且使其与公司的目标相一致。这种做法仅仅与任何体系都必定有其固定的保护措施的基本要求相吻合。[3] 如果某些机制能够提供检验程序，用来检验董事过去都做了哪些工作，便属于合理的机制。[4]

极为重要的是，对于公司投资者诸如股东、债权人、雇员及其他人而言，如果对管理公司有着合理的关注，那么他们就拥有采取某些措施的手段，即为确保实体财富最大化和可持续性的目的，公司不应该这样或那样运营。他们之所以有权利这样做，是因为他们对公司进行了投资。这种能够用于检验董事做过什么或没做什么的机制，能够鼓励董事会在行使权力和履行职责时既勤勉努力，又警觉小心。因此，该机制须

238

高效运用，且应省时节流。[5]此外，任何机制都不能轻易地或频繁地使用，因为那样会代价高昂，且导致商业机遇的错失，从而最终损害公司的声誉。[6]如果该机制需要频繁使用，恐怕公司的可持续性问题就令人担忧了。

公司设立实施机制的一个重要方面是因为这种机制可以带来积极影响。该机制既可以激励管理者坚持公司目标，又可以确保董事行为良好。同时它也可以作为某种威慑，使董事不去涉足违规行为。[7]这一机制会使董事知晓其决策的制定处于被监控状态，而且可能会通过某种正规方式受到质疑。知道了这点就可能会鼓励相关者不用通过任何正式诉讼行为来解决所有的争议。

实施的问题已经存在于公司法的方方面面很多年（接下来也将会是如此）。而且自20世纪80年代初期普及时，就开始困扰利益相关者理论。如果董事未能考虑某一特殊的利益相关者的利益，那么该利益相关者该如何做呢？除了利益相关者，谁还有资格寻求获准以继续派生诉讼？[8]现今法律发展现状表明，这一问题的答案是：几乎没有。

本章会探究为实施实体最大化及永续性模式可能采用的措施，之后会探讨某种特别的机制。本章主要在英国法律背景下进行这一问题的探讨，但所讨论的诸多内容与很多司法辖区相关，尤其是那些能够被归为英美普通法系的司法辖区。

值得强调的是，本章探讨的是关于非合同执行的选择。很显然，某些与公司签有合同的投资者常常会因合同的违约而提起诉讼，或者合同中有某些特定的机制能够支持他们采取一些自救行动；但是该诉讼之所以产生是基于所签订的特定合同发生违约，并且很可能与公司的目标完全没有联系。另外值得探讨的是，这种选择并没有考虑到某些投资者其实根本没有合同权利。

本章将按照下述方式进行。5.2节探讨关于股东利益至上理论和利益相关者理论的问题。5.3节是本章的主体，旨在探明和检验该模式的多种实施方式，并就每种方式的运用进行探讨。然后是结束语。

5.2　其他理论的实施

依据股东利益至上理论，董事负有为公司利益最大化而工作的职责，并且这里所指的公司利益最大化的主体，被有效地理解为股东。[9]
因而董事这一职责聚焦于如何使股东利益最大化上。如果董事没能这样
做，那么他们就是违约。股东有权提起派生诉讼，以此来对抗董事对公
司的失职行为。这一点在普通法系中已经存在很多年了。一些人甚至这
样说，该项权利之所以赋予股东，是因为他们被视为公司的所有者。[10]
支持股东有权提起诉讼最常见的理由是，他们是公司收入的剩余价值索
取者。[11]无疑，该方法优势之一是当董事背离公司目标犯错时，股东有
权以某种方式进行补救。很多普通法国家在公司法中都使用派生诉讼。
大多数普通法国家将派生诉讼的权利编纂于法典之中，以方便股东提起
诉讼。英国则是在《2006年公司法》中做出了相关规定。[12]英国这项决
定背后的动因，是使法律更为简易化、现代化，以提高其可行性。[13]派
生诉讼的数量是否会因该项立法而增加尚无定论。由于这项立法于
2007年10月1日刚刚生效，目前鲜有相关判例发布。[14]澳大利亚在
2000年也有相似的立法，也未出现诉讼兴盛现象。[15]有人认为英国有可
能也会出现类似的情况。[16]存在争议的是，尽管股东可能会更为容易地
提起派生诉讼，但其仍须克服重大困难，即如何说服法院允许（主要在
英格兰、威尔士和北爱尔兰，不包括苏格兰）他们继续进行派生诉讼。[17]

理论上，当股东的利益没有实现最大化时，股东可以根据类似于英
国《2006年公司法》第994条的条款提起诉讼。诉讼根据可以是公司
事务的处理方式对股东有压迫/不公平损害。这样的诉讼极少涉及上市
公司。立法没有任何规定阻止上市公司的股东根据第994条规定启动诉
讼程序。而且，考虑到英国上诉法院在 *Clark v Cutland*[18] 案中的判
决，股东提起这种诉讼的可能性是存在的。当然，很显然关于私人公司
此类判决的原则被大量使用。根据这一判决，股东如果能够证实在其加
入该公司之时持有合理期待，如果该合理期待未得到满足，则股东可以
获得救济。而上市公司的那些幻想破灭的股东之所以未启动第994条规
定及其立法禁止令，大概主要因为相比诉诸于成本可能很高的诉讼而
言，他们更乐意卖出股票。任何情况下，如果上市公司董事和管理者未
曾给予股东任何期待，则股东基于第994条规定提起的诉讼一般不会
成功。[19]

除上述的法律诉讼外，在一些法域，如果股东能够获得充分的支
持，他们就可以将董事从公司除名，[20]或者他们有权不再支持这些董

事。[21]然而，为使这样的选择最后成功，股东不得不面对现实中存在的某些重大障碍。[22]

常常提及的运用股东利益至上理论保护股东的另一途径，就是公司控制市场。即管理者如未能使股东财富最大化，就会受到市场的威胁。因为如果公司经营失败，未能挖掘公司潜力，那么其股价将走低，则公司收购者可能会借机以合理的价格收购该公司，而后对公司高效运营并获取利润。在这种境况下，股东通常会获取收益，因为他们要么将其持有的股票以高于原上市价格或现有价格卖出，要么选择在公司被收购之后继续持有，等待运营状况好转。这种情况下，管理者通常会失去工作，因为收购者会另外提名董事以取代原董事。不过对此也有一些理论上的争议[23]和经验主义的研究[24]，这些不同观点否定收购的有效性。市场对公司控制可以充分规制董事行为之说也同时受到质疑。[25]

根据股东利益至上理论，如果董事会没有对不法董事采取措施，那么强制履行董事职责的人便是股东了。对此，在美国已经有诸多评论员在为股东争取更加强大的权力。但即使在英国这个被视为股东有更多控制董事权力之地，[26]股东实际上并未被更好地赋予有力的武器以实现这些权力。[27]

同时，也可能这样讲，股东利益至上理论的优势之一是该理论能够被股东实施，即使这样做会遇到问题。毫无疑问，利益相关者理论的一个主要不足之处在于实施该理论存有重大难度。根据利益相关者理论的要求，董事应该为了所有被算作公司利益相关者的利益来管理公司事务，以为他们整体争取较大利益。[28]早在 20 世纪 30 年代早期 Berle 和 Dodd 进行辩论时，人们就察觉到遵循并实施该理论是一个问题。Berle 指出，[29]他和 Dodd 都支持某种近乎于今天众所周知的利益相关者理论的模式，但他也坦然承认，这种模式恐怕并非切实可行。很显然，根据他的逻辑思路得出的结论便是，应该强调以下观点：

> 商业公司的存在只为了单一的目标——为股东谋取利益；而直到如今人们才开始准备为股东之外的某些人负责，并做出了清晰合理、切实可行的计划。[30]

Berle 认为，为减少管理者参与机会主义行为的次数，股东利益至上理论是次优方案；但是它却比利益相关者理论更加易于实施。Dodd 则承认，为规制管理层行为而引进强有力的法律措施是非常必要的。[31]

在这两位学者的争议中，焦点在于应该如何强制履行管理者责任。[32]很久之后，Oliver Hart 断言利益相关者理论是不可能得以实施的，因为要求董事考虑所有群体利益的想法"根本是空想"，[33]董事完全可以证明其决定符合某人或某群体的利益。[34]值得关注的是，董事可能先基于机会主义行事，然后寻找借口，声称这样做是为了使某一特定利益相关者群体受益。最近，公司法审查督导小组在审核英国公司法时说到，规定他人对某一群体负有无法实施的义务没有太大意义。[35]

或许可以这样说，利益相关者理论倾向于拥护董事的可信赖性和职业水准，因而并没有必要创建任何强制实施机制。根据管家理论（涵盖于众多支持利益相关者理论或类似理论中），董事有关于成就、责任、赞赏、利他主义以及对职权的尊重等方面的需求，因此，可以不把董事视为投机取巧者，而视为能够为了利益相关者的最优利益行事的好管家。

Janice Dean 这样说过，如果希望利益相关者理论在实务中得以应用，就必定要设立某种权力以保障利益相关者的期待，对受到漠视的利益相关者的利益给予补偿。[36]首先，对于某些利益相关者的利益是否受到侵害进行评估就绝非易事；其次，对于损失程度的量化也极具难度。Gregory Crespi 曾试图解释在判定利益相关者是否在董事决策中受到损害时，法院应如何操作。进一步地，如果利益相关者的确受到损害，又如何判定其受损程度。[37]但是，并非不尊重这一观点，如果 Crespi 的解释得以应用，那么法院面对的这个过程将会极为复杂。Crespi 似乎认同这个问题，因为他曾作出陈述指出，董事对利益相关者利益所负有的任何义务都只能是一种期待性的准则，而不是一种法律上的指令。[38]这显然否定了 Dean 所说的利益相关者理论有效运行的必要条件。使这一争议问题最终得以清楚阐明的原因在于英国的公司法审查督导小组对事实的记录。即很少有人对他们提出的各种相关问题给予回应；而那些少有的为利益相关者方法辩论的人，也不支持利益相关者在其利益未纳入董事考虑范围情况下，有权得到法院审理。[39]

Wai Leung[40]在 Larry Mitchell 关于刻画美国的委托人蓝图[41]的实施计划上持赞同意见，他倡导允许利益相关者利用诉讼程序对抗董事，如果其利益因董事运营公司的方式而受到伤害。基于这一论点，利益相关者须证明其的确受到伤害，且所承受的伤害是关于作为公司利益相关者的合理期待的。这与英国《2006 年公司法》第 994 条规定的要求是相类似的。[42]合理期待[43]概念实质上是某种以合同为基础的理念,其目的在于填平合同关系上存在的沟壑与缺漏。这一概念在于探明有哪些合理群体想要参与到他们的合同中来,他们自己是否曾经思考过该问题。[44]其中存在的争议在于,因为利益相关者对公司具有稳定且特定的投资,他们理所当然会对公司的经营管理抱有相当高的期望。即便如此,这对于强制实施的问题却不能提供任何帮助。

有人非常敏锐、严肃、谨慎地提出这样的观点,在公司治理中赋予非股东利益相关者一项法律上可实施的权利,将会要求处理公司事务的组织做出相应的重要改变。[45]在中短期之内,这一点在英美法域是不太可能发生的。

最终,应该参照现如今已经废止的英国《1985 年公司法》第 309 条规定。[46]这一规定阐述了公司董事在履行其职务时应该顾及雇员的利益。虽然第一眼看上去这条规定可能对于雇员来说是极具吸引力的,但实际上这条规定是非常有效的"幌子",因为不管是雇员还是任何其他代表雇员行事的人都不可能有效实施这一规定。[47]

这里有几种可以制止或限制董事逃避职责或者以机会主义行事的途径。这对董事采取的行动有着合同上、规章上、市场上以及信任上的制约因素。例如,管理者常常受制于金融市场、控制权市场以及产品市场,[48]据其中的某些市场来看,它们提供了高度客观及苛刻的指导方针。[49]但是这些制约因素并未给公司中的任何投资者提供一条直接的路线使其能够控制约束董事的行为或者督促董事为自己的行为负责。比如,像先前提到的那样,如果董事没能履其职责,而且与此同时公司并不决定对该董事提起诉讼,那么除了股东大概就没有其他人能够引发这项程序了。

5.3 实体最大化及永续性模式下的实施选择

该节探究如何确保实体最大化及永续性模式的有效实施。值得思考的是,是否可以引入某种行为,尤其(虽然不是唯一的)是某种法律行为,以确保董事既对实体财富的最大化有合理适当的关注,又能保证实体始终处于持久的盈利之中。像我们所见到的，在英国法律（以及许多普通法管辖权）之下，在公司中唯一拥有完全的、有意义的结构性保护的投资者就是股东，并且这种保护是否特别有效尚需质疑。[50]

重要的是，任何启动的实施机制如果想要成功，都必须值得信赖。[51]如果某种机制不具有可信性，董事则很可能会忽视它，[52]此外，恐怕投资者也不会尝试去利用这种机制。

后续的探讨将不会涉及可供投资者利用的合同选项。这些选择通常与债权人相关，在某些情况下，与雇员也有关。或许有人辩称，任何专门设计的实施机制都没有存在的必要。因为投资者除了有合同可以依赖之外，市场也能保证他们得到保护。但是伴随着实体最大化及永续性模式的存在，我们看到的不是投资者直接采取行动保护自身处境（就像利益相关者理论设计所选择的那样），而是强制董事遵守公司目标——使实体财富最大化。

另一个问题也应该有所提及。人们常常争论，在公司控制的市场中，市场本身对于董事的行为就是一种约束。[53]鉴于合同保护这一问题的存在，有理由相信很多投资者并未受市场力量的保护。市场力量并不是在任何情况下都对董事形成足够的约束。[54]在我们探讨纯粹的法律机制之前，考虑可能涉及的其他理论方法也是适当合理的。

5.3.1　退出

如果对董事的管理方式不满意，大多数投资者都会选择离开公司。例如，股东会卖出股票、雇员会辞职、供应商会拒绝再给公司提供货物。然而这种选择几乎无用或完全无用。事实上，投资者的退出是完全不可取、不切实际的。股东可能不会得到他们认为股票所值的价格；而且他们也相信自己负担不起股票的损失。[55]机构投资人或其他大股东有时也没有权力轻易对其手中所持股权进行清算。当雇员决定离开其岗位，尤其是当他们不得不要么选择离开其赖以生存的领域，要么选择离家到很远的地方开始新工作时，他们（及其家庭）常常会感到不便，甚至极为困扰。而一些供应商要么已围绕该公司成功建立起自己的业务，要么难以轻易地用其他业务取代对该公司的服务。其他投资者，例如银行，如果不存在对贷款合同中的限制性契约或其他契约（比如分期付款）的违约，那么从短期来看就不能脱离这种关系，因为它们受到合同的限制和约束。此外，显而易见，虽然公司所在的社区可能会以某种方式减少其对公司的支持，但它们不可能摆脱与公司的关系。

无论怎样，投资者的退出本身并不必然导致根据实体最大化及永续性模式强制董事履行义务。其仅仅使投资者可以逃离。在最好的情况下，投资者退出的损失可以被限制在一定范围内，并且导致董事修正其行为，即使这一点也很难得到保证。

5.3.2　发言权

退出可以视为某种极端的措施，那么是否有较为和缓的办法呢？人们期待对董事行为方式不满的投资者或投资者群体能够向董事会表达其诉求，并希望董事会修正其既定行为，或者至少可以开展某种形式的对话或谈判。近年来，股东这样做的案例不胜枚举，尤其是随着股东激进主义的蓬勃发展，这样的形式越来越普遍。[56]像银行这样因出借巨额贷款而具有影响力的债权人，很有可能会向董事会表达其忧虑和意愿。但是大多数投资者要么因信息不对称而缺乏足够的信息支持其采取措施，要么其行为无法引起董事的注意。董事会对投资者声音的回应情况取决于投资者可以施加的影响力大小。

5.3.3　压力

大部分投资者对董事提出议案而遭到董事忽略的可能性极大。如果情况果真如此，那么投资者是否还能采取其他措施呢？投资者可能会采取的另一法外行动就是对董事会施加某种形式的压力。这种所谓的压力可能会表现为多种形式。长久以来，压力可以视为由投资者群体[57]施加，而且个别或多个投资者群体可以为一两种目标对董事会施压。第一，投资者可能会采取某些行动，以说服董事寻求不同方法增加公司的财富。不过，一个投资者也可能试图说服董事会采取某种方式使其个人获益。后者的这种方法可能会导致更多的投资者从事寻租行为，以通过相互竞争来获得更大的利益。[58]投资者为使其自身获益对董事会施压势必会导致董事会的抵制，极有可能给公司带来损害，而不会增加公司的财富。这也可能会导致其他的投资者离开公司。抛开这一问题，投资者还有哪些手段或途径可以用来施压以使公司获益呢？

如果董事不遵守公司目标，根据公司目标模式，存在由数个投资者或他人进行经济强制实施机制（economic enforcement mechanism）。[59]首先，投资者可能威胁要退出，[60]这一威胁会引起董事会的关注，因为威胁一旦付诸实施，则可能会导致公司股价下跌。当然，这一威胁也许不过是愚弄吓唬，或者起码在董事或他人眼中被视为如此。这所有的一切都可能导致边缘政策（brinkmanship），对公司有害无益。其次，投资者可利用各种形式的政治压力限制董事。有一系列政治压力机制可以利用，例如社团联盟、公共关系运动、向管理机构提交争议问题等。一些投资者愿意采取措施将其关注的公司事宜向公众披露，从而可能会对公司的名誉造成损害。这样的做法也许会给投资者带来不利，但给公司带来的只是短期损害，从长远看可能会给公司带来丰硕成果。Robert Monks 作为公司治理的评论员，成功地用公众化的模式宣传了美国零售商西尔斯公司（下文将提到）。

之前探讨过，股东还有一种称为极限压力的策略，即股东威胁要行使其权力免除一个或多个董事。[61]他们也可能会威胁董事要行使其投票权不再选择某位董事。至于这些措施是否有效则取决于几方面的因素，包括该股东及其同盟所持有股票的等级、影响力和协调其他拥有类似想法股东的能力。

雇员的极限压力策略是撤出其劳动力。在过去的十年里，英国罢工的次数与早年相比已经有所下降，这或许由于工会主义势力的减弱所致。[62]有人这样断言，近年来工会在公司管理和治理上的影响力已经受到严格的控制。[63]除非公司大部分的劳动力都是工会成员，否则这种罢工的选择就不太可能有成效。各方观点上的差异会导致最终仅有少数工人决定参加罢工，这就可能导致收益甚微。雇员可以选择的另一方式便是以辞职相迫。这样做是否有效取决于雇员对于公司的价值，或者取决于雇员对于公司而言是否具有感知价值（perceived worth）。

或许还有其他的选择方法或途径（除了法律诉讼）。比如对董事会施压使其采取另外不同的措施或方式。其中一种办法是对董事施加压力，Robert Monks 对美国零售商西尔斯公司就是采取的类似措施。他通过影响公众意见的方法对董事施压。Monks 在《华尔街日报》植入整版广告披露该公司董事身份，并把他们描述成公司的"不良资产"。董事随后的尴尬导致其采取措施，满足了 Monks 所寻求的公司变化。[64]这种施压方法也有其自身缺点，即它或许会给公司带来非常糟糕的宣传效果。既使受欢迎的改革办法被公司接受，这种负面宣传也会使公司花费很长一段时间才能恢复元气。2005 年资产管理行业的专业投资者 Asset Management Investment 公司的施压举措取得了成功。该公司董事会受到监管不力指控，在巨大压力之下，公司董事引咎辞职。[65] 施压除了对公司声誉有不良影响之外，启动这种公众化运动的危险还在于造成公司未来吸引投资的障碍，而且/或者对公司市场地位造成负面影响。二者都将对公司实体造成损害，或间接给投资者带来损害。所以，公司对采取的任何行为都要给予衡量。

消费者试图对公司的产品策划联合抵制，这种行动可能会给其他的投资者施加压力，使他们采取行动去说服或者迫使董事会改变其作为。因为联合抵制最终会影响投资者利益。当然，这种联合抵制的方式对于该种产品的唯一生产者或以最低价生产该产品的生产者而言，或许不是理想的选择。此外，对于那种没有稳定的消费者市场或者并不需要去保护的品牌，甚至无心准备保护其品牌的公司而言，联合抵制恐怕也非良好选择。[66]

受到公司影响的社区可能会采取政治行动以试图要求公司遵守实体最大化及永续性模式，Jonathon Macey 认为这种政治行动可以产生效用。[67] 可采取的行动包括示威游行，特别是在工厂或者公司的零售店门口，因为这些地方能使宣传效果达到最好。稍微间接一些的行动可以是游说当地议员、立法机关的成员甚至是政府部长，促使这些官员去影响董事会或者通过政治程序对董事会施加压力。

供应商可以通过拒绝提供必要供应品的方式来威胁公司，向其施压。当然这样做可能会迫使公司另辟蹊径，在其他地方寻求货物供应（如果有可能）。许多供应商不愿冒疏远公司董事的风险，尤其当该公司是供应商的主要客户时，更是如此。

银行可能会威胁公司，拒绝继续支持现有的信贷安排，除非其受到合同条款的约束，或者指明除非董事改变指示，否则对将来的信贷安排的任何请求都将予以拒绝。银行也可能会视情况试图影响其他银行，对公司获得后续的贷款造成更多的阻碍。但是这种选择恐怕不会对所有的金融家都奏效；事实上，某些金融竞争者撤出资金反而会鼓励其他竞争者伺机而动，借机出借自己的资金。

许多前面提到的选择途径不能在所有公司中适用，甚至不能适用于某特定公司的所有投资者。这些选择只有在投资者为公司提供独有产品的特定情况下方能奏效；或者当所有或相当数量的投资者怀有不满情绪时，才会赞成采取经济行动。因而，除非上述这些情况存在，否则公司就有可能选择去别处寻觅投资。

如前所述，法外施压是投资者努力通过采取这样的措施，为其个人争取利益，而实体最大化及永续性模式则试图增加公司的资产。施加压力也存在一定的危险，它会导致董事被迫采取与实体最大化及永续性模式相悖的行动，但是受制于特定投资者施加的压力即会使该投资者获取利益。

5.3.4　董事会代表

根据利益相关者理论，[68]被建议强制实施的机制，是从各种类的投资者群体中任命代表进驻董事会，因此股东就不是唯一有投票权选择董事的力量。事实上某些公司就是这样做的。在欧洲大陆及东亚地区，许多公司在董事会中都设有代表，代表常常设置在具有二元制公司的监事会（supervisory boards）中。丹麦、瑞典及卢森堡等国公司中都有雇员代表出现在一元制董事会里。[69]

这样做之所以具有吸引力，是因为公司被视为正式承认利益相关者角色的重要性，并以在董事会中设置代表的形式体现出来。[70] Kent Greenfield 断言董事会制定决策的最佳方式是让所有重要的利益相关者在董事会里都有代表。他承认该机制看起来困难重重，但他也就此争论到，员工、公司招募大部分工人的社区、长期的生意伙伴以及债权人都能获取代表。[71]实际上，依据德国的共同决策法（co-determination law），德国公司监事会中的代表是必不可少、不可或缺的。那么这种方法是否有助于遵守实体最大化及永续性模式呢？该行为至少有四个明显的弱点。在探讨这些弱点之前，我们必须先提到 Hillman，Keil 以及 Luce 在实证研究中的发现。在他们研究的公司中，利益相关者董事的存在对于利益相关者的关系并无影响。他们得出结论认为董事会并不需要利益相关者代表去表达利益相关者的诉求。[72]

现在我们探讨在董事会设置代表存在的弊端。第一，每个投资人会自然而然地考虑使自己的利益最大化，然而董事会所做出的选择通常并不会对所有的投资人都有利。虽然人们断言，如果有更大的馅饼存在，没有哪个利益相关者会损害公司的利益。[73]但是，该观点并不完全正确，甚至十分幼稚（无不尊重之意）。有些利益相关者可能也会看重短期获利的机会，这一点与股东想法并无区别。第二，公司可能会有很多贸易伙伴，要代表他们全部的利益很难。并且鉴于众多的利益冲突，要把他们作为一个群体来代表也不大可能，[74]何况这些冲突非常可能演变成两败俱伤的纠纷。此外，如果某位代表已经代表某一个群体交易伙伴，那么就不太可能代表其他人。那些在这个代表过程中受到忽视的人将会格外愤懑不平。第三，这种情况可能会鼓励小团体在董事会中发展壮大，进而导致董事会层面决策困难。第四，重建公司治理结构，允许利益相关者拥有部分控制权的行为恐怕无法得到太多人的支持，尤其是像股东这样的群体。英国公司法审查督导小组对 20 世纪末及 21 世纪初的英国《公司法》进行了审查，其中一篇报告这样阐述："提案对董事会结构组成进行变革，要求代表的涵盖面更加宽泛，并将其作为强制性要求，这是对于英国（包括许多英美法系的法域内）公司文化的某种激进变革，不太可能获得广泛的支持。"[75]还有人这样说过，若将利益相关者置于董事会中，那么潜在或现有的股东则会对之蹙眉长叹。[76]考虑到公司董事会中有众多的不同代表，并且做出的决策可能与潜在股东利益相悖，潜在股东可能不愿意对该公司进行投资。即使公司具备具有广泛代表的董事结构，也不必然意味着公司会按照规定的模式坚守公司目标。因此公司仍然需要某种实施机制以确保董事会能够运行协调恰当。这样，公司就应该返回最初阶段，寻求某种方法以允许争议。

5.3.5　破产管理/清算

在英国及其他法域如澳大利亚或新西兰存在一种关于债权人的机制，目的是为了坚持实施实体最大化及永续性模式，防止其受到威胁，致使公司遭到破产清算。[77]该破产管理制度涉及董事，制度启动就意味着董事将失去职位，而由某个独立破产执行人（表现为某个破产管理人员或者清算人）接管掌控公司事务，[78]清算人或者破产管理人也可能起诉董事违反义务。这种方式也许具有一定的吸引力。尽管公司适用清算或者破产接管会惹人心烦，但董事会也清楚，只要公司明显具备偿债能力，破产或清算申请都不会成功，因为债权人无法证明公司不具备偿还债务的能力。[79]此外，对公司清算或者破产接管的申请，会给公司声誉带来极大的潜在损失。[80] 因此这一方法对于债权人而言，并非最佳结果。

破产接管中存在的问题是，除债权人之外的其他任何投资者都不能提起申请。而澳大利亚的破产接管只允许担保债权人提起申请。[81] 更有甚者，除属于出资人的股东之外，[82] 其他投资者都不能提起清算的请求。

在英国，依据《1986 年破产法》第 124 条规定，基于对公共利益的考虑，商业、创新和技能大臣有权提请针对某公司的清算。[83] 那么，当公司董事会不按照公司目标行事时，国务大臣是否能够行使该权力？这里所谓的公共利益可能会引起争议，因为其涉及范围太广。而在《破产法》第 124 条中出现的"公共利益"是指社会整体的利益，而不是某一特定的社区或者人群，比如对公司享有充分利益的投资者。这一点似乎与英格兰的两条司法评论观点一致。第一条评论是 Megarry J 在 *In re Rubin, Rosen and Associated Ltd*[84] 案中关于公共利益的阐述，认为公共利益即国务大臣所指的大众利益，而大众利益与社会整体利益的观点相似。第二条评论是 Nicholls LJ 在上诉法院的 *Re Walter L Jacob Ltd*[85] 的案件中谈到的。他认为公共利益要求涉及从事与社会安全相关的个体和公司应适从最低道德标准的商业行为。如果无法做到这一点，该个体或公司就应该被勒令停止从事类似的商业活动。[86] 在谈到公共利益的时候，这位大法官明显同意社会整体这一论述，认为处理商业事务应当符合商业道德属于社会关注的问题。除了上述所论，国务大臣在谈及其对公众可能会受到误导、公司可能会不道德地从事商业活动的担忧时，也提及了第 124 条的申请问题。至于对既未引起严重后果，也未从事不道德行为且有偿债能力的公司提起诉讼，则是国务大臣极不愿意涉足的事情。

5.3.6 政府干预

公司法审查督导小组在审查英国公司法中指出，公司观点的多元论者的拥护者要么希望将权力赋予国务大臣，使其干预公司事务；要么希望建立某种形式的咨询制度。[87] 而国务大臣如果拥有上述的权力，就会存在政府的干预非常随意武断之忧。而且其权力的行使常常会深受政治因素影响而非基于公平正义。与此同理，政府完全可能缺乏足够的资源就诸多公司事务关系作出回应。此外，国务大臣应该如何进行干预？近年来我们已经观察到英国政府大多更倾向于不涉足商业事务。[88]任何的政府干预行为都必定会使许多人心生厌恶，他们会认为这一机制是希望公司能够完成公共职能。此时这些人只会回应说公司功能仅仅涉及私人事务。当然，这一话题自 20 世纪 30 年代 Dodd 和 Berle 时期就一直持续，至今尚未停止。

依据《1985 年公司法》第 438 条，商业、创新和技术大臣获得授权，可以以公司的名义提起诉讼程序，只要所涉之诉属于公共利益范围。然而诉讼只能依据督察员的报告或其所获相关信息进行（督察员系根据《公司法》第 431 条任命）。[89]这里存在的问题在于，督察员的任命需由公司自己提出申请。这种申请也可以由公司的一大批股东或持有公司大部分股份的股东群体提出。然而多数情况下这种申请不会提出。

5.3.7 压迫/不公平损害条款

在一段时间内，几个普通法法域中都设有"压迫救济"（oppression remedy），[90]以保护少数股东的权益。自《1948 年公司法》第 210 条颁布出台之后，英国就有了关于压迫或不公平损害的规定。虽然压迫救济有限，但是美国大多数州都有条款规定，允许基于压迫之由提起诉讼。部分州则将这种救济仅限于在公司解散时适用。在许多联邦管辖中如澳大利亚，则基于上面提到的英国条款，仍保留着压迫救济。[91]澳大利亚的条款做出有效规定，公司在实施事务管理中，如果就股东身份或其他身份问题表现出对某位股东或某些股东有压迫性的、不公平损害或不公平歧视行为，那么股东就此提出的救济就应当得到法院支持。英国以前或现在的条款和目前澳大利亚条款一样，提起诉讼权力都仅限于股东。通常来说，《2006 年公司法》中第 994 条关于不公平损害的规定[92]倾向于在不同情形下针对董事、半合伙企业的控股股东提起法律诉讼，但主要诉因通常是原告被撤去管理职位的情形。

加拿大开发了最宽泛的压迫条款，尽可能涵盖所有有资格申请救济的人。《1985 年加拿大商业公司法》第 241 条对此问题做了相关规定。第 241 条（2）中规定，如果原告列举的行为都称得上压迫或不公平损害，那么该请求就可能获得成功。在第 241 条（2）（c）（以及基于联邦条款颁布的地方性法规）中规定，如果董事以某种形式行使权力，使得任何证券持有人[93]、债权人、董事或者职员[94]的利益受到压迫或者不公平损害抑或不公平歧视，则法院可能提供救济。《加拿大商业公司法》第241条的确准许广泛潜在人群提起诉讼。第238条则规定可以申请救济者包括公司成员、担保债权人[95]以及董事。重要的是，在其中（d）部分也包括"法院自由裁量认定的任何适格的人"。至于谁为适格的人则属于法院自由裁量的范围。[96]在加拿大，债权人基于该条款曾经提起过大部分的诉讼案件。同时，法院也已开始意识到这则条款的潜在宽度，因此对可以提起诉讼的人群做了限制。例如，虽说债权人有资格提起诉讼，但是其必须证明债权人与公司在运行过程中有合理的利益关系，或者与董事如何管理公司事务有直接的经济利益。[97]其中一个适用该条款的案件是 *Prime Computer of Canada Ltd v Jeffrey*[98]，该董事在了解公司处于经济困境情况下，却大幅度增加自己的薪金。在债权人申请救济中，法院命令董事返还增加的薪水部分。之所以如此是基于董事行为造成了对债权人的不公平损害，那些用于增加董事薪水的资金实际上大部分都属于债权人。

那么像加拿大这样的条款能否对实体最大化及永续性模式的实施起作用呢？一种可能的否定是，它会导致诉讼洪水般地涌来，也会导致为摧毁公司的管理而滥用诉讼资源。然而，这种说法并不是加拿大的实际经历。非常有趣的是，至今加拿大的立法也没有催生大量的诉讼案件。[99]

Dean 似乎认为，加拿大这一条款在英国有一个极为相似的版本，即《2006年公司法》第994条款，该条款使利益相关者理论的实施极具发展前景。[100]她认为该条款提供的个人诉讼机会，对受到不公平损害者给予了获得救济的可能，使那些被公司剥夺了部分利益的人重新获得救济。[101]乍眼看去，压迫救济对于实体最大化及永续性机制的实施是具有吸引力的。然而，最终却表现得不那么恰当。其主要的原因是第994条的规定目前只适用于公司成员提起的诉讼，并且要求原告证明公司的行为方式对公司成员的利益造成了不公平损害（包括为寻求减轻损害的申请）。但是即使公司成员可以替代"投资者"提起诉讼，也是不恰当的。因为实体最大化及永续性模式完全阻止了那些因没能使实体资产最大化或者保持现有资产而提起的诉讼。该压迫救济/不公平损害救济注重董事会的失职行为对个人造成的影响，它更多专注于私人权利。也就是说，原告的救济请求应该诉称其已经受到压迫或者不公平损害，且这种损害正是由其申诉的董事行为造成的，尽管起诉可以使诉讼请求人获得某种形式的救济，只要法院认为适当即可，但通常认为应提供私人救济，其中最为常见的救济形式是法院责令公司购买请求人的股票。[102]当然，这里对于股东提起这样的诉讼程序还留有相当的余地，尤其是在私人持股公司中，股东通常被不公平地套牢在某一公司而不能根据其心意自由退出，或者与大公司股东相比没那么容易退出。但是我们希望做的是试图构建某种机制，以帮助投资者敦促董事遵守义务，使其行为与实体最大化及永续性机制相吻合，而非获取某些私人利益。

5.3.8　派生诉讼

1. 介绍[103]

在很多普通法法域中，管辖权条款规定了提起派生诉讼的内容。在某些情况下，当公司受到他人某种侵害而自身不能或者拒绝提起诉讼时，公司股东可以代表其所在公司发起或者继续诉讼程序。之所以这样规定，是因为董事会可以做出决定拒绝起诉对公司利益造成损害之人。而董事会的这一权力源于公司规章或公司章程，其规定董事会不仅有权管理公司事务，[104]也有起诉和辩护的权力。董事会所以会拒绝起诉，最常见的原因在于该诉讼涉及部分或者更多位董事，甚至整个董事会做出的不当行为。多年以来，尽管这种诉讼在美国时有发生，在其他普通法法域却没有那么频繁。

虽然在某个阶段，只有在判例法中可以运用派生诉讼，[105]但是很多国家在立法中已经颁布了关于派生诉讼制定法的方案，以取代普通法或与普通法共具效力。[106]英国是适用派生诉讼最晚的普通法国家之一，而且是在不久前刚刚开始。[107]

在英国及那些从英国移植法律的法域，对派生诉讼的需求系由 *Foss v Harbottle*[108]一案的判决而引出。根据该案判决，如果某公司受到损害，只有该公司自身方有资格提起诉讼程序以寻求救济。[109]在随后的普通法发展中，法院认为该判例原则可能会导致不公，因此在该案判决基础上，引申出几种例外情况。至于对派生诉讼颁布制定法方案设计，[110]目的则是为使法律简易化和现代化，从而提高法律的适用性。[111]同时，任何制定法方案的存在目的，都是为确保公司从损害了其利益的行为中获取恰当合适的救济，并以此防范董事，以免其作出不当行为。[112]

如前所述，压迫诉讼／不公平损害诉讼专注于私人权利，也就是原告申请救济，诉称因公司行为而受到压迫或者不公平损害；而派生诉讼则是一个为"与公司息息相关的行为"[113]而设置的机制，强调的是对公司的考虑，因此对实体最大化及永续性机制来说派生诉讼的途径比压迫诉讼更为适当。这也体现了"集体后果导向"，[114]而不仅仅为了个人利益。

在英国及其他法域内使用该诉讼程序的问题在于，只有公司成员才可以提起派生诉讼的程序。然而，因为存在着"公司与股东之间的得失失衡"问题，[115]故这种方案设计并不完美。就目前起草的情况而言，试图确保该制度与实体最大化及永续性机制相吻合也并不是那么恰当。但是把派生诉讼这·权利仅仅归为股东也存在问题。在阐述与公司法相关的团队建立途径时，Blair 和 Stout 争辩到，提起派生诉讼的股东恰似公司所有诉讼请求人的代理人。[116]然而，虽然派生诉讼的设计是为了弥补公司的损失，但同时涉及争议的问题是，股东通常不会提起派生诉讼，除非该诉讼行为能使其从中获益，至少可以间接从中获得某种益处；另外，如果提起派生诉讼从短期甚至长期看来都可能会对股东不利，他们也不会贸然起诉。至于股东是否准备发动诉讼程序则取决于董事做了什么。当董事行为与实体最大化及永续性模式相悖时，就极有可能导致股东有理由相信该行为最终将会间接影响到股东，那么他们则会考虑发起派生诉讼。至于其他对股东不存在不利影响的行为，或者那些股东甚至可能从中获利的行为，股东无论如何都不会对其发起诉讼。所以，我们可以得出这样的结论，如果公司采用的是实现股东价值的思维模式，那么将派生诉讼的权限只限定于股东是有道理的；而如果选择的是实体最大化及永续性模式的思考方式，那么将提起诉讼的权利扩至更广泛的投资人范畴则是说得通的。[117]

正如 Dean 关于派生诉讼的论断："根据类似于对股东诉讼'管理'的司法监督的体制，似乎没有那些先例理由证明其他人（除股东外）不能通过类似的诉讼途径向法院起诉，以保护公司免于受害。"[118]隐含在实体最大化及永续性模式中的一个共识是，因为投资者有着不同的利益，因此都应该被赋予权利——可以为保卫公司资产而提起诉讼，即便有人没有得到授权或其利益没有被计算在内。所以需要一个具有更强包容力的实施机制。同时，常常得到的共识是，股东监督力太弱，往往并不知道公司发生了什么事；如果可提起诉讼者范畴扩大，则无疑会增加公司利益获得保护的机会，因为其他投资人很可能会注意到某些股东或者他人所忽略的细节。例如，雇员对于董事的活动更为亲近熟悉，因此相较于股东而言，他们可能是更好的监督者。这大概能在某种程度上解释我们所见到的某些事实——雇员常常可以成为"揭发者"（whistle-blowers），揭露管理层某些不恰当或不合适的行为。

2. 派生诉讼需要什么

虽然英国将那些能够发动派生诉讼的人限定为股东，[119]但是其他法域则允许更大范围的申请者参与派生诉讼。例如，澳大利亚《2001 年公司法》第 236 条规定，除公司成员之外，公司前成员以及公司的办公人员也可以提起派生诉讼。[120]颇为有趣的是，作为澳大利亚审查公司法及探究变更公司立法的机构——公司和证券法律审查委员会（Company and Securities Law Review Committee）也支持这种观点，认为债权人和股东都有权提起派生诉讼，[121]但是这一观点并未得到议会的许可，尚未步入立法进程。不过，极具重要意义的是澳大利亚的设计方案，债权人可以基于《2001 年公司法》第 1324 条规定得到救济，尽管这一方案曾引起一些争议。该条款规定，对于已经违背或者即将违背公司法的行为，任何因此违法行为受到影响或可能受到影响的人，都可以因法律获得法令救济。然而，这样的救济在英国的公司立法中尚未体现。

为实现 EMS 之目的而参与的投资者种类繁多，因此使各种不同的人群都能够适用派生诉讼是非常有必要的。当然，这不必包括投资者概念范畴内的所有人。如果限制派生诉讼者身份，则一旦董事会的某项决策损害了公司实体利益，恐无人能为此发起诉讼，因为公司的决策可能会促进少数投资者的利益，而这部分少数投资者恰恰就是那些有权挑战董事的行为而提起派生诉讼的人。[122]因此，有人建议立法应当假定申请诉讼的人可以是"任何与公司有利益关系而出庭的人"。依据修订的派生诉讼法案，对于申请人是否属于立法建议范围内的适格者，应赋予法院自由裁量之权力。对于《2006 年公司法》中规定的派生诉讼可以继续进行之前的准许程序，以及判断该诉讼是否可以进行的同步标准，能够保留，也应当保留。以此确保诉讼之洪的大门将不会由申请者任意开启。此外，法庭是否准许该诉讼，也要考虑申请者是否在有权诉讼的投资者的范围之内。

有人提出，判定"任何与公司有利益关系而出庭的人"是否能够提起派生诉讼，法庭应该确定他们要么与公司事务有直接的经济利益关系，要么与公司管理的方式有特定的合法利益关系。

上述建议并非没有先例，因为至少有两个普通法国家规定，派生诉讼程序可以由极广泛的人群启动。第一，在加拿大《1985 年商业公司法》第 234（d）条中，关于哪些人可以提起派生诉讼有着这样规定："只要法庭根据自由裁量权做出规定，任何其他适格的人都可以提起诉讼请求。"类似的还有，新加坡《公司法》第 216A（1）（c）部分关于有权提起派生诉讼的人的范围的规定为，"只要法庭根据自由裁量权做出规定，任何其他的人都属于适格的人"。

我们必须面对的是，如果提案中关于拓宽可提起派生诉讼人群的建议得以实现，那么当法庭对诉讼的寻求给予准许时（如现今《2006 年公司法》规制下的准许模式），法庭将会享有广泛的自由裁量权。法庭如果准许诉讼持续，那么将对派生诉讼做出终审裁定。如果由投资者发起的诉讼确立了董事会的行为未能遵循实体最大化或者使企业持续发展，那么法庭将会对董事的所作所为下达法庭命令，对公司给予救济。法庭命令涉及内容可能较广，如可能对董事裁员做出禁止的命令，或者对董事宣布分红的决定做出无效裁决。[123] 法院很有可能根据提议的方案，做出某种命令或要求董事应该有所作为。命令通常不涉及公司损害赔偿金，也不属于董事违反法院下达的相关命令。

实践中，大多数被充分激励而决定启动派生诉讼的当事人，是那些认为董事行为对其有损害或者可能损害其地位的人，但启动派生诉讼者不仅仅限于这些人。某些投资者对董事意图实施或者已经实施的行为有很大意见，尽管这些行为可能尚未直接影响该投资者的利益。但事实上，如果董事行为与 EMS 的意图不符，那么这种行为就有可能会影响一些甚至很多的投资者。当然，潜在的申请者必须提出论据，证明董事行为的确侵犯了公司实体财富最大化及永续性，而不是损害了投资者个人的利益，即使董事行为在某种程度上非常明显地已经损害或者将要损害投资者的地位。这样做的益处在于，这一要求能确保申请者不仅仅将精力集中于自身利益上，而且更关注公司利益。并且在目前现存的派生诉讼案中，他们必须证明公司利益正在受到侵害。这就引发了可能存在的证据问题，投资者到底该怎样才能获取必要的证据来证明公司利益受到侵害的事实？在现存体制之下，虽然股东也面临同样的问题，但从没有人认为派生诉讼毫无作用。此外，向更大范围的投资者群体引荐该程序的另一益处在于，当董事对公司有失职行为时，该程序允许更多潜在的申请者提起派生诉讼。某些诸如债权人、供应商以及部分雇员可能比大部分股东拥有更多的资源或者信息。投资者就可能会成立一个松散的联盟来提起诉讼。

据现有的英国法律，当董事行为得到股东大会的批准时，法庭必须拒绝继续进行该派生诉讼。就这点而言，应当废除这条规定。因为股东可能会据此阻碍其他得到许可的投资者提起诉讼。通过只有公司成员可以提出派生诉讼这一情况，我们不难看出为什么股东的批准能够阻止派生诉讼的进行了。从本书提出的建议足以看出，不能移除关于批准的条款，会使董事仅为股东经营公司，如股东对董事的所作所为非常满意，则必然会批准董事的失职行为。所以，当前的英国条款必须得到修正，不仅应拓宽能够提起诉讼的适格者的权利，也应排除任何涉及批准行为的条款，[124] 以排除偏袒股东而不利于其他投资者的行为。因此，这不应该引起困扰。值得注意的是，在澳大利亚[125] 及加拿大[126]，派生诉讼条款中不包括将批准的可能性作为法庭需要考虑的要素。

此外，该提议的优点是，它不必要求引入该诉讼机制的法域进行变革。因为只有当公司利益受到损害时，派生诉讼程序才能启动。该提议的唯一要求就是拓宽可能的适格申请人的范围，并允许其提起派生诉讼。诉讼范围不仅仅限于当董事已经做出了有损公司利益之事时，还应该考虑董事的行为或者试图所为之事不能保证公司利益最大化及永续性的情况。可能需要探讨的是，据此设想，派生诉讼的适用看似与该诉讼的基本原则相一致，即"当经济单元中出现管理权的滥用，并在管理中剥夺了某些参与者发出有效声音的权利时，该诉讼即为纠正这种管理权滥用的矫正物"。[127]

最后，某一司法程序的使用很可能会鼓励投资者提出或者试图提出其他能够更节约成本和时间的办法。[128]

当法院在审理此处所述的派生诉讼时，对董事的行为、决策等是否符合公司资产最大化及保持公司资产要求，法院必须听取证据并做出判决。法院的判决会更偏重基于每宗案件、每个公司的现实状况而做出。其有赖于原告提出证据，以证明董事行为或决策没有实现或保持公司资产最大化。假设原告的证据足够充分，要求必须给出答案，那么董事提供的证据就必须证明，他们的决策或行为是试图将公司资产最大化。在对董事提供的证据特别是抗辩事由进行评估时，法院须小心谨慎，不可取后见之明，至于这一点，我们之后再做探讨。

3. 批判与驳斥

那么对派生诉讼程序适用的驳斥意见是什么呢？第一，未提起诉讼者很可能会搭上提起诉讼者的便车。但是搭便车行为在任何时候都是屡见不鲜。例如，债权人可能会在更强大有力的债权人对公司监督时搭便车，[129]譬如银行、个人以及公司股东，都经常将其对董事行为的监督权交由机构投资者行使。

第二，在 *Foss v Harbottle* 案原则论证中的推理之一，就是要限制可能引发的案件数量。那么允许大范围潜在的投资者提起诉讼，是否会是引起诉讼雪崩的危险呢？在英国现代法案的介绍中也提及这一忧虑。[130]但这一情况不可能发生。人们总是过于强调对诉讼之洪的忧虑。不管是在加拿大还是在新加坡，都曾对此有所担忧。但是，即使在两国都允许大范围的潜在申请者提起诉讼情况下，诉讼之洪的大门却从未开启过。加拿大[131]看起来也曾成功阻止开启诉讼洪流之门。[132]澳大利亚的经验是，自派生诉讼立法出现以来，尚无显著诉讼数量明显增加。实际上，Stephen Bottomley 支持在澳大利亚适用该诉讼。[133]英格兰及威尔士法律委员会之所以建议提起派生诉讼必须获得法院的准许，惮于发生大范围诉讼是原因之一，[134]而英国《2006 年公司法》采纳了这一建议。在过去的三年左右，这一新的设计在英国得以实施，也并没有出现诉讼雪崩现象。[135]

在加拿大，压迫条款引发了相当数量的诉讼案件，除了股东作为申请者的情况之外，极少有申请是基于派生诉讼条款寻求救济的。并且，如前所述，允许与终止程序在英国和其他法域都已存在并会继续保留。这一程序应该能够过滤掉那些毫无价值或无理取闹的案件。[136]对于那些立法中尚未涵盖派生诉讼的国家而言，就需要将该条款推荐至公司法案中，将该诉讼权利赋予更多的申请者，这是考虑到在普通法辖区内，仅允许股东提起诉讼的事实。[137]

同时，诉讼案件数量或许会有所增加，但增加数量不会明显。就非股东而言，根据加拿大的压迫条款，试图广泛运用派生诉讼程序的正是债权人。法院并不鼓励随意启动该程序，法院要求债权人证明其或者在公司事务中有直接利益，或者在公司管理的方式中存有相关特定的合法利益。[138]此外，鉴于小股东在法律上无权对他们认为的滥用管理权行为有所影响，法院还要求债权人证明他们与小股东有着相类似的地位。[139]加拿大的案件似乎指明，如果申请人能够证明其提起诉讼的目的，在于阐述使公司利益受到损害的行为，则法院将会同意继续派生诉讼程序。[140]该判例法规则与近期加拿大最高法院在 *BCE Inc v 1976 Debentureholders* 案中观点相一致。[141]

关于这一问题的另一忧虑在于，董事会可能会被某个投资者控制。即除非董事同意采取某种措施，否则该投资者可能会威胁起诉董事，而董事因受威胁而采取的行动可能对于公司实现实体最大化及永续性并无效用，却会使制造诉讼威胁的投资者从中获益。对于这一观点我们给予尊重。但通常当人们在考虑是否应该继续派生诉讼时，必须考虑的实际情况是，投资者会面临较多障碍需要克服。诸如投资者有义务指示律师、获取证据、通过退出/准许程序、劝阻大多数投资人等。另一事实是，诉讼多少都需要投入成本。[142]某个投资者可能在准许程序这一阶段就未能成功；或者一旦通过准许程序，但并未在派生诉讼的判决中取得成功，这时就会由投资者承担诉讼成本。此外，在英国当前的法律体系之下，非常有必要说服法官的是，投资者或申请者提起的诉讼案件是有担保的，这一原则标准在英国《公司法》第 263 条（苏格兰《公司法》第 268 条）中有规定。此外，法院在考虑是否同意某个投资者继续进行派生诉讼时，应当以对申请者有利的方式解决该问题。但应尤其注意的是，该申请者必须基于诚实信用而提起诉讼。在其他司法辖区中（如加拿大及澳大利亚）就设置了一些判断标准，撤诉还是继续派生诉讼的程序必须满足这些标准。

另外一种确保派生诉讼程序不会失控或提醒投资者用该程序来"装饰其自己的巢穴"（feather their own nest）的方法，就是确保其他投资者能够参与到退出/准许程序的听证中。有些投资者担心申请者之所以提起派生诉讼不过是为了实现其自身利益；也有些投资者认为公司并未受到任何损害。这些人会试图争辩，认为退出/准许程序并非为派生诉讼而设。实际情况是，在英格兰（及许多其他国家），只有债权人对清算的公司提出请求时，这一程序才得以使用。此时，法院才会有权考虑对公司清算持有反对意见的债权人的意见。原因在于清算被视为一种集体机制，请愿人并非仅代表其自身利益，更代表全体债权人的利益。[143]同样，在确保实现实体最大化及永续性层面，试图寻求继续派生诉讼的投资者也可以被视为代表了全体投资者。投资者所以反对另一投资者申请退出/准许诉讼的动机在于担心公司一旦清算破产，他们就很可能会承担全部或大部分的法律诉讼成本，这不仅仅会影响公司自身，也会对投资者有直接的影响。

第四种反对派生诉讼的观点是提议程序过于不确定，这是基于该提议对能够申请退出/准许进行派生诉讼的投资者群体不做限定。但是，法律体系会渐渐地发展而使之更加确定。与此同时，主要的参与者（雇员、债权人、供应商及社区等）将会按提案的标准皆予以涵盖。不可能列出冗长而涵盖所有有权提起该程序的诉讼者的名单，但这一情况无论在加拿大还是在新加坡都未引起任何难以克服的问题。

第五，或许有人会提出争议，如果投资者不能获得任何直接收益，那么他们将不会提起诉讼。Frank Easterbrook 及 Daniel Fischel 就曾观察并得出这样的结论："派生诉讼主要的特点在于赌注及回报之间并无任何关联——不仅在法官一方是这样，在原告一方也是如此。"[144]但如今股东即使不能获得直接利益，也不妨碍他们发起派生诉讼。此外，可能会提起诉讼的投资者是那些在某种程度上受到损害的人——这些损害可能来自于董事已经做出或正在做出的行为。而这一问题的难点则在于，投资者可能并不总是能看到诉讼将如何影响公司实体，而且不大可能会看到诉讼对其自身有何影响。此外，他们会认为其他投资者对于他们的所作所为存在搭便车问题，因此很可能对诉讼这一行为存在被动勉强的情绪。

第六，任何希望提起诉讼的投资者都应该处理某些特定的现实问题，其中有些在前面已经论述过了，即准备提起诉讼要获取信息、花费时间以及成本。对于这一问题，简短的答案便是，这些正是股东根据当前立法方案所面临的问题，[145]同时因在英国并未出现诉讼雪崩，因此也并未因这些问题而存在阻止股东诉讼的建议。实际上，曾有一宗案件阐述说明，与普通法相比，当前英国立法计划连同其他新的公司立法的条款对投资者提供了帮助。例如，除小型公司外，所有公司的董事都必须出现在董事报告的商业审核部分中。[146]这就要求董事对于公司的业务提出较为公平的评论，也要求其对公司所面临的主要风险和不确定性给予描述。[147]该审核必须对财务年度内[148]公司业务的发展及表现做出相对均衡综合的分析，并且必须同时包含通过使用财务关键绩效指标作出的分析。[149]为了使投资者更方便地获取信息，《民事诉讼法》(Civil Procedure Rules) 第 31.16 中规定，投资者可以寻求董事批准对相关文件进行诉前调查。[150]

4. 公司诉讼委员会的使用

在将董事行为提交法院审查之前，让作为原告的投资者去向由独立的董事会成员所组成的诉讼委员会[151]申诉，是否可行、适当？这是美国对于股东派生诉讼所使用的一种选择。这一程序显著的优点在于降低成本，并且在争议发展到过分严重以至于损害公司公众声誉之前，就将问题"扼杀在萌芽状态"。[152]此外，董事比投资者有更多渠道获取更多信息，能够处于更好的位置来评估董事行为带来的影响，并能够判断董事行为是否损害了公司实体利益的最大化。[153]但是该方法也存在不可否认的问题。作为诉讼委员会的成员，董事须独立，不能参与投资者所提起的诉讼。很显然，人们因此会产生质疑，董事该如何在听证中打开心扉而无偏见呢？在许多公司中，真正独立的董事很难存在。得以选任的董事在对其同僚行为进行判断时，难免不会存有固有的利益冲突。[154]这些董事必须是非执行董事，因为如果其身份为执行董事，那么当他们针对另一受到投资者指控的执行董事的行为做出判断时，自然会选择支持另一董事，尤其是该被指控的董事对升职或利益有决定权时更是如此。[155]有人甚至希望作为原告的投资者能够基于 EMS 要求而对董事会的集体决定提起诉讼。在当今的商业气候下，社会期待所有的董事都能够积极行事，监管公司商业事务的方方面面；而对公司事务持消极态度并不能使董事免除责任。[156]所以，受到指控的决策可能会涉及全部或者几乎全部董事。

当投资者旨在于对一两名或少数董事提起诉讼时，召集独立董事会议就简便多了。但是在此情况下，那些独立董事会意识到，他们可能会在将来仍然与涉诉董事共事，除非这些涉诉董事会被革职。如此，这些独立董事就会因同意投资者的要求而感到不自在。对于与涉诉董事相熟的非执行董事而言，由于双方共事，彼此通常会建立一定的友谊。在任何情况下，挑选诉讼委员会成员的人都会试图选择那些不会"引起波澜"的董事。如果有比独立董事更为初级的执行董事涉诉，独立董事对其作出了不利裁判，那么这些初级董事就会认为该公司的董事会并无忠诚可言，那么这些董事很可能会在后续的任职期间缺少忠诚，做事低效。[157]

最后，美国经验并不太推荐继续派生诉讼。[158]所有这一切都可能会致使委员会的独立性受到质疑。[159]结果，对于投资者提起的诉讼请求，诉讼委员会提出的意见并不掷地有声、是非分明，因此会被法院驳回。

5. 法院审查

对这一提议存在的主要质疑，大概就是法院不应该对董事行为进行审查。对于大范围投资者提起的派生诉讼，上述质疑十分有效，它使人们对法院对该诉讼作出判决的权限或适当性产生疑问。有言论认为，这是法院参与公司管理的表现。而这恰恰是法院多年来坚持拒绝涉足的领域。[160]美国某一破产法院曾这样说过，《1978年破产重组法》第11章规定，商业裁判应该在董事会会议室而非法院进行，因此法院在案件中不存在滥用权力问题。[161]

如果上述派生诉讼的形式是可取的，并且通过了准许程序，那么法院就应当对董事是否遵守EMS行事做出判断。其底线在于法院不仅须评价董事行为，而且还要评判其决策可能带来的影响。很多人对此深表忧虑，认为法官会对董事的商业决策行为进行审判。David Wishart就如此断言过："法官并无专业能力或不被视为有专业能力决定可接受的商业决策限度。"[162]Blair及Stout这样说过：

> 一旦我们将"股份价值"最大化的狭窄目标置于脑后，我们就不可能让法院这样的旁观者来设计一套计算方案，并以此来衡量董事会是否最大化地回报了公司团队。甚至请法院尝试这样做都是危险的。[163]

这样的情况一旦发生，该怎样制裁这种行为呢？Blair及Stout关于公司理论主张（也就是团体生产方法）将重大的责任以及信任置于董事（以"斡旋教主"[164]著称）身上，但是，不可否认，评论员不会赞成某些审查程序的缺失。如1999年英国公司法审查督导小组所言，任何系统都应当设有安全保护措施，[165]法院审查便是最终的安全保护。

Doug Baird 及 Todd Henderson 对于法院不应裁判董事行为给出了额外理由。[166]他们提出，法官除了缺少专业能力，也缺少监督董事管理行为的相关信息。[167]我们稍后将会探讨这一问题。

不可否认，对于在既有商业环境下董事如何做出决策这一问题究竟应该怎样判定，法官也常常表示忧虑甚至恐惧。[168]毫无疑问，过去许多案例都显示出法院持有这样的观点。即使是在 20 世纪 80 年代中期 *Kinsela v Russel Kinsela Pty Ltd*[169]案件中，就董事是否有义务考虑债权人利益的问题，新南威尔士上诉法院的 Street CJ 法官就认为，对执行行为的商业恰当性进行判断时，法院是否应进入董事会会议室像董事那样做出判断，对于这一问题，法院在传统上一直保持适当谨慎的态度。[170]但这位法官赞同[171]新西兰上诉法院 Cooke J 法官在 *Nicholson v Permakraft*（*NZ*）*Ltd*[172]案中的观点，即"如果预期付款或其他做法会对债务人的偿债能力造成损害"，[173]则债权人的利益应当予以考虑，这时就有必要要求法院对董事会的决策加以审核。

近年来，法院已不再将董事会会议室视为神圣不可侵犯之地，并且参与对管理决策的评估。这一点也引来不少争议。在过去的 20 年中，可列举出许多案例证明，英国法院在审查公司运营方式及管理层决策优劣程度方面已经比较成熟。[174]这在某些案例中表现得最为明显，如董事违反注意义务、[175]在考虑债权人利益方面失职，[176]以及依据英国 1986 年的《免除董事任职资格法案》（Company Directors' Disqualification Act 1986）对董事丧失资格的申请的案件。[177]法院很明确地承认，法官对若干年前已经发生的事情进行事后审查，这种行为存在潜在危险。但是法院提及这一危险，并警告必须避免这种危险的态度，至少是积极的应对方式。这可能意味着法院并不会不公平地依据事后推测对董事行为进行评判，也不会以后见之明（hindsight）的经验影响其对案件作出最终判决。[178]实际上，法院也谨小慎微地行事，确保对于董事行为的评定不受后见之明的歪曲干扰。这一点在 *Re Sherborne Associates Ltd*[179]案的评论中也得到了充分验证。这是一起关于不法交易的案例（依据英国《1986 年破产法》第 214 条规定提起诉讼），[180]在该案中，法官提出警示，认为关于"事实上已经发生的事情总是注定要发生的，这一点是显而易见的"[181]这一论断具有危险性。如在 *Facia Footwear Ltd* 案中 Richard Scott V-C 所言："在当时情况之下，后见之明的优势对于董事

来讲尚未出现。"这句话暗示着他也不会依赖后见之明审理此案。在
Secretary of State for Trade and Industry v Gill[182]这一关于董事丧失
资格案件中，同样的方法也得到了明显的验证。在该案中，法官对董事
过去的行为进行了审查。Blackburn J 清楚地说到，不会使用后见之明
对董事深思熟虑后作出的决策进行判断。

在 *Dodge v Ford Motor Co*[183]这宗著名而古老的美国案例中，法院
认为"法官并非商业专家"。[184]但他们有必要必须是专家吗？在几个法
域中，有专门法庭以及法官审理关于公司法的案件。例如，英格兰及威
尔士的公司法庭（大法官法庭的一部分）能够处理全部的公司法诉讼程
序（也包括其他诉讼程序，例如破产诉讼），并且所有的法官皆须有颇
为丰富的商业经验。[185]最为重要的是（大概是之前阐述过的 Blair 及
Henderson 的忧虑），诉讼当事人能向法院提交专家证据，以帮助听审
法官处理案件。在任何情况下，所有的法官都有能力评定口头或书面证
据；而且，即使法官不能轻易地量化公司利益，他们也能够对何为公司
利益做出判定。[186]重要的一点是，我们应当牢记，公司法庭的法官会定
期对涉诉董事的行为进行审查评定，例如，他们会对违法交易[187]以及
违反董事义务[188]进行评定，其中某些问题解决起来相对困难，并可能
会涉及纷繁复杂的案件事实及相关争议问题。而英国议会对《2006 年
公司法》的规定提出了颇具争议的看法，认为法院能够参与董事行为的
评定工作。例如，依据第 172 条规定，法院必须对董事的行为目的是否
促进公司成功做出评价。依据《1986 年破产法》B1 部分，英国议会似
乎愿意授权法院负责公司破产管理人的涉诉案件，法院对公司破产管理
人做出的决策进行评定，其中包括评估破产管理人必须做出的商业决
策。在澳大利亚，依据《2001 年公司法》第 447 条规定，联邦议会赋
予法院相当宽泛的权力使其对自愿安排计划是否可行做出判断。同时法
院也可以对董事及破产管理人的行为予以审查。此外，依据澳大利亚立
法中第 447 条规定，法院有权对自愿安排中的破产管理人的行为做出判
断，判断其曾经的管理方式或正在进行的管理方式是否会有损于部分或
全部债权人和公司股东的利益，法院仍能对其曾经的作为、意图的作为
或违反职责的不作为是否有损债权人或股东利益做出判断。与《1986
年破产法》B1 部分第 71 段落相同，英国议会也做出了相类似的规定。

有人这样认为，迄今为止，法院在听审现有案件几年之前，在审查

公司相关事务时，就已经阐述了其对董事在相关时段在公司的处境的理解。如前所述，法官对董事判断的事后审查问题已经做相关警告。[189] 如在 *Nicholson v Permakraft（NZ）Ltd*,[190] *Re Welfab Engineers Ltd*,[191] *Linton v Telnet Pty Ltd*[192] 及 *Brandy v Brandy*[193] 案中的判决，都表明法院有能力评价权衡公司的商业决策。在 *Facia Footwear Ltd（in administration）v Hinchliffe*[194] 案中，Richard Scott V-C 议员承认，在持续的交易中董事一直在承担风险；但大法官随后礼貌建议，基于该法官对商业实践的理解，"在企业家可以适当承担的可接受风险与不可接受风险之间并不总是或不经常存在可清晰划分的界限"。[195]

　　此外，法院对不同种类信托行为的裁判也已具备多年经验。因此，现在看来，法院处理此类案件比以往任何时候够更加熟练。编撰的案件表明，无论英国法院还是其他法域，如加拿大、爱尔兰、澳大利亚或新西兰的法院，对董事行为的判定能力已经越来越娴熟。

　　当董事卷入某种自我交易中或者因违反注意义务涉诉时，法院便能够以当前采取的方式处理这宗案件。当有人诉称董事未能实现实体资产最大化时，法院则要去判断该事实是否真实存在。毫无疑问，要判断董事在彼时彼境下是否为实体资产最大化做出努力，就必须考虑董事当时采取的某些重大措施。[196] 如果在特定时间内，EMS 的措施仅仅集中于金融资产上面，则法官更为适宜的做法，应是将董事尚未采取措施之前的公司实体的总合计价值与董事采取措施之后的公司实体总合计价值相比较，以此来确定受人诟病的董事行为对公司所产生的影响。然而，实体最大化并非仅仅意味着利润最大化。[197] 因为实体最大化也包含类似提高公司声誉等情况，而声誉对公司的财务状况会有长期影响。任何的评判都不可能是完全客观的。例如，法院切不能仅仅考虑受诟病的董事行为前后公司股票的价值。EMS 问题要更加微妙精细。法院必须考虑该行为对公司总体造成的影响，而判定这点往往需要考虑许多因素。在很大程度上，法院究竟会考虑哪些因素取决于提起派生诉讼的当事人所提供的内容。很显然，为证明董事行为缺乏必要原则和标准，原告有责任对此提供有力而可信的证据。因此，原告当然须承担举证责任。对于董事行为进行司法审查的目的在于阻止董事对权力的严重滥用。[198] 究竟采取何种行为才最有利于公司实体利益最大化？法院须对此进行判断，以

决定原告与董事哪一方能胜诉。[199]有人主张，法院有能力查明某种对权力运用的目的是增加实体利益还是相反。[200]

应该采取手段对董事的行为给予审查，对此董事不能豁免。正如有条款规定对私营部门中执行破产事务的官员（比如，行政人员、清算人、托管人及其他人）的决策进行审查一样，也应设计条款对董事行为给予审查。此处建议使用的方法与行政法中的司法审查应相互平行。在行政法中，法院自行审查拥有广泛的自由裁量权的公务人员及其他官员的决策，以此确保决策的合理性，并保证决策的制定并非基于不恰当的动机。[201]

最后，可以肯定，法官能够灵活地用他们的分析去解决特定的案件，[202]并且能够在商业实践中有所创新。

总之，关于公司应该在怎样的方式之下得以有效运营这一议题，各方观点各有不同。应当承认，法官也常常为此艰涩问题绞尽脑汁。[203]不过法官有能力以其获得的证据对董事行为做出公平判定。并且法官比过去更能胜任做出切合实际的、商业化的判决。[204]正如 Sheldon Leader 说过的："管理也不必总是在该问题上做出最终决定，必须接受法院带来的外部影响。"[205]

5.4 结语

本章主要探讨的问题是对于 EMS 应该采用何种强制实施措施。我们已经谈到，对于利益相关者理论而言，提出强制实施机制是一种挑战，为此设计实施程序更非易事。然而，只要将 EMS 和利益相关者理论进行比较，就会发现这种程序设计变得容易起来。因为前者不需要判断利益相关者或者投资者是否遭受损害。该机制需要做的，仅仅是证明公司事务的执行并未按实体最大化及保持实体持续运行的方式进行。

本章为 EMS 的实施分析了不同的选择方式，包括对压迫程序或者不公平损害程序的适用。但分析认为，派生诉讼是最为适当的实施程序。为确保所有适格投资者都有资格主张权益，该程序就不应该仅仅对股东开放。对派生诉讼的适用要求投资者考虑公司实体中更为广泛的利益，而法院在审理派生诉讼案件时也会对这些利益给予考虑。有所争议的是，派生诉讼方案准许所有"与公司利益相关而出庭的"投资者皆可提起派生诉讼。这样的申请者应当遵照大多数法域中都适用的准许/退出程序，相关内容同时也写入了派生诉讼制定法案中。尤其是，申请者有必要令法院信服，他们作为申请人与公司事务有直接经济关系，或者与公司管理方式有特定合理利益。有人认为，在适当的时候应当拓展法律制度，使之在一定程度上，给为打算提起诉讼以及提供类似法律建议者提供确定性。

注释

[1] M. McDaniel，"Bondholders and Stockholders"（1988）13 *Journal of Corporation Law* 205 at 309.

[2] 参见 J. Parkinson，*Corporate Power and Responsibility*（Oxford，Oxford University Press，1993）at 237。《OECD 公司治理准则》（OECD *Principles of Corporate Governance*）阐述道影响公司治理的法律要求应当有强制力（Clause IB，2004）。Accessible at ⟨http://www. oecd. org/ dataoecd/32/18/31557724. pdf⟩（last visited，1 February 2010）。

[3] Company Law Review，*Modern Company Law for a Competitive Economy*："The Strategic Framework" 1999，London，DTI，at para 5. 1. 30.

[4] S. Bottomley，*The Constitutional Corporation*（Aldershot，Ashgate，2007）at 144.

[5] Ibid at 148.

[6] Ibid at 146.

[7] 强制力的作用是威慑性的：C. Hill and T. Jones，"Stakeholder-Agency Theory"（1992）29 *Journal of Management Studies* 131 at 141。

[8] 即使股东在采取行动时会有问题存在。参见"Company Directors Behaving Poorly：Disciplinary Options for Shareholders"［2007］*Journal of Business Law* 656。

[9] 探讨该理论的文献非常广泛，关于该原则的代表性论文参见 J. Macey，"An Economic Analysis of the Various Rationales for Making Shareholders the Exclusive Beneficiaries of Corporate Fiduciary Duties"（1991）21 *Stetson Law Review* 23；S. Bainbridge，"In Defense of the Shareholder Maximization Norm：A Reply to Professor Green"（1993）50 *Washington and Lee Law Review* 1423；B. Black and R. Kraakman，"A Self-Enforcing Model of Corporate Law"（1996）109 *Harvard Law Review* 1911；D. G. Smith，"The Shareholder Primacy Norm"（1998）23 *Journal of Corporation Law* 277。

[10] L. Mitchell，"The Fairness Rights of Bondholders"（1990）65 *New York*

University Law Review 1165 at 1192–1193；M. Stokes，"Company Law and Legal Theory" in S. Wheeler（ed），*The Law of the Business Enterprise*（Oxford，Oxford University Press，1994）at 94.

[11] S. Deakin and G. Slinger，"Hostile Takeovers，Corporate Law，and the Theory of the Firm"（1997）24 *Journal of Law and Society* 124 at 126；A. Licht，"The Maximands of Corporate Governance：A Theory of Values and Cognitive Style"（2004）29 *Delaware Journal of Corporate Law* 649 at 652. This seems to be what was being said in the English case of *Brady v Brady*（1988）3 BCC 535.

[12] See Part 11.

[13] Law Commission，*Shareholder Remedies：Report on a Reference under section 3（1）（e）of Law Commissions Act 1965*（Law Com No 246，Cm 3769）（London，Stationery Office，1997）at p. 7. 关于最初的建议存在一些调整，在英格兰和威尔士，法律委员会建议在启动程序之前 28 天给公司发出通知，但这一建议未被采纳：ibid at 91。

[14] For example，see：*Franbar Holdings Ltd v Patel*[2008] EWHC 1534（Ch）；*Wishart*[2009] CSIH 65；2009 SLT 812；*Stimpson v Southern Landlords Association*（2009）[2009] EWHC 2072（Ch）；*Iesini v Westrip Holdings Ltd*[2009] EWHC 2526（Ch）；*Kiani v Cooper*[2010] EWHC 577（Ch）；*Stainer v Lee*[2010] EWHC 1539（Ch）. For a discussion of them and other case law，see A. Keay and J. Loughrey，"Derivative Proceedings in a Brave New World for Company Management and Shareholders"[2010] *Journal of Business Law* 151.

[15] See，I. M. Ramsay and B. Saunders，"Litigation by Shareholders and Directors：An Empirical Study of the Statutory Derivative Action"（2006）6 *Journal of Corporate Law Studies* 397 at 417.

[16] A. Keay and J. Loughrey，"Something Old，Something New，Something Borrowed：An Analysis of the New Derivative Action Under the Companies Act 2006"（2008）124 *Law Quarterly Review* 469 at 499–500.

[17] 与程序和问题相关的讨论见 ibid；A. Reisberg，*Derivative Actions and Corporate Governance*（Oxford，Oxford University Press，2007）；R. Hollington，*Shareholders'Rights*，5th ed（London，Sweet and Maxwell，2007）Chapter 6；V. Joffe et al，*Minority Shareholders：Law，Practice and Procedure*（Oxford，Oxford University Press，2008），Chapter 1。

[18] [2003] EWCA Civ 810；[2004] 1 WLR 783.

[19] 参见 *Re Astec（BSR）plc*[1998] 2 BCLC 556 at 589. 关于上市公司请求失败的案例参见 *Re Blue Arrow plc*[1987] BCLC 585。

[20] 例如参见英国《2006 年公司法》第 168 条。关于该条款与废除参见

A. Keay，"Company Directors Behaving Poorly：Disciplinary Options for Shareholders"［2007］*Journal of Business Law* 656。

［21］关于股东可以选择的庇护之讨论，see ibid。

［22］See ibid.

［23］M. Lipton and S. Rosenblum，"A New System of Corporate Governance：The Quinquenial Election of Directors"（1991）58 *University of Chicago Law Review* 187 at 188；R. Booth，"Stockholders，Stakeholders and Bagholders（or How Investor Diversification Affects Fiduciary Duty)"（1998）53 *The Business Lawyer* 429 at 440. 最新观点参见 L. Bebchuk，"The Myth of the Shareholder Franchise"（2007）93 *Virginia Law Review* 675。

［24］J. Franks and C. Mayer，"Hostile Takeovers in the UK and the Correction of Managerial Failure"（1996）40 *Journal of Financial Economics* 163.

［25］See I. Anabtawi，"Some Skepticism About Increasing Shareholder Power"（2006）53 *University of California at Los Angeles Law Review* 561 at 568.

［26］这些必定是美国某些受人尊敬的评论员所持有的看法。例如，参见 L. Bebchuk，"The Case for Increasing Shareholder Power"（2005）118 *Harvard Law Review* 833。

［27］See A. Keay，"Company Directors Behaving Poorly：Disciplinary Options for Shareholders"［2007］*Journal of Business Law* 656.

［28］探讨该理论的文献非常广泛，其中的代表作参见 R. Edward Freeman，*Strategic Management：a Stakeholder Approach*（Boston，Pitman/Ballinger，1984）；R. Karmel，"Implications of the Stakeholder Model"（1993）61 *George Washington Law Review* 1156；T. Donaldson and L. Preston，"The Stakeholder Theory for the Corporation：Concepts，Evidence，Implications"（1995）20 *Academy Management Review* 65；R. Mitchell，"Toward a Theory of Stakeholder Identification and Salience：Defining the Principle of Who and What Really Counts"（1997）22 *Academy Management Review* 853；A. Campbell，"Stakeholders：The Case in Favour"（1997）30 *Long Range Planning* 446；J. Dean，*Directing Public Companies*（London，Cavendish，2001）。

［29］A. A. Berle Jr，"For Whom Corporate Managers are Trustees：A Note"（1932）45 *Harvard Law Review* 1365.

［30］Ibid at 1367.

［31］"The Modern Corporation and Private Property"（1933）81 *University of Pennsylvania Law Review* 182 at 785.

［32］A. Licht，"The Maximands of Corporate Governance：A Theory of Values and Cognitive Style"（2004）29 *Delaware Journal of Corporate Law* 649 at 652.

[33] "An Economist's View of Fiduciary Duty" (1993) 43 *University of Toronto Law Journal* 299 at 303.

[34] Ibid.

[35] Company Law Review, *Modern Company Law for a Competitive Economy*: "The Strategic Framework" 1999, London, DTI, note 31, p40.

[36] *Directing Public Companies* (London, Cavendish Publishing, 2001) at 169, 176

[37] "Redefining the Fiduciary Duties of Corporate Directors in Accordance with the Team Production Model of Corporate Governance" (2002-03) 16 *Creighton Law Review* 623 at 637-639.

[38] Ibid at 641.

[39] Company Law Review, *Modern Company Law for a Competitive Economy*: "Developing the Framework," 2000, London, DTI, at para 2. 12.

[40] W. Leung, "The Inadequacy of Shareholder Primacy: A Proposed Corporate Regime that Recognizes Non-Shareholder Interests" (1997) 30 *Columbia Journal of Law and Social Problems* 589 at 627-628.

[41] See above at pp. 227-228.

[42] See *O'Neill v Phillips* [1999] 2 BCLC 1; [1999] BCC 600 (HL).

[43] 依据《1985 年公司法》第 459 条（如今被《2006 年公司法》第 994 条取而代之），这一概念常常在诉讼中予以考虑，并且断言公司事务会以某种不公平损害的方式予以实施。例如，参见 *O'Neill v Phillips* [1999] 2 BCLC 1; [1999] BCC 600 (HL)。

[44] L. Mitchell, "The Fairness Rights of Bondholders" (1990) 65 *New York University Law Review* 1165 at 1225。

[45] A. Schall, L. Miles and S. Goulding, "Promoting an Inclusive Approach on the Part of Directors: The UK and German Positions" (2006) 6 *Journal of Corporate Law Studies* 299 at 300.

[46] 实际上，很多法条都由《2006 年公司法》所取代。

[47] See, J. Parkinson, *Corporate Power and Responsibility* (Oxford, Oxford University Press, 1993) at 82-83.

[48] See, for example, E. Fama, "Agency Problems and the Theory of the Firm" (1980) 88 *Journal of Political Economy* 288; E. Fama and M. Jensen, "Separation of Ownership and Control" (1983) 26 *Journal of Law and Economics* 301; M. Jensen and W. Meckling, "Theory of the Firm: Managerial Behavior, Agency Costs and Ownership Structure" (1976) 3 *Journal of Financial Economics* 305.

[49] A. Campbell, "Stakeholders: The Case in Favour" (1997) 30 *Long*

Range Planning 446 at 448.

〔50〕See A. Keay, "Company Directors Behaving Poorly: Disciplinary Options for Shareholders" 〔2007〕 *Journal of Business Law* 656.

〔51〕T. Schelling, *The Strategy of Conflict* (Cambridge, Massachusetts, Harvard University Press, 1960) and referred to in C. Hill and T. Jones, "Stakeholder-Agency Theory" (1992) 29 *Journal of Management Studies* 131 at 141.

〔52〕C. Hill and T. Jones, "Stakeholder-Agency Theory" (1992) 29 *Journal of Management Studies* 131 at 141.

〔53〕例如，与公司控制的市场相关，参见 H. Butler and L. Ribstein, "Opting Out of Fiduciary Duties: A Response to the Anti-Contractarians" (1990) 65 *Washington Law Review* 1 at 21-28。

〔54〕例如，经验主义调查（J. Franks and C. Mayer, "Hostile Takeovers in the UK and the Correction of Managerial Failure" (1996) 40 *Journal of Financial Economics* 163）与理论主义调查（I. Anabtawi, "Some Skepticism About Increasing Shareholder Power" (2006) 53 *University of California at Los Angeles Law Review* 561 at 568）都为公司控制的市场功效蒙上一层疑云。

〔55〕还存在如经纪人佣金这样的交易成本花费。

〔56〕See A. Keay, "Company Directors Behaving Poorly: Disciplinary Options for Shareholders" 〔2007〕 *Journal of Business Law* 656.

〔57〕D. Greening and B. Gray, "Testing a Model of Organizational Response to Social and Political Pressure" (1994) 37 *Academy of Management Journal* 467 at 476.

〔58〕D. Millon, "New Game Plan or Business as Usual? A Critique of the Team Production Model of Corporate Law" (2000) 86 *Virginia Law Review* 1001 at 1004.

〔59〕See, N. Gunningham, R. Kagan and D. Thornton, "Social License and Environmental Protection: Why Businesses Go Beyond Compliance" (2004) 29 *Law and Social Inquiry* 307.

〔60〕C. Kirchner, "Shareholder Value: A New Standard for Company Conduct" in K. Hopt and E. Wymeersch (eds), *Capital Markets and Company Law* (Oxford, Oxford University Press, 2003) at 344.

〔61〕See s. 168 of the Companies Act 2006.

〔62〕D. Bradley, "Be prepared to act fast when industrial action strikes" Personnel Today and accessible at 〈http://www. personneltoday. com/art icles/2007/09/10/42221/be-ready-to-act-fast-when-industrial-action-strikes. html〉 (last visited, 22 May 2009). See the Department of Business Enterprise and Regulatory Reform statistics 〈http://stats. berr. gov. uk/UKSA/tu/tum2008. pdf〉 (last visited, 22 May

2009).

[63] G. Proctor and L. Miles, *Corporate Governance* (London, Cavendish Publishing, 2002) at 58.

[64] R. Monks and N. Minnow, *Watching the Watchers: Corporate Governance for the Twenty-first Century*, (Malden, Mass, Blackwell Publishing, 1995) and referred to in L. Zingales, "In Search of New Foundations" (2000) 55 *Journal of Finance* 1623 at 1627-1628.

[65] P. Hosking, "Amic board makes quiet exit" *The Times*, 9 June 2005.

[66] N. Gunningham, R. Kagan and D. Thornton, "Social License and Environmental Protection: Why Businesses Go Beyond Compliance" [2004] *Law and Social Inquiry* 307 at 334.

[67] "An Economic Analysis of the Various Rationales for Making Shareholder the Exclusive Beneficiaries of Corporate Fiduciary Duties" (1991) 21 *Stetson Law Review* 23 at 42-43.

[68] For example, see, K. Greenfield, "Reclaiming Corporate Law in a New Gilded Age" (2008) 2 *Harvard Law and Policy Review* 1 at 24; K. Greenfield, "Saving the World With Corporate Law" (2008) 57 *Emory Law Journal* 947 at 978; F. Post, "A Response to 'The Social Responsibility of Corporate Management: A Classical Critique'" (2003) 18 *Mid-American Journal of Business* 25 at 32.

[69] F. Allen, E. Carletti, and R. Marquez, "Stakeholder Capitalism, Corporate Governance and Firm Value," 4 August 2007, Working Paper, University of Pennsylvania, at 6, and accessible at: ⟨http://knowledge. wharton. upenn. edu/ papers/1344. pdf⟩ (last visited, 3 August 2009).

[70] R. Mitchell, B. Agle and D. Wood, "Toward a Theory of Stakeholder Identification and Salience: Defining the Principle of Who and What Really Counts" (1997) 22 *Academy Management Review* 853 at 876.

[71] "Reclaiming Corporate Law in a New Gilded Age" (2008) 2 *Harvard Law and Policy Review* 1 at 24.

[72] A. Hillman, G. Keim and R. Luce, "Board Composition and Stakeholder Performance: Do Stakeholder Directors Make a Difference?" (2001) 40 *Business and Society* 295 at 308 and 309.

[73] K. Greenfield, "Reclaiming Corporate Law in a New Gilded Age" (2008) 2 *Harvard Law and Policy Review* 1 at 28.

[74] See, J. Parkinson, *Corporate Power and Responsibility* (Oxford, Oxford University Press, 1993) at 391.

[75] Company Law Review, *Modern Company Law for a Competitive Econo-*

my：“The Strategic Framework”1999，London，D 11，at para 5.1.32. 同样可以适用于美国、澳大利亚以及加拿大的公司文化里，也同样适用于很多国家的公司中。

［76］L. Ribstein，“Accountability and Responsibility in Corporate Governance”（2006）81 *Notre Dame Law Review* 1431 at 1440.

［77］破产重整（administration）可以说是破产公司的庇护体制，并且它与美国《破产法》第 11 章的破产重整、澳大利亚自愿破产重整及法国的保护均有相似的特征 A. Keay and P. Walton，*Insolvency Law：Corporate and Personal*，2ⁿᵈ ed（Bristol，Jordan Publishing，2008）at 89-140.

［78］债务人占有资产的管理机制与美国《破产法》第 11 章的破产重整相似。

［79］See s. 122（1）（f）and Schedule B1，para 11（a）of the Insolvency Act 1986.

［80］公司可以使用禁令来防止清算请求向外传播，原因在于广而告之有损公司声誉：*Re a Company*（*No.* 007923 *of* 1994）［1995］BCC 634 at 639。

［81］在澳大利亚，行政管理方式的清算只能在庭外适用。

［82］《1986 年破产法》第 124 条描述了清算请求权的主体，该法第一部分准许贡献者有权这样做，而其他投资者无此权利。

［83］See A. Keay，“Public Interest Petitions”（1999）20 *The Company Lawyer* 296；V. Finch，“Public Interest Liquidation：PIL or Placebo?”［2002］*The Insolvency Lawyer* 157.

［84］［1975］1 WLR 122 at 129.

［85］（1989）5 BCC 244.

［86］Ibid at 256.

［87］Company Law Review，*Modern Company Law for a Competitive Economy*：“Developing the Framework，”2000，London，DTI at para 2.12.

［88］近来，银行实现了部分国有化，这被许多人视为明智使用政府权力的体现，并且在设计上能够处理非常特殊的情况。

［89］在该种情况下，如果存在不公平损害，国务秘书也同样能够依据第 995 条提起诉讼程序。

［90］“压迫”在本文中涉及“负担性的、苛刻的以及错误的”行为：*Scottish Co-operative Wholesale Society Ltd v Meyer*［1959］AC 324 at 342（HL）。

［91］s. 232 of Corporations Act 2001.

［92］澳大利亚的条款同样也规定了，如果不公平损害的行为能够成立，那么法院会允许救济。

［93］根据加拿大《1985 年商业公司法》第 2 条，证券持有人指持有一家公司任何种类的股票或者债务以及能够证明这样的股票和债务存在的证书的人。

［94］See D. Thomson，"Directors，Creditors and Insolvency：A Fiduciary Duty or a Duty Not to Oppress"（2000）58 *University of Toronto Faculty of Law Review* 31.

［95］在 *Fedel v Tan* 2008 CanLII 46697 案中，得到安大略省高级法院广泛的解释。

［96］第 241（3）条给予法院无限制自由裁量权，以使法院颁发恰当法令，中国香港《2006 年公司法》有类似表述。

［97］*Hordo*；*Jacobs Farms Ltd v Jacobs*［1992］OJ No 813 at 12－14，and referred to by J. Sarra，"Taking the Corporation Past the 'Plimsoll Line' -Director and Officer Liability When the Corporations Founders"（2001）10 *International Insolvency Review* 229 at 240.

［98］（1991）6 OR（3d）733.

［99］J. Ziegel，"Creditors as Corporate Stakeholders：The Quiet Revolution-An Anglo-Canadian Perspective"（1993）43 *University of Toronto Law Journal* 511 at 527；D. Thomson，"Directors，Creditors and Insolvency：A Fiduciary Duty or a Duty Not to Oppress"（2000）58 *University of Toronto Faculty of Law Review* 31 at 47.

［100］*Directing Public Companies*（London，Cavendish Publishing，2001）at 177. 较为有效的辩护就是董事恰当地考虑了利益相关者的利益，并且适当地检验了所有相关的选择。

［101］Ibid at 167.

［102］在枢密院关于 *Gamlestaden Fastigheter AB v Baltic Portners Lod*［2007］UKPC 26；［2008］1 BCLC 486 案的判决中，不公平损害的基础可能不如曾经设想的那样严苛。参见 B. Hannigan，"Drawing Boundaries between Derivative Claims and Unfairly Prejudicial Petitions"［2009］*Journal of Business Law* 606。

［103］近来英国对派生诉讼的一份实质性研究参见 A. Reisberg，*Derivative Actions and Corporate Governance*（Oxford，Oxford University Press，2007）。

［104］For example，see the UK's art. 70 of Table A（Companies（Tables A-F）Regulations 1985（SI 1985/805）.

［105］In the US，see *Kusner v First Pa Corp*，395 F. Supp. 276 at 280－83（ED Pa 1975）；*Dorfman v Chem Bank*，56 FRD 363 at 364（SDNY 1972）.

［106］尽管普通法国家已经颁布了成文法对派生诉讼问题进行规制，但这些法域的普通法中的派生诉讼权利一直保持不变，香港即是其中一例。

［107］Also，see Canada（s. 239 of the Canada Business Corporations Act 1985），Part 2F1A of the Australia（Corporations Act 2001），Singapore（s. 216A of the Companies Act），New Zealand（s. 165 of the Companies Act 1993），Hong Kong

(s. 168BC of the Companies Ordinance).

［108］(1843) 2 Hare 461；67 ER 189.

［109］不跟随英国法，美国法也会得出与英国法在 *Foss v Harbottle* 案中同样的观点。

［110］For a discussion of which，see A. Keay and J. Loughrey，"Something Old，Something New，Something Borrowed：An Analysis of the New Derivative Action Under the Companies Act 2006" (2008) *Law Quarterly Review* 469.

［111］Law Commission，*Shareholder Remedies：Report on a Reference under section* 3 (1) (*e*) *of the Law Commissions Act* 1965 (Law Com No 246，Cm 3769) (London，Stationery Office，1997) at p7. 关于最初的建议存在一些调整，在英格兰和威尔士，法律委员会建议在启动程序之前 28 天给公司发出通知，但这一建议未被采纳：ibid at 91。

［112］See，J. Coffee and D. Schwartz，"The Survival of the Derivative Suit：An Explanation and a Proposal for Legislative Reform" (1981) 81 *Columbia Law Review* 261 at 302-309.

［113］S. Bottomley，*The Constitutional Corporation* (Aldershot，Ashgate，2007) at 166.

［114］Ibid at 167.

［115］Ibid at 158.

［116］M. Blair and L. Stout，"A Team Production Theory of Corporate Law" (1999) 85 Va L R 247 at 293. David Millon doubts this ("New Game Plan or Business as Usual? A Critique of the Team Production Medel of Corporate Law" (2000) 86 *Virginia Law Review* 1001 at 1013).

［117］某评论员接受了与债权人相关的需求：R. B. Campbell Jr，"Corporate Fiduciary Principles for the Post-Contractarian Era" (1996) 23 *Florida State University Law Review* 561 at 606。

［118］*Directing Public Companies* (London，Cavendish Publishing，2001) at 155.

［119］香港在《公司条例》(Companies Ordinance) 第 168BC 中同样限制了只有股东可以发起诉讼。

［120］根据《1993 年公司法》第 165 条，新西兰也准许董事提起派生诉讼。

［121］*Enforcement of the Duties of Directors and Officers of a Company by Means of a Statutory Derivative Action*，Report No 12，1990.

［122］G. Crespi，"Redefining the Fiduciary Duties of Corporate Directors in Accordance with the Team Production Model of Corporate Governance" (2002-03) 16 *Creighton Law Review* 623 at 634.

［123］如果停止给付的禁令在股东实际得到给付之前能得到保障，后面的实例就会公平有效。

［124］In s. 263（2）（c）for England and Wales，and Northern Ireland.

［125］s. 237 of the Corporations Act 2001.

［126］s. 239 of the Canada Business Corporations Act 1985.

［127］B，Prunty，"The Shareholders' Derivative Suit：Notes on its Derivation"（1957）32 *New York University Law Review* 980 at 982.

［128］S. Bottomley，*The Constitutional Corporation*（Aldershot，Ashgate，2007）at 149.

［129］当经济行为人"能够享受成本高昂的活动带来的收益分享……而不用承担其成本"时，"搭便车"行为便发生了：J. Macey，*Corporate Governance*（princeton，Princeton University Press，2008）at 131. See，S. Levmore 'Monitors and Freeriders in Commercial and Corporate Settings'（1982）92 *Yale Law Journal* 49.

［130］J. Loughrey，A. Keay and L. Cerioni "Legal Practitioners，Enlightened Shareholder Value and the Shaping of Corporate Governance"（2008）8 *Journal of Corporate Law Studies* 79 at 87.

［131］s. 239（1）of the Canada Business Corporations Act 1985.

［132］See，I. M. Ramsay and B. Saunders，"Litigation by Shareholders and Directors：An Empirical Study of the Statutory Derivative Action"（2006）6 *Journal of Corporate Law Studies* 397.

［133］S. Bottomley，*The Constitutional Corporation*（Aldershot，Ashgate，2007）at 161.

［134］*Shareholders Remedies*，Report No 246，1997，at para 6. 69.

［135］See，A. Keay and J. Loughrey，"Derivative Proceedings in a Brave New World for Company Management and Shareholders"［2010］*Journal of Business Law* 151.

［136］有人建议，实现利益相关者理论需要限制禁令（W. Leung，"The Inadequacy of Shareholder Primacy：A Proposed Corporate Regime that Recognizes Non-Shareholder Interests"（1997）30 *Columbia Journal of Law and Social Problems* 589 at 625），但实际上，这并不必然需要某一准许程序。

［137］如果在美国某家公司破产，债权人有权提起派生诉讼：*North American Catholic Educational Programming Foundation*，*Inc v Gheewalla*，18 May 2007，〈http://courts. delaware. gov/opin-ions/（nbvy0wjdzka5xj55yeyw1n55）/download. aspx? ID＝92000〉（last visited，6 January 2010）。

［138］*Re Daon Development Corp*（1984）54 BCLR 235 at 243；*Jacobs Farms Ltd v Jacobs*［1992］OJ No 813 at 6-7 and referred to by J. Sarra，"Taking the Corporation Past the 'Plimsoll Line' -Director and Officer Liability When the Corporations Founders" (2001) 10 *International Insolvency Review* 229 at 244.

[139] *Re Daon Development Corp* (1984) 54 BCLR 235 at 243.

[140] *Re Daon Development Corp* (1984) 54 BCLR 235.

[141] [2008] SCC 69.

[142] See, A. Reisberg, *Derivative Actions and Corporate Governance* (Oxford, Oxford University Press, 2007) at 20.

[143] See *Re Esal (Commodities) Ltd* [1985] BCLC 450.

[144] *The Economic Structure of Corporate Law* (Cambridge, Massachusetts, Harvard University Press, 1991) at 101.

[145] See the discussion in A. Reisberg, *Derivative Actions and Corporate Governance* (Oxford, Oxford University Press, 2007) at 85—86 in relation to access to information and Chapter 6 in relation to costs.

[146] s. 417 of the Companies Act 2006.

[147] Companies Act 2006, s. 417 (3).

[148] Companies Act 2006, s. 417 (4) (a).

[149] Companies Act 2006, s. 417 (6) (a).

[150] 得到认可的事实是, 这一程序很容易受到滥用, 英国法院担心调查申请可能会构成 "审前盘问"。参见 *Anglo Irish Bank Corp plc v West LB AG* [2009] EWHC 207 (Comm)。

[151] 此类委员会的概念是基于美国诉讼委员会而产生的。参见 G. Dent, "The Power of Directors to Terminate Shareholder Litigation: The Death of the Derivative Suit" (1980) 75 *Northwestern University Law Review* 96。

[152] 像 Hale 所说的那样:"存在强有力的理由支持避免在审判庭里谈论公司隐私。" "What's Right With the Rule in Foss v Harbottle?" [1997] *Company, Financial and Insolvency Law Review* 219 at 225.

[153] A. Reisberg, *Derivative Actions and Corporate Governance* (Oxford, Oxford University Press, 2007) at 104.

[154] Ibid at 114.

[155] Ibid at 111

[156] For instance, see *Re Park House Properties Ltd* [1999] 2 BCLC 530; *Re Kaytech International plc* [1999] BCC 390; *Cohen v Selby* [2000] BCC 275; *Lexi Holdings plc (In Administration) v Luqman* [2007] EWHC 2265 (Ch).

[157] G. Dent, "The Power of Directors to Terminate Shareholder Litigation: The Death of the Derivative Suit" (1980) 75 *Northwestern University Law Review* 96 at 111.

[158] D. DeMott, "Shareholder Litigation in Australia and the United States: Common Problems, Uncommon Solutions" (1987) 11 *Sydney Law Review* 259 at 275-279; J. Coffee, 'New Myths and Old Realities: The American Law Institute Faces the Derivative Action' (1993) 48 *Business Lawyer* 1407 at 1422-1424.

[159] A. Reisberg, *Derivative Actions and Corporate Governance* (Oxford, Oxford University Press, 2007) at 105.

[160] See the concerns of John Parkinson in *Corporate Power and Responsibility* (Oxford, Oxford University Press, 1993) at 94.

[161] *In re Simasko Production Co* 47 Bankr 444 at 449 (Col) (1985)

[162] "Models and Theories of Directors'Duties to Creditors" (1991) 14 *New Zealand Universities Law Review* 323 at 340. In a similar vein, see M. Whincop, "Overcoming Corporate Law: Instrumentalism, Pragmatism and the Separate Legal Entity Concept" (1997) 15 *Company and Securities Law Journal* 411 at 426; D. Oesterle, "Corporate Directors" Personal Liability for "Insolvent Trading" in Australia, "Reckless Trading" in New Zealand and "Wrongful Trading" in England: A Recipe for Timid Directors, Hamstrung Controlling Shareholders and Skittish Lenders'in I. M. Ramsay (ed), *Company Directors'Liability for Insolvent Trading* (Melbourne, Centre for Corporate Law and Securities Regulation and CCH Australia, 2000).

[163] "Specific Investment: Explaining Anomalies in Corporate Law" (2006) 31 *Journal of Corporation Law* 719 at 741.

[164] M. Blair and L. Stout, "A Team Production Theory of Corporate Law" (1999) 85 *Virginia Law Review* 247 at, for example, 281.

[165] Company Law Review, *Modern Company Law for a Competitive Economy*: "The Strategic Framework" 1999, London, DTI, at para 5. 1. 30.

[166] 当然, 在美国, 商业判断规则能够发挥作用是非常正常的。在澳大利亚的很多情况下, 成文法中的商业判断规则能够发挥作用也是极为可能的。

[167] "Other People's Money" (2008) 60 *Stanford Law Review* 1309 at 1313.

[168] See L. S. Sealy, *Company Law and Commercial Reality* (London, Sweet and Maxwell, 1984) at 53 - 54. Gregory Crespi ("Redefining the Fiduciary Duties of Corporate Directors in Accordance with the Team Production Model of Corporate Governance" (2003) 16 *Creighton Law Review* 623 at 640) 表达了这样的观点, 法院对董事会决策表现出同样程度的尊重, 就像它们所做的那样, 因为责任应当归属于公司, 但是资深评论员提及注意义务, 在美国因为商业判断规则的存在, 当董事会疏于注意义务时对其提出质疑非常困难。

[169] (1986) 4 ACLC 215.

[170] Ibid at 223.

[171] Ibid.

[172] (1985) 3 ACLC453.

[173] Ibid at 457.

[174] For example，*Re D'Jan of London* [1993] BCC 646；*AWA Ltd v Daniels* (1992) 10 ACLC 933 and on appeal *Daniels v Anderson* (1995) 13 ACLC 614；*Re Barings plc* [1998] BCC 583；*Re Westmid Services Ltd* [1998] 2 BCLC 646；[1998] BCC 836；*Re Barings plc* (No5) [1999] 1 BCLC 433；*Re HIH Insurance Ltd* (*in prov liq*)；*ASIC v Adler* [2002] NSWSC 171； (2002) 41 ACSR 72；(2002) 20 ACLC 576；*Re One. Tel Ltd* (*in liq*)；*ASIC v Rich* [2003] NSWSC 85；(2003) 44 ACSR 682；*ASIC v Vines* (2003) 48 ACSR 322；*Re AG* (*Manchester*) *Ltd* [2008] EWHC 64 (Ch)； [2008] 1 BCLC 321；*Lexi Holdings Ltd* (*in administration*) *v Luqman* [2008] EWHC 1639 (Ch).

[175] For instance，see most of the cases in preceding note.

[176] For instance，see *Nicholson v Permakraft* (*NZ*) *Ltd* (1985) 3 ACLC 453；*Kinsela v Russell Kinsela Pry Ltd* (1986) 4 ACLC 215；10 ACLR 395；*Liquidator of West Mercia Safetywear v Dodd* (1988) 4 BCC 30；*Facia Footwear Ltd* (*in admin-istration*) *v Hinchliffe* [1998] 1 BCLC 218；*Re Pantone 485 Ltd* [2002] 1 BCLC 266；*Gwyer v London Wharf* (*Limehouse*) *Ltd* ([2003] 2 BCLC 153； [2002] EWHC 2748；*Peoples'Department Stores v Wise* [2004] SCC 68；(2004) 244 DLR (4th) 564；*Re MDA Investment Management Ltd* [2004] BPIR 75；[2003] EWHC 227 (Ch)；*Re Cityspan Ltd* [2007] EWHC 751 (Ch)；[2007] 2 BCLC 522.

[177] For instance，see *Re Baringsplc* [1998] BCC 583；*Re Westmid Services Ltd* [1998] 2 BCLC 646；[1998] BCC 836；*Re Baringsplc* (No 5) [1999] 1 BCLC 433；*Secretary of State for Trade and Industry v Swan* [2005] EWHC 603 (Ch)；*Secretary of State v Thornbury* [2007] EWHC 3202 (Ch)；[2008] 1 BCLC 139.

[178] *Linton v Telnet Pry Ltd* (1999) 30 ACSR 465 at 475.

[179] [1995] BCC40.

[180] 不法交易（wrongful trading）在范围上与我们所熟知的一些说法相类似，例如，澳大利亚的"破产交易"（insolvent trading），以及爱尔兰、新西兰及南非的"鲁莽交易"（reckless trading）。

[181] [1995] BCC 40 at 54.

[182] [2004] EWHC 933.

[183] 204 Mich 459；170 NW 668.

[184] 170 NW 668 at 684.

[185] 另一例子就是美国特拉华州衡平法院。

[186] S. Wallman, "The Proper Interpretation of Corporate Constituency Statutes and Formulation of Directors' Duties" (1991) 21 *Stetson Law Review* at 163 at 191.

[187] For example, see *Re Brian D. Pierson (Contractors) Ltd* [1999] BCC 26; [2001] BCLC 275; *Re Continental Assurance Ltd* [2001] BPIR 733; *The Liquidator of Marini Ltd v Dickensen* [2003] EWHC 334 (Ch); [2004] BCC 172.

[188] For example, *A WA Ltd v Daniels* (1992) 10 ACLC 933; *CAS (Nominees) Ltd v Nottingham Forest plc* [2002] BCC 145; *Criterion Properties plc v Stratford UK Properties LLC* [2002] EWHC 496 (Ch); [2002] 2 BCLC 151; *In Plus Group Ltd v Pyke* [2002] EWCA Civ 370; [2002] 2 BCLC 201; *Re HIH Insurance Ltd (in prov liq)*; *ASIC v Adler* [2002] NSWSC 171; (2002) 41 ACSR 72; (2002) 20 ACLC 576; *Extrasure Travel Insurances Ltd v Scattergood* [2003] 1 BCLC 598; *British Midland Tool Ltd v Midland International Tooling Ltd* [2003] EWHC 466 (Ch); [2003] 2 BCLC 523; *Shepherds Investments Ltd v Walters* [2006] EWHC 836; *Wrexham Association Football Club Ltd v Crucialmove Ltd* [2006] EWCA Civ 237; [2008] 1 BCLC 508.

[189] Law Commission, *Company Directors: Regulating Conflicts of Interests and Formulating a Statement of Duties* (Law Commission Consultation Paper No 153, London, 1998), at para 15. 30.

[190] (1985) 3 ACLC 453.

[191] [1990] BCC 600.

[192] (1999) 30 ACSR 465.

[193] (1988) 3 BCC 535.

[194] [1998] 1 BCLC 218.

[195] Ibid at 228.

[196] 参见 G. Crespi, "Redefining the Fiduciary Duties of Corporate Directors in Accordance with the Team Production Model of Corporate Governance" (2003) 16 *Creighton Law Review* 623 at 636。资深评论员并不试图去确认公司实体是否得到最大化，更关注的是每一个利益相关者所采取的行动的价值。

[197] A. Keay, "Ascertaining the Corporate Objective: An Entity Maximisation and Sustainability Model" (2008) 71 *Modern Law Review* 663 at 685.

[198] G. Frug, "The Ideology of Bureaucracy in American Law" (1983-84) 97 *Harvard Law Review* 1276 at 1334.

[199] Ibid.

［200］S. Worthington，"Shares and Shareholders：Property，Power and Entitlement（Part 2)"（2001）22 *The Company Lawyer* 307 at 313.

［201］M. Stokes，"Company Law and Legal Theory" in S. Wheeler（ed)，*The Law of the Business Enterprise：Selected Essays*（Oxford，Oxford University Press，1994）at 99.

［202］J. Fisch，"Measuring Efficiency in Corporate Law：The Rule of Shareholder Primacy" December 2005，Fordham Law Legal Studies，Working Paper No 105 at p40 and available at〈http://ssrn. com/abstract＝878391〉（last visited，27 July 2009).

［203］W. Allen，"Ambiguity in Corporation Law"（1997）22 *Delaware Journal of Corporate Law* 894 at 899.

［204］该观点可以追溯至 1982 年，见 *Insolvency Law and Practice*（generally referred to as 'the Cork Report'）Cmnd 858，HMSO，1982 at para 1800。

［205］"Private Property and Corporate Governance. Part I：Defining the Interests" in F. MacMillan Patfield（ed)，*Perspectives on Company Law：*1（London，Kluwer，1995）at 113.

第6章 投资者

6.1 引言

人们都享有这样的共识，公司如没有各类利益相关者[1]（在本书中，在公司生命[2]中被称为投资者[3]）的参与和注资是不会成功的。EMS确实承认实体财富最大化要有大批投资者的贡献才能实现。但是，正如在第4章里所说过的：公司并不是由投资者的所有利益组成的。这种情况只可能在公司打算给投资者分配固定而又相互关联[4]的优先权这样的条件下才会成立，但公司是不会这样做的，因为公司不可能将任何其交易结果中的具体比例和任何一个投资者的贡献联系在一起。[5]管理者必须要谨记，公司的很大一部分作用就是调配投资者投入公司的资源来生产出商品或服务，以最终获得利润。一般性行为准则要求公司在投资者与其打交道时，有义务不要让投资者对公司怀有不合理的期待。[6]但是公司在与投资者交易时必须坦率，这也是在准则中表明了的。

既然投资者对公司的存活至关重要，他们应当能够分享由自己的投资创造出的价值。[7]基于这样一个事实：在任何的公司目标理论中，投资者都是其中一个关键因素，本章致力于研究他们的地位、他们的身份以及他们适合 EMS 中哪一个位置。在第 3 章中已经讨论过的一些关于投资者的问题，本章不再赘述。

6.2　投资者的广泛选择

EMS 方法认识到公司的财富不仅仅来源于股东的投资，还来源于其他投资者稳固而特定的投资。这些投资也可以被称为"价值交换"，可以是股票、人力、资金或其他有价物。[8]这都遵循了企业需求的实际情况：投资资金由股东提供；借款来获得产品和服务；雇员贡献他们的技能和劳动；当地政府和供应商提供服务；消费者购买产品和服务等。对于那些为企业提供了这些益处的个人与群体，可以说是在公司里做了投资。他们投资有价物，或是金钱，或是劳动，诸如此类，并希望能因投资获取回报。

有人断言，没有一种生意是不需要机遇资本就可以运转的，即利用"之前存在的知识基础，（资助的）教育系统，警察功能，基础设施（公路、自来水管道、下水道系统等）"。[9]重要的是公司确实能够提供设施和适当的环境，并把许多人集中一处，共同长期工作。在某种程度上，存在着某些互相依赖的投资者，而且 EMS 认识到了这个事实。投资者的权利不在于对企业（利益共同体）享受优先权，而在于其对投资回报的合法期待。如果股票持有人认为在任何条件想获得什么收益都能实现，投资者的投资动力会大大降低。[10]再者，有观点认为，大部分所谓股东与外部人之间的区别都是人为的。[11]当股东无疑要承担重大的经济风险时，其他投资者同时也在承担风险。例如，某雇员辞职卖房，举家横穿半个国家去某公司上班。与股东不同，雇员做出这样的举家搬迁不仅承担财务风险，也承担着社会、情感风险。然而，长期看来，雇员、其他投资者可能会与股东的利益达成一致。[12]

R. Edward Freeman 及其合著者说：

> 商业就是一起交易，供应商、顾客、雇员、社区、管理者和股东在一段时间内共赢。总的来说，在一定程度上，利益相关者的利益应该联合，他们必须向同一个方向进发——否则将会有人退出，另外形成新的合作关系。[13]

对 Freeman 等人的观点有很多要评论的。重要的是，他们暗示合作的必要性，不然投资者会退出或去其他地方。[14]公司实体既依赖投资

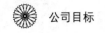

者彼此之间的交换，也依赖与投资者的合作。

一些投资者对公司进行了大规模或特定投资，从而有资格成为剩余价值索取者，地位与股东相近。[15]其中原因之一在于很多投资者不能轻易撤回其投资，下面将重点阐述。

我们现在谈论的是投资者的主要种类。当然，在现今情况下，个人或组织采取多种投资方式，成为不同类型投资者也颇为正常。

6.3 投资者

到目前为止，人们还是将焦点放在投资者对于公司的意义上。但是投资者对公司的投资并非出于利他主义。他们相信，投资公司能够获利，因为公司能够协调所有资本，然后产出产品。[16]投资公司的人有很多，而这些投资者最关注的是如何保护他们在公司里的特定投资，这对他们很多人来说是一个艰巨任务。[17]其中原因之一是，投资者并无很强的议价能力来保护自己。另一个原因是公司破产。在很多情况下，投资者都没法保护自己，以免受公司破产的影响。

然而股东利益至上者认为，股东才是公司命运的关注者，因为他们拥有公司最大利益。这种想法是错的，因为很多其他的投资者在公司里也有大量的特定投资，因此他们在公司的资产如何分配、公司的未来、公司的最终命运这些事情上也有同等的甚至更大的利益。这里所提到的投资者的重要性已经通过如下事实表明：英国议会认为投资者应当拥有相当的权益，所以在《2006 年公司法》第 172 条（1）中特别提到：公司董事在决策的时候必须要考虑投资者持有的利益。

6.3.1 股东

股东利益至上者承认，事实上是利益相关人而非股东在公司的生命上起重要作用，而公司的目的是确保股东财富最大化。正如前面所讨论过的，在这样的体制下，非股东投资者仅仅是股东达到财富最大化的工具而已。有些人甚至认为股东是公司的拥有者。EMS 驳倒了任何所有权的概念。股东只是公司投资者之一，没有任何的优先权。当然，股东是很重要的投资者，他们买卖公司股票的决策，对公司的发展和整体价值有着至关重要的影响。如果股东未能获利，那么注入市场和公司的资金可能会很少，从而减缓经济增长。[18]

股东通常拥有各种不同的证券投资组合，他们会以股权和债权两种方式投资。[19]他们有时是公司的客户和员工，而且在公司拥有其他利益。所以，总的来说，若EMS是公司的目标，那股东更可能获益，因为这是满足他们利益的最好途径。这意味着实体会发展、存活，也会确保股东在他们的各个投资角色中都获得利益。强调股东是投资者而非所有者（尽管有时候会被人这样认为）是非常重要的，这一问题已在第2章[20]中深入讨论。股东仅仅拥有他们投资的资本，以及反映其投资的公司股票。David Schrader把股东比喻成借钱给公司的银行家，而非对其资本有控制权的独立商人。[21]然而，这是一个不合适的比喻，因为大部分投资人与银行家不同，无论公司前景如何，他们都没有资格获取固定回报。股东的收益情况完全依赖于企业获得利润的状况。

至于保护，如果股东对公司的业绩和（或）管理不满意，他们可以通过在证券交易所出售股票的方式轻易地退出公司，这可被视作股东的一个主要保护。[22]对股东而言，退出公司或许意味着损失利益，而这通常是采取规避行动的结果。与继续留在公司相比，股东退出公司所遭受的损失可能相对较少。在许多法域，如果股东认为公司受到损害及（或）压迫或不公平歧视，他们可以提出派生诉讼（在第5章已讨论过）。

尽管股东是公司关键的投资者，但公司尚有其他的投资者，这些投资者的未来和利益与公司更加息息相关。

6.3.2 雇员

在某些利益相关者导向的法域里，如德国和日本，雇员的利益是很受重视的，但在英美法域中情况则往往不同。尽管如此，雇员仍会被视为公司的关键投资者，因为他们在其雇主公司中投入了劳动力和专有技术。这一观点已有诸多阐述，尤其是雇员在企业中投进的人力资本变得非常重要，相反，有形资产的重要性则相对减弱。[23]在知识型经济中，像人力资本这样的无形资产正逐渐成为公司最重要的资产，[24]尤其是在公司对创新的需求增加的情况下，更是如此。[25]越来越多的企业在依靠人力专有技术。所以，"雇员不仅仅是负责对有价值的资产的运作，他们本身即是有价值的资产，与类似有形资产的商品一起运作。"[26] Peter Drucker 称这些人为"知识工人"。[27] 有些人甚至提出，如果知识是公司杰出的生产资源，雇员就是最主要的利益相关者。[28] Bernhard Sharfman 就雇员的重要性给出论据，雇员扮演交易者和投资银行者的角色，他们持有使公司兴旺的关键技术。他指出，雇员处于非常有利的谈判地位，这可以保证让他们每年都能获得奖金，[29] 即使是在 2007—2009 年金融危机期间。

像公司的资金投资者一样，雇员对公司进行投资，相信董事会把公司管理好。在很多的公司里，雇员都被看做公司的主要资产，例如在足球俱乐部、IT 项目开发公司（如微软）。因此有人甚至宣称，由股东获得盈余的股东本位论再也站不住脚了。[30]

像股东那样，雇员可能会增加对雇主或公司的投资。他们可能会参加新的培训，以便胜任在公司的特定工作并且这将会使他们在公司的投入增大。这种培训可能是在"上班时间"在"内部"进行，也有可能是雇员在工作之外自费进行。不管是哪一种情况，如果培训内容是高度专业化的，那么这些雇员实际上是被现任雇主束缚的，这会减少他们到其他地方就职的机会。当然，也有这种情况：雇员接受的培训内容是可转移的，并且，对其他的雇主来说也是有价值的，这将会使得雇员不管到哪里工作都能获得丰厚的薪金。然而，如果某雇员实际上已将自己锁定在某家公司里工作，那么，该公司就可以在知道了该雇员的选择有限或不存在选择的情况下，与其进行薪金谈判。这种情况就为雇主或公司管理者一方提供了敲竹杠的机会。[31] 从另一方面来看，如果雇员牢固地掌握了某种特殊技能，而这种技能正是公司急需的，且这方面的人力资源极为稀缺，那么他们就能掌控局面，为自己谋得较好条件。在此种情况下，权力和薪资就不再掌控于高级管理层，而是分布在其他雇员手中。[32]

裁员往往被看成一种降低成本的方式，但裁员并不会增加实体的财富，因为公司损失了技术。[33] 而更重要的是，对留下的职工而言，裁员可能会引发道德问题。[34] 其可能的后果是，日后有需要时公司无法吸引新的雇员，[35] 或者公司不得不支付更多的薪酬去吸引雇员，而且可能要从很远的地方雇佣工人。

当公司资金短缺而无法派息时，可能会考虑裁掉多余的员工来节省开支，由此得到用以派息的资金。正如本书前面提到的，壳牌公司似乎于 2009 年时就开始这样做了。它将股息提升了 5%，但削减了 5 000 个职位。[36]公司作出如此举措并不罕见，它们还可以从中得到其他好处，因为据说裁员的消息一经宣布，该公司股票的平均价格就会上涨 8%。[37]

对雇员而言，被裁掉不仅意味着失去了一份薪酬。[38]工作还意味着让人找到生活的意义、感到满足、得到尊严并自我肯定。[39]而被裁掉的雇员除了失去工作和他们在公司投入的技术以外，还有个人成本的损失。例如，他们寻找另外一份工作时要付出的成本，可能是搬家成本、再培训成本；还有可能是离开同事以及可能离开某社区的情感成本。[40]

利益相关者学派认为，雇员在为公司有效地工作一定的时间后，应得到某些应有的权利。[41]有些雇员可能出于对其现任雇主的忠诚，而放弃到另一家公司工作的机会。

有人主张，雇员缺乏激励，所以在工作中未能发挥全部潜力，因而公司需要给雇员提供激励，以使他们的行为与公司的目标一致。[42]很明显，并不是所有的雇员都是这种情况。尽管如此，雇员利益得到的关注还是相对较少的，[43]这种情况使他们处于弱势地位，无法应对管理层的反复无常。[44]

对雇员的保护，会因涉及的雇员个体不同而相异。高技能雇员或高级经理可与公司商谈个人合同，合同中有一些保护条款，尽管与所有其他合同一样，这些个人合同并不完备，雇员仍会吃亏。其他雇员很少会和公司签个人合同，他们只要遵从最基本的协议就可以开始工作，其中很多人随意地受雇。如果雇员都是某工会的成员，他们或许可以集体组织劳工行动或是通过集体谈判获得利益。撤出劳工是工会对公司的终极处罚手段。或许，撤出劳工曾经被工会作为一种武器来使用，但如今已经不再是了，在如英国、澳大利亚和新西兰这些国家的司法体系中尤其如此，因为雇佣法在过去的 20～25 年中发生了重大变化。在刚过去的十年里，英国发生的罢工次数较前几年有所下降，这或许反映了雇员权力的减弱。罢工运动次数减少可能源于工会势力的不断削弱。[45]不少股东利益至上者辩称，雇员已经受到雇佣法、健康和安全立法的周到保护；并且在英国等国家中，雇员失业后将会得到失业救济津贴。

6.3.3　供应商

多数公司会依靠其他企业供应货物和提供服务进行运作。供应商提供的东西多种多样，值得一提的是为公司产品提供关键元件的典型供应商。供应商的重要性并不相同。举例来说，为公司提供普通且易得货物的供应商，就不及给公司提供特殊且鲜有元件的供应商受青睐；对于前者提供的货物，公司能以基本相同的价格从他处轻易得到，而后者则是能供应某种元件给公司的唯一或少数供应商之一。但另一方面，某供应商在给一家公司提供货物的同时也给另外多家公司供应货物。无疑，供应商会重视此家公司，但是，除非此家公司的供应合同具有更明显的金钱价值，否则，供应商对该公司的重视程度不会高于其他客户公司。另外，供应商可看作对公司进行了极为特殊的投资，是其无论如何也想保护的一种投资。在此情况下，如果供应商已锁定供应某一公司，该公司就处于优势，可以迫使供应商降低货物价格。假如鉴于公司的自愿安排或清算原因，须终止与供应商的合同关系，那么，除非能与某家类似的公司订立合同，否则供应商就会亏本。该供应商或能通过变卖专用于该公司的机械设备挽回一些损失，但总体而言，仍可能会有净亏损。

如上所述，权力和薪资不再局限于高级管理层，而是分散到其他雇员中，同时也分散到传统公司界限以外的人群当中，例如那些主供应商。[46]

情况也可能是这样：某些供应商希望公司为他们提供机会，与其他公司竞价或击败公司收到的报价。设想中的实例类型是，供应商 X 为 Y 有限公司供货一段时间，但 Y 有限公司对 X 供应的货物的规格并不满意，并且接受其他供应商具有竞争力的报价。

多数情况下，如果供应商与公司间的关系破裂，除了已在公司投入的特定投资外，供应商会从他们为之提供服务或货物的竞争市场中得到保护，因为他们能够将货物提供给公司的竞争对手。通常情况下，供应商并不在乎购买他们的货物到底是何人。[47]但是这样的市场同样也会保护公司。

有些供应商或可以通过合同中的物权保留条款（retention of title clause）来保护自己。供货商在供货合同中加入物权保留条款，是为了在其客户公司破产时可以自保。但除非是提前安排，否则多数供应商与其供货公司并无书面合同；并且不管怎样，物权保留条款并非在任何情况下都能为供应商提供保护。例如，公司自愿结束合同关系的情况，或是供应商提供的元件与其他配件一起生产出来的产品并不能达到公司期望。[48]供应商可能会要求公司给他们提供某些形式的债券，希望以此尽可能地维持与公司的合同关系，但是这样做代价未免太大，或丧失了商业价值。

6.3.4　债权人

据说，这一类投资者最为多样化。这类投资者一个极端是借出巨额资金的银行以及在公司持有债券的机构投资者，所有的这些债权人为公司的运作提供大量资金；另一个极端是小贸易债权人，他们为公司提供货物，这些货物金额通常不大。在这两类债权人之间可能有一大批债权人，包括中等贸易债权人、出租人、服务供应商、未到期的知识产权许可证持有人和税务机构。这方面的债权人数量庞大、类型多样，因此会有许多不同的利益和工作日程。

与公司签订的债权合同会增加借款得不到偿还的风险，因此债权人会关注董事的行为。这或涉及董事在有关贸易的问题上决策不善、给股东支付高额股息，以及盗用资产或将财产转移到债权人无法得到的地方。

较小的债权人最担心的事情之一就是他们极少受到书面合同的保护，合同中只有货物或服务的配送的明确价格。然而有些债权人，主要是那些提供融资的债权人，他们不仅与公司签了合同，而且还可以将限制条款加到合同中去。这类条款五花八门，最主要就是负抵押条款（negative pledge provisions）。

其他资金提供者，主要是银行，可以要求企业以资产做担保，保证公司即使面临破产，只要担保物价值没有降低，公司都应当为银行提供保护。但是其他债权人，尤其是小贸易债权人，通常缺少必要的谈判能力使其能够从与公司，特别是市场竞争激烈的公司的合同中获得让步。[49]

债权人可以依靠欺诈性财产转移立法从财产接受人那里索回董事为欺骗债权人而转移的财产。[50]换言之，董事可能预测到公司会破产，然后力图在公司清算前将尽可能多的资产转移给同伙。[51]在美国，债权人

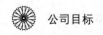

可以依靠诚实信用和公平交易原则中的默认条款。采取法律行动的可行性很大程度上取决于环境、成功的机会和物力财力。

6.3.5 消费者

显而易见，大公司都可能会拥有大量的或许数百万的消费者。公司的大部分收入可能都是来自这一类投资者。消费者或许会依赖某公司生产的特定产品，或难以轻易地以类似价格买到类似产品。在前一种情况中，消费者会对公司的事务极为感兴趣，因为如果公司不能生产足够的产品或是财务崩溃，那么消费者的利益将会受损。后一种情况包括那些必须要为他们订购但尚未收到的货物或服务缴纳保证金的消费者。此类保证金除非以赊账形式由公司存留，否则都会在清算中失去，[52]在清算或日常管理中，客户仅仅被视为无担保债权人。

一些购买大批昂贵货物或服务的消费者将由保证条款保护。其他的消费者可能从消费者立法中寻求保护。除此之外，消费者只能选择从公司的竞争对手那里获得产品或服务，或是宣传抵制该公司的产品或服务，消费者通常很少得到保护。

6.3.6 管理者

我们通常把执行董事看作公司的管理者。正如我们所了解的，管理者对公司至关重要。他们会给作出重要决策的董事会提出建议，并管理公司的日常事务。

代理理论支持公司对管理者采取激励措施，例如薪酬方案，这会让管理者看到他们的利益与公司股东的利益是一致的。[53]但是能够为公司创造价值的管理者可能在公司之外有更好的工作机会。如果管理者都遵循这样一条路线，那么薪酬方案会让他们能够从公司的财务收益中分得一份，并让他们有强烈的动力去创造公司价值。然而，由于这种情况，以及管理者可能持有公司专用人力资本，事实上管理者已成了剩余价值索取者，而且他们没有同样的动力去惠及股东。显而易见，EMS 的理念就是管理者将为公司价值而工作。

管理者面临的风险是，如果公司被收购，他们通常也会被替换。例如，2010 年 1 月，美国卡夫食品公司收购吉伯利食品有限公司，收购完成后不久，原公司的主要执行主管离职。[54]可以说，如果管理者能很

好地履行职责并且公司经营得成功，那么公司被收购的情况是不太可能
发生的，尽管在某些并购情况下，一些收购者收购公司是出于政治原
因，他们只想摆脱现任管理者。无论如何，管理者在他们与公司的合同
中会写明，如果被取代，公司会清算工资给他们。

6.3.7　地方及国家政府

政府为了把公司吸引到或保留在当地，或许会给予公司补贴或授予
其特许权。因而，政府成了公司的投资者。由政府支持的供给通常基于
公司一方的默许，公司默许会在把运营点建在某特定社区，并且在那里
运营很长的一段时间。

不管怎样，政府都会给公司提供重要基础设施，例如，道路、儿童
和成人的教育设施、警务人员、消防机构、医疗卫生服务等。

政府或只能通过对公司官员施加政治影响来寻求保护。

6.3.8　社区

人们可能认为"社区"的概念模糊不清。[55]社区的确是一个难以确
定的概念，其内涵也尚不清楚。社区一般指公司运营所在地，[56]现成的
经典实例就是某公司工厂所在的城镇。社区包括公司运营点所在之处以
及附近的人、企业和机构（包括学校、医院、国家及地方政府）。当然，
对超大型的公司来说，与公司运营有关联的社区有很多。

社区给公司提供了很多东西，包括公司雇员住所及相关设施。某些
社区甚至会兴建设施，以确保公司会把其经营活动保留在社区。公司在
社区保持运营的好处在于，社区的居民可以受到公司的雇佣、社区主体
和项目能得到公司捐赠、基础设施得到完善。

社区的损失是指，社区接受的某些投资失去了价值或价值不如最
初，除非能由另一家公司取替，代替的公司能给社区提供类似好处，如
从社区雇佣数量相似的人。公司建设厂房或其他建筑，连同其他固定资
产的投资都会被看成一种债券，公司不会随便停止在社区的运营。[57]

通常，社区最关注的是健康问题，它们要确保公司的运营活动不会
有损社区居民的健康。但是如果公司决定关闭其工厂或终止其他运营活
动，并迁移到其他地方，那么社区也会因此受到影响。显然，公司的这
些举动首先会影响雇员，并且范围渐广，特别是如果公司规模很大。公

司关闭，这可能意味着公司或公司雇员（以他们个人的身份）的供应商也不得不终止他们的作业而大规模裁员。工人或要随同公司迁移，或因被解雇需要到其他地方寻找新工作，因此学校和社区团体也会受到影响。

与个体雇员不同，社区的最大弊端就是其位置不能移动。因此如果某大型公司撤出了某社区或倒闭，那么该社区将会受到损害。[58]除了施加政治压力，如在公司厂房前的示威活动和政治家的游说，社区只有很少（如果有）途径保护自己。社区以及社区范围内的群体可以通过搭政府的便车从公司那里得到承诺。[59]

6.4　EMS 与投资者

投资者投资某公司时都期望管理者能以使公司财富最大化这样一种方式去经营公司，因此投资者会乐意接受 EMS。而对于 EMS，不同于利益相关者理论，人们必须记得投资者受益并不是目的，而是达到目的即 EMS 的一种手段。但大多数情况下，EMS 会间接地使投资者受益，[60]所以公司价值最大化有益于投资者。[61]这样的结果是，投资者会想要看到实体最大化。EMS 的方式与股东利益至上理论形成对比，股东利益至上理论中投资者利益也是达到目的的一种手段，但他们的目的主要是股东受益。

投资者应该从实体最大化中受益，但 EMS 下的利益是不保证能实现的。有时投资者 A 的利益会比 B 的大，有时 B 的利益会比 A 的大，还有些时候两者都同样得益。要创造实体价值，管理者就需要作出能很好影响投资者定位的决策，除此之外，投资者必须被说服，相信在某个时候他们会从实体最大化中受益，否则投资者将会撤回投资。如果关注 EMS，那么撤资的方案应当是他们不想采取的。以上评析的唯一附带条件就是，投资者受益一定要对增加实体财富多少有帮助，这一点我们会在第 8 章中看到。

既然在 EMS 下，所有的投资者并不总能完全满足，董事因此有必要就他们的决定给出适当的解释，以预防在投资者中引起不必要的不满和对公司声誉不利。以下这些可能是必须要解释的：向全体股东会议解释派发的股息为什么没有提高；向雇员解释为什么采用轮班模式或年终奖为什么有变动；向顾客解释为什么产品有了变化。

投资者都力图改善自己的状况。雇员寻求更高的工资和更好的环境；供应商希望发票能及时支付，并寻求更多的订单；借款人和股东希望低风险高回报；客户寻求低成本、高质量的货物和服务；而社区寻求社会经费的提供、清洁环境的保持、就业的稳定和投资的增加。[62]

公司会希望各类投资者能合作，以确保他们将要分享的这块蛋糕能做大。[63]但在公司的生命周期中，投资者之间不可避免地会有冲突。在获得租金方面，投资者很可能会有口角和投机主义。例如，雇员的利益来自工资和奖金最大化，而这就与股东投资回报最大化的愿望发生冲突了，投资回报最大化是要通过提高股息和升高股价来实现的。这些投资者和其他投资者可能"在政治舞台上对峙，使尽浑身解数去说服董事会支持他们的主张"。[64]例如，雇员可能使用罢工威胁。这些矛盾将在EMS里得到解决，解决这些矛盾依据的是董事必须要判断哪一方的利益会最大化实体财富。这一点将在接下来的两章中进一步阐释。

注释

［1］OECD，*Annotations of the Principles of Corporate Governance*（Clause IV），2004. Accessible at 〈http://www. oecd. org/dataoecd/32/18/31557724. pdf〉（last visited，1 February 2010）.

［2］This is acknowledged by General Motors. See 〈http://www. gm. com/corporate/responsibility/reports/06/300_company/3_thirty/330. html〉（last visited，15 February 2009）.

［3］参见 Other People's Money'（2008）60 *Stanford Law Review* 1309 at 1311. Douglas Baird 与 Todd Henderson 在其中将本章讨论的群体称为"投资者"。若另作他论，则引人误解。

［4］S. Leader，"Private Property and Corporate Governance" in F. Patfield（ed），*Perspectives on Company Law*：*Vol 1*（London，Kluwer，1995）at 90.

［5］M. Blair and L. Stout，"Director Accountability and the Mediating Role of the Corporate Board"（2001）79 Washington University Law Quarterly 403 at 419.

［6］E. Sternberg，*Just Business*，2nd ed（Oxford，Oxford University Press，2000）at 173.

［7］T. Kochan，"Toward a Stakeholder Theory of the Firm：The Saturn Partnership"（2000）11 *Organization Science* 367 at 370.

［8］See R. Miller, "Ethical Challenges in Corporate-Shareholder and Investor Relations: Using the Value Exchange Model to Analyse and Respond" (1988) 7 *Journal of Business Ethics* 117 at 121.

［9］E. Schlossberger, "A New Model of Business: Dual-Investor Theory" (1994) 4 *Business Ethics Quarterly* 459 at 461.

［10］W. Allen, J. Jacobs and L. Strine, "The Great Takeover Debate: A Mediation on Bridging the Conceptual Divide" (2002) 69 *University of Chicago Law Review* 1067 at 1077.

［11］L. Ribstein, "Accountability and Responsibility in Corporate Governance" (2006) 81 *Notre Dame Law Review* 1431 at 1442.

［12］W. Allen, J. Jacobs and L. Strine, "The Great Takeover Debate: A Mediation on Bridging the Conceptual Divide" (2002) 69 *University of Chicago Law Review* at 1090.

［13］S. Venkataraman, "Stakeholder Value Equilibration and the Entrepreneurial Process" in R. E. Freeman and S. Venkataraman (eds), *The Ruffin Series No 3: Ethics and Entrepreneurship* (Charlottesville, Philosophy Documentation Center, 2002) at 45.

［14］此为团队生产的重要观点：M. Blair and L. Stout, "A Team Production Theory of Corporate Law" (1999) 85 *Virginia Law Review* 247。

［15］M. Blair, *Ownership and Control* (Washington DC, Brookings Institute, 1995) at 239; M. Blair and L. Stout, "Specific Investment: Explaining Anomalies in *Corporate Law*" (2006) 31 *Journal of Corporation Law* 719 at 739. 此观点亦得到股东利益至上理论支持者的认可：F. Easterbrook and D. Fischel, *The Economic Structure of Company Law* (Cambridge, Massachusetts, Harvard University Press, 1991) at 35-39。

［16］K. Greenfield, "Defending Stakeholder Governance" (2008) 58 *Case Western Reserve Law Review* 1044 at 1044.

［17］J. Boatright, "Contractors as Stakeholders: Reconciling Stakeholder Theory with the Nexus-of-Contracts Firm" (2002) 26 *Journal of Banking and Finance* 1837 at 1840.

［18］W. Allen, J. Jacobs and L. Strine, "The Great Takeover Debate: A Mediation on Bridging the Conceptual Divide" (2002) 69 *University of Chicago Law Review* 1067 at 1090.

［19］Roger Gordon, "Do Publicly Traded Corporations Act in the Public Interest?" (2003) 3 *Advances in Economic Analysis and Policy* 1 at 1. Also, see T. Smith, "The Efficient Norm for Corporate Law: A Neotraditional Interpretation of

Fiduciary Duty" (1999) 98 *Michigan Law Review* 214.

〔20〕 See above at pp. 100-104.

〔21〕 D. Schrader, "The Corporation and Profits" (1987) 6 *Journal of Business Ethics* 589 at 598. 有趣的是，Harold Demsetz 曾说："实际上，股东是公司股本的贷款人而非所有者。"("Toward a Theory of Property Rights" (1967) 57 *American Economic Review* at 358.)

〔22〕 相比之下封闭公司（非上市公司）的股东，一般而言总是被锁定于其投资的公司。

〔23〕 L. Zingales, "In Search of New Foundations" (2000) 55 *Journal of Finance* 1623 at 1643.

〔24〕 Ibid at 1624. Also, see M. O'Connor, "The Human Capital Era" (1993) 78 *Cornell Law Review* 899; J. Singer, "The Reliance Interest in Property" (1988) 40 *Stanford Law Review* 611 at 621; D. Millon, "Redefining Corporate Law" (1991) 24 *Indiana Law Review* 223 at 234-235.

〔25〕 L. Zingales, "In Search of New Foundations" (2000) 55 *Journal of Finance* 1623 at 1642; M. Blair and L. Stout, "A Team Production Theory of Corporate Law" (1999) 85 *Virginia Law Review* 247 at 261.

〔26〕 L. Zingales, "In Search of New Foundations" (2000) 55 *Journal of Finance* 1623 at 1641.

〔27〕 *Post-Capitalist Society* (New York, Harper Collins, 1993) and referred to in T. Clarke, "Introduction" in *Theories of Corporate Governance* (Abingdon, Routledge, 2004) at 23.

〔28〕 R. Grant, "The Knowledge-Based View of the Firm: Implications for Management Practice" (1997) 30 *Long Range Planning* 450. Also, see L. Zingales, "In Search of New Foundations" (2000) 55 *Journal of Finance* 1623.

〔29〕 "When Shareholder Primacy Does Not Apply" and accessible at ⟨http://ssrn.com/abstract=1518597⟩ (last visited, 3 February 2010).

〔30〕 L. Zingales, "In Search of New Foundations" (2000) 55 *Journal of Finance* 1623 at 1645.

〔31〕 See, M. Gelter, "The Dark Side of Shareholder Influence: Managerial Autonomy and Stakeholder Orientation in Comparative Corporate Governance" (2009) 50 *Harvard International Law Journal* 129 at 139.

〔32〕 L. Zingales, "In Search of New Foundations" (2000) 55 *Journal of Finance* 1623 at 1647-1648.

〔33〕 在经济萧条时期，英国电信（BT）采取了以放长假的方式削减员工工资的举措，避免裁减员工，因为考虑到一旦经济复苏，公司定向培养的技术工人将是

振兴企业的中坚力量：R. Henry，"BT in bid to cut staff pay in return for holidays" *The Times*，4 July 2009。

［34］C. Bull，"The Existence of Self-Enforcing Implicit Contracts" (1987) 102 *Quantitative Journal of Economics* 147 at 149-154.

［35］J. Macey，"Externalities，Firm-Specific Capital Investments，and the Legal Treatment of Fundamental Corporate Changes" (1989) *Duke Law Journal* 173 at 192.

［36］C. Mortished，"Shell to axe 5,000 jobs amid 73% profit fall" *The Times*，29 October 2009. Also，see N. Daniel，D. Denis and L. Naveen，"Do Firms Manage Earnings to Meet Dividend Thresholds?" (2008) 45 *Journal of Accounting and Economics* 2 at 2 and referring to A. Brav，J. Graham，C. Harvey，R. Michaely，"Payout policy in the 21st century" (2005) 77 *Journal of Financial Economics* 483.

［37］L. Mitchell，*Corporate Irresponsibility* (New Haven，Yale University Press，2001) at 210.

［38］A. Carroll，*Business and Society：Managing Corporate Social Performance* (Boston，Little Brown and Co，1981) at 217.

［39］J. Brummer，*Corporate Responsibility and Legitimacy* (New York，Greenwood Press，1991) at 223.

［40］See L. Dallas，"Working Toward a New Paradigm" in L. Mitchell (ed)，*Progressive Corporate Law* (Boulder，Colorado，Westview Press，1995) at 49.

［41］J. Brummer，*Corporate Responsibility and Legitimacy* (New York，Greenwood Press，1991) at 225. See G. Beisinger，"Corporate Power and Employee Relations" (1984) 3 *Journal of Business Ethics* 139 at 140.

［42］L. Putterman，"Ownership and the Nature of the Firm" (1993) 17 *Journal of Comparative Economics* 243 at 253.

［43］K. Wedderburn，"Companies and Employees：Common Law or Social Dimension" (1993) 109 *Law Quarterly Review* 220.

［44］See M. O'Connor，"The Human Capital Era" (1993) 78 *Cornell Law Review* 899 at 905-917.

［45］D. Bradley，"Be prepared to act fast when industrial action strikes" *Personnel Today* and accessible at ⟨http://www. personneltoday. com/ articles/2007/09/10/42221/be-ready-to-act-fast-when-industrial-action-strikes. html⟩ (last visited，22 May 2009). 参见英国商业、企业和管理改革部数据 ⟨http://stats. berr. gov. uk/UKSA/tu/tum2008. pdf⟩ (last visited，22 May 2009)。

［46］L. Zingales，"In Search of New Foundations" (2000) 55 *Journal of Finance* 1623 at 1647-1648.

［47］ W. Carney, "Does Defining Constituencies Matter?" (1990) 59 *University of Cincinnati Law Review* 385 at 412.

［48］ See *Borden* (UK) *Ltd v Scottish Timber Products Ltd* [1981] Ch 25.

［49］ M. E. van der Weide, "Against Fiduciary Duties to Corporate Stakeholders" (1996) 21 *Delaware Journal of Corporate Law* 27 at 49.

［50］ For example, see s. 423 of the Insolvency Act 1986 (UK).

［51］ For example, see s. 124 of the Insolvency Act 1986 (UK); ss. 459P and 462 of the Corporations Act 2001 (Aust).

［52］ 即特殊目的信托（quistclose trust）。顾名思义，为特定目的而设置的信托，一旦目的达到，信托行为终止。

［53］ C. Loderer, L. Roth, U. Waelchli, and P. Joerg, "Shareholder Value: Principles, Declarations, and Actions" April 22, 2009, ECGI-Finance Working Paper No. 95/2005 at 11 and accessible at ⟨http://papers. ssrn. com/sol3/papers. cfm? abstract_id=690044⟩ (last visited, 2 September 2010).

［54］ C. Boyle, "Cadbury executives exit hours after deal closes" *The Times*, 3 February 2010.

［55］ W. Carney, "Does Defining Constituencies Matter?" (1990) 59 *University of Cincinnati Law Review* 385 at 414.

［56］ F. Lépineux, "Stakeholder Theory, Society and Social Cohesion" (2005) 5 *Corporate Governance* 99 at 100.

［57］ W. Carney, "Does Defining Constituencies Matter?" (1990) 59 *University of Cincinnati Law Review* 385 at 415.

［58］ 之前提及过一个典型案例，当汽车制造商罗孚位于英国 West Midlanels 的 Longbridge 的大型工厂在 2005 年倒闭之后，社区受到损害。详情请参见 M. Holweg and N. Oliver, "Who Killed MG Rover?" Centre for Competitiveness and Innovation, University of Cambridge, 25 April 2005 and accessible at ⟨http:// www-innovation. jbs. cam. ac. uk/publications/downloads/ rover_report. pdf⟩ (last visited, 3 September 2010). Also, see "Thousands to lose jobs at Rover" accessible at ⟨http://news. bbc. co. uk/cbbcnews/hi/newsid_ 4440000/ newsid …/4449449. stm⟩ (last visited, 11 January 2010)。

［59］ W. Carney, "Does Defining Constituencies Matter?" (1990) 59 *University of Cincinnati Law Review* 385 at 414.

［60］ 无疑，公司的兴衰成败影响投资者的利益：R. Campbell Jr, "Corporate Fiduciary Principles for the Post-Contractarian Era" (1996) 23 *Florida State University Law Review* 561 at 577。

［61］ R. Campbell Jr, "Corporate Fiduciary Principles for the Post-Contractarian

Era" (1996) 23 *Florida State University Law Review* 561 at 578.

[62] See M. Jenscn, "Value Maximisation, Stakeholder Theory, and the Corporate Objective Function" (2001) 7 *European Financial Management* 297 at 305.

[63] H. Raiffa, *The Art and Science of Negotiation* (Cambridge, Massachusetts, Harvard University Press, 1982) at 131.

[64] D. Millon, "New Game Plan or Business as Usual? A Critique of the Team Production Model of the Corporate Board" (2000) 86 *Virginia Law Review* 1001 at 1037.

第7章 公司治理的自主 管理权与责任

7.1 引言

在第4章，我们已经说明了在 EMS 中，管理者和董事有责任实现公司目标；第5章介绍了应存在一个职务调查机制，防止管理者及董事会怠于履行实现公司目标的责任；接下来一章则着重介绍了投资者如何利用 EMS 模式对公司管理者进行制衡。由于在 EMS 下，管理者在管理公司日常事务中起了重要作用，因此只有考虑管理者地位及其作用，才能对 EMS 进行全面剖析。

有关管理者有很多值得讨论的内容，本章不得不加以限制，仅考虑管理者的基本功能及其在 EMS 中起到的相关作用。

只要管理者不私吞公司财产或明目张胆欺诈公司，就享有对公司一般性事务的自主管理权。[1]董事会作出决策及制定发展战略的过程[2]也正是行使公司章程赋予其权力的过程。今天，很显然，公司章程、附则皆授予董事会公司日常工作的自主管理权。[3]在英国的司法体系中，董事被授予了十分广泛的权利，董事可以单独做出决策，公司成员如果希望限制董事权利，只能通过特别决议修改公司章程和附则。[4]其他国家如美国，股东即使一致投票同意也很难控制董事会。[5]

一种普遍性的观点认为，公司内部享有权力并获得授权的主体，有义务向其他成员和公司说明做出具体决策的理由。[6]在 EMS 下，董事会在享有所有权力的同时，也存在滥用权力的可能。因此，一直以来，管理者自主管理权与自我责任承担成为公司法的中心议题。[7]近期 Stephen Bainbridge 关注了此中心议题，并对董事会的授权及责任进行了相关讨论，他指出，由于越来越多的人对董事行使问责权，董事身上便加诸越来越多的束缚，双方矛盾是不可调和的。[8]以上观点显然是正确的。我赞成上述观点，并且认为，公司董事在行使权力的同时也承担着义务，应该力求使二者价值得到平衡。[9]董事必须享有充分的授权以满足其履行职务之需，然而一旦掌控着完全不受约束的权力，又会使董事掌握的职权存在服务于个人利益的风险。[10]公司董事所处的情形实际上与政府官员十分类似，一方面他们手中掌控重大权力，另一方面，也负有一定的义务，并需要接受审核。因此，法律一方面需规定公司董事责任的类型和范围，另一方面又不能使这些管理者负担过于沉重，这的确是棘手的难题。在此，我们必须牢记的是，对于权力和责任，无论极端地采用哪一方，都会导致严重的问题。[11]

上一章我们着重强调的是投资之间的利益冲突，如一方投资者以损害其他投资者的方式赚取利益。其实管理者也是投资者的一类，他们对公司投入专门的知识技能和劳动力，而他们处于能够决定自己及其他投资者实际收益的独特地位，因此不可避免地受到一定的约束。投机主义和利益侵占是我们急需解决的问题。本章中，我们首先探讨了带给管理者权力的充分的自主管理权，接下来分析了在何种情形下适用问责机制这一问题。

7.2 自主管理权

第 4 章已经对董事职能有所说明，简而言之，就是实现公司实体财产最大化。在 EMS 模式下，管理者将会继续享有广泛的自主管理权。但是目前还没有形成一个明确的标准去规范董事会行为，没有规定董事该采取何种手段去实现公司最大利益，也没有规定何种行为是不合规定的。[12]虽然授予董事会自主管理权并非理想的解决之道，然而，大多数人仍然认为授予充足的自主管理权是不可避免的。显然，"管理者决策的关键在于自主管理权，而非在于适用提前设计的公式"。[13]在变化多端的环境条件下，董事会面临的问题也是多变的。试图通过某一单一的总体原则或测试方法来指导董事会如何应对所有复杂情况，这几乎不太可能。因此我们需要的是包含着抽象原则的模式，而不是一些具体的规则。[14]正如美国第十巡回法院在 *Herald Co. v Seawell*[15]一案中所言："只要在法定授权限度内，公司管理层即享有自主管理权。"确实，管理者享有自主管理权具有必要性，但是在 EMS 下，同时也应该受到某些标准的指导，以保证公司实现利益最大化，并能够在激烈的市场竞争中得以生存。这些标准规范了管理者的行为，又不至于使经营陷入僵化。我们不难发现，尽管有来自不同学科的学者对该问题加以论证，但他们在公司发展问题上都持同样的观点：公司应该张弛有度，确保董事能作为首要决策人在长期发挥重要作用。[16]第 4 章中对这一点有所介绍，EMS 下董事拥有即使不是全部也是绝大部分自主管理权。

公司董事会委任各方管理人员，其中一些人会成为董事会的成员，而其他的则不会。我们认为具备一定组织技能的管理层才能做出决策实现公司财富最大化，进而保证大型企业长期良好发展。这种说法一部分出于对管理者自身的信任，另一部分出于对他们专业能力的信任。[17]稍后，我们将讨论对自主管理权的限制。

投资者可能也需关注一些与自主管理权相关的问题。首先，董事和董事会由股东会任命，再由董事或董事会委任管理者（其中一些管理者同时也是董事会成员）。另外，在某些司法辖区内，如英国，股东有权力罢免董事。因此，非股权投资者有理由关注，管理者和董事会是否会按照股东的意志行事。尽管股东享有以上权利，但一些评论者指出，在大部分司法辖区中，股东实际上并没有多大的掌控力或现实的权力来制约董事，尤其在美国更是如此。[18]也许一些投资者认为股东不能控制董事是有吸引力的，因为这样股东便不能过度干扰董事决策。但是，从另一面看来，如果股东对董事控制力较弱或根本无力控制，无法实施监督职能，那么谁还有能力担此重任呢？或许公司员工可以做到，他们可以谈判、抗议，甚至罢工。第 5 和第 6 章中，我们也提到了其他投资者可能会承担的这类压力。由于管理者直接对董事会负责，董事会便对其行使着主要监督职能，本章的下一节将会就这点详细说明。

其次，需要关注的是董事可能会运用董事会的自主管理权去建立一个"帝国大厦"。所谓"帝国大厦"，是指公司管理者会按照反映管理层的最大利益，而非企业最大利益的方式构建公司。公司资金可能被管理者用于扩大个人利益，为个人提供非现金利益或是保证自己职位在任期内的稳固。促使公司管理者做出以上行为的动机多种多样，可能是公司管理者为了获得自己渴望的地位、权力、尊敬、报酬、威望，也可能是公司管理者为了避免尴尬或耻辱。[19]人们对于公司管理者所持的观点往往是这样的，管理者努力发展壮大公司，并由此来提高自身声望。[20]公司管理者通过扩大公司规模和扩展经营范围，使自己变成公司不可或缺的一部分，而这为他们的职位稳固提供了保证。[21]值得注意的是，Marianne Betrand 和 Sendhil Mullainathan 在一项研究中指出，帝国大厦式公司对于管理者来说是非正常的，其中部分原因在于这会毁掉管理者的生活。[22]如果公司财富增加、地位提高，投资者可能并不会过分介意管理者是否建立了所谓的帝国大厦。如果管理者有足够能力，投资者则会忍受这一点，因为任何抗议都可能导致管理层辞职。当然，容忍这一切的前提是帝国大厦成本不会过高，不至于偏离正轨，从而阻碍管理层完成公司发展的任务。

由管理者绝对支配的帝国大厦式公司，其本质是一种代理问题。需要关注的不是自由现金流（未分配利润）[23]是否会成为一笔红利分配给股东的问题，而是管理者将资金投入公司的何项业务的问题，例如管理者可能会将资金投入一些没有价值前景的领域。[24]一些人认为这是上市公司面临的最严重的代理问题。[25]管理者动用大量的公司资金，并以公司的名义购买新的喷气飞机、建造高大崭新且豪华的办公大楼以及选择奢华的办公场所，通过这些方式满足他们的虚荣心，这类事例不计其数。因此，为了万无一失，采取增加董事会中独立董事数量的方式，有助于防止出现管理者绝对支配的帝国大厦式公司以及管理者的其他不正当管理行为，同时，投资者的适当加压也有助于防止此类情况的出现。在本章下节，我们将会对这一方面进行更加深入的探讨。

除了管理者高度支配的帝国大厦式公司这一问题，上市公司还面临着许多其他问题，其中一个是董事会减少对可能涉及某种程度风险的商业活动的投资，因为他们担心此举会将公司置于危险的境地，从而使得他们自身的利益也处于危险之中。[26]另一个问题是，管理者可能会避免做出任何会引发冲突、艰苦谈判和一些其他艰难任务的决策，以尽力寻求"平静的生活"。[27]实证研究表明，一些管理者会避免关闭工厂，以此作为他们追求平静生活的一种方式。[28]

　　授予管理者自主管理权的限度，一定程度上取决于对管理者重要程度的看法。正如我们了解到的，股东利益至上理论学派以及法律经济学的通常观点认为，人都表现出自私的自然属性，即人们会采取任何可能的举措去寻求对自己有利的方面，也正是因为这样，当管理者拥有一定的职权时，他们便会利用职务机会去谋取私利，故而从本质上讲管理者是不可信的。相反，利益相关者理论家及一些渐进学说的成员认为，一般情况下，管理者是值得信任的，他们作为专业的管理人士，通常对自己的职业引以为傲，并且能够很好地扮演公司管家的角色。这些学者还认为董事对利益相关者有道德义务，并且他们会采用合乎道德的手段行使权力管理公司。[29]因此，比起试图减少管理者的自主管理权的做法，法律经济学派的提倡者更倾向于为管理者提供一个奖励机制，力图使管理者利益与股东利益保持一致，从而抑制管理者的投机主义和消极逃避工作的行为。简言之，我们现在企图把问责机制引入自主管理权之中，但无论采取任何措施，有一点是毋庸置疑的，即应当给予管理者及董事一定的信任。[30]理论上，在 EMS 下，管理者应该是值得信任的，由于没有任何股东的压力，他们不需要盲目地提升股票价值以求赚得短期的收益。此时，并非盲目地给予管理者和董事信任，我们建立了一套问责机制以保证他们的行为是负责任的。每个行使授权和权利的主体，如管理者和董事，都一样会被问责。

　　在 EMS 下，董事固然有实施投机行为的空间，但在股东利益至上理论（和利益相关者理论）指导下的公司，同样有通过投机获益的可能性。股东利益至上理论学派学者认为自己的学说为代理问题提供了最佳的解决方式，并以此为傲，但是一些经典的案例证明事实并非如此。例如美国安然公司案及世通公司案、英国的 Maxwell 通信公司案，以及澳大利亚的 HIH 保险公司及 One. Tel 公司案，都说明即使在股东利益至上理论指导下，股东也存在对管理者监督和指导不利的问题。显然，在股东利益至上理论指导下，管理者有充足的空间谋取私利，[31]并且有时可以在不易被察觉的情况下进行。

　　对于管理者而言，即使他们在管理上享有相当大的自主权，也不会消极怠工、进行投机行为，更不会做出妨碍公司实现利益最大化的行为，因为他们可能会因此承担各种形式的责任。因此，在继续探讨责任这个话题之前，我们还需指出，虽然管理者享有董事会授予的自主管理权，但是他们这种治理公司的自主权会受到某种范围的限制，其中包括经济压力因素。此外，这些压力还包括资本成本、可用资本、可用的技能熟练员工、公司产品的市场需求、[32]公司的市场定位以及信贷条件是否良好。[33]在某种程度上，管理者和董事具有公平行使自主管理权的动机，否则会产生一系列问题，如部分投资者会选择退出、必需的融资无法获得、重要员工也会因公司前景不明而流失。而且以上某一情况或全部情况一旦发生，就会导致管理者被股东辞退或因公司清算而无法保住职位。[34]

我们需要注意，管理者不仅仅以一般股东身份持有公司股权，其作为公司管理者本身也会持有本公司部分股票。假设公司经营惨淡，甚至彻底无望，资不抵债（在公司进入清算程序的情况下），管理者很有可能因此失业；更严重的是，一旦上述情形发生，管理者个人职业声誉将会受到重创，并明显降低其日后竞职的成功率。

为了防止投资者因公司有政治倾向而拒绝向公司投资，管理者（以及董事会）在管理公司、行使自主管理权时，必须保证其免受政治力量的不当干扰，做到不偏向于任何特定投资者，从而违背 EMS。政治力量主要包括以下几种，如形成股东联盟、开展宣传活动，或罢工、怠工运动等。在 EMS 要求下，管理者须谨记：自己是公司公正的管理者，既不代表任何一个投资群体的利益，也不能使自己成为利益群体的一部分。对此，人们也许会表示忧虑，因为当公司管理者和董事持有公司股票或认为自己在公司破产后获得的赔偿金额与公司股价挂钩时，他们可能产生一些不当想法，如认为只要偏袒公司股东，他们在公司中的地位就会得到巩固，自己的利益也会得到保障。[35]另一方面，对于看重自身名誉和未来求职机会的管理者而言，他们或许会借平衡利益冲突之名，行偏袒债权人和其他特殊投资者之实。这样，管理者在努力经营公司的同时也博得了债权人的满意，并且不会被公司财务崩溃影响。有时，当面对明显的利益冲突时，[36]管理者也必须扮演裁判的角色（尽管这并非管理者的主要工作），以期为公司赢得最有效的成果。[37]冲突一旦发生，管理者就应尽快采取措施以防冲突严重化，否则必将会导致投资者放弃投资承诺或选择退出公司。另外，前文已经有所介绍，对于董事而言，在利益相关者人数众多的情况下从事利益平衡工作是件颇为棘手的事情，尤其当他们的利益不仅仅包括经济方面，平衡工作没有具体目标时。EMS 的精髓在于，任何平衡都有其目标，并且至少为管理者和董事提供了关注点。此外，我们须时刻谨记，管理者可能会把解决利益冲突作为获取个人私利的契机。[38]

7.3　问责

7.3.1　简介

由上文提到的投资者在管理者和董事拥有广泛的自主管理权的问题上有所忧虑可见，问责确实必不可少。正如前文提到的澳大利亚最大的 HIH 保险公司破产的例子，缺少了问责机制，管理者的行为将可能会给公司本身及依赖它的投资者带来重大的损失。[39]该公司的倒闭给澳大利亚政府造成了极大的困扰，澳大利亚政府在此事件发生之后决定成立皇家调查委员会对该公司事务及陷入破产的原因进行调查。作为皇家调查委员会成员的 Owen 大法官认为，问题的关键就在于公司管理者被赋予了过大的自主管理权。他提到：

> 在投资、公司捐赠、福利及员工报酬等领域，目前法律没有明确首席执行官权力行使的界限。事实上，公司运营过程中，某些领域的运行已然失去控制，但是董事会却未对这些失控的领域和体制给予足够的重视。而且董事会也没有指定易于理解的政策，使自己保有足够的空间以及时调整公司的经营策略。因此，除了像财务报表的报告审查及大型交易的审批这类重大事务外，处理其他事务的权力已经逐渐被首席执行官掌控。[40]

英国商业、创新和技术部认为，问责提高了透明度，这是良好的公司治理最重要的基础。[41]

以下是 Anthony Giddens 对问责体系的解读方式："要求人们对自己的行为负责就是要求其说明自己实施该行为的原因，并且为自己的行为提供合理的规范性依据。"[42]对于该定义，人们普遍认为：

> 问责既是一种目的也是一种手段；它是依据程序、结果、信息披露、资源，以及遵守章程这些要求而被定义出来的；问责这一定

义经常难以与评估、效率、效果、控制及责任等相关概念相区分。[43]

从通常意义上讲，问责（accountability）是可以与责任（responsibility）相互替换的。

问责是一个庄重的概念，但缺乏严密的论证。除非能够为其构建一个具体的机制，否则问责在公司治理的领域中将会毫无价值。问责关系到管理者和股东是否能够按照期望实施行为。[44]这些期望是建立在不同的机制基础上的。21世纪第一个十年，我们见证了安然、世通、泰科（Tyco）等公司的倒闭，在之后的日子里，每次有诸如上述系列公司倒闭的事情发生时，问责机制都会被重新评估并作出适当调整。例如，上述公司倒闭时，美国国会通过了《萨班斯—奥克斯利法案》（Sarbanes-Oxley）以应对当时面临的重大问题，其中特别加重了董事会的问责义务。

几乎所有评论家都认同"一定形式的问责是必不可少的"这一观点，但是在"应该给管理者和董事施加多大的问责义务更为合理"这一问题上，评论家见仁见智。

只有理清需要对谁负责以及所负责任的具体内容，我们才有可能全面理解管理者问责制度。在英美法系中，董事首先需对股东负责任，当然，股东并不是他们唯一的责任主体，这一点下文将有所介绍。管理者对股东财富的增值负有最终责任。在EMS下，管理者以董事会为媒介对公司承担最终责任，即他们有责任实现公司财富的最大化并使其持续发展。

另一个值得我们探讨的问题是适用问责制度的时间。正如Stephen Bottomley提到的，问责可以产生于事前、事中和事后，即作出重大决策和措施之前、实施决策和政策的过程中，以及最重要的是事后，即事件结束后。[45]不同时间点的选择取决于董事应对谁负责而定。[46]其中最后一个时间点，即事后问责在实践中运用得最多。

问责的实施有不同的方式，第一，管理者应对实施的相关决策提供详细准确的信息资料。这种方式类似于"会计鉴定"。[47]第二，管理者可以为其决策做出解释和辩解。第三，管理者负责。

现在，我们再来讨论一下要求管理者和董事负责的机制。

7.3.2　机制

非专门研究问责机制的书通常是不可能对此做出合理而完整的阐述的。本书也只会根据必要性对问责机制的主要内容作简要论述。

问责机制很复杂，管理者在做决定时会考虑董事会、契约、规定、市场和信托等多重参数。对其中任何一项参数进行单独考虑都是不充分的，只有将所有参数整合在一起进行综合考量才能满足问责的需求。当然，我们需要知道目前世界上不存在一种足够完善的机制可以满足问责机制需要的所有条件，因此，多种机制的相互配合是十分必要的。[48]

下面介绍的这种问责机制的主要目的是为了对无授权过度行使决策权的行为提供事前的预防措施，或者是为其提供事后的惩罚或补救措施。Owen 大法官在皇家调查委员会关于 HIH 保险公司的报告中发表了下列言论合理地阐述了上述问题："尽管存在问责与监管机制，但 HIH 的公司官员、审计员和监管人员都未能发现明显存在的问题，也未能采取措施对问题给予补救，更没有对问题进行报告。"[49]因此，显然任何机制都存在失效的可能性，不能天真地认为问责机制是万无一失的。

1. 市场

就市场走向而言，管理者要始终关注人才市场、金融市场、公司可掌握的市场和产品市场。[50]一些学者认为，这些市场的走向能够为管理者提供一套较为客观且标准较高的指导方针。[51]特别需要强调，其中首要市场是人才市场。正如上文提到过的，管理者必须认识到，一般而言如果公司将来想与其他上市公司有进一步的交流和发展，就要保持良好的声誉。

一些人认为，相较于问责机制，市场机制可以发挥更好的作用，因为在他们眼中，市场机制能够排除国家机关对公司内部管理活动的司法干涉。[52]我们必须承认这样一个事实，即市场固然可以发挥它的最大效用，但也有失灵的可能性，我们必须承认市场并不是万能的。[53]而且一般而言，市场不能要求管理者对其决策做出解释或给出合理依据，[54]虽然很多时候，管理者受到多种多样因素的束缚，不得不对其决策的合理性进行解释说明，但是即便他们不加以解释，市场也不存在默示推定，认定管理者的行为不正当。事实上，即使管理者确实有正当理由，他们也不会轻易对自己的行为做出解释。

2. 董事会

在英美法系国家中，公司由董事会控制。Jonathan Macey 将董事会称为公司治理的"震中"。[55]董事会成员包括管理者（执行董事）和非执行董事（独立董事或外部董事）。近些年来，尤其是自 2002 年美国《萨班斯—奥克斯利法案》颁布以及 2003 年英国《希格斯报告》（Higgs Report）[56]公布以来，董事会中独立董事的数量大幅增加。一些人认为独立董事的增多使得董事会可以更好地发挥问责机制的功能。[57]

董事会不仅仅在 EMS 模式下对公司管理起到关键作用，在本书所讨论的其他模式中亦是如此。事实上，公司董事可以被视为"企业生存发展目标的托管人"。[58]一些学者主张董事会是问责的首要机制。Stephen Bainbridge[59]作为该理论的主要支持者，认为公司管理应该以董事为中心展开。当然，董事会扮演着管理者管理行为的限制者和问责机制的讨论平台的角色。[60]上述观点在安然一案中并没有得到良好应用，[61]当然，董事会的这一功能未能在安然公司奏效。董事会的功能若想发挥良性作用，董事自身素质、勤勉程度以及坚韧性都必须符合标准。只有这样他们才能妥善解决公司经理提出的问题，处理好公司事务。值得注意的是，不管安然的董事会中有多少有能力的个人，这种以董事会为问责机制的管理方式终究失败了。正如 Simon Deakin 和 Suzanne Konzelmann 所提出："安然公司拥有和其他任何外部顾问团体同样优秀合格的、能够制定规则及防范商业风险的高水平的非执行董事……"[62]这一事实在商业界得到普遍认可，例如，《首席执行官》（Chief Executive）杂志投票选出安然公司董事会为 2000 年的最佳董事会，[63]而之后不久安然走向覆灭。

董事会显然包括多种委员会，例如审计、薪酬和提名委员会，它们在工作上必须做到彼此相对独立且各司其职。Owen 大法官在 HIH 保险公司破产报告中作出这样的判决：在一定程度上，审计委员会的作用是无效的，因为它把关注的焦点几乎全都放在账目的审计上，而不是在对整体风险的判定与评估的问题上发挥关键性作用。[64]

由于非执行独立董事受到种种不利条件的限制，因此我们很难了解应对他们抱以多大期望。首先，他们身兼多重角色，其职责包括监督管理者[65]、持续关注公司事务发展、审查公司决策和设定管理者报酬。

董事有监督和管理的双重职能,[66]在此基础上,他们发挥自身作用,监督管理者工作,并促进公司战略的实现。同时履行二者并非易事,可能会引发紧张势态及利益冲突。[67]其次,董事掌握的信息有限。大多数情况下,首席执行官掌控信息并决定哪些信息能向董事会汇报。[68]具有代表性的事实是,董事非常依赖于信息来对公司进行管理,而管理者比董事更容易掌控公司的相关信息。如果管理者认为,董事利用这些信息的目的是监督他们,而非用来促成公司决策,他们便会对是否披露该信息犹豫不决。然而,近期有证据证实,与过去相比,董事在今天更容易获取公司相关信息,[69]也许这种改变仅仅体现在一定程度上与一定范围内,但是至少在美国,这样的突破使得董事会在组织结构上更为独立。[70]

第三个限制因素是,在公司的日常事务中,董事通常并非商业领域内的专家,因此他们更愿意依赖那些具备相关的重要知识、对公司从事的事务有着独到见解的管理者。

第四,董事并非必须直接持有公司股份,因此他们可能会缺乏动机去履行其本可达到的谨慎而彻底的监督义务。[71]但是,有人会辩称,董事作为专业人员,为了维护其个人声誉,不会推卸自己的个人责任。

除了限制董事工作有效性的因素,还有一些与董事会动态有关的问题,可能会削弱董事发挥作用。据说美国的董事会在有关方面倾向于消极对待,并服从管理者,[72]许多董事通常直接听命于首席执行官。[73]显然,较为关键的是,为了遵循自身责任义务,董事应该采取合理措施指导与监督公司管理。[74]为了确保能够独立胜任工作,董事必须保证他们不受某个或多个管理者操纵。因为如果允许这种情况发生,董事便不能履行义务。[75]董事在这方面经常就某些事项,放弃要求同事承担责任,这意味着问责不会发生,也可能放弃披露会致使其他同事承担责任的相关情况。当然,在这种情况下,专权的管理者经常轻易拒绝遵从提供信息的义务,因此对于本可以或应该获得信息一事,董事却陷入了困境,不知道能做什么、怎样去做。显然"将头埋进沙子里"这种逃避现实的方法既行不通也充满危险;因而在当今商界,董事不能再像往日那样以消极的姿态来应对管理问题了。

还有另外一些问题,如非执行董事监督不当,或者未能在早期发现问题并坚持追究。由于部分非执行董事不希望破坏现状,因而对管理层在管理公司过程中出现的问题未能提出质疑。[76]他们不希望因为自己的某种坚持而危害董事会的内部凝聚力,[77]或引起不必要的麻烦。[78]进一步讲,董事可能与管理者特别是首席执行官过分亲密,这会限制其充分发挥监督的能力。[79]有人认为,董事极易受到管理者的影响,以致使自己对公司事务的观点逐渐趋同于管理者,这显然不利于董事的客观判断力。[80]从历史的角度来看,对于澳大利亚和英国的董事会来说,"极易受公司管理者影响"这一点在某种程度上确如所言。然而,在过去20年,我们发现英国和澳大利亚两国对董事有更高的要求。就英国而言,法院对董事资格入门门槛提高很多,出现了不少取消董事资格的判决,如 *Norman v Theodore Goddard*[81],*Re D'Jan of London*,[82] *Lexi Holdings plc(In Administration)v Luqman*[83],*Re Barings plc*[84]和 *Re Westmid Packing Services Ltd(No 3)*。[85]澳大利亚亦是如此,[86]尽管在该国已经出现[87]商业判断规则。[88]美国特拉华州最关注的恐怕要属董事的角色,法院更加强调保证董事信息灵通的必要性。[89]特拉华州无疑通过商业判断规则给予了董事相当完善的保护。这意味着董事并不会像他们本应做到的那般谨慎,这一点可能会削弱董事会的自身作用,导致其管理责任量变少。Owen 大法官在关于 HIH 保险公司的报告中明确陈述:公司的缺陷之一是董事会未能明确限定首席执行官在一些重要领域的权限,这些领域包括投资、公司捐赠、福利以及员工报酬等。在提及的某些领域中,相关制度缺乏控制而董事会却未能意识到。[90]HIH公司的失败并非偶然。[91]其他类似例子,美国仅需参见安然一案,英国可参见 Maxwell 通信公司一案。显然,董事会不可能是确保实现良好公司治理的唯一途径。

令人略感欣慰的是,法院可能会复审董事决策,或是至少复审部分决策。无论怎样,我们很快就发现,对于法庭的介入存在许多重大限制。有些人认为这是个不错的结果。[92]

总之,董事会有能力也确实承担了一定的管理责任,但根据以上阐明的原因不难看出,不能将其看作唯一或首要的机制。

3. 投资者

管理者在股东大会上经由董事会对股东负责,股东大会每年召开一次,也称作年度大会。在股东大会上,董事会对本年度战略决策及公司业绩等事项负有解释说明的义务。近年来,尽管出现了主张对董事会决策和公司策略进行挑战的大股东激进主义，以及董事被辞退或者被迫离开公司的情况，[93]但是实际上，在股东较多的公司中，股东的权力依旧很少。大多数英美法系国家的法律规定，股东大会不可以干涉董事会行使由公司章程及附则授予的管理权。[94]在一些司法辖区中，如英国，股东享有请求开除董事的权力，但是由于诸多因素的限制，这项权力很难在实际操作中得到实现。[95]正如第 5 章提到的，在一些司法辖区中，只有当股东自身的利益牵涉其中时，他们才可能会基于董事会的不公平及歧视性管理提起诉讼。而股东对上市公司提起此类诉讼的现象鲜有发生，十分罕见。

在 EMS 下，股东并非唯一有能力促使董事负责的投资者。在大多数英美法系国家中，若管理者或董事行事违反了义务，则允许股东提起派生诉讼。正如第 5 章所述，在 EMS 下，如果管理者或董事违反义务且公司并未对其提起诉讼，那么一些投资者即享有对管理者或董事提起派生诉讼的资格。当然，起诉前投资者可以要求管理者或董事对其自身行为进行解释说明。与此同时，投资者可以通过第 5 章讨论过的方式对管理者或董事施压。[96]

4. 法院

法院进行问责的方式较为间接。除非有人对管理者提起诉讼，否则法院不会主动对管理者的行为进行审查。法官也仅在涉及公司事务的案件中，通过普通的宣判来表达对公司事务的判决意见。[97]一些学者则呼吁司法机关仅在有限范围内对公司的管理进行干涉。Stephen Bainbridge 就是持该观点学者中的一员。Stephen 的依据来源于美国特拉华州衡平法院前任首席大法官 William Allen 的有关论述，即：

> 准许法院享有剩余权力，即在那些公正无私的董事出于善意且适当谨慎地作出决策的情况下，授予法院享有审查公司决策实质内容是否"公正、合理或理性"的权力，会使法院成为超级董事。[98]

值得怀疑的是，如 Bainbridge 这样的学者是否真的能够依赖于上述判决。法官并没有将所有的权利交给董事。法官在陈述中给自己及其他法官判断董事是否展示了诚实、谨慎留有余地。

Brainbridge 认为，保护董事做出的董事会决策免受法院（及股东）干涉对于公司的运作效率来说是十分重要。[99]Brainbridge 提到，正如上文 Allen 大法官所述，法院审查会使法官成为超级董事。Kenneth Arrow 的著作支持 Bainbridge 的观点,认为董事应当负责,但是如果"A 的所有决定都需经过 B 审查,那么 A 所拥有的授权便转移到了 B 身上,因此其本源问题并未得到解决"。[100]但是,法院由于若干原因并不会频繁地审查董事会的决定,例如,直到董事会所作出的决策生效外部董事才知晓,而通常此时想要作出什么有价值的举措恐怕为时已晚;缺少站出来提起诉讼的诉讼当事人(该诉讼当事人应当是公司,但是董事才是代表公司决策的主体);股东无法自发组织或自己出资提起派生诉讼;已经生效的诉讼和解;证据不足。正如 Bainbridge 所述,法院偶尔对董事决定进行审查,并不会使法官成为超级董事。[101]

正如第 5 章所提及,一些评论员如同 Bainbridge 一样对法官针对董事的管理决策进行判决一事忧虑重重。[102]David Rosenberg 认为:"当董事了解其管理公司运行会受到投资者、分析员、股东和商业合作伙伴的审核,而不是法院时,公司可实现财富最大化。"[103]甚至特拉华州衡平法院也采纳了类似观点。在 *Re Walt Disney Co Derivative Litigation*[104]案中,该法院陈述道,对于任何管理者错误的管理决定,"应该由市场通过股东行为及自由资本流动来补救,而不是法院"。[105]

法院或许没有足够的能力去审查董事的商业决策,但是若证据有力充分,他们则可以听取证据并相应作出判决。无论如何,法院在通常情况下对待董事相当宽容。在一些司法辖区,如美国、加拿大和澳大利亚,都存在商业判断规则,且这些规则的设计是为了保护董事的自主管理,并保护董事免受法院运用后见之明判决董事负有责任。简而言之,此规则规定法院不能以其商业判断替代董事为公司最大利益而作出的理性而善意的商业判断。[106]董事出于善意,或者根据具体的信息作出的正式合理的决策,不能在事后为法院所评判。特别是美国法院受商业判断规则影响,常常较为尊重董事的决策,除非董事明显违背了忠实义务的要求。[107]但是,即使在过去十年澳大利亚的商业判断规则都以成文法形式存在,法院却并未倾向于顺从董事作出的决定。英国即使没有形式上的商业判断规则,法院也不会倾向于对董事已做出的决定进行事后评判。英国法院在对待有人指控董事违反义务的行为一事上,倾向于对董事行为给出宽容的解释。英国法院在认同不能基于后见之明对董事作出判决观点的同时,在过去 20 年它们也表明了仔细评估董事行为的意愿。这意味着这种由英国法院采取的审查可以被看作一种问责方式。

5. 合同

除了我们通常讨论的贷款人、供应商和其他债权人之外，投资者也会通过与公司签订的合同条款对董事会和管理者实施问责义务。例如，贷款人或者债券持有人会要求管理者提供他们在特殊时期内行为的报告，或是要求他们出示日常的基本账目。

6. 监管者

在一些国家，问责制战略的一个重要因素是公司监管者的存在，监管者可以在授权范围内监督一切行为。尽管英国的情况与此不同，美国和澳大利亚却有这方面的案例。美国证券交易委员会（SEC）与澳大利亚证券与投资委员会（ASIC）便是强有力的公司行为活动监管部门。这些组织资金充足，并且在某些特定情况下充当着对管理者进行问责的主体。这些监管者可以与管理者进行非正式接触并可能作出一些行政行为。除此之外，它们还有权因管理者违反义务和违背立法要求而对管理者和董事提起诉讼。近年来，ASIC 会针对由于董事违反既定义务而使公司倒闭的情况，对公司董事提起实质性的诉讼程序。[108] 当然，这种监管方式并不能监管公司的日常管理，但是能成为一种威慑，让管理者和董事有所顾忌，合理规范自身行为。有争议认为，英国的公司管理系统中存在缺失，在 SEC 模式下缺少能够监督公司的经营活动的监管者。一些机构的职权涉及公司治理的功能，这些机构包括：金融服务管理局（Financial Services Authority）及公司注册处（Companies House，商务、创新与技能部的执行代理）。后者的主要职能是根据《公司法》和相关立法的规定，成立及解散有限公司、审查及存储公司信息、提供公共注册服务。[109] 前者指出：

> 英国的独立监管者有责任增强人们对公司治理与报告的信心。我们通过《联合法典》（Combined Code）提升高标准的公司治理，而不是由董事会来行使监控或强制执行的职能。我们为公司报告和精算实务设定标准，并监督和实施会计和审计标准。[110]

在一些司法辖区，也有其他监管者以更间接的方式对董事进行监督，如美国财政部和国税局、英国财政部以及澳大利亚金融监管局。

在大多数司法辖区，由证券交易所对公司的经营管理行为进行监督，并且要求公司对某些必要的特殊信息进行披露。[111] 普遍认为这种监督力度并不大，而且不同国家之间监管方式迥异。

7. 社会规范

一些人认为，社会规范可以起到对管理者及董事问责的功能。这一观点的依据在于，盛行于商业界的某些社会规范会对管理者及董事有一定的限制，他们会担心不遵守这些社会规范恐会遭受"如羞耻、排斥和困窘"之类的社会制裁。[112]但是，过度依赖社会规范也饱受争议，因为人们对社会规范对管理者及董事管理行为起到的影响作用存在质疑。[113]

8. 规章

规章的适用能够确保问责得到更好的实现，美国 2002 年的《萨班斯—奥克斯利法案》便是这一观点的主要例证。该法案引入的目的是为了更好地促进董事和监事的独立，使管理行为更加符合股东利益。[114]多数国家公司立法中的一些条款对管理责任作出了不同程度的要求。在大多数司法辖区，公司立法给管理者和董事施加了若干义务，这些义务通常包含了广义的诚信义务、注意及技能义务。[115]诚信义务的核心是诚实、善意和忠实。他们力图避免诸如义务冲突及利益冲突等情况的发生。注意及技能义务则要求董事在实现自身功能中遵守特定的行为及行事标准。假设管理者违反了公司义务，一旦董事会未能代表公司对管理者提起诉讼，则每一个投资者都有资格以派生诉讼的形式实现权利。有关执行方式的内容在本书第 5 章中已有介绍。

许多司法辖区的公司立法及相关立法要求董事提交特定的报告。例如，在英国，董事必须就公司注册文件（包括按照《2006 年公司法》第 417 条进行的商业审查）、年度决算和监管者的账目审计报告等内容作出报告。[116]

9. 法典

一些司法辖区如英国通常存在着非强制性法典体系（常称为柔性法律（soft law）），要求大型上市公司符合特定的要求，或是在没能遵守该要求时对此作出解释。英国称之为《公司治理联合法典》，[117]现今由财务报告委员会（Financial Reporting Council）负责监管。[118]如董事会决策行为未能符合法典要求，则董事必须进行解释和说明。英国的这种做法受到了世界上许多国家的效仿。

10. 审计

公司治理过程中一项重要因素便是由独立从业者实施审计。这是为了实现公司事务的平衡状态。正如 Cadbury 报告所述：

　　年度审计是公司治理的基石之一……审计是一种外部客观的检查方式，通过这种方式对公司准备和提交财务报表进行监督，这是制衡原则所要求的必不可少的要素。此处的问题不在于是否应该设立审计，而在于如何保证审计的客观性和有效性。[119]

　　上文这一观点是审计的关键所在。显然，有时会出现所提交的报告既不客观也无效力的情况。安然一案当然是审计失败的经典案例，这一失败导致美国立法于 2002 年通过了《萨班斯—奥克斯利法案》，加强了审计要求。[120]

　　审计要求的存在能确保不纵容管理者实施失当的管理行为。

　　11．小结

　　显然，以上列举的所有机制都存在缺点。然而通过上文论证可知，设置单一的机制是行不通的，并且为了确保实现更好的公司治理，只要能使管理者不受过多的限制，在合理范围内设置更多的机制的做法是合理的。就这一方面而言，权衡授权和责任是必要的，这是因为管理者为了保证工作适当，必须保留大量的授权和自主管理权。

　　即使管理者应当保留大量授权和自主管理权，也不能阻碍改进问责机制的进程。必须承认，无论是法律上的、组织程序上的或者监管性的惩罚都不可能阻止所有形式的不当和不良行为，这是由于我们缺乏完善的信息，并且也无法定义所有可能损害良好公司治理的管理者行为。[121]

7.4　结语

　　在本章我们了解到，在 EMS 下公司管理者享有广泛的自主管理权，然而为处理自主管理权带来的忧患，则需将问责机制融入 EMS。主要的问责机制包括合同、董事会、法院、市场和监管者。我们欣然承认这些手段并非万无一失，且上述每一种机制本身都不足以达到万无一失的目标，然而这些手段的结合运用则确实能够提供合理的问责机制。有投机或懈怠心理的管理者并不担心某一种或两种机制能够查出其不当行为。而如果多种可以识别不当行为的机制相互并存，则管理者恐怕很难实施这类行为。

注释

［1］M. Gelter，"The Dark Side of Shareholder Influence：Managerial Autonomy and Stakeholder Orientation in Comparative Corporate Governance"（2009）50 *Harvard International Law Journal* 129 at 146.

［2］S. Bottomley，*The Constitutional Corporation*（Aldershot，Ashgate，2007）at 68；S. Bainbridge，*The New Corporate Governance*（New York，Oxford University Press，2008）at 34.

［3］For example，see in the UK，The Companies（Tables A-F）Regulations 1985，Art 70 of Table A and The Companies（Model Articles）Regulations 2008，SI 2008/3229，reg 2，Sch 1，art 5（private companies）；reg 4，Sch 3，art 5（public companies）. In the United States，see s. 141（a）of the Delaware General Corporation Law（2009）and s. 8. 01 of the Model Business Corporation Act（2008）.

［4］*John Shaw & Sons（Salford）Ltd v Shaw*［1935］2 KB 113.

［5］S. Bainbridge，*The New Corporate Governance*（New York，Oxford University Press，2008）at 34.

［6］L. Dallas，"Working Towards a New Paradigm" in L. Mitchell（ed），*Progressive Corporate Law*（Boulder，Colorado，Westview Press，1995）at 35.

［7］D. Millon，"Theories of the Corporation"［1990］*Duke Law Journal* 201 at 222.

［8］S. Bainbridge，*The New Corporate Governance*（New York，Oxford University Press，2008）at 16. See W. Allen，"Ambiguity in Corporation Law"（1997）22 *Delaware Journal of Corporate Law* 894 at 895.

［9］S. Bainbridge，*The New Corporate Governance*（New York，Oxford University Press，2008）at 108. 然而，Brainbridge 本人似乎更支持授权，而非问责。

［10］Ibid at 67.

［11］B. McDonnell，"Professor Bainbridge and the Arrowian Movement：A Review of the New Corporate Governance in Theory and Practice"（2009）34 *Delaware Journal of Corporate Law* 139 at 186.

［12］See，D. Schwartz，"Objective and Conduct of the Corporation"（1984）52 *George Washington Law Review* 511 at 530.

［13］R. Nimmer and R. Feinberg，"Chapter 11 Business Governance：Fiduciary Duties，Business Judgment，Trustees and Exclusivity"（1989）6 *Bankruptcy Developments Journal* 1 at 36.

［14］M. Whincop，"A Theoretical and Policy Critique of the Modern Reformulation of Directors'Duties of Care"（1996）6 *Australian Journal of Corporate Law* 72 at 83.

〔15〕 472 F. 2d 1081 (10th Cir 1972).

〔16〕 For example, see M. Blair and L. Stout, "A Team Production Theory of Corporate Law" (1999) 85 *Virginia Law Review* 247; S. Bainbridge, "Director Primacy: The Means and Ends of Corporate Governance" (2003) 97 *Northwestern University Law Review* 547; L. Mitchell, "The Board as the Path to Corporate Social Responsibility" in D. McBarnet et al (ed), *The New Corporate Accountability* (Cambridge, Cambridge University Press, 2007); V. Ho, "Enlightened Shareholder Value": Corporate Governance Beyond the Shareholder-Stakeholder Divide' abstract accessible at 〈http://ssrn. com/abstract＝1476116〉 (last visited, 2 August 2010).

〔17〕 信托问题内容过于庞大，此处无法讨论。But see, Blair and Stout, "A Team Production Theory of Corporate Law" (1999) 85 *Virginia Law Review* 247 at 316. Also, see Blair and Stout, "Trust, Trustworthiness and the Behavioral Foundations of Corporate Law" (2001) 149 *University of Pennsylvania Law Review* 1735, 作者将在更具广度的公司环境下对信托问题加以讨论。

〔18〕 For example, see S. Bainbridge, "Director Primacy: The Means and Ends of Corporate Governance" (2003) 97 *Northwestern University Law Review* 547; I. Anabtawi, "Some Skepticism About Increasing Shareholder Power" (2006) 53 *University of California at Los Angeles Law Review* 561; L. Bebchuk, "The Myth of the Shareholder Franchise" (2007) 93 *Virginia Law Review* 675; A. Keay, "Company Directors Behaving Poorly: Disciplinary Options for Shareholders" 〔2007〕 *Journal of Business Law* 656; S. Bainbridge, *The New Corporate Governance* (New York, Oxford University Press, 2008); V. Acharya, S. Myers and R. Rajan, "The Internal Governance of Firms" 1 December 2009 and accessible at 〈http://ssrn. com/abstract＝1350580〉 (last visited, 19 February 2010).

〔19〕 For example, see W. Baumol, *Business, Behavior, Value and Growth* (New York, MacMillan, 1959); M. Jensen, "Agency Cost of Free Cash Flow, Corporate Finance and Takeovers" (1986) 76 *American Economic Review* 323. Also, see M. Kahan, "The Limited Significance of Norms for Corporate Governance" (2001) 149 *University of Pennsylvania Law Review* 1881.

〔20〕 R. Stultz, "Managerial Discretion and Optimal Financing Policies" (1990) 28 *Journal of Accounting and Economics* 3.

〔21〕 A. Shleifer and R. Vishny, "Management Entrenchment-The Case of Manager-specific Investments" (1989) 25 *Journal of Financial Economics* 123.

〔22〕 M. Bertrand and S. Mullianathan, "Enjoying the Quiet Life? Corporate Governance and Managerial Preferences" (2003) 111 *Journal of Political Economy*

1043 at 1072.

[23] L. Bebchuk, "The Case for Increasing Shareholder Power" (2005) 118 *Harvard Law Review* 833 at 903. Jarrad Harford 将未分配利润的产生归因于过度的现金储备: "Corporate Cash Reserves and Acquisitions" (1999) 54 *Journal of Finance* 1969。

[24] 雇员相应地也会关注他们是否会得到加薪或奖金。

[25] For example, M. Jensen, "Eclipse of the Public Corporation" (1989) *Harvard Business Review* (Sept-Oct) at 61, 66.

[26] M. Blair and L. Stout, "A Team Production Theory of Corporate Law" (1999) 85 *Virginia Law Review* 247 at 306.

[27] Ibid; M. Bertrand and S. Mullianathan, "Enjoying the Quiet Life? Corporate Governance and Managerial Preferences" (2003) 111 *Journal of Political Economy* 1043.

[28] M. Bertrand and S. Mullianathan, "Enjoying the Quiet Life? Corporate Governance and Managerial Preferences" (2003) 111 *Journal of Political Economy* 1043 at 1066-1067.

[29] S. Sharma, "Managerial Interpretations and Organizational Context as Predictors of Corporate Choice of Environmental Strategy" (2000) 43*Academy of Management Journal* 581; J. Aragon-Correa, F. Matias-Resch and M. Senise-Barrio, "Managerial Discretion and Corporate Commitment to the Natural Environment" (2003) 57 *Journal of Business Research* 964; C. Cennamo, P. Berrone and L. Gomez-Mejia, "Does Stakeholder Management have a Dark Side?" (2009) 89 *Journal of Business Ethics* 491 at 492.

[30] 对董事赋予信托责任之论参见: L. Mitchell, *Corporate Irresponsibility* (New Haven, Yale University Press, 2001)。

[31] T. Donaldson and L. Preston, "The Stakeholder Theory for the Corporation: Concepts, Evidence, Implications" (1995) 20 *Academy Management Review* 65 at 87.

[32] M. Blair and L. Stout, "Director Accountability and the Mediating Role of the Corporate Board" (2001) 79 *Washington University Law Quarterly* 403 at 438.

[33] Ibid; A. Meese, "The Team Production Theory of Corporate Law: A Critical Assessment" (2002) 43 *William and Mary Law Review* 1629 at 1677-1678.

[34] M. Blair and L. Stout, "A Team Production Theory of Corporate Law" (1999) 85 *Virginia Law Review* 247 at 283.

[35] D. Tauke, "Should Bondholders Have More Fun? A Reexamination of the Debate Over Corporate Bondholder's Rights" (1989) *Columbia Business Law Review*

1 at 65.

[36] W. Leung，"The Inadequacy of Shareholder Primacy：A Proposed Corporate Regime that Recognizes Non-Shareholder Interests"（1997）30 *Columbia Journal of Law and Social Problems* 589 at 590.

[37] Ibid at 605；L. Mitchell，"A Theoretical and Practical Framework for Enforcing Corporate Constituency Statutes"（1992）70 *Texas Law Review* 579 at 633. 该方法被团队生产理论倡导，正如 M. Blair and L. Stout（"A Team Production Theory of Corporate Law"（1999）85 *Virginia Law Review* 247）。

[38] M. Roe，"The Shareholder Wealth Maximization Norm and Industrial Organization"（2001）149 *University of Pennsylvania Law Review* 2063 at 2065. Lyn Lo Pucki 和 William Whitford 经过实证研究，发现关于公司治理者可能会利用解决利益冲突的借口，为谋取个人私利创造机会，这一问题通常在根据《破产法》第 11 章对公司进行重整时发生。（"Corporate Governance in the Bankruptcy Reorganization of Large Publicly Held Companies"（1993）141 *University of Pennsylvania Law Review* 669 at 710. ）

[39] See，*The Failure of HIH Insurance*：*A corporate collapse and its lessons*，Royal Commission，conducted by Justice Owen，April 2003，vol 1，（Commonwealth of Australia，Canberra）and accessible at 〈http：//www. hihroyalcom. gov. au/finalreport/Front% 20Matter，% 20critical% 20assessment% 20and% 20summary. HTML♯_Toc37086537〉（last visited，31 August 2010）.

[40] Ibid.

[41] 〈http：//www. berr. gov. uk/whatwedo/businesslaw/corp-governance/page152 67. html〉（last visited，19 February 2010）.

[42] *The Constitution of Society*：*Outline of the Theory of Structuration*（Berkley，University of California Press，1984）at 30.

[43] R. Kramer，*Voluntary Agencies in the Welfare State*（1981）at 290 and quoted by S. Bottomley，*The Constitutional Corporation*（Aldershot，Ashgate，2007）at 68 at 77.

[44] M. Huse，*Boards，Governance and Value-Creation*（Cambridge，Cambridge University Press，2007）at 34.

[45] S. Bottomley，*The Constitutional Corporation*（Aldershot，Ashgate，2007）at 80 and referring to J. Goldring and I. Thynne，*Accountability and Control-Government Officials and the Exercise of Power*（Law Book Co，Sydney，1987）at 226.

[46] J. Uhr，"Redesigning Accountability：From Muddles to Maps"（1993）65 *Australian Quarterly* 1 at 4 and referred to by S. Bottomley，*The Constitutional Corpora-*

tion (Aldershot, Ashgate, 2007) at 78.

［47］J. Uhr, "Redesigning Accountability: From Muddles to Maps" (1993) 65 *Australian Quarterly* 1 at 4 and referred to by S. Bottomley, *The Constitutional Corporation* (Aldershot, Ashgate, 2007) at 80.

［48］这是 Paul 大法官在虑及公法中问责问题时所持有的观点（在 Paul 升任澳大利亚联邦法院合议庭法官之前）：P. Finn, "Public Trust and Public Accountability" (1993) 65 *Australian Quarterly* 50 at 53。

［49］*The Failure of HIH Insurance: A corporate collapse and its lessons*, Royal Commission, conducted by Justice Owen, April 2003, vol 1, (Commonwealth of Australia, Canberra) at pxiii, and accessible at 〈http://www. hihroyal-com. gov, au/finalreport/Front％ 20Matter,％ 20critical％ 20assessment％ 20and％ 20summary. HTML♯ Toc37086537〉(last visited, 31 August 2010).

［50］See, for example, E. Fama, "Problems and the Theory of the Firm" (1980) 88 *Journal of Political Economy* 228；M. Jensen and W. Meckling, "Theory of the Firm: Managerial Behaviour, Agency Costs, and Ownership Structure" (1976) 3 *Journal of Financial Economics* 305；E. Fama and M. Jensen, "Separation of Ownership and Control" (1983) 26 *Journal of Law and Economics* 301.

［51］A. Campbell, "Stakeholders: The Case in Favour" (1997) 30 *Long Range Planning* 446 at 448. For a succinct discussion of these markets, see A. Meese, "The Team Production Theory of Corporate Law: A Critical Assessment" (2002) 43 *William and Mary Law Review* 1629 at 1676.

［52］F. Easterbrook and D. Fischel, *The Economic Structure of Corporate Law* (Cambridge, Massachusetts, Harvard University Press, 1991) at 93.

［53］R. Jones, "Law, Norms and the Breakdown of the Board: Promoting Accountability in Corporate Governance" (2006) 92 *Iowa Law Review* 105 at 121. See H. Hu, "New Financial Products, the Modern Process of Financial Innovation and the Puzzle of Shareholder Welfare" (1991) 69 *Texas Law Review* 1273 at 1283.

［54］R. Jones, "Law, Norms and the Breakdown of the Board: Promoting Accountability in Corporate Governance" (2006) 92 *Iowa Law Review* 105 at 118.

［55］*Corporate Governance* (Princeton, Princeton University Press, 2008) at 51. Macey says that the directors are the governors of the company.

［56］*Review of the role and effectiveness of non-executive directors*, January 2003, and accessible at 〈http://www. ecgi. org/codes/documents/higgsreport. pdf〉(last visited, 5 February 2010).

［57］但是，安然公司主要由独立董事主导，仍然存在滥用职权问题。

［58］W. Suojanen, 'Accounting Theory and the Large Corporation' (1954) 29

The Accounting Review 391 at 393.

〔59〕See his book, *The New Corporate Governance* (New York, Oxford University Press, 2008).

〔60〕对于董事会问责机制问题的争论，参见 J. Macey, *Corporate Governance* (Princeton. Princeton University Press, 2008) at 51-68 and 90-104 especially。然而，Macey 并不认为独立董事雇佣应予以废止：ibid at 102。

〔61〕这是关于董事监督责任问题：*Report of Investigations by the Special Investigative Committee of the Board of Directors of Enron Corp*, 1 February 2002 at 148ff and accessible at 〈http：//news. findlaw. com/hdocsldocs/ enron/sicreport/〉 (last visited, 5 February 2010)。安然一案中一个令人忧虑的因素在于，除 Kenneth Lay 及 Jeffrey Skilling 之外，所有其他董事都是独立董事。此外，这些独立董事经验丰富且老于世故。

〔62〕"Learning From Enron" (2004) 12 *Corporate Governance*: *An International Review* 134 at 141. The directors had the experience of sitting on 130 boards between them: G. Zandstra, "Enron, Board Governance and Moral Failings" (2002) 2 *Corporate Governance* 16 at 17.

〔63〕R. Lear and B. Yavitz, "The Five Best and Five Worst Boards of 2000" *Chief Executive*, October 2000 and referred to in J. Fuller and M. Jensen, "What's a Director to do?" Negotiation, Organization and Markets Research Paper, December 2002 at 3, and accessible at 〈http://ssrn. com/abstract=357722〉 (last visited, 10 February 2010).

〔64〕*The Failure of HIH Insurance*: *A corporate collapse and its lessons*, Royal Commission, conducted by Justice Owen, April 2003, vol 1, (Commonwealth of Australia, Canberra) and accessible at 〈http://www. hihroyalcom. gov. au/finalreport/Front％20Matter,％20critical％20assessment％20and％20summary. HTML＃_Toc37086537〉 (last visited, 31 August 2010).

〔65〕A. Cadbury, *Report on the Financial Aspects of Corporate Governance* (known usually as "the Cadbury Report") (London, Gee, 1992) at para 1. 8.

〔66〕J. Macey, *Corporate Governance* (Princeton, Princeton University Press, 2008) at 53.

〔67〕Ibid at 54.

〔68〕J. Fuller and M. Jensen, "What's a Director to do?" Negotiation, Organization and Markets Research Paper, December 2002 at 3, and accessible at 〈http:// ssrn. com/abstract=357722〉 (last visited, 10 February 2010).

〔69〕M. Useem and A. Zelleke, "Oversight and Delegation in Corporate Governance: Deciding What the Board Should Decide" (2006) 14 *Corporate Governance*:

An International Review 2.

［70］J. Macey, *Corporate Governance* (Princeton, Princeton University Press, 2008) at 94.

［71］M. Blair and L. Stout, "A Team Production Theory of Corporate Law" (1999) 85 *Virginia Law Review* 247 at 283-284.

［72］J. Macey, *Corporate Governance* (Princeton, Princeton University Press, 2008) at 57.

［73］D. J. Telman, "The Business Judgment Rule, Disclosure and Executive Compensation" (2007) 81 *Tulane Law Review* 829 at 859; G. Dent, "Academics in Wonderland: The Team Production and Director Primacy Models of Corporate Governance" (2008) 44 *Houston Law Review* 1213. 部分原因可能是 CEO 直接或间接招募董事会成员: M. Jensen and J. Fuller, "What's a Director to do?" 19 August 2005, and accessible at ⟨http://ssrn. com/abstract=357722⟩ (last visited, 5 February 2010)。

［74］*Dairy Containers Ltd v NZI Bank Ltd* ［1995］2 NZLR 30 at 79; *Sheahan v Verco* ［2001］SASC 91 at ［101］; *Re HIH Insurance Ltd* (*in prov liq*); *ASIC v Adler* ［2002］NSWSC 171; (2002) 41 ACSR 72; (2002) 20 ACLC 576 at ［372］.

［75］*Re Westmid Packing Services Ltd* ［1998］2 BCLC 646 at 653; ［1998］BCC 836 at 842; *Re Landhurst Leasing plc* ［1999］1 BCLC 286 at 346; *Re Queens Moat Houses plc* (*No 2*) ［2004］EWHC 1730 (Ch); ［2005］1 BCLC 136 at ［26］.

［76］Andrew Hill Lombard ("Deferential directors need to stir up the boardroom" *The Financial Times* 27 September 2007) 认为执行董事的计划没有受到足够的质疑。

［77］See, Felix Robatyn, "An Agenda for Corporate Reform" *Wall Street Journal*, 24 June 2002.

［78］For instance, see *Gold Ribbon* (*Accountants*) *Pty Ltd v Sheers & Ors* ［2005］QSC 198 at ［105］ (Qld S Ct).

［79］See, A. Keay, *Directors' Duties* (Bristol, Jordan Publishing, 2009) at 190-205.

［80］J. Macey, *Corporate Governance* (Princeton, Princeton University Press, 2008) at 58.

［81］［1992］BCC 14.

［82］［1993］BCC 646.

［83］［2007］EWHC 2265 (Ch).

［84］［1998］BCC 583.

［85］［1998］2 All ER 124; ［1998］BCC 836 at 842; ［1998］2 BCLC 646 at

653. 相似观点在撤销董事资格的案例 *Re Galeforce Pleating Co Ltd* ［1999］2 BCLC 704 中有体现，并且该观点于 *Re Westmid Packing Services Ltd* ［1998］2 BCLC 646；［1998］BCC836 一案中也被采用。

［86］For example，see *Morley v Statewide Tobacco Services Ltd* ［1993］1 VR 423；*AWA Ltd v Daniels* （1992）10 ACLC 933；*Re Hill Insurance Ltd*；*ASC v Adler* ［2002］NSWSC 171；（2002）41 ASCR 72；（2002）20 ACLC 576；*ASIC v Vines* ［2003］NSWSC 1116.

［87］Introduced by the Corporate Law Economic Reform Program 1999 （Aust）.

［88］For example，see *Re HIH Insurance Ltd* （*in prov liq*）；*ASIC v Adler* ［2002］NSWSC 171；（2002）41 ACSR 72；（2002）20 ACLC 576 （NSW S Ct）；*Re One. Tel Ltd* （*in liq*）；*ASIC v Rich* （2003）44 ACSR 682 （NSW S Ct）；*ASIC v Vines* （2003）48 ACSR 322 （NSW S Ct）；*Gold Ribbon* （*Accountants*） *Pty Ltd v Sheers & Ors* ［2005］QSC 198 at ［105］（Qld S Ct）.

［89］See，for example，*Aronson v Lewis* （1984）473 A. 2d 805 at 811 （Del）；*Smith v Van Gorkom* （1985）488 A. 2d 858 at 872 （Del）.

［90］*The Failure of HIH Insurance*：*A corporate collapse and its lessons*，Royal Commission，conducted by Justice Owen，April 2003，vol 1，（Commonwealth of Australia，Canberra）and accessible at 〈http://www. hihroyalcom. gov. au/finalreport/Front％20Matter,％20critical％20assessment％20and％20summary. HTML＃_Toc37086537〉（last visited，31 August 2010）.

［91］Owen 大法官显然认同这一观点（ibid，Part 3，"Corporate Governance"）。

［92］For example，see S. Bainbridge，"The Board of Directors as Nexus of Contracts" （2002）88 *Iowa Law Review* 3 at 7.

［93］For example，see A. Jameson，"Sale hopes up as Scottish Power chief goes" *The Times*，13 January 2006；S. Butler，"Patientline hangs up on chief executive amid rebel attack" *The Times*，14 February 2006；J. Davey，"Hermes joins rebels calling for Vodafone chief to leave" *The Times*，24 July 2006；R. O'Connor and C. Seib，"Emap ousts Moloney as prospect of break-up increases" *The Times*，18 May 2007；M. Costello，"Rebel victory as Hirco scraps merger plans," *The Times*，2 February 2009；D. Wighton，"Angry Rio investors stake their claim" *The Times*，17 February 2009.

［94］在某些法域，如加拿大，股东大会有权就某些事务是否属于管理者职权范围通过决议。

［95］See A. Keay，"Company Directors Behaving Poorly：Disciplinary Options for Shareholders" ［2007］*Journal of Business Law* 656 at 664-675.

〔96〕 Above at pp. 240－254.

〔97〕 Jonathan Parker 法官在 *Re Baring plc*（*No*5）〔1999〕 1 BCLC 433 at 489 一案中如此操作。

〔98〕 *Re RJR Nabisco Inc* 1989 WL 7036＊13 n. 13（Del Ch 1989）and quoted in S. Bainbridge，*The New Corporate Governance*（New York，Oxford University Press，2008）at 113.

〔99〕 S. Bainbridge，"The Board of Directors as Nexus of Contracts"（2002）88 *Iowa Law Review* 3 at 7.

〔100〕 *The Limits of Organization*（1974）at 78 and quoted by S. Bainbridge，*The New Corporate Governance*（New York，Oxford University Press，2008）at 113.

〔101〕 S. Bainbridge，*The New Corporate Governance*（New York，Oxford University Press，2008）at 113.

〔102〕 Above at pp. 261－265.

〔103〕 "Galactic Stupidity and the Business Judgment Rule"（2007）32 *Journal of Corporation Law* 301 at 303.

〔104〕 907 A. 2d 693（Del，2005）与该案受到上诉法院的支持（906 A. 2d 27 （Del，2006））。

〔105〕 907 A. 2d 693 at 698（Del，2005）.

〔106〕 例如，参见 *Moran v Household International Inc*（1983）500 A，2d 1346 at 1356（Delaware）；*Spiegel v Buntrock* 571 A. 2d 767 at 774（1990）（Delaware）；R. Cieri，P. Sullivan，and H. Lennox，"The Fiduciary Duties of Directors of Financially Troubled Companies"（1994）3 *Journal of Bankruptcy Law and Practice* 405 at 408. 法庭运用商业判断规则审查董事的行为，包括董事的财务利益客观审查、董事动机审查及董事达成决议过程的客观审查：*Re RJR Nabisco Inc. Shareholders' Litigation*（unreported，Delaware Chancery Court 31 January 1989），referred to by A. Tompkins，"Directors" Duties to Creditors：Delaware and the Insolvency Exception'（1993）47 *Southern Methodist University Law Review* 165 at 188.

〔107〕 G. Crespi，"Maximizing the Wealth of Fictional Shareholders：Which Fiction Should Directors Embrace?"（2007）31 *Journal of Corporation Law Journal* 381 at 383；M. Blair and L. Stout，"A Team Production Theory of Corporate Law"（1999）85 *Virginia Law Review* 247 at 307.

〔108〕 For example，HIH Insurance and One. Tel.

〔109〕 〈http：//www. companieshouse. gov. uk/about/functionsHistory. shtml〉（last visited，19 February 2010）.

［100］〈http：//www. frc. org. uk/about/〉（last visited，19 February 2010）.

［111］其他关于这一主题的讨论参见 H. Christiansen and A. Loldertsova，"The Role of Stock Exchanges in Corporate Governance" in *Financial Market Trends*，OECD，No 95 Vo12099/1 and accessible at 〈http：//www. oecd. org/dataoecd/3/36/43169104. pdf〉（last visited，28 February 2010）。

［112］E. Rock and M. Wachter，"Islands of Conscious Power：Law，Norms and the Self-Governing Corporation"（2001）149 *University of Pennsylvania Law Review* 1619 at 1641. See the discussion provided in R. Jones，"Law，Norms and the Breakdown of the Board：Promoting Accountability in Corporate Governance"（2006）92 *Iowa Law Review* 105 at 124，129.

［113］R. Jones，"Law，Norms and the Breakdown of the Board：Promoting Accountability in Corporate Governance"（2006）92 *Iowa Law Review* 105 at 130–139.

［114］S. Deakin and S. Konzelmann，"Learning From Enron"（2004）12 *Corporate Governance：An International Review* 134 at 134. Enron 公司破产案中值得关注的一点是，监管者对公司渎职的细节识别错误及惩罚错误。

［115］在美国后者也纳入了诚信义务之中。

［116］Sections 446（Companies Act 2006）for unquoted companies（not exempt from audit）and s. 447 for quoted companies.

［117］近期关于有效性的研究参见 S. Arcot，V. Bruno and A. Faure-Grimond，"Corporate Governance in the UK：Is the Comply or Explain Approach Working?" accessible at 〈http：//ssrn. com/abstract＝1532290〉（last visited，9 February 2010）。

［118］英国最新一版《公司治理联合法典》于 2010 年 6 月出版，可访问网页 〈http：//www. frc. org. uk/documents/pagemanager/Corporate-Governance/UK％20Corp％20Gov％20Code％20June％202010，pdf〉（last visited，31 August 2010）。

［119］*Committee on the Financial Aspects of Corporate Governance*（Cadbury Report）（London，Professional Publishing Ltd，1992）at para 5. 1.

［120］S. Deakin and S. Konzelmann，"Learning From Enron"（2004）12 *Corporate Governance：An International Review* 134.

［121］E. Elhauge，"Sacrificing Corporate Profits in the Public Interest"（2005）80 *New York University Law Review* 733 at 748.

第 *8* 章　公司利润分配

8.1　引言

在人们的意识中，公司大都是营利性质的。事实上，许多人将营利视为公司独有的特征，并以此将之与其他人类组织相区别。[1]当一个公司不能够创造利润的时候，通常意味着公司将会陷入巨大的经营漩涡。在研究公司目标这一议题时，我们需要处理的几个主要问题之一就是公司董事对公司所获利润的应用问题。虽然该问题并不能对公司目标的确认起最终决定作用，但其对公司目标这一议题而言非常重要，因此我们在考虑与公司目标有关的任何重要事项时都不能忽视它。

《2006 年公司法》第 172 条引入了一个概念，既开明的股东价值，股东价值强调妥善处理公司所获利润的重要性，具体来讲，该概念认为对公司董事的管理是为保证公司得以成功经营，而公司成功经营是为保证"全体公司成员的利益"。[2]（换句话说），在第 172 条中，公司的成功经营和公司成员利益密不可分，而公司的经营成果将由公司成员，即公司股东享有。与之相对，EMS 倾向于将股东利益与公司利益区别对待。当然，公司实体财富利益的最大化也在某种程度上间接有利于公司成员和公司全体投资者。

当公司盈利之后，公司投资者很可能发生争吵，并有寻租之企图。[3]在股东利益至上理论体系中，公司利润分配问题得到了有效处理，其首先确保公司能够履行其义务，如偿还债权人债务、偿付公司经常性支出，以及保留必要的发展资金和资本积累资金等，在此之后将公司剩余利润分配给股东。但是，在利益相关者理论体系中，对公司利润分配问题的处理并不是十分明确。依据利益相关者理论脉络可以推测，董事在分配公司利润时，首先需要平衡利益相关者利益，但其仍需预留一部分基金给公司。本书曾明确指出一系列问题，这些问题都是因公司在利益平衡过程中没有明确目标指导而导致的。为了避免这些问题，本书在第 4 章介绍了 EMS 下的公司目标，实现公司实体整体利益的最大化，也就是说，在 EMS 下，公司目标分为两个部分，一部分是保证公司实体创造尽可能多的财富，另一部分是保证公司的市场正常运作；因此，董事在处理利润分配问题时需要以实现这两部分目标为指导。

　　本章在简要处理公司利润这一棘手的问题之后，着重解释在 EMS 下公司利润的分配问题。

8.2　公司利润

　　公司利润严格意义上来说并不是一个表述准确的术语。Daniel Greenwood 区别了两种不同类型的公司利润：经济利润和会计利润。成功的公司会创造利润，也就是说，这些公司通过贩售产品或服务可以获得比它们的投入更多的财富，从而保证公司运转，这些投入包括员工工资、公司的资本债务、原材料支出等。这种利润即经济利润，也就是我们常说的资本剩余，在本书第 2 章我们曾指出，股东利益至上理论认为公司股东对这部分利润的全部或至少是绝大部分享有支配性权利。会计利润是指，除去公司分配给股东的红利这部分经常性支出，公司仍保有的财富，也就是公司本身的剩余财富。[4] 有趣的是，公司支出中，员工的工资支出、债权人债务偿还性支出以及对公司投资者投资补偿性支出会减少公司的会计利润，但是公司股东红利分配型支出并不会影响公司的会计利润。公司红利本身并不能被视为公司支出，虽然资本性花费是公司支出的一部分，但是公司股东其实就像是公司劳动力一样，因为公司运用了股东提供的资金，因此需要支付一定的费用来保证公司正常运营并可以持续创造利润。也许有人坚持认为，为了保证股东对公司的支持而付给股东的红利就是公司支出的一部分，但是这些支出可以不被视为出自会计利润。这种作为公司的额外支出的红利是公司的剩余财富，也可以被理解为是从公司经济利润中支出的一部分。当然，为了撰写方便，本章提及公司利润的时候，实际是从公司经济利润的角度出发。

当然，我们可以通过减少公司支出元素的方式增加公司利润。其中最重要的一种方法就是减少公司的劳动力支出，而这主要是通过裁员实现的。[5]此外，减少公司支出的另外一种可行方法就是减少对出借人的利益给付，而这只适用于生产型企业，因为此种方法实际上是实现生产流程的流线化。

盈利对于公司而言当然是至关重要的，但这并不是公司存在的终极目的。公司实现盈利只保证了公司的持续存在和发展，对所获利润的应用才是公司需要解决的无比重要的问题。

8.3　利润分配

本章所真正关注的问题是公司要如何处理其所获利润，当然，研究这一问题的前提是公司拥有经济利润。有人曾说过，"在公司法领域里，没有什么政策性问题比'公司生产是为了满足谁的利益'这一问题更重要的了"。[6]

在此，要解决好利润分配的问题，我们需要从接受公司的经济利润属于公司本身这一事实开始。只要公司的存在对于公司利润分配还有影响，我们就需要接受上述事实。[7]任何人都没有权利否认公司拥有其经济利润这一事实，即使公司股东也不可以。公司股东对于红利所享有的权利是股东大会赋予的，在此之前，他们对公司红利并不享有任何权利,[8]而股东大会对股东享有红利的授权往往有赖于董事就该事项提请股东大会批准。股东大会对红利拥有的处分权要么来自公司章程，要么来自法律规定。[9]公司的经济利润实际是公司可支配财产的一部分，这部分财产无论从道德上还是法律上讲都不属于任何个人。[10]只有公司董事会，作为一个对公司享有管理权的整体，才可以决定对利润的最终应用问题。除非股东有足够的证据证明董事违背了其应该履行的义务，如董事出于不合理目的应用公司基金或者董事违背诚实义务损害公司利益

（在一些司法辖区，如澳大利亚）等，并且股东就此提起了派生诉讼，否则没有人可以改变董事会对公司经济利润的处理决定。董事在决定公司利润的用途和具体分配问题上拥有极大的自主管理权。[11]事实上，在公司利润应用问题上，董事确有必要被赋予相当程度的自主管理权。Kent Greenfield 就"董事会对公司利润分配全权负责"这一情况表示担忧，因为他认为董事会是股东选举产生的。[12]显然，Kent Greenfield 的担忧是有事实基础的，因为股东对董事有罢免权，这很可能导致董事被股东辖制，在处理利润分配问题时对股东过分袒护和关照。当然，这里必须指出，Greenfield 的担忧是以按照股东利益至上理论体系构建的公司文化情境为基础的。

当公司创造了利润之后，投资者很有可能希望回收资本并且追求资本收益。董事也很有可能迫于投资者压力而做出使他们获益的决定。事实上，对于所有或者绝大多数投资者而言，他们通常都拥有一些足以影响管理者的手段，使管理者做出使他们获得更多利益的决定。就此，本书第 5 章和第 6 章已经有过一些讨论。董事需要足够独立从而可以不被公司投资者所影响，当然董事独立地位的取得往往是通过一种和 EMS 的发展不一致的方法。正如前文所言，在这种形势下，公司利润分配很容易就变成一场"所有人都参与的战争，因为每个人都企图在利润分配的过程中获得尽可能多的利润"。[13]有人对这种情形表示担忧，因为公司中个人利益最大化的企图将会导致利润分配的僵局，而这种僵局会影响公司未来的发展。[14]毫无疑问，对公司利润分配可能造成公司内部不合，但将利润均衡分配也正是公司赋予董事的一项任务，而且董事需要以一种既有利于公司财富增加又有利于保证公司持久运行的方式进行利润分配。董事必须设计出一种分配方法使公司在获得长远发展的同时，可以持续盈利。在利润分配上，有一点非常重要，即董事在利润分配问题上需要以增加公司利益为出发点，而不是以满足投资者的个人利益（或股东的个人利益）为出发点，倘若董事的决定客观上有利于投资者，也注定是一个附加结果。这一点说起来简单，在实际情况下却比较困难，因为对董事而言，事务发展具有多向性，有些对某一特定董事提供利益帮助的决策在当时看来会使公司整体财富增加，但这并不是政策推行的必然结果。正是由于这种风险的存在，董事在很多情况下不敢贸然决定。当然，对于投资者而言，他们在公司存续过程中也必须认识到，如果董事迫于压力回馈部分投资者超过适当比例的利益，这一决策结果可能在短时间或相对较长的时间内对公司发展产生不利影响，而这种不利影响最终会降低这部分投资者收回资本及资本收益的速度。[15]此外，这种失当决策最终还会对绝大多数甚至全体投资者产生不利影响。

人们通常将公司经营过程中创造的财富视为利润，殊不知这种对利润的理解是具有短视性的，因为此时利润仅与本会计年度的结算有关。[16]事实上，简单地把公司经营过程中创造的财富理解为利润是不准确的，因为公司为了保证自己的长足发展需要保留部分资金作为投资成本（而这部分投资是不应该被视为利润的），这部分投资成本包括公司技术研发成本、员工培训成本、设备引进成本等。

就利润使用具体方式而言，公司董事具有多重选择：将部分或全部利润保留在银行账户里，并将此作为一种投资手段以获得银行存款利息；把部分储存在银行账户中的资金视为完成下一会计年度合同义务的启动资金，此时这部分资金通常被人们称为"储备基金"；向公司交易伙伴拓展公司信用额度；向股东发放红利；采购新设备、购置新厂房；依据相关信用借贷合同提前偿还公司贷款，从而减少公司偿还贷款金额或借此保证公司在债权人处的良好信用记录；提高公司员工的工资水平和津贴标准；以部分利润作为研发资金，以此降低公司产品或服务成本，从而最终降低消费者花费；在合理范围内回购公司股份；向当地社区捐赠，等等。[17]

在公司利润问题上，任何个人不具备特殊权利，投资者倾向于认为基于对公司成功运转的支持他们可以获得一些特权。持这种想法的投资者大部分是股东和员工。如果股东发现公司在盈利的时候并没有预留资金作为股东分红，他们很可能制造公司内部动荡，并最终以股东个人或股东群体身份对公司提起系列诉讼。但是绝大多数情况下，股东面对公司盈利不分红的问题会选择视时机抛售自己所持股票。当大量股东抛售股票时，公司股价和进一步融资能力将会受到影响，因为潜在投资者会对经营意图和生存能力产生怀疑。[18]事实上，在利润分配问题处理上，股东和其他投资者还有别的选择，我们已经分别在第5章和第6章就不同情境下[19]的选择做出了具体阐释。

对公司利润的分配原则上应该按劳分配，即按照每个人贡献的多少分配给他们应得的部分，这也体现了分配公平的理念。但问题是，在公司运转过程中通常没有办法准确确定每一位投资者的贡献情况，因此更无从谈起对之配以合理回馈，[20]这种问题在事务繁杂的大型上市公司里尤为突出。学界目前可以确定的是，每一位投资者都确实对公司的成功运营有贡献，但是就其贡献程度而言，实在难下定论。学界目前对于每一位投资者投资的后续影响并没有切实准确的评估方式。也正是这种评估方式的缺失导致公司在对每一位投资者进行利润分配时困难重重。因为在公司运行过程中没有对每一位投资者的投资进行具体的跟踪分析，所以在成功运营结果出现后想要理清每一位投资者的贡献情况及贡献范围几乎难于登天。为了避免陷于此种分配困境，EMS 提供了一种新的公司利润分配模式，在该种模式下，公司利润分配是以公司的基本生存、持续运营和未来财富增长最大化为目标的。举例来说，一个公司在分配利润时也许基于员工津贴增长的考量而没有给予股东最高额度的红利回馈，这是因为公司认为此种政策有利于在员工心目中树立良好的信用形象。而这些因素综合平衡的结果有利于公司在经济和财务上获得长远稳定的发展。我们不难发现，公司在利润分配过程中需要对内部各种利益进行平衡配比，而这种平衡必须以实现公司实体最大化与可持续为导向。也就是说，利润分配问题从本质上而言，会对公司未来产生实质性影响。

显而易见，在利润分配过程中，董事会是以市场导向为基准的。例如，在红利分配过程中，董事会需要保证配发红利的金额既要足以对股东产生继续持股的吸引力，同时也要使股东基于获益需求愿意保持对新股发行的敏感。当然，为保证公司在市场中的竞争力，公司董事会有时也需要付给特定技术工人一定的津贴奖励，从而保证他们不会被其他公司挖走而造成公司市场占有率降低的情况。如 Margaret Blair 和 Lynn Stout 所言，在利润分配过程中，董事原则上负有平衡各种利益冲突从而保证所涉利益关系各方都满意的责任，[21]但是 Blair 和 Stout 同时也指出，公司利润分配从实践层面上看，是相当程度上政治力量的较量，而不是这些所谓的分配原则的较量；为此，EMS 开辟出一种公司利润分配的新模式以避免因为政治力量影响而造成分配结果不平衡的现象。[22]正如前文提到的，EMS 下的利润分配原则即利润的分配必须有利于公司的发展和进步。上文曾写到，Blair 和 Stout 认识到，利润分配如果没有一个确定的行为准则，那么公司内部必然会因为投资者收回资本并且追求资本收益而造成不必要的开销。[23]但是在 EMS 下，即便投资者有收回资本及追求资本收益的企图，董事也可以以他们的行为必须符合使公司总资产增加这一目标为理由，使投资者不能为所欲为。同时，董事需要了解，在利润分配的过程中，如果投资者过分追求资本收回及资本收益，而董事也迫于投资者的压力放任其为所欲为，那么将不会有其他人再想对该公司进行投资，而部分现有投资者也有可能因为利润分配的混乱而考虑撤出其所投入的资金，尤其是当现有股东发现他们不能对公司政治力量实现管控的时候更容易产生撤资的想法。EMS 很好地避免了这一问题，公司为了保持对投资者的吸引力，会给予投资者一定的奖励和回馈，而这种回馈是以 Blair 和 Stout 提出的团队生产理论为基础的（即对公司投资者的奖励始终不能背离公司整体发展目标）。具体而言，一方面公司的团队生产模式要求公司给予其投资者应得的奖赏，另一方面 EMS 要求对投资者的奖励必须以促进公司财富合理增长为前提，两者必须兼顾。在 Blair 和 Stout 的理论体系中，公司争取投资者的持续投资非常重要，我同样赞同这种对绝大多数投资者必须争取的观点，但是在某些特殊情况下，放弃争取某一特定投资者也会对实体发展产生有利影响。也就是说，（董事不需要费力挽留每一位投资者）如果某一投资者对于公司而言处于无足轻重的地位，那么该投资者所做出的撤资决定就不会对董事的决策造成困扰。

当然，支持股东利益至上理论的学者不会赞同上述观点。他们质疑上述观点的原因是，在他们眼中股东就是公司所有者。一旦人们将股东视为公司所有者，他们就很容易做出如下推论：收入除去花销部分，如购买原材料、雇佣工人等，剩余部分就是利润，而利润理应归公司所有者——股东所有。但实际上，利润这一概念远比一个数字复杂，它既不简单等同于每年支付给股东红利的数额，也不能单一概括为公司每年进行再投资的金额。利润是收入减去经常性开销后剩余的部分，其中经常性开销包括对借款的偿还、员工工资、为促进公司发展购买基础设施的费用等。虽然股东是公司的重要投资者，但其毕竟只是众多投资者中的一类，因此对公司而言，将支付给股东的红利视为营业费用，比将其视为支付营业费用之后的其他费用[24]或者是公司所有者的报酬更合适（此处的营业费用实质上是指为满足公司股东需求并使其保证对公司给予持续支持而进行的必要花费）。

就直观印象而言，上述利润分配方式更加合理，因为该种方式兼顾了投资者收益和公司实体发展两个方面；换句话说，只要投资者的存在有利于公司实体的生存与发展，那么这些投资者就应该得到公司的奖励。

通常认为，员工在公司利润分配时有权利分得一杯羹，该观点的理论基础在于，人们认为员工在公司生产过程中所创造的价值与其对公司的贡献远大于其获得的工资及附加福利。[25]毫无疑问这是因为在绝大多数情况下员工拥有能使公司获得长足发展的特有专长，而其获得的报酬却相对甚微。也许有人会说，员工在接受雇佣合同的时候将他们的劳动和事业都投入到了公司里，而市场在实现利润分配时通常没有考虑这些因素。[26]契约论者也许会继续申明，一旦雇佣合同生效，公司在利润分配过程中就应该对与员工相关的所有因素进行考量。针对上述观点，有人提出了尖锐的反驳意见，他们认为，在探讨利润分配问题时，不同角色因其谈判筹码的不同而拥有不平等的谈判权利，而通常情况下，员工由于受到信息不对称问题的辖制，在雇佣合同期间往往不能准确预知其对公司发展前景的贡献，正是其自身的局限性导致其最终不能得到公正对待，因此我们不该对公司加以苛责。

当一个公司的经营状况并不乐观甚至岌岌可危的时候，诸如员工和债权人这样的投资者往往倾向于做出自我牺牲以挽救公司。员工可能会降低自己的工资标准，或者就像 2009 年英国尤托克西特（Uttoxeter）JCB 公司的工人那样，以减少工作时间的方式降低工资标准。至于公司债权人，他们可能会延长偿贷期限，或者直接提出一个折中方案。一旦公司处于盈利状态，投资者便迫切希望得到公司对其投资的回报，员工此时可能希望提高工资水平。如果此时员工提起某种形式的工业诉讼，或者以罢工行为相威胁，公司的短期前景将至少在一定程度上受到影响。

公司分配利润时，可能选择保留部分利润，而这种选择的原因是多种多样的。最主要的原因可能是这样做可以保证公司财务上的稳定性，提高公司应对市场波动的能力，使公司可以顺利渡过不盈利或盈利偏少的经营困难期。当然，保留部分利润也有其他方面的原因，如这样做可以为公司积累资本，方便其购买新的资产，如设备、厂房等；或者可以使公司在应对未来突发事件时拥有更充足的资金储备。我们不难发现，大型上市公司大多会将数额可观的公司利润预留下来，[27]而社会对它们的做法也普遍呈认同态度，因为这些预留资金有助于公司保持稳定与持续发展。[28]对于这些上市公司而言，在资金应用问题上，相对于向银行借贷或者通过发行债券、商业本票等方式，它们更倾向于使用自己的经营所得——自己保留的公司利润。[29]大多数情况下，这些资金会被用于辅助公司资产的增长，如将之用于提高公司的创新能力和综合经济发展水平，这些最终都会助益公司现实利益的增长。[30]Franklin Allen 和 Douglas Gale 曾说过："公司价值理念实际要求公司对利润进行必要的保留，因为很多时候公司配发红利给股东并不是客观上对股东最有利的选择。"[31]但是，Michael Jensen 也强调，从效率原则出发，公司不应该保留利润，而应该尽快将之配发给股东。[32]其实投资者之所以对公司保留利润这一行为表示担忧，是因为他们担心管理者利用这部分资金为自己谋利的缘故，本书第 7 章曾对公司管理者在经营过程中构建自己的"帝国大厦"的行为进行过探讨。[33]当然，在现实条件下，公司已经研发出了一套足够严密的会计审计制度，使管理者很难利用公司资金中饱私囊。

在人们普遍接受大型上市公司按照传统预留部分利润并将其作为再投资的启动资金的时候，近些年来公司管理者却在引进新的利润分配方法以保证公司发展，即精简公司结构与调整公司利润分配方法。[34]本书之前提到的壳牌公司的例子就符合这种新的利润分配方法，壳牌公司 2009 年年底在公司所获利润大幅缩减的情况下做出了对分配红利提高 5 个百分点的决定。而在做出这个决定之前，壳牌公司裁员 5 000 名以精简公司结构。[35]

学者 Stephen Bainbridge 也许会基于其固有的学术观点质疑 EMS，[36]他认为非股东投资者可能有两次机会参与公司利润分配，因为这些非股东投资者在对公司进行投资的时候可以就合同权利和公司进行协商，而协商的结果很可能是他们在参与公司利润分配之后可以再从剩余利润中抽取一部分占为己有。Stephen Bainbridge 反对投资者以合同之外的因素作为手段而获取利益。

也许有人会问，公司管理者凭什么坚信给予投资者利益的行为会对公司财富增长有利？答案其实很简单，人类像是一个具有回馈功能的接收器，别人怎么对待他，他将以同样的方式回馈别人，[37]因此只要一个公司在处理公司事务的时候足够谨慎合理，并且该公司重视自己的每一笔投资（事实上，公司给予投资者利益也算是一种再投资的形式），那么投资者在获益之后也自然会以一种积极的态度对公司加以回应。对此，非常简单的一个例子便是，当员工在公司得到较好薪金待遇的时候，他们会表现出对公司的高度忠诚，工作也加倍努力。[38]

8.4　结语

学界围绕公司目标议题展开了激烈争论，而争论的核心点是：谁最终从公司财富增长中获利？本章企图从 EMS 出发对该问题进行简要回答。股东利益至上理论强调董事行为必须保证股东是公司经营活动的最终受益者；利益相关者理论强调在公司利益分配过程中要估计好所有利益相关者的利益，而 EMS 独树一帜，认为在利润分配过程中应该以对公司发展壮大有利为导向。在 EMS 下，董事需要考虑的问题变成了：该如何合理分配利润使公司得到最快的发展？对某一投资者的利益倾斜能在多大程度上助益公司发展？毫无疑问，一位合格的公司董事应该有针对上述问题给出满意答案的能力。

注释

［1］For example, R. Eells and C. Walton, *Conceptual Foundations of Business* (Homewood, Illinois, Richard D. Irwin, 1969) at 535.

［2］英国公司法审查督导小组在对英国《公司法》的检查中承认了股东利益至上是公司目标，基于此，有人推断公司目标包含着公司成员的直接利益。参见 Company Law Review, *Modern Company Law for a Competitive Economy*: *The Strategic Framework* (London, DTI, 1999), at para 5.1.5。

［3］M. Blair and L. Stout, "Director Accountability and the Mediating Role of the Corporate Board" (2001) 79 *Washington University Law Quarterly* 403 at 420.

［4］D. Greenwood, "The Dividend Puzzle: Are Shares Entitled to the Residual?" (2007) 32 *Journal of Corporation Law* 103 at 111.

［5］壳牌公司曾在 2009 年的时候做出了这样的举动，这一行为客观上刺激公司股价上涨了 5 个百分点，当然，这一行为也是以牺牲公司 5 000 个工作职位为代价的：C. Mortished, "Shell to axe 5,000 jobs amid 73% profit fall" *The Times*, 29 October 2009。

［6］C. Brunner, "The Enduring Ambivalence of Corporate Law" (2008) 59

Alabama Law Review 1385 at 1426.

〔7〕 D. Greenwood，"The Dividend Puzzle：Are Shares Entitled to the Residual?" (2007) 32 *Journal of Corporation Law* 103 at 113.

〔8〕 For example，see *Re Accrington Corporation Steam Tramways Co* 〔1909〕 2 Ch 40. Also，see the US's Revised Model Business Corporations Act，s. 8. 01.

〔9〕 For example，see s. 170 of Delaware's Corporations Code.

〔10〕 D. Greenwood，"The Dividend Puzzle：Are Shares Entitled to the Residual?" (2007) 32 *Journal of Corporation Law* 103 at 115.

〔11〕 Sally Wheeler 将这种分配利润给投资者而非股东的做法称为"公司的社会调节"：*Corporations and the Third Way* (Oxford，Hart Publishing，2002) at 134。

〔12〕 "Reclaiming Corporate Law in a New Gilded Age" (2008) 2 *Harvard Law and Policy Review* 1 at 23.

〔13〕 A. Kaufman and E. Englander，"A Team Production Model of Corporate Governance" (2005) 19 *Academy of Management Executive* 9 at 13.

〔14〕 Ibid.

〔15〕 For example，see the comments of Elaine Sternberg in relation to shareholders：E. Sternberg，*Just Business*，2nd ed (Oxford，Oxford University Press，2000) at 218.

〔16〕 Ibid at 46.

〔17〕 例如，巴基斯坦因为 2010 年洪灾遭受严重损害，英国 JCB 公司为此募捐大量款项以参与巴基斯坦的重建项目。参见〈http://www. jcb. com/PressCentre/Newsltem. aspx? ID=821〉(last visited，1 September 2010)。

〔18〕 S. Bainbridge，"In Defense of the Shareholder Wealth Maximization Norm：A Reply to Professor Green" 50 *Washington and Lee Law Review* 1423 at 1441 (1993).

〔19〕 See above at pp. 240-256 and pp. 280-291.

〔20〕 See D. Millon，"New Game Plan or Business as Usual? A Critique of the Team Production Model of Corporate Law" (2000) 86 *Virginia Law Review* 1001 at 1025. 从这个角度看，问题的具体情形在团队生产理论下与在股东利益至上理论下并无太大差别（ibid at 1026-1027）。

〔21〕 M. Blair and L. Stout，"A Team Production Theory of Corporate Law" (1999) 85 *Virginia Law Review* 247 at 281.

〔22〕 Ibid at 323-326.

〔23〕 Ibid at 266.

〔24〕 D. Schrader，"The Corporation and Profits" (1987) 6 *Journal of Busi-*

ness Ethics 589 at 599.

［25］B. Shenfield，*Company Boards* （London，George Allen and Unwin，1971）at 155.

［26］Ibid.

［27］E. Fama and H. Babiak，'Dividend Policy: An Empirical Analysis'（1968）63 *Journal of American Statistics Association* 1133 at 1156 and referred to by Blair and Stout，'A Team Production Theory of Corporate Law'（1999）85 *Virginia Law Review* 247 at 292.

［28］K. Iwai，"Persons，Things and Corporations: The Corporate Personality Controversy and Comparative Corporate Governance"（1999）47 *American Journal of Comparative Law* 583 at 618.

［29］F. Allen and D. Gale，*Comparing Financial Systems* （Cambridge，Massachusetts，MIT Press，2001）at 342.

［30］M. O'Sullivan，"The Innovative Enterprise and Corporate Governance"（2000）24 *Cambridge Journal of Economics* 393 at 394.

［31］F. Allen and D. Gale，*Comparing Financial Systems* （Cambridge，Massachusetts，MIT Press，2001）at 360.

［32］"Eclipse of the Public Corporation"（1989）*Harvard Business Review*，September-October 61 at 66.

［33］Above at pp. 297－298.

［34］W. Lazonick and M. O'Sullivan，"Maximizing Shareholder Value: a New Ideology for Corporate Governance"（2000）29 *Economy and Society* 13 at 14 and 18.

［35］C. Mortished，"Shell to axe 5,000 jobs amid 73% profit fall" *The Times*，29 October 2009.

［36］"In Defense of the Shareholder Wealth Maximization Norm: A Reply to Professor Green"（1993）50 *Washington and Lee Law Review* 1423 at 1433.

［37］For example，see D. Dickinson，"Ultimatum Decision-Making: A Test of Reciprocal Kindness"（2000）48 *Theory and Decision* 151 at 153.

［38］K. Greenfield，"Saving the World with Corporate Law"（2008）57 *Emory Law Journal* 947 at 977.

第9章 结 语

　　虽非意在长篇大论，但是在提出众多概念、理论与观点后，概括小结总是必要的。关于上市公司的目标，大家各执一词，争论不休，至今仍未得到解决。法律上的界定也是模糊的。[1]多年来，主要围绕着两大理论相互激战，一是股东利益至上理论，二是利益相关者理论。绝大多数人观点分明，要么固执地选择前者，要么坚定地拥护后者。相对而言，只有极少数人关注其他理论，甚至有那么几个人不惧势单力薄，力在提出新的理念。迄今为止，上述两大主流观点已有部分修正。

　　开篇虽是长篇累牍，却举足轻重，为此后章节问题的提出与探讨埋下伏笔。第2、3章分别对股东利益至上理论与利益相关者理论进行了介绍与深度剖析，进而发现两者皆存在显著弊端。于是在第4章，我们提出了一个不同于前两者的新模型，即实体最大化与永续性模式（EMS）。我们不仅阐述了该模式出现的合理性与必要性，而且简明扼要地引出了其操作机理。

　　紧接着，在具体解析新模式构成要件之后，我们转向操作化的具体问题。第5章研究模式的具体实施。董事忽略EMS会怎样？我们知道利益相关者在实际执行利益相关者理论过程中遭遇重大问题。而在本章中，EMS正是要解决这些问题。有关派生诉讼的法定条文中，规定只有股东才有资格为了公司的利益向法院提起派生诉讼。EMS建议扩大主体适用范围，即与公司利益有实质牵连的任何人均可起诉或上诉。此在加拿大与新加坡已付诸实践。在第 6 章中，我们首先强调了只有在对公司运作有重大影响的人，即投资者，各司其职、各尽其责的前提下，才能实现公司目标。因而本章着重关注投资者与其在新模式下的角色定位。

第 7 章，我们将目光转移至管理者。EMS 认为，管理者握有相当大的公司事务执行权与处理权当然是必要的，不过同时也需对其作为与不作为负责。本章对比讨论了各种问责机制的优劣，并得出以下结论：董事的责任追究必须控制在合理限度内。

最后，第 8 章探讨了利润分配问题。EMS 的基本原则是，在公司实体利益最大化下进行利益的配置。董事需考虑的问题有：如何分配以促进公司发展？对投资者的分配能否在某种程度上增强公司实力？董事应紧紧牢记公司最佳利益的宗旨以作出判断抉择，与此同时，勿忘保障公司的生存。

我们没有谈及公司责任问题。有关于此问题的争论异常激烈。公司是否有责任（法律规定之外）？如果有，对谁负责？进一步，如何确定公司职责？本书仅仅试图探究公司目标问题，但并不否认责任问题的重要性。相反，公司责任问题亦颇为重要，只是二者是不同的问题，公司责任问题的解决依赖于公司目标的确定。

我们认为，对于大型上市公司，公司目标的明确意义非凡。主要有以下几点理由：公司治理中的事务执行与董事职责的划分均以公司目标为基础；董事在作出具体决策时，公司目标即是依据；股东以及其他投资者亦将公司目标视为指导方针，由此决定他们将采取何种决策。

尽管关于公司目标的讨论卷帙浩繁，但争论并未就此停止。本书亦非终结。EMS 理论尚有亟待完善的方方面面，其可被视为当代经济发展的产物，尤其是 2007—2009 年金融危机下的反思与总结。

本书的价值不在于提供即时实用的管理范本，只是希望能为之后的著作开拓一个新的研究方向，引发学者、立法者、律师以及管理者的关注。诸如此类具有广泛争议性的著作需要学界与商界的人们仔细甄别其实际价值。我认为，EMS 理论的提出，更多的是为理论界提出新的参考理念，或许以后，能够为公司治理指导纲要与管理规则的发展提供些许帮助。

注释

[1] B. Coudary，"Serving Two Masters：Incorporating Social Responsibility into the Corporate Paradigm" (2009) 11 *University of Pennsylvania Journal of Business Law* 631 at 673.

后 记

　　我主要的研究兴趣是英美公司破产法律制度，2003 年，在墨尔本大学法学院做访问学者时，偶尔看到凯伊教授撰写的《公司与个人破产法》一书，遂萌发翻译的念头。但繁事索身，多年过去竟未能如愿。2012 年联络凯伊教授本人时，发现了教授的新作《公司目标》，读后觉得作者立意新颖，视角独特，观点迥然不同。遂幡然改变主意，经过和教授沟通并得到支持后决定先翻译本书。

　　翻译工作是个苦差事，法学专业的翻译工作尤其如此，其中的艰辛尽在不言中，想来所有法学领域的翻译工作者都品尝过个中滋味。而在本书整个翻译工作中所有合作者们勤勉有加的工作态度，虚怀若谷的向学精神，不畏难退缩、敢于面对挑战的品格却令人感动，值得提及。译者们严谨的学术态度和在翻译过程中所体现出的整体团队水准，是组织翻译本书的额外惊喜收获。在此，也顺便对我在翻译过程中近乎苛刻的态度向参与者们致歉，感谢他们对我的包容。

　　本书各章翻译分工如下：中文翻译版感言、前言，孙宏友；第 1 章，张依晨、孙宏友；第 2 章，郑蔚然；第 3 章，古卿华、王卉、孙宏友；第 4 章，甘文玉、孙宏友；第 5 章，古卿华、孙宏友；第 6 章，王健；第 7 章，郝晨岑、王卉、孙宏友；第 8 章，张依晨、孙宏友；第 9 章，甘文玉、孙宏友。王健宇先生、张依晨女士、古卿华同学和赵子婧同学做了部分前期校对工作；此外，张依晨同学、古卿华同学承担了较多的翻译工作；郑蔚然女士深厚的语言功底及其对语言娴熟的运用能力为此书的翻译增色不少。此处一并提及。

需要感谢的人很多，感谢首先要送给本书作者，英国利兹大学法学院的安德鲁·凯伊教授。凯伊教授不仅对本书的翻译工作给予极大支持，在具体细节方面也颇有交代。在整个翻译过程中，译者对所有出现的疑问和难点都会通过 Email 向凯伊教授咨询请教，每次老先生都给以及时而详细的解释，令人感动。

另外，必须要感谢的人是中国人民大学出版社的熊鲜菊女士和黄佳女士，没有熊女士的积极促成与多方支持就不会有此书的翻译成稿。而黄佳女士在编辑过程中的严谨风格与专业技能使人印象深刻。窥一斑以见全豹，她们恪尽职守、勤奋敬业的精神令人看到了人大出版社的整体风貌。

当然，必须感谢的还包括共同合作的翻译工作者们，没有他们的倾力合作不可能有此译著的顺利完成。本书译者均有在北师大珠海分校英美法系执教或学习的经历。其中有英国留学归来的学者，也有天普大学法学院、香港中文大学法学院攻读 LLM 的研究生，参与者还有北师大珠海分校法政学院英美法系的高材生与特等奖学金的获得者。

借此向家母罗桂琴女士致敬，敬意不仅基于她对此书翻译工作的鼓励与支持，更在于她不断进取、向上向善的精神对我的感召。

本书有幸请到北师大珠海分校国际商学部部长刘松柏教授作序。刘教授早年即获得奥地利维也纳大学经济学博士学位，其研究主要兴趣之一为跨国企业管理，且所著颇丰，对现代企业管理制度有着深刻的理解。

最后要说的是，本书有幸请到多年好友郑守疆先生参与部分校译工作。郑先生毕业于复旦大学外文系、伦敦大学帝国学院，拥有多年公司治理实务经验，在此一并感谢。

北京师范大学珠海分校普通法研究中心
北京师范大学珠海分校法政学院英美法系
孙宏友

当代世界学术名著·第一批书目

心灵与世界   [美]约翰·麦克道威尔

科学与文化   [美]约瑟夫·阿伽西

从逻辑的观点看   [美]W.V.O.蒯因

自然科学的哲学   [美]卡尔·G·亨普尔

单一的现代性   [美]F.R.詹姆逊

本然的观点   [美]托马斯·内格尔

宗教的意义与终结   [加]威尔弗雷德·坎特韦尔·史密斯

帝国与传播   [加]哈罗德·伊尼斯

传播的偏向   [加]哈罗德·伊尼斯

世界大战中的宣传技巧   [美]哈罗德·D·拉斯韦尔

一个自由而负责的新闻界   [美]新闻自由委员会

机器新娘——工业人的民俗   [加]马歇尔·麦克卢汉

报纸的良知——新闻事业的原则和问   [美]利昂·纳尔逊·弗林特
    题案例讲义

传播与社会影响   [法]加布里埃尔·塔尔德

模仿律   [法]加布里埃尔·塔尔德

传媒的四种理论   [美]威尔伯·施拉姆 等

传播学简史   [法]阿芒·马特拉 等

受众分析   丹尼斯·麦奎尔

写作的零度   [法]罗兰·巴尔特

符号学原理   [法]罗兰·巴尔特

符号学历险   [法]罗兰·巴尔特

人的自我寻求   [美]罗洛·梅

存在——精神病学和心理学的新方向   [美]罗洛·梅

存在心理学——一种整合的临床观   [美]罗洛·梅

个人形成论——我的心理治疗观   [美]卡尔·R·罗杰斯

当事人中心治疗——实践、运用和理论   [美]卡尔·R·罗杰斯

图书在版编目（CIP）数据

公司目标/凯伊著；孙宏友等译. —北京：中国人民大学出版社，2014.4
（当代世界学术名著）
ISBN 978-7-300-18627-6

Ⅰ.①公… Ⅱ.①凯…②孙… Ⅲ.①公司-企业管理 Ⅳ.①F276.6

中国版本图书馆 CIP 数据核字（2014）第 065500 号

当代世界学术名著
公司目标
安德鲁·凯伊 著
孙宏友 郑蔚然 王健 主译
郑守疆 校译
Gongsi Mubiao

出版发行	中国人民大学出版社		
社　　址	北京中关村大街 31 号	邮政编码	100080
电　　话	010 - 62511242（总编室）	010 - 62511770（质管部）
	010 - 82501766（邮购部）	010 - 62514148（门市部）
	010 - 62515195（发行公司）	010 - 62515275（盗版举报）
网　　址	http://www.crup.com.cn	
	http://www.ttrnet.com（人大教研网）	
经　　销	新华书店	
印　　刷	北京东君印刷有限公司	
规　　格	155 mm×235 mm　16 开本	版　次	2014 年 5 月第 1 版
印　　张	23 插页 2	印　次	2014 年 5 月第 1 次印刷
字　　数	352 000	定　价	55.00 元